结构化融资

（Charles-Henri Larreur）

[法]查尔斯－亨利·拉勒尔　著

韩靖　译

STRUCTURED

Leveraged Buyouts, Project Finance, Asset Finance and Securitization

FINANCE

中国科学技术出版社

·北 京·

Structured Finance: Leveraged Buyouts, Project Finance, Asset Finance and Securitization by Charles–Henri Larreur.

Copyright © 2022 by John Wiley & Sons, Inc. All rights reserved.

ISBN 978–1119371106

All Rights Reserved. This translation published under license with the original publisher Wiley & Sons, Inc.

Simplified Chinese translation copyright by China Science and Technology Press Co., Ltd.

北京市版权局著作权合同登记图字：01-2023-2242。

图书在版编目（CIP）数据

结构化融资 / (法) 查尔斯 – 亨利·拉勒尔
(Charles–Henri Larreur) 著 ; 韩靖译 . –– 北京 : 中
国科学技术出版社 , 2024. 10. –– ISBN 978-7-5236
–0931-6

Ⅰ . F830.45

中国国家版本馆 CIP 数据核字第 2024MT9085 号

策划编辑	李清云　褚福祎	责任编辑	褚福祎
封面设计	创研设	版式设计	蚂蚁设计
责任校对	张晓莉	责任印制	李晓霖

出　　版	中国科学技术出版社
发　　行	中国科学技术出版社有限公司
地　　址	北京市海淀区中关村南大街 16 号
邮　　编	100081
发行电话	010–62173865
传　　真	010–62173081
网　　址	http://www.cspbooks.com.cn

开　　本	880mm×1230mm　1/32
字　　数	413 千字
印　　张	12.375
版　　次	2024 年 10 月第 1 版
印　　次	2024 年 10 月第 1 次印刷
印　　刷	北京盛通印刷股份有限公司
书　　号	ISBN 978-7-5236-0931-6 / F·1288
定　　价	79.00 元

结构化融资

大卫是我最好的朋友。我们在几年前相识于商学院。作为同班同学，我们有着共同的历史和政治学背景以及对金融的兴趣。与我和班上很多其他同学不同，大卫不为银行业的高薪所诱惑，做了一个当时看起来很无趣的选择，那就是加入法国一家大型零售公司的管理项目。事实证明，该选择非常明智。当我们这些选择银行业的人亲身经历有史以来最严重的经济危机之一（2008 年）以及随之而来的监管钳制所带来的挫折时，大卫却享受着辉煌的职业生涯。他曾被派往意大利协助当地 CEO 进行工会谈判；曾在巴西工作两年，与当地合作伙伴建立合资企业；曾在新加坡生活，帮助公司在亚洲立足。现在，他担任公司战略主管，是公司执行委员会成员。

谈到工作时，大卫会拿我开玩笑。他告诉我，他的业务很简单，而我的业务却难以理解。零售业的赚钱秘诀很简单：因为超市以低价销售产品，所以必须以非常低的价格购买产品；利润很小，但可以用数量来抵消。结构化融资恰恰相反：利润高，但商业模式却无人能理解，即使他们假装理解了。

大卫所言部分属实。大多数人对我所从事的行业了解有限。尽管结构化融资创造了丰厚的利润，但其知名度却不如 M&A 或资本市场。人们之所以对其知之甚少，主要是因为其在次贷危机中扮演的角色使其与不正当交易、逃税和会计操纵联系在一起。

结构化融资远非地球上所有困境的罪魁祸首，而是全球经济不可或缺之物。大多数人每天都从中受益。它并没有什么奇特之处。它只是用来为我们日常生活中的公司和资产融资的一套技术。

以我的朋友大卫为例。他对结构化融资视而不见，但结构化融资就在他身边。

我的朋友大卫生活中典型的一天

大卫定期飞往纽约，与总公司在美国子公司的当地管理层会面。他起得很早，吃过早餐后，就用手机订购了一辆汽车。在去机场的路上，他经过塞纳河和埃菲尔铁塔，赶在早高峰前离开了城市。他搭乘达美航空、美国联合航空、美国航空或法国航空的班机飞往纽约——哪家的商务舱机票最便宜就搭哪家的航班。在肯尼迪机场降落后，他叫了一辆出租车前往办公室。工作日结束后，他前往下榻的酒店——通常是距离洛克菲勒中心只有几个街区的中城希尔顿酒店。他洗个澡，花一个小时打电话和回复电子邮件。然后，他再打车去一家高级餐厅，与当地 CEO 或一些重要供应商共进晚餐。

第二天的大部分时间，他都在办公室与当地管理团队接二连三地开会。他们就零售业务的所有典型方面进行激烈讨论：销售、利润、财务、供应链和人力资源。然后，大卫通常会与投资银行家会面，听取他们对美国市场以及公司战略选择的意见。例如，我知道几年前他花了很多时间研究收购西夫韦（Safeway）的可能性。西夫韦是一家在美国西部拥有强大影响力的零售商。不幸的是，大卫错失了这笔交易，西夫韦最终被另一家竞争对手艾伯森（Albertsons）收购。

一有空，大卫就会给妻子打电话，和孩子们聊天。他们谈论学校，谈论圣诞节或生日时想要的玩具。几乎每次，孩子们都会问他回来后是否会带他们去巴黎迪士尼乐园（Disneyland Paris）游玩。

第二天，大卫在赫兹（Hertz）租了一辆车，自己开车去新泽西州或康涅狄格州查看几家商店，其中位于纽瓦克的一家商店让他很是担心。此处离纽约和新泽西港口不远，在那里他可以看到来自世界各地的大船在装卸集装箱。这家超市多年来一直在苦苦挣扎，尽管最近进行了翻修，但仍没有真正改善的迹象。它的位置也不是最好的：大卫很可能不得不关闭这家超市。

但在康涅狄格州，他公司的生意却很好。尤其在南部，他公司的高档杂货店吸引了大量富裕的对冲基金社区。商店提供的新鲜产品符合注重饮食人群的期望和需求。这里的顾客也比一般顾客更注重环保，大卫驾车经过的风力和太阳能发电厂就反映了这种态度。

在这样的一天，大卫享受着简单的午餐。如果是和同事一起，他会在商店内的咖啡厅用餐；如果是一个人，他会选择一家快餐店，最好是汉堡王，这是他儿时的最爱。下午，大卫回到曼哈顿，如果可以的话，他会尽量挤出时间与朋友喝酒或共进晚餐。第二天，他会使用 Visa 卡或美国运通卡提前从酒店退房。然后，他回到办公室，开始新一轮的会议，这次主要是与供应商开会。

几个小时后，大卫回到机场。他终于可以放松一下了。舒舒服服地坐在飞机上，他喝了一杯酒，把耳机插到手机上，听着古典音乐或他最喜欢的歌手大卫·鲍伊（David Bowie）的歌。他查看报纸的体育版，特别关注有关赛车和一级方程式赛车的文章。然后，他休息一下，开始考虑周末的事情，想着不知道是否有足够的时间开着他的哈雷戴维森兜风。

结构化融资无处不在

对大卫来说，结构化融资似乎完全远离了他的日常生活，只是银行界一个不起眼的角落，他主要将其与经济灾难联系在一起。他没有意识到，结构化融资就在他的身边。

在美国逗留的三天时间里，大卫无意中接触了不下 20 笔结构化融资交易——这些高度复杂的交易旨在优化企业、特定项目和服务的融资。

当然，证券化曾被滥用来向天真的投资者出售不良贷款，但 Visa 和美国运通（大卫旅行时使用的是这两家公司的信用卡）却利用该技术为客户预支现金提供融资。这也是为无形资产融资的绝佳工具。大卫·鲍伊的知识产权和一级方程式赛车的转播权均以此工具获得融资。

证券化并不是大卫接触到的唯一结构化融资产品。投资昂贵可移动资产的公司也广泛依赖于其他类型的结构化解决方案。大卫乘坐过的所有航空公司（法国航空、达美航空、美国航空和美国联合航空）都通过结构化交易为购买飞机融资。他在纽约和新泽西港口见到的航运公司也使用这些方法为其船舶融资。

基础设施也是结构化融资的一个重要领域。许多大型资产，如公路、机场、风力发电厂和光伏发电厂，都通过结构化方案融资。就连大卫使用手机时所依赖的电信基础设施也经常通过这种方式获得资金。结构化融资还为埃菲尔铁塔和巴黎迪士尼乐园等非常规项目带来了生机。

谈到结构化融资，我们不能不提到杠杆收购（leveraged buyouts，LBOs）。自20世纪70年代以来，为推行LBOs而成立的私募股权公司数量激增，LBO行业重塑了一些世界知名品牌。这些品牌包括大卫在纽约旅行时住宿的希尔顿酒店、租车的赫兹公司、吃午餐时的汉堡王以及卖给他摩托车的哈雷戴维森。

因此，结构化融资是现代银行业的一大悖论。2008年危机之前，结构化融资因其滥用而备受诟病——这是有道理的，但其同时也是全球经济跳动的心脏。它无处不在。它给我们带来了埃菲尔铁塔、美国运通和许多大型基础设施资产，而商学院教授、财经媒体和我的朋友大卫却常常忘记了这一点。

关于本书

为什么要写一本关于结构化融资的新书？这是我经常被问到的一个问题。对于这个问题，我的回答很简单：事实上，关于这个主题的书籍并不多。我所知道的那些书要么过于理论化（至少对我来说是这样），要么过于专业化。它们一般只涉及结构化融资的一个子产品，而很少涉及其整体概念。

本书的目标是为读者提供结构化融资世界之旅。本书将通过案例研究，深入浅出地介绍四大结构化融资技术：杠杆收购、项目融资、资产融资，以及证券化。本书将通过四个部分详细分析其中每一种工具。

本书不仅将逐一介绍这4种技术，还将强调其共性以及其属于同一产品家族的原因。通过13个案例研究和500多个公司实例，本书还将提供穿越结构化融资景观的历史之旅。我们的目标不仅是展示这些技术的运作方式，而且还要解释为什么金融家会提出这些技术，以及其如此成功的原因。

目 录
CONTENTS

导　言

一部结构化融资简史

20 世纪 70 年代结构化融资的出现是金融领域一场真正的革命。这可能是自 17 世纪有组织、具备流动性的证券交易所创立以来，货币领域最大的一场变革。[①] 如果给金融创新排一个名人堂，那么结构化融资将与金币、对冲基金、央行以及纸币一道在其中占据一席之地。

随着结构化融资的兴起，银行业在过去 40 年的变化（或好或坏）比在此之前的 300 年还要剧烈。在不到 40 年的时间内，其重塑了世界上一些大银行，并极大地增加了金融市场的流动性。结构化融资将银行从保守管理文化下枯燥无味的存贷渠道转变为由盛气凌人和多姿多彩的人物领导下的金钱制造工厂。

投资银行现在拥有庞大的团队致力于为其客户构建各式各样的交易。其中大多数团队都有专职部门聚焦于本书所分析的 4 种交易类型。这些团队有时甚至会按照行业类别进行细分（如电信、能源、基础设施等）。在这种情况下，他们既可以为客户提供更深层次的专业知识，也可以知道如何管理自身风险。

现今的投资银行活跃于结构化融资过程的每一个阶段：潜在交易的识

---

① 学术界对股票首次公开交易的时间并未达成共识。法国历史学家费尔南·布罗代尔曾指出，在 14 世纪初期，相当于我们今天所说的政府债券已经在威尼斯、佛罗伦萨和热那亚进行了交易。然而，可以肯定的是，在此之前尽管可能已存在一些有组织和受监管的交易活动，但公认的第一个为债券和证券交易者提供高水平流动性、有组织的交易场所是阿姆斯特丹证券交易所（于 1602 年创立，起初是为了交易荷兰东印度公司所印制的债券和股票）。

别、筹划、结构设计、承销、联合承销，有时候还包括后期的再融资。

一些非金融行业的公司，尤其是公用事业公司或基础设施市场上的参与者，同样在结构化解决方案上发展出强大的专业知识。其中的一些公司拥有专门的团队，而这些团队的专业水准可以和最精明的银行家们相媲美。参与可再生能源电站的开发、建设和运营的公司（就是建设大卫在康涅狄格州所看到的风力发电厂的那种公司）频繁使用结构化融资。对于这些公司来说，结构化融资是常态，而传统的债券和银行贷款则是例外。

但是，为什么结构化交易突然繁荣了起来？结构化融资确实传播得相当迅猛，在不到 10 年的时间里就成为全球金融业的"新风口"（the new big thing）。在短短几年内，金融家们创造了一系列的新产品，并在银行内建立了完整的业务线。他们进行了第一笔证券化交易和第一笔杠杆收购（leveraged buy-out，LBO）[例如 Revlon，Beatrice Foods 以及雷诺兹–纳贝斯克（RJR Nabisco）等公司的杠杆收购案例]，发明了项目融资，构建了租赁交易，以为整个飞机机队融资。

在银行业长期趋势和时代大背景转变的共同作用下，新的融资形式发生迅速变革。变革有诸多驱动因素，但可归为以下三个方面：①新一代不羁银行家的崛起；②政治以及技术转变；③美国以及欧洲公司对杠杆的需求增加。①

人的因素

金融课本很少像历史书那样赞扬改变事件进程的魅力型人物。在传授有关资本的最佳利用或者货币的时间价值相关课程时，它们通常不会停下来提及这些理论背后的创新者。当有所提及时，它们关注的也是将这些理论形式化的学者，而非现实世界中使用这些理论的实践者——尽管在课堂上提出这些理论之前其已得到妥善运用。

---

① 在此提醒一下，杠杆是指为某项资产融资时负债与资产的比率（无论此项资产是某家公司、某项不动产还是某个金融资产）。杠杆率越高，债务水平就越高。

不探讨华尔街当时发生的代际变化，我们便无法理解结构化融资革命。20 世纪 70 年代，掌管银行业的是第一批未曾经历过大萧条的人。他们出生于 20 世纪 40 年代，刚刚步入 30 岁大关，因此相较于前辈们，他们可能更大胆（或更不谨慎）。无论如何，他们更倾向于财务冒险、不惧债务。

在这群年轻且雄心勃勃的金融家中，一些人对当时的金融创新产生了巨大的影响。在贝尔斯登公司（Bear Stearns），两位表亲亨利·克拉维斯（Henry Kravis）（1944 年出生）和乔治·罗伯茨（George Roberts）（1944 年出生）以及他们的导师杰罗姆·科尔伯格（Jerome Kohlberg）[1]构建了第一批杠杆收购（LBOs）；在德瑞克塞尔伯南公司（Drexel Burnham），迈克尔·米尔肯（Michael Milken）（1946 年出生）创立了高收益债券市场；在所罗门兄弟公司（Salomon Brothers），刘易斯·拉尼埃里（Lewis Ranieri）（1947 年出生）发明了证券化的概念；在远离华尔街的洛杉矶，史蒂文·哈齐（Steven Hazy）（1946 年出生）于 1973 年创立了国际租赁金融公司（International Lease Finance Corporation），即第一家飞机租赁公司。

时代背景

美国银行监管的变革也为这一轮金融创新浪潮提供了部分条件。20 世纪 70 年代，美国很多州以及里根总统领导下的联邦层面都先后放宽了对金融市场的管制，这使某些债务产品更易于结构化的同时，也赋权银行向保险公司和养老基金出售更广泛的金融工具，而保险公司和养老基金这两类投资者在此之前仅购买股票或者公司债券。

去监管化本身并不是这些金融创新的直接原因。虽然金融市场的自

---

[1] 这份名单中最年长的银行家杰罗姆·科尔伯格出生于 1925 年。1955 年加入贝尔斯登时，他年仅 30 岁。他在某种程度上充当了亨利·克拉维斯和乔治·罗伯茨的精神之父，并与他们一起创立了 KKR。1987 年，他辞职创办了一家新的私募股权公司科尔伯格公司（Kohlberg & Company）。他于 2008 年去世。其净资产约为 15 亿美元。

由化大都在 20 世纪 70 年代中期出现，但其更像是 20 世纪 80 年代的产物。直到罗纳德·里根（Ronald Reagan）于 1982 年签署了《加恩-圣杰曼储蓄机构法案》（*Garn-St Germain Depository Institutions Act*）[①]，里根经济学才真正得以确立；由玛格丽特·撒切尔（Margaret Thatcher）领导的英国"金融大爆炸（Big Bang）"则在 1986 年 10 月生效。去监管化并非结构化融资之因，但对其起到了推波助澜的作用，最终促进了银行之间的竞争和新型金融产品的发展。

20 世纪 80 年代也是信息技术领域发生深刻变革的时期。公司开始为员工配备个人电脑。银行家获得了前所未有的强大软件工具。1983 年和 1987 年分别问世的电子表格程序 Lotus 1-2-3 以及微软公司的 Excel 使银行家们能够轻松设计结构化融资中至关重要的复杂金融模型。1983 年，彭博社推出了著名的终端，使用户能够接触到的金融信息达到了新的历史范围。该系统的普及极大地促进了结构化融资的发展，使投资银行能够更好地校准旗下产品。

现实需求

无需求，不供给。在此真理背后隐藏着结构化融资兴起的主要因素之一：从 1970 年代开始，银行认识到他们的公司客户对结构化产品的需求正在增长。

正如新一代的银行家掌权华尔街，新一波的管理者在美国企业界崭露头角。与他们在银行业的同侪一样，这些管理者出生于 20 世纪 30 年代大萧条之后，也更不惧使用债务。

更重要的是，结构化融资提供的解决方案满足了那个时代企业的特殊需求。例如，由于石油冲击和随之而来的能源价格上涨，石油公司开始在北海进行开采，希望减少对石油输出国组织（OPEC）的依赖。这涉及巨额和史无前例的投资，为此他们需借助银行的金融工程能力。

类似的挑战也刺激了其他行业的结构化融资。从 20 世纪 70 年代开

---

① 罗纳德·里根：该法案是过去 50 年以来对金融机构最重要的立法。……现在，这项法案也是我们政府去金融监管综合计划的第一步。

始，不断增长的航空运输需求迫使银行和航空公司想出了为整个机队融资的办法。同样，结构化融资也是唯一能够满足大型和经常性资本支出需求的方式。

类似地，从 20 世纪 90 年代起，得益于去监管化和政府撤销对一些公共基础设施的直接资助，公司更直接地参与到新公路、机场、光纤网络等的融资中。银行再次提供了实施这一切所需的结构化解决方案。

定义结构化融资

在长篇介绍之后，是时候对结构化融资下一个初步定义了。定义此概念是颇具难度的。诸多版本的定义没有一个能获得银行家、学者或投资专业人士的一致认可。

为了给本书下一个有用的定义，我们将采用循序渐进的方式，逐步分析结构化融资概念的三个主要变体，并最终确定我们所偏好的定义。

第一个变体。结构化融资是指排除"常规贷款"（vanilla loans）（即银行向客户提供的普通而简单的贷款）后的所有贷款。这些"常规贷款"可以是子弹式（到期时偿还本金）或摊销式（在贷款期间还清本金）的，但不涉及任何其他复杂形式，也不需要任何特定的法律或金融工程。银行承担的风险仅仅是向其借款的公司的信用风险。据此定义，结构化融资包括所有不符合常规贷款标准的筹资形式。

第一个定义强调了结构化融资的复杂性，无疑代表了迈向该主题的坚实一步。然而该定义过于模糊，包括了一系列大相径庭的融资类型。它也是一个默认的定义，不可能满足对本书感兴趣的读者的需求。

第二个变体。结构化融资是结构化信贷的同义词，指的是通过专门的公司对金融资产进行汇集和融资。

该定义在美国学术界十分流行，但给人不完整之感。结构化信贷可指代为结构化融资的一个大的细分领域（也被称为证券化），但并未涵盖整体。采用此定义意味着忽视了结构化信贷交易与其他类型融资的共同之处。因此，假如说结构化融资的第一个定义过于宽泛的话，我们认为第二个定义则过于狭窄。结构化信贷仍然是结构化融资的一个重要组成部分，但这两个概念并不完全相同。[①]

第三个变体。结构化融资描述的是此类交易：贷款人对仅为一个或一组资产（金融或实物资产）的收购提供融资而创立的专用公司（也可称之为特殊目的载体或者 SPV）进行注资。贷款的偿还只和潜在资产的表现有关，这意味着它取决于 SPV 所产生的收入。贷款人承担这些资产的风险，对 SPV 的股权持有者并没有追索权。

该定义的重点在于设立结构化融资并不是为了直接资助公司，而是为了资助特定资产或某些限定资产的资产组合。第三个定义比第一个更精确，比第二个更宽泛。该定义将不需要设立特殊目的的公司的类似安排（如贸易融资）排除在结构化融资概念之外。然而，其涵盖了结构化信贷（第二个定义）并进一步指出结构化融资能够为金融资产组合以及例如公司、设备以及基础设施项目等实物资产融资。

读者可能已经猜到，本书将重点讨论第三个定义。我们将详细介绍融资的不同类型。它们的具体内容各不相同，但都同样意味着 SPV 的设立以及对 SPV 的贷款不涉及对 SPV 投资者的法律或者财务追索权。[②]

本书所分析的四种主要金融技术包括：

1. 杠杆收购（又称 LBO）：普遍用于为公司并购提供融资的技术，尤其是当买家为投资公司或个人时。

2. 项目融资：用于为大型基础设施或能源项目提供融资的工具。

3. 资产融资：为可移动资产（如飞机和船舶）的投资而融资。

4. 证券化：为金融资产的投资组合而融资。

所有这四种技术（在某种程度上）都是相同结构的变体。每种交易的细节和微妙之处可能相差甚远，但在任何情况下它们都会建立一个

[①] 本书第四部分会专门分析结构化信贷。

[②] 特殊目的载体（special purpose vehicle，SPV）、特殊目的公司（special purpose company，SPC）或特殊目的实体（special purpose entity，SPE）的概念完全一致。

SPV，并通过债务和股权的混合融资以达到收购资产这一唯一目的。所需融资的资产可能存在不同（公司、基础设施、飞机或证券组合），但总的来说这四种技术非常相似，并且都可以用图 0.1 的形式来表示。

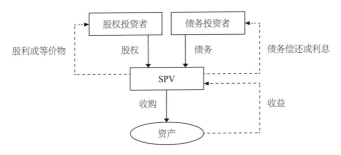

图 0.1　标准结构化融资交易简化图

为了清楚起见，我们在本书的每一章都会参考这种简化的结构。这样做是为了强调这些融资技术之间的联系，并表明它们都同属一个大的产品家族。这也为我们提供了一个机会，以逐步强调它们之间的异同。

我们完全理解读者可能会选择某种针对性的方法，从任何给定的章节开始阅读本书（或仅关注本书的某一部分），但我们建议（如果可能的话）按照我们所呈现的方式从头开始阅读本书。这样能增强读者的体验，因为每一章不仅是对某一特定金融技术的孤立描述，而且还涉及书中其他地方提到的概念或要素。

结构化融资何以建立？

有诸多原因促使银行开始向其客户推广结构化融资解决方案。第一个显而易见的原因是，结构化融资产品本身就是有利可图的。如果一家银行能够因结构化融资交易掌控整个价值链，那么留给其他融资方式以获取相同回报的空间就不大了。迈克尔·米尔肯在 20 世纪 80 年代的例子就很引人注目。他在德崇证券（Drexel Burnham）结构化债务部门的利润，一度超过了美国其他任何一家投资银行的整体利润。（当时，其他银行在这一领域通常不太活跃；当然，在他们看到米尔肯带来的回报后，情况迅速改变。）

第二个原因是，结构化融资对愿意优化其资本结构的客户具有特定的吸引力。结构化融资是一套旨在将额外负债置于资产之后的技术。因此，其可以提高股东回报。在股东要求企业提供更高回报的压力下，结构化融资为企业提供了优化负债水平的工具。

结构化融资成功背后的其他原因更多是技术性的，与金融或监管细节有关。对没有扎实金融背景的读者来说，如果这些原因在现阶段显得有些抽象，那么在读完本书后，它们将愈发清晰。我们将在结论中回顾这些原因（其中有五个与财务有关，一个与监管有关），并考察它们如何适用于各种特定类型的结构化融资交易。

五个财务原因

原因1：从股权投资者的角度来看，设立SPV来收购一项资产（不论资产种类）是一种隔离风险的方法。债务是在SPV层面上筹集的，如果资产表现不佳，贷款人对投资者就没有追索权。贷款人无法扣押投资者拥有和控制的其他资产以偿还债务。它为投资者就带来了额外的安全性，投资者得以分隔各种投资，比如将资金放在不同的筒仓之内。我们可以将以这种方式隔离资产称为"圈护"（ring-fenced）。

原因2：相对于混合了低收益资产后的相同资产，根据SPV产生的现金流来确定债务规模可以使贷款人为客户提供更高程度的杠杆。如果要融资的资产能产生稳定的现金流，或者将其隔离在SPV中，最大化杠杆率就会从其信用质量中获利。

原因3：结构化融资给贷款人提供了他们可容忍的且直接的风险暴露。贷款人可以简单地为持有一项特定资产的SPV提供资金，而不是为一家开展各种业务（包括一些他们可能认为不那么有吸引力的业务）的大公司提供资金。如果他们对该资产的信贷质量感到满意，那贷款人宁愿为该资产提供资金，而不是为一揽子业务提供资金。

原因4：结构化融资也为贷款机构和投资者创造了全新的投资机会。他们现在可以接触到一系列前所未闻的产品。换句话说，结构化融资吸引流动性在于其是一个新的机会之地。

原因5：这些新产品提供了全方位的回报/风险组合。所有类型的债券和股票投资者都能找到自己的利基市场。投资者可以根据自身风险偏好，选择合心称意的产品——优先债务、夹层融资或股权。

一个监管原因

过去40年中，结构化交易日益凸显的成功不能仅仅归于财务因素。其流行的另一个主要驱动力在于，从监管的角度看，银行能够借此优化资产负债表。[①]

银行监管的概念起源于1988年各国中央银行之间签署的《巴塞尔协议》，后来该协议又经过多次修订。[②]《巴塞尔协议》旨在为各国监管机构提供工具，以更好地控制其国内银行的活动。它是一套非强制性建议，自2008年危机以来已被各国政府广泛采纳。

《巴塞尔协议》涉及的问题之一是希望限制银行承担的风险。毕竟，在某种程度上，银行是比任何其他企业更多地以高额债务为其活动融资的机构。银行的债务在很大程度上是用户银行账户中的现金。

银行监管入门

鉴于是从储户那里得到大量资金，大多数银行都有很高的杠杆率。与传统企业不同，这种借贷能力几乎不受限制。虽然负责分析贷款申请的银行家会仔细审查任何潜在借款人的财务状况，但几乎没有储户会分析他们储蓄存放机构的资产负债表。因此，从理论上讲，一家银行可以拥有无限大的债务股本比率。这显然会给客户造成危险，因为银行遭受的任何重大损失都会直接影响用户的存款。

《巴塞尔协议》旨在限制银行的借贷能力，以预防这种情况的发生。

---

① 我们事先提醒读者，下面的解释稍显复杂。然而，其对于理解结构化融资的意义至关重要。我们预先感谢读者的耐心阅读。

② 《巴塞尔协议Ⅱ》于2004年签署，《巴塞尔协议Ⅲ》于2010年签署。2016年《巴塞尔协议Ⅲ》经过了新的修订，有时被称为《巴塞尔协议Ⅳ》。

简而言之，我们可以说《巴塞尔协议》要求，每一笔给客户的贷款，至少要有一部分由银行股权也就是股东出资来资助。在此提醒一下，这些出资可以是直接的（股本）或间接的（留存收益）。留存收益只是未分配的利润，或者换句话说，是由股东提供的股利。

《巴塞尔协议》的主要原则是确保银行不能仅用用户的存款来为发放给客户的贷款提供资金。银行必须在账面上保持一定数量的资本，以便其可能遭受的任何损失可以由股东消纳而不影响贷款人（即储户）。因此，这种最低数额的资本通常被称为资本缓冲（capital buffer）。

风险的加权处理方法

然而，此条值得称道的原则背后存在一个两难困境。当两家银行（银行1和银行2）分别向客户发放1亿美元贷款时，它们所承担的风险水平不一定相同。例如，银行1贷款给Alphabet——[1]一家标准普尔（S&P）评级为AA+的公司，而银行2则贷款给两个青少年创办的初创公司。即使这两位年轻企业家的项目前景光明，从银行角度来说，资助初创企业也会比贷款给Alphabet风险更大。当涉及相同融资金额时（1亿美元），Alphabet违约的可能性比初创公司的低得多。如果监管机构要求银行1和银行2使用相同数量的资本来为贷款提供资金，那将是无稽之谈。

如果无论潜在风险是什么，银行都必须用相同比例的资本为每一笔贷款提供融资，那么其可能会接受引诱、增加不良贷款。相较于投资级公司，适用于其同类型但高风险公司的利差显然更高，[2]此时银行可能会优先考虑更高的利润率（因此更具风险）而非更安全的前景。对于给定数量的资本，高风险贷款确实会产生更多的收入。这个结果和《巴塞尔协议》的目标背道而驰。监管非但不会创造更安全的银行，反而会激励出相反的结果。

---

[1] 谷歌的母公司。

[2] 在此提醒各位，被视为投资级的债务证券是指评级至少为 BBB-（标普）或 Baa3（穆迪）的证券。

为了避免这一缺陷，《巴塞尔协议》规定，银行必须按照监管机构的建议，将其每项资产（即贷款、投资、担保、资本市场工具等）转换为风险加权资产（risk weighted asset，RWA），即名义价值是依其风险加权的一项资产。监管机构为每项资产设定的资本金额等于相应 RWA 的固定百分比。换句话说，银行的资本金要求并非基于每项资产的名义价值，而是基于这项资产内在风险加权而得的价值。

让我们举一个数值例子。《巴塞尔协议》指出，像 Alphabet 这样的 AA+ 公司所获贷款的 RWA 等值于名义贷款金额的 20%。如果贷款给一个没有评级的公司，RMW 等值额将会是 100%。简而言之，同为 1 亿美元的贷款，对 Alphabet 发放，监管机构所分配的相应 RWA 为 2000 万美元；对初创企业发放，监管机构所分配的相应 RWA 则是整整 1 亿美元。假设监管机构规定的资本比例为 8%，那么银行贷款给 Alphabet 1 亿美元时，必须至少动员 160 万美元（8%×2000 万美元）的资本；如果向一家初创企业提供同样数额的贷款，其必须使用 800 万美元（8%×1 亿美元）的资本。后者所要求的资本额达前者的 5 倍以上。通过这种加权风险的方法，监管机构避免了前面提到的矛盾局面。在一个没有 RWA 的系统中，为贷款融资的要求资本额基于名义价值计算，贷款给初创企业的赢利水平将显著高于贷款给投资级公司（因为利差会高得多）。多亏了《巴塞尔协议》监管框架，这两种贷款的赢利水平得以重新平衡。这对两个年轻人来说是不幸的，但却有益于金融系统的稳定。

结构化融资的贡献

在此阶段，细心的读者可能想知道银行监管和结构化融资之间有什么联系。为了简单起见，我们暂时假设 RWAs 只是借款人信用风险的函数。《巴塞尔协议》的监管框架实际上更为复杂。RWAs 的数值也取决于其他因素，如潜在的额外担保。具体来说，作为交易的一部分，如果向 Alphabet 提供贷款的银行获得了该公司总部的抵押，那么 RWAs 的数额（原来是 2000 万美元）将进一步减少。抵押降低了银行承担的风险，减少了其潜在的损失。在 Alphabet 公司破产的情况下，银行可以行使其在抵押契约下的权利，并通过出售总部大楼来弥补其部分损失。

我们稍后会看到，量化抵押的影响并不简单。在这个阶段，我们可以假设，有抵押的贷款对应的 RWAs 的金额等于同一笔无抵押贷款的 20%。换句话说，给 Alphabet 的 1 亿美元贷款对应的 RWAs 金额从 2000 万美元减少到 400 万美元（2000 万美元 × 20%）。该银行只需要 32 万美元（8% × 400 万美元）而非 160 万美元的自有股本来为这笔贷款提供资金。

表 0.1 总结了目前讨论的三种情况对 RWAs 和资本需求方面的影响：1 亿美元贷款给非评级公司、Alphabet，以及附带抵押的 Alphabet。贷款越安全，银行需要使用的资金就越少。这符合监管机构的目标。毕竟，为每笔贷款设定最低资本额的目的是为了建立更安全的银行，而不是为了阻止银行开展业务。如果损失的风险很小，那么就不应该要求银行调动大量的资本。监管机构需要如履薄冰。它们必须保护银行和储户，但如果它们要求过多的资本，那么在其他条件相同的情况下，就存在利差大幅上升的风险。银行的股东仍需从投资中获得可观的回报，如果每笔贷款都需要大量的股本，它们将要求这些贷款获得更高的利差。这可能会延缓小企业的发展。

表 0.1　公司融资和项目融资的关键差异

单位：万美元

贷款类型	贷款数额	对应的风险加权资产（RWA）	资本（8% × RWA）
对无评级公司的贷款	100	100	8
对 Alphabet 的贷款（标普评级为 AA+，穆迪评级为 Aa2）	100	20	1.6
对 Alphabet 的抵押贷款	100	4	0.32

从风险的角度看，给 AA+ 评级的公司贷款时获得抵押乍一看可能微不足道。但从监管的角度来看，这是必要的。它允许银行减少分配给交易的资金量。在我们的例子中，银行因获得额外担保而节省了 128（160-32）万美元的资本。银行可以将这些资本分配给其他交易以产生额外的回报。换句话说，由于一项简单的抵押，银行可以大幅提高其股本回报率。

结构化融资交易的影响实际上与这种抵押贷款相同。它们通常比常规贷款涉及更多的杠杆，但大多数情况下会附带一揽子额外的证券或担保（也被称为担保方案）。鉴于不同的交易类型，该担保方案还可以包括股票质押、房产抵押、提前还款选项、提前还款担保等。在所有条件相同的情况下，这些因素会减少分配给交易的 RWAs 数值（以及相应的资本）。简而言之，结构化融资交易使银行能够最优化利用 RWAs。这也是其越来越成功的原因之一。[①]

深入更多细节

正如前面简要提到的，有时候我们难以估计担保方案对减少 RWAs 的影响。在不涉及《巴塞尔协议 II 》和《巴塞尔协议 III 》的复杂性的情况下，监管框架能够给予银行一定的灵活性来评估一个特定的担保方案在风险方面（以及因此在资本消耗方面）可能产生的影响。

《巴塞尔协议》明确规定了抵押贷款或担保等各种证券对 RWAs 的最低影响。银行被默认为必须使用这种方法，即标准法（standard approach）。然而，如果一家银行能够根据自身拥有的历史数据证明，某些证券的收益大于《巴塞尔协议》中规定的收益，那么它就可以使用该数据来计算 RWAs。尽管如此，使用此种名为高级法（advanced approach）的方法仍需得到当地监管机构的批准。

让我们举个例子：

在标准法下，抵押削减了 80% 的 RWAs，将银行为发放贷款所需调动的资本额减少至原来的五分之一（在 Alphabet 的例子中，从 160 万美元减少到 32 万美元）。从概念的角度来看，这意味着监管机构计算出银行的损失风险降低到同样程度，即原先的五分之一。

利用从过去交易中收集的大量数据，银行可能会辩称，获得抵押的

[①] 告诉读者一个好消息：你们已经完成了本书最难的部分。如果你已经理解了所有内容，你应该得到一枚奖章。如有疑问，你只需了解监管机构要求银行为每笔贷款提供最低资本比例即可。结构化交易通常可以通过某种方式减少这部分最低资本比例，这样做会提高银行的赢利能力（因为贷款所需的资本减少了）。

影响不止于此。例如，它可以向当地监管机构证明，损失风险降低到原先的六分之一，而不是五分之一。如果数据令人信服，监管机构可能允许这家银行使用高级法以获益，在这种情况下，其 RWAs 和资本额要求将相应降低。在所有条件相同的情况下，相对于使用标准法的银行，发放抵押贷款的银行将会获利更多。[①]

监管机构的这种灵活性起初可能令人咋舌，但其初衷未改：为了减少风险。通过悬而未定的资本额要求，监管机构希望敦促银行在正确的人员配置和 IT 系统上进行更多投资，以监测自身的风险敞口。在数据可以用来优化资本使用的情况下，银行可能确实更愿意存储和维护业务数据。透过高级法，《巴塞尔协议》的目标仍然是创造更安全的银行以及更稳定的金融体系。

---

① 读者须知：从监管机构获得高级法带来的好处是一个非常复杂的过程。

第一部分

杠杆收购（LBO）

　　杠杆收购（LBO）是指以股权和债务相结合的方式收购一家公司。这种金融技术在20世纪初缓慢出现。然而直到20世纪80年代初，LBO才真正兴起，此时项目融资、资产融资和证券化也正方兴未艾。

　　相对于本书分析的其他融资技术，具有金融背景的读者通常更熟悉LBOs。读者可能在早先的阅读中遇到过或者在与企业估值或公司金融相关的课程中学习过LBOs这个主题。

　　在考虑公司金融和LBOs之间存在的联系后，我们认为LBOs主要是一种融资技术。债务实际上是通过SPV来为收购某项能够产生现金流的资产进行融资。从这个角度来看，LBOs和我们将会在本书中讨论的其他结构化方式十分相似，主要区别在于所融资资产的性质。在LBO的案例中，该资产是一家公司，而在项目融资（第二部分）、资产融资（第三部分）以及证券化（第四部分）中，该资产则分别是基础设施资产、可移动资产以及应收账款组合。

　　LBOs结合了结构化交易的所有要素：使用SPV、借助财务杠杆，以及税收优化。与其他结构化融资技术相比，LBOs往往能获得更多的媒体关注，这可能可以归功于一些通过LBOs而被收购的公司相当知名。收购汉堡王（Burger King）或哈雷戴维森（Harley Davidson）远比为伊利诺伊州或科罗拉多州的风力发电厂融资更容易登上英国《金融时报》的头条。

　　LBOs可能比其他任何一种技术都更能体现本书所论述的一系列金融革命。因此，从错综复杂的杠杆收购开始我们的旅程是再自然不过的了。我们希望不熟悉这个概念的读者能发现它的奥秘。对于其他人，我们希望他们能重新发现这项技术的火花和乐趣。

第1章

LBO 是什么？

1.1　LBO 的主要特点

1.1.1　定义

LBO 是一种允许投资者（也被称为发起人）使用大量债务购买目标公司的收购技术。收购通过一家中介公司而得以构建，该公司成立的唯一目的就是收购目标公司。该中介只是一种投资工具，没有任何员工，通常被称为特殊目的载体（special purpose vehicle，SPV）、特殊目的的公司（special purpose company，SPC）或特殊目的的实体（special purpose entity，SPE）。

SPV（我们也将其称为控股公司，或 HoldCo）通过债务和股权进行融资。债务和股权的分野取决于目标公司的类型以及交易时的市场条件。股权由对目标公司感兴趣的买家出资，而债务则由银行或专门从事债务工具的投资者提供。

一旦被收购，目标公司就成为 HoldCo 的子公司。债务由目标公司支付的股利偿还。LBO 的神奇之处在于：买家可以在收购一家公司的同时，只出资目标公司价值总额的一小部分，余额由贷款人提供。图 1.1 呈现了一个典型的 LBO 结构。

1.1.2　债务规模

LBO 中的贷款人承担着目标公司无法支付足够的股利以偿还债务的风险。提供给 HoldCo 的贷款是无追索权的，也就是说当违约发生时，贷款人对发起人无追索权。换句话说，贷款人不会受益于股权投资

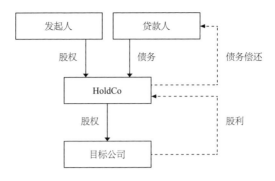

图 1.1　简化后的 LBO 结构

者的任何担保或者任何其他类型的信用保护。如果目标公司因表现不佳无法支付股利，贷款人无法寻求发起人的赔偿。贷款人通常只能依赖于 HoldCo 以及目标公司质押的股权（一组担保，也可以称之为担保方案）。HoldCo 无法偿还债务时，可以行使这些质押。此时，贷款人得以控制这些公司从而可以尝试再结构化这笔交易或者售卖目标公司以偿还所借出的贷款。

考虑这些风险后，适用于 LBOs 的利率一般会高于传统公司融资的利率。为了确保目标公司会分配足够的股利以偿还债务，贷款人会依据目标公司的预估利润或者现金流来确定出资规模：

- 对于小型公司的收购（营业额在几百万美元上下），债务总额通常为净利润的倍数。
- 对于大型收购，可接受的债务水平为 EBITDA（未计利息、税项、折旧及摊销前利润）的倍数。EBITDA（收入减去运营成本）是在不考虑公司财务战略、税务状况或者投资政策下其经营赢利能力的衡量指标。该指标能够很好地刻画某家公司的发展潜力以及在 LBO 时为确定债务规模提供相关参考。

1.1.3　不同类型的 LBOs

在 LBO 这一通用术语的背后，其他缩写词有时用以指代一些特定类型的杠杆收购。

MBO（management buyout，管理层收购）指的是目标公司的管理层单独或者与发起人一道参与收购。MBOs 是 LBO 的常见形式。它们通常发生于以下情况：

- 中小型企业（SME, small or medium-sized enterprise）的所有者退休后决定将其企业卖给管理者，这些管理者已经和所有者共事过一段时间（通常是所有者的子女或者得力助手）。

- 想要保留原有管理者的 LBO 公司① 收购某个公司。很多 LBO 公司可以向目标公司的关键人物提供具有吸引力的股票待遇。这种方式将管理者的利益与 LBO 公司自身利益结合起来。这些关键人物会得到直接的激励，以助力公司发展并确保 LBO 的成功。

- MBI（management buy-in，外部管理层收购）指的是买家在收购前未曾为目标公司工作，但在收购后成为目标公司管理者的 LBO。MBIs 盛行于 SME 的创始人退休后无法在雇员中找到新买家的情况中。此时，公司被推向市场而后被先前和此公司无关的买家收购。MBI 可以由单个管理者、一组管理者或是多个管理者联合一家 LBO 公司加以实施。

- BIMBO（buy-in management buyout，内外部管理层联合收购）是前两种杠杆收购方式的混合。该收购是指现存的管理者以及目标公司之外的管理者合作起来收购目标公司。与 MBI 类似，收购可以由这些管理者单独进行，也可以由其与 LBO 公司一起进行。一般来说，如果新进管理者可以带来现有管理者所不具备的但是对公司未来发展至关重要的专业技能，那么该收购就是有意义的。

- 培育（build up）指的是收购由本身正处于 LBO 中的公司所实施。在此情况下，原有目标公司通常在 HoldCo 层级上增加债务（有时也包括增加股权）而直接收购新的目标公司。此后，新旧目标公司在必要的情况下可以进行合并。

---

① LBO 公司是专门通过 LBO 收购公司的投资公司。其目标是收购目标公司，对其进行管理，然后将其出售并从中获利。我们将在第 2 章详细介绍这些投资公司的运作方式。

1.2 一个三阶段杠杆

与读者可能在此阶段的想法相反，杠杆收购不仅仅是融资结构，它们同时也预示着高水平税收优化的交易，而且该交易只有在新的所有者所实施的战略奏效的情况下才会硕果累累。换句话说，LBOs 基于三重杠杆：财务、税收和管理者。

1.2.1 财务杠杆

在上述三种类型的杠杆中，财务类的杠杆是最易掌握的。其定义是使用债务为收购目标公司融资。债务给予发起人更多的火力以提升他们股权出资的影响力。他们可以在投资（相对来说）较少资本的情况下控制一家公司。杠杆通常以目标公司 EBITDA 的倍数来表示，正如我们之前所提到的（$4 \times$ EBITDA、$5 \times$ EBITDA 等）。

财务杠杆是一个迷人的工具。当万事皆顺的时候，财务杠杆可以提振股东回报；但当市场转向时，它也会刺痛股权投资者——尤其是债务水平过高时。与财务杠杆相关的风险和回报都相当高。发起人不必要投入大量资本以收购目标公司，但是他们也会暴露在可能没有足够的股利来偿还债务的风险下。换句话说，发起人不仅会暴露在目标公司表现不佳的风险下，也会暴露在目标公司表现不够好的风险下。LBOs 的发展史充斥着目标公司赢利但是 HoldCos 无力偿还债务的例子。

1.2.2 税收杠杆

税收杠杆是影响 LBO 表现的第二个要素。这类杠杆意味着在收购后，由 HoldCo 以及目标公司支付的税收总额低于目标公司在收购之前单独支付的税收额。考虑到每个国家都有自己的税收规则，此杠杆的确切影响会随司法管辖区的不同而不同。然而，它还是会依赖于在很多国家中都存在的两类税收条款：适用于股利的特定税收体系；利息的可抵扣性。

1.2.2.1 微乎其微的股利税

在很多国家，某公司向其母公司所支付的股利的税率显著低于其他收入的税率，股利有时甚至可以享受免税。这主要是因为股利是由该公司的税后利润所支付的。换句话说，它们产生于已经被征税的利润。对子公司的利润征税，再在利润以股利形式分配给母公司时又一次征税，这将毫无意义。

为了避免双重征税的影响，很多国家都引进了限制条款，以限制对子公司向其母公司支付的股利征税。该限制可以是整体的（股利分配完全免税），也可以是部分的（对股利以较低的税率或对股利的一小部分征税）。

对于这种有利的税收待遇的适用性，有时还有更详细的规定。具体细节显然会因国家而异：例如，母公司可能被要求至少拥有子公司某个最低百分比的所有权，或者承诺在某个时期内持有子公司的权益性资本。

1.2.2.2　纳税集团和利息抵税

很多国家为属于同一集团的公司设计了特定的税收条款。这些条款允许这些公司出于税务目的将该集团子公司的所有财物成果汇集到母公司一级。该措施将使得集团公司能够用其不良实体的亏损抵消部分子公司带来的利润。取决于公司集团所在国的税收体系，纳税集团的概念有多种形式。它可以是选择性或强制性的。纳税集团在概念界定上可能要求母公司完全拥有子公司，或只拥有子公司的重要部分。

在一些不存在纳税集团概念的国家，若一家公司仅拥有一个经济上的所有者，则可以将该公司视为“流通实体”（flow-through entity）。就税务目的而言，其不被视为独立于其所有者的实体，因此该子公司的资产、负债和活动等同于其所有者的资产、负债和活动。在概念上，这和公司的纳税集团稍显不同，但在本质上二者有相同的财务后果：母公司及其子公司在税务上被视为一个实体。

此类条款对于 LBO 来说至关重要，孤立地看 HoldCo，从税务的角度出发，其本质是一个亏损的公司。其损益表是由股利（如上所述，几乎是免税的）和收购负债的到期利息（可抵扣税额）所构成。相反，当目标公司是一家经营性公司，从逻辑上来看，从税务的角度出发，它是赢利的。鉴于税务目的而将 HoldCo 以及目标公司的亏损与赢利相合并的可能性，意味着目标公司的利润可以部分地由 HoldCo 的亏损所抵消。换句话说，收购后纳税总额要低于目标公司是一个独立公司时的纳税额。

1.2.2.3　替代方案：合并抑或债务下推

目标公司的买家不会总从最优税收结构中获益。在限制或者就是不允许用收购工具来进行利息抵税的国家，情况尤为如此。如果限制过于严格，可以实施两种替代性的结构：HoldCo 和目标公司的合并；债务下推。这些解决方案不会在收购后立即实施。它们通常在收购后几年内进行，否则会被交易所在国的税务机关视为过于激进。

两个实体之间的合并可能是一个解决方案，但也会带来财务和法律方面的问题。从财务角度来看，如果在目标公司中存在大量少数股东伴随着 HoldCo，合并可能会变得复杂。由于买家只通过有限数量的资本控制 HoldCo，在合并后买家的股权可被大幅稀释。其在目标公司的资本份额会低于 HoldCo 曾经拥有的份额。

在一些国家，经营性公司与存在大量负债公司之间的合并被视为违背目标公司利益。所有者（即 HoldCo）拥有的权利与独立经营的目标公司的利益之间存在着法律张力。合并是否可行取决于合并发生的国家，但通常需要向国家当局证明新组建的公司能够维持其债务。

作为合并的替代方案，股东可以考虑债务下推，即将债务从 HoldCo 转移到目标公司。债务下推通常以让目标公司减少资本额或向 HoldCo 支付额外股利的方式进行。该款项由目标公司贷款支付。这使 HoldCo 能够偿还自身债务。通常独立专家会获邀向税务当局证明目标公司的业务能够支撑新贷款的偿还。

1.2.3　管理者杠杆

任何 LBO 的关键要素都是目标公司的经营效率。无论收购方案如何或税务结构多么大胆，除非目标公司能产生足够多的现金流以偿还债务或给新的所有者支付股利，否则 LBO 不可能成功。因此，LBO 不仅是一种财务结构，也是一次商业冒险。目标公司的管理团队必须找到正确的方向以改善销售和赢利能力，尽管此额外压力是产生于 HoldCo 所筹集的大量债务。

1.2.3.1　投资公司主导的 LBOs

正如上述所解释的，LBOs 的结构化通常有管理者的参与。这些管理者可以在收购前就位（MBO），也可以仅在公司被收购后加入（MBI 或 BIMBO）。在这两种情况下，管理者对交易的成功都至关重要。LBOs 提倡管理者–股东的概念，这些人在财务上与目标公司的成功有着直接的利益关系。

在大多数公司中，管理者只是其所在公司的雇员。这些管理者职责重大且收入颇丰，但他们仍需向股东述职。他们自身利益与其所管理的公司的利益并不必要一致。他们可能倾向于短期收益或者将其职位视为获得大公司更佳工作的跳板。LBO 中的状况则不同。管理者成为目标公司的股东，并获得直接激励以提高公司的表现和估值。

在 LBO 背后的管理学理论揭示在所有条件相同的情况下，企业家——或者至少是管理者–股东的积极动力要高于传统的高管。一旦管理者的个人财富和公司利润挂钩，他将努力工作以提升目标公司的价值。这便是 LBO 公司对 MBOs 青睐有加的缘由。他们邀请管理者一道投资以使股东和管理者利益一致。另外，LBO 公司也会给予管理者股票或者股票期权。

由 LBO 公司所主导的收购胜利不能仅归功于给予管理者的激励。LBO 公司是经验丰富的股东，他们在收购公司时就对要实施的战略了然于胸。作为主要的所有者，他们可随心实施他们的计划并选择忠于执行的管理者。LBO 公司当然也会犯错误，但他们一般会给目标公司规划清晰的发展路线。

1.2.3.2　个人买家对 SME 的收购

当收购方是个人时，管理者杠杆会呈现出不同形式。在此情况下，易手的公司通常非常小。它是由对该公司倾入大量金钱和心血的企业家售出的。收购方一般也是如此，这意味着买卖双方都对这家公司有着财务和情感上的依赖。

也就是说，我们可以合理假设，将大部分积蓄投入新企业的买家比期望出售该企业并随后享受退休生活的所有者更致力于该公司的成功。一个新的管理者，受到新开始的激励，带来了新想法、新方法以及可以激发变化的态度。

1.2.3.3 培育

在培育的过程中，管理者效应是有限的。在此场景下 LBO 下的公司收购了另一家公司。绩效的提高更多的是来自两家公司之间的协同作用，而非管理层的变化。

潜在协同作用的例子包括：

- 提升投资与发展能力；
- 销售早先未曾开发过的新产品或服务；
- 在集团公司的两个实体之间分享最佳实践；
- 由于更强的采购能力或战略而降低成本；
- 两家公司内部职能的整合；
- 更易获得信贷。

案例研究 1: 哈雷戴维森的 LBO（1981—1986 年）

1981 年对哈雷戴维森的杠杆收购具备完美 LBO 的所有要素，它几乎是未来 MBA 学生的案例研究范本。在杠杆收购仍然是一种新鲜事物的时期，此次交易结合了成功 LBO 的所有要素：大胆的财务结构、公司局面的扭转，以及企业家的冒险精神。

一个神话的诞生

第一辆哈雷戴维森于 1903 年在密尔沃基（Milwaukee）由比尔·哈雷（Bill Harley）和阿瑟（Arthur）及沃尔特·戴维森（Walter Davidson）兄弟制造。他们的原型车并不完美（骑手仍然需要踩着踏板上坡），但这并没有让这三位好伙伴气馁。这三人以技艺高超的机械师身份而闻名，他们很快就开始向朋友、亲戚和邻居出售摩托车。他们的第一家工厂于 1906 年建成，次年戴维森兄弟中的第三位威廉（William）也加入了他们。

沃尔特·戴维森（当选为公司的首席执行官）说服他的三个伙伴专注于生产力量强劲的摩托车。他们的目标是赢得比赛以推广品牌并吸引媒体报道。这个赌注得到了回报。哈雷戴维森摩托车在这些活动中表现优异，沃尔特·戴维森本人也赢得了几场比赛。公司的销售量迅速增加，在 1908 年，哈雷戴维森签署了一项协议，向底特律警察部门供货。

4 年后，哈雷戴维森由全国 200 多家零售商分销。该公司与当地警察部队签订了许多合同，还获得了与美国军队的主要合同。该公司在 1917 年向美国军队出售了 20 000 辆摩托车，并在第二次世界大战期间向军队供货。美国士兵在解放法国期间使用的 WTA 型号极大地提升了该品牌在欧洲的知名度。

随着时间的推移，哈雷戴维森慢慢成为美国文化的一个组成部分。该品牌变得非常受欢迎。它的忠实顾客群对发动机的轰鸣声、叛逆的形象和摩托车的独特设计赞赏不已。像詹姆斯·迪恩（James Dean）和马龙·白兰度（Marlon Brando）这样的演员也是其忠实用户，像《逍遥骑士》（Easy Rider）这样的电影回想起来就像是给哈雷戴维森做的电视广告。

1953 年，在其主要竞争对手印第安摩托车（Indian Motorcycle）破产后，哈雷戴维森成为美国唯一的摩托车制造商（公司成立时为 110 家）。当时，哈雷戴维森控制了美国摩托车所有细分市场 60% 以上的份额，包括小型、中型和大马力摩托车市场。

浮现的问题

20 世纪 60 年代是哈雷戴维森激烈变革的时期。该公司于 1965 年上市，其双重目标是为新的投资筹集资金，并使创始人的继承者能够将其股权变现。4 年后，整个公司被美国的一个集团企业 AMF 集团收购，其所有者罗德尼·戈特（Rodney Gott）是哈雷戴维森的铁杆粉丝。

不幸的是，AMF 集团并没有为哈雷戴维森制定明确的战略。尽管进行了大量投资，但其质量开始下降，销售量受损并且品牌形象遭到破坏。由于恰逢日本制造商进入美国市场，质量的下降便更是一个问题。哈雷戴维森努力应对这一挑战。日本的摩托车显然有更好的设计且更为可靠。

当日本制造商在 20 世纪 50 年代末进入美国市场时，哈雷戴维森根本看不起本田（Honda）、雅马哈（Yamaha）、铃木（Suzuki）和川崎（Kawasaki）等日本品牌。日本制造商专注于小型摩托车，哈雷的管理层并不将他们视为威胁。该品牌一直专注于高、中功率的发动机。由于日本制造商在细分市场上没有竞争对手，他们开始蚕食市场。本田在美国的营业额从1960年的50万美元上升到1965年的7700万美元。

从1970年代开始，日本品牌进入了第二个发展阶段。他们利用在小型机器上获得的顾客忠诚度，在中、高功率领域开始与哈雷戴维森直接竞争。在几年内，哈雷戴维森失去了在这一领域的领导地位，其先后被本田和铃木超越。

品牌的衰落似乎无法逆转。与意大利集团Aermacchi合资生产小型摩托车和投资新的生产线都是显而易见的失败。该公司成为低质量和生产延迟的代名词。为了重振哈雷戴维森形象而实施的新营销战略只让情况变得更加糟糕。为了吸引更多潜在顾客，公司摆脱了叛逆的形象，向主流价值观靠拢。这赢得了少数皈依者，但也让忠实的顾客困惑不已。随着困难不断加重，AMF集团聘请高盛（Goldman Sachs）为其子公司寻找购买者。

LBO

鉴于哈雷戴维森公司面临的困难，几乎没有潜在买家对该公司感兴趣。许多人认为它的稳定衰落是无法阻止的。毕竟，哈雷戴维森是个怪胎。其他所有美国品牌早已销声匿迹。整个市场根本没有美国摩托车制造商的容身之处。无人能与日本的产品抗衡。尽管高盛公司付出巨大的营销努力，但AMF并没有收到任何关于哈雷戴维森的报价。

在此背景下，LBO的想法开始酝酿。1981年，以首席执行官沃恩·比尔斯（Vaughn Beals）为首的哈雷戴维森公司的13名高层管理人员决定自己收购公司。经过数月的艰难谈判，哈雷戴维森终于以MBO的方式出售给这群管理者。该公司的估值为8150万美元，其中87%的金额（一个非常激进的比例）是由花旗银行

（Citibank）提供的债务融资。

首席执行官沃恩·比尔斯是麻省理工学院的毕业生，曾在航空业摸爬滚打过。他于1977年加入集团，但AMF从未给予他自由来实现他对哈雷戴维森的愿景。然而，沃恩·比尔斯相信他能够重组公司并将其拉回正轨。为了庆祝此次收购，他为集团的新股东组织了一次往返于纽约和米尔沃基（Milwaukee）的摩托车旅行。这对员工和零售商士气的影响立竿见影。一些员工甚至骑着他们的自行车加入到这些新的所有者的行列。

后LBO时代的管理层

比尔斯的第一个决定是安排哈雷戴维森的管理者、工程师和工会代表参观本田工厂。他们都对该厂的清洁度感到惊讶。他们还意识到尽管本田的生产不那么现代化，但组织化程度更高。运作模块强调准时制（just in time）的方法。摩托车只有在接到订单时才能被生产，这意味着库存有限，以及新的改进可以被实时添加到现有车型中。

访问团还非常惊讶地看到，与自己的公司相比，本田员工的士气更旺，员工间的关系也没有那么紧张。有一个细节非常突出：工程师们知道所有工人的名字。本田的工厂似乎在各方面都很出色，不仅氛围比哈雷戴维森的好得多，而且生产指标也很突出。只有5%的日本摩托车在生产线完结时没有通过质量检验，而在哈雷戴维森这个数字则为50%。

鉴于这种不稳定的情况，沃恩·比尔斯决定迅速采取行动，并推出了一系列彻底的变革，以扭转公司的局面。哈雷戴维森采用了在本田观察到的日本模式，并解雇了50%的员工以调整成本。工会放弃了收购前制订的加薪计划，剩下的员工接受了9%的降薪。

就产品本身而言，哈雷戴维森的工程师们构想了一个新的、更可靠的发动机。它更容易通过质量检验，这使得公司能够实现相当可观的成本节约。与此同时，摩托车的设计也得以重塑。其目的是使哈雷戴维森在竞争中脱颖而出。镀铬部件变得更加明显，大众市场战略遭到放弃。该公司重新与它的根源和叛逆的身份联系在一起。在美国的每一个地方，展厅都得到翻新以强调对哈雷戴维森初始定位的回归。

重回股票市场

归功于这些艰难的决定和对日本方法的采用，哈雷戴维森迅速夺回了市场份额。营业额在5年内增加了130%，1985年，该公司在大马力摩托车领域超过本田成为新的市场领导者。哈雷戴维森的品牌形象明显改善，其再次以产品的质量和可靠性而闻名。

尽管取得了这些成功，花旗银行在1984年意外地决定不再续约许诺给LBO融资的贷款。该银行担心，人口老龄化的累积效应和不温不火的宏观经济前景可能会威胁到哈雷戴维森近期的复苏。沃恩·比尔斯在最后一刻找到了一个准备取代银行的新贷款人——海勒公司（Heller Inc.）。它是一个专门针对中型公司的贷款机构。

花旗银行的决定深深影响了沃恩·比尔斯和其他股东。他们意识到，LBO脆弱的成功主要取决于是否有资金来保证交易。因此，他们决定将他们所创造的部分价值货币化，并加速哈雷戴维森回归公共市场。哈雷戴维森的首次公开发行（IPO）分两步走。股票发行分别于1986年6月和1987年6月进行，这两次的估值都比其竞争对手高得多。

第 2 章
不同利益相关者

2.1 目标公司

LBO 总是从寻找目标公司开始。这是一个耗时的过程，一般由大型投资银行的并购（merge and acquisition，M&A）部门来推动。这些银行站在信息交会的十字路口，扮演潜在卖家和感兴趣的买家之间恒定纽带的角色。一方面，他们试图说服卖家，他们可以助其实现溢价估值；另一方面，他们将这些机会介绍给知名的活跃买家，希望能引起买家的兴趣。以此方式，他们对自己的定位是为待价而沽的公司的出售（卖家提供的卖方委托）或收购（潜在买家提供的买方委托）提供建议的平台。对于规模较小的交易，市场通常由专门从事 M&A 的精品咨询公司所带动。

谈到购买公司，潜在收购方都有他们各自的要求。尽管个人买家倾向于关注在自己熟悉领域活跃的公司，但 LBO 公司制定了明确的投资政策。这些政策包括多个标准，特别是目标公司的规模、行业和地域。

- 规模：由营业额或 EBITDA 定义。一些投资者专注于大型收购，另一些则专注于小型目标。
- 行业：一些投资者只在一个或几个行业（零售、娱乐、医疗等）寻找机会。
- 地域：取决于 LBO 公司的规模，投资者可能活跃在整个大陆板块、一小群国家、一个国家乃至一个地区中。

尽管所有这些买家都有不同的投资标准，但从一般角度讨论理想的 LBO 目标仍然是可能的。考虑到这些交易的本质，买家总是在寻找一个能够产生稳定现金流（以偿还债务）并具备增长前景（以增加目标价值）的目标公司。

在此想提醒读者，本章所描述的完美目标是银行家的幻想，它只存在于书本或 MBA 课程中。我们应将下面提到的要素视为一系列用来衡量比对任何潜在 LBO 目标的标准。没有一家公司会完全契合此定义。

2.1.1　稳定、经常性的现金流

考虑到 LBO 中与生俱来的财务杠杆，理想的目标公司应主要具备产生大量、稳定和经常性现金流的能力。此特征会让贷款人对 HoldCo 偿还债务的能力感到放心。在同等条件下，此时买家可以获得更高的债务金额，并提高自身的股权回报。

能提供可预测和强劲现金流的公司受到潜在收购者的追捧。LBO 公司对符合以下 5 个标准的公司特别感兴趣：成熟的公司、在成熟的市场上运营的公司、处于竞争有限的利基市场中的公司、需求稳定的公司，以及可替代的公司。拥有强大品牌和忠诚顾客基础的公司往往属于这一类别。专业连锁店总是 LBO 公司极为青睐的目标。表 2.1 显示了在过去的 10 到 20 年里，股权投资者是如何极其热衷于投资知名餐饮连锁店的。请读者对照上述 5 个标准来衡量这些餐饮连锁店。

表 2.1　最大的餐饮 LBOs 排名

目标公司	买家	交易金额（亿美元）	公告日期
汉堡王全球（Burger King Worldwide）	3G 资本（3G Capital）	40	2010 年 9 月
OSI 餐厅合作伙伴（OSI Restaurant Partners）[澳拜客牛排餐厅（Outback Steakhouse）的母公司]	路威凯腾（Catterton Partners）、贝恩资本（Bain Capital）	35	2006 年 11 月
唐金品牌（Dunkin' Brands）	凯雷集团（Carlyle Group）、THL 合伙人（THL Partners）、贝恩资本	24	2005 年 12 月
CKE 餐饮（CKE Restaurants）[卡乐星（Carl's Jr.）母公司]	洛克资本（Roark Capital）	17	2013 年 11 月

目标公司	买家	交易金额（亿美元）	公告日期
汉堡王全球	高盛、TPG 资本（TPG Capital）、贝恩资本	15	2002 年 7 月
CEC 娱乐公司（CEC Entertainment）[查克起司（Chuck E. Cheese）母公司]	阿波罗全球管理（Apollo Global Management）	13	2014 年 1 月
达美乐比萨（Domino's Pizza）	贝恩资本	11	1998 年 9 月
华馆（P. F. Chang's China Bistro）	中桥合伙人（Center- bridge Partners）	11	2012 年 5 月
CKE 餐饮（卡乐星母公司）	阿波罗全球管理	10	2010 年 4 月
皮爷咖啡（Peet's Coffee & Tea）	JAB 控股（JAB Hold–ing）、BDT 资本（BDT Capital）	10	2012 年 7 月
戴夫与巴斯特（Dave & Buster's）	橡树山资本合伙人（Oak Hill Capital Partners）	7.78	2010 年 5 月

资料来源：标普。

在任何收购之前，LBO 公司都会使用财务模型来测试目标公司的现金流对需求变化的敏感性，特别是模拟经济下滑或成本急剧上升的情况[也可称这些迭代过程为压力测试（stress test）]。其目的是确定目标公司在极端条件下支付股利的能力。这些压力测试可以由 LBO 公司自己进行，也可以由因交易聘请的 M&A 顾问进行。

2.1.2 改进运营流程的可能性

完美的目标公司最好是一个睡美人，也就是说，现有的管理团队一直在"摸鱼"，并在某种程度上忽略了潜在的运营改进。换句话说，一个进取的新买家应该有可能通过不懈地专注于改善运营流程（例如优化供应链、升级生产设施、将成本合理化、优化组织等）来增加公司利润。第一章中提到的管理者杠杆在这些条件下是最有效的。一个有经验和获得适当激励的管理团队应该能够追踪运营的低效率，并提高赢利能力。哈雷戴维森公司（见前文案例研究1）是一个完美的LBO案例，其成功可以归于管理者改善运营流程的能力。

汉堡王也是此话题下一个很好的案例。在新股东的支持下，这家快餐连锁店已经能够精简内部流程、削减成本、优化供应链，从而使EBITDA利润率得到大幅提升 [①]（见图2.1）。

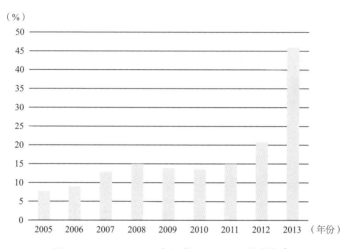

（％）

图2.1 2005—2013年汉堡王EBITDA的利润率

资料来源：改编自 Francisco Souza Homem de Mello。

在2010年，3G资本从TPG、高盛和贝恩资本手中收购了汉堡王集团，彼时该公司的估值为40亿美元（包括7亿美元的债务）。33亿美元权益部分的收购是通过大约50%的债务和50%的股权融资来实现的，这意味着3G直接投资的总金额为16亿美元。两年内，汉堡王的EBITDA利润率增加了近60%，为此公司在一年后向股东支付了3.93亿美元的

[①] EBITDA利润率的计算方式如下：未计利息、税项、折旧及摊销前利润的总和除以总收益。作为收益的百分比，其是公司运营赢利能力的衡量指标。该比例可以用来衡量企业的成本削减效果。公司的EBITDA利润率越高，其运营成本相对于收益就越低。

特别股息。2012 年，3G 将其在快餐连锁店的 30% 股份出售给了一家特殊目的收购公司（special purpose acquisition corporation，SPAC）[①]。（译者注：原文为 special acquisition corporation，翻译为特殊收购公司，但一般的说法为 special purpose acquisition company，翻译为特殊目的收购公司。本书的翻译遵循一般的说法，同时结合原书的内容，将英文表述为 special purpose acquisition corporation。）该 SPAC 是由亿万富翁尼古拉斯·伯格鲁恩（Nicolas Berggruen）、Jarden 创始人马丁·富兰克林（Martin Franklin）和潘兴广场资本管理公司（Pershing Square Capital Management）创始人比尔·阿克曼（Bill Ackman）创立的。通过此次出售和特别股息，3G 资本在两年内收回了比最初投资还多的资金，同时仍保持原来 70% 的头寸。

2.1.3　成长机会

除了赢利能力，成长机会也是买家考虑的主要目标。因此确定提升企业成长上限的方法便是进行任何收购之前的先决条件。成长可以通过有机或收购的方式实现。

2.1.3.1　有机成长

有机成长可以通过多种方式实现：增加或改进产品或服务，实施新的营销战略，将市场定位于另一类顾客群体。例如，一家收购了连锁餐厅的 LBO 公司决定在商场开设更多的餐厅，而到目前为止，该连锁餐厅的战略一直是只关注大型都市圈中的城市中心（反之亦然）。

汉堡王便是一个典型的例子，自被 3G 资本收购以来，其便一直在实现有机成长。虽然许多人质疑 2010 年收购的价格过高，但 3G 资本三巨头（豪尔赫·保罗·莱曼（Jorge Paulo Lemann）、马塞尔·泰利斯（Marcel Telles）和贝托·西库皮拉（Beto Sicupira））任命的新任 CEO 贝尔纳多·希斯（Bernardo Hees）很快就对这家连锁餐厅实施了改革，以增加门店的客流量。改革包括简化菜单、修订食谱，丰富早餐食物、饮

---

① 　SPAC 是指已上市的投资公司。

料和咖啡的选择。改革的目标是吸引女性和家庭这两类汉堡王过去所忽视的顾客群。与麦当劳（McDonald）不同，2010 年的汉堡王过于依赖其核心顾客群体——年轻男性。自 2008 年以来，此类顾客受到了严重的失业打击，这极大地损害了汉堡王的销售。3G 的战略是吸引更广泛的顾客群体，并瞄准那些更倾向于在咖啡或水果味饮料等高利润商品上花钱的顾客。查克起司（Chuck E. Cheese）在被阿波罗（Apollo）收购后也采取了类似的战略。该连锁店改变了餐厅的布局和设计，并增加了新的菜单选项，以鼓励家庭用餐。

另一个有机成长的选择是拓展更广泛的潜在顾客基础。私募股权发起人通常会拿出对目标公司的部分原始投资，用于开发额外的分销渠道或开设新的销售点。在此汉堡王又是一个范例。在新股东的支持下，该公司在退出法国 15 年后，于 2012 年决定再次进军法国市场。

3G 选择法国并非一时兴起。由于本土的快餐市场缺乏竞争，法国是麦当劳最赚钱的国家之一。世界上营业额最高的四家麦当劳餐厅有三家位于法国[①]。有趣的是，前文表2.1 中提到的另一家公司出于同样的原因将目标瞄准了法国市场。汉堡连锁餐厅卡乐星（Carl's Jr）的母公司CKE 餐饮（CKE Restaurants）于 2018 年在法国开设了第一家餐厅。

2.1.3.2　外部成长

外部成长是 LBO 中创造价值的另一种方式。培育可以让公司快速成长，这对考虑投资期限的私募股权公司来说极具吸引力。如果能够正确识别和实现协同效应，那么外部成长就能成为提高目标公司估值的有力捷径。

美国的 K–Ⅲ 通信公司（K–Ⅲ Communications Corporation）是一家成立于 1989 年的出版公司，从一开始其就有意通过外部成长进行扩张。它可能是连续培育最为标志性的例子。K–Ⅲ 的传奇始于 1988 年，当时

---

① 根据麦当劳披露的数据，从营业额的角度来看，他们在全球最大的餐厅分别位于巴黎的香榭丽舍大街（Champs Elysées）、巴黎迪士尼乐园（Disneyland Paris）、莫斯科普希金广场（Pushkin Square）和巴黎附近的拉德芳斯（La Défense）商业区。

包括 KKR 在内的几个买家对成立于 1843 年的英国出版社麦克米伦集团（Macmillan Group）进行了竞标。在与英国大亨罗伯特·麦克斯韦（Robert Maxwell）争夺公司控制权的过程中，KKR 的合伙人认识到，实际上麦克米伦集团的价值更多地体现在其管理团队的卓越品质上而非图书组合上。因此，KKR 最终决定撤回对麦克米伦的竞标，转而挖走其三名主要董事，并通过连续的收购为他们提供机会以建立一个竞争性的出版集团。这就是 K-Ⅲ 的开始。这家公司在 1989 年一无所有，在进行了 28 次、总额达到 14 亿美元的连续收购后，其营业额在 1994 年达到了 8.5 亿美元。K-Ⅲ 于 1997 年更名为 Primedia，2013 年更名为 RenPath，其在 KKR 的投资组合中待了 22 年。尽管以雄心勃勃开始，但该集团还是沦为互联网竞争和随之而来的平面广告预算削减的牺牲品。2011 年，该公司被另一家 LBO 巨头 TPG 资本收购。

后来，和培育有关的成功例子再一次落到汉堡王头上。2014 年 8 月，这家美国快餐连锁店宣布其有意收购因咖啡和甜甜圈而闻名的加拿大最大的快餐连锁店提姆荷顿公司（Tim Hortons Inc.）。这两家连锁店在合并后将保留各自的业务，合并的目的是借助汉堡王在国际市场上的专门知识，推动提姆荷顿在加拿大以外地区的扩张。在宣布收购的第二天，汉堡王的市值便猛增 20 亿美元，从 95 亿美元跃升至 115 亿美元。在一天之内，3G（记住，它已经卖掉了汉堡王 30% 的股份）所持股份的价值增加了 14 亿美元，这个金额与他们在 2010 年收购该公司时的投资大致相当。

根据协议，3G 持有新公司［名为餐饮品牌国际（Restaurant Brands International）］51% 的股份，提姆荷顿的现有股东持有 22% 的股份，汉堡王的其他股东持有 27% 的股份。这个新实体的总部设在奥克维尔，该地区属于加拿大——一个公司税率（当时）低于美国的国家。截至 2018 年 4 月底，餐饮品牌国际的市值为 250 亿美元。在 8 年的时间里，3G 资本已将最初的 16 亿美元投资转化为价值 125 亿美元的股份。

2.1.4 低水平的净长期债务

鉴于一家公司在 LBO 后必须偿还高额债务，买家倾向于寻找本质上负债水平较低的目标公司。他们避免投资处于要求大量定期资本支出（也被称为 capex）[1]行业的公司，或需要完全更换老化生产线或工业设施的目标公司。尽管 LBO 交易利用了杠杆，但收购方必须确保目标公司有足够的现金流来偿还自身债务和控股公司的债务。因此，如果目标公司已经负债累累，那么可用于收购的债务数额将是有限的，从而会限制买家财务杠杆的倍增效应。活跃在 LBO 领域的银行或债务投资者也采用同样的方法。他们会分析一家公司的整体杠杆，比较目标公司的 EBITDA 与公司自身债务和收购授信（acquisition facility）之和（译者注：acquisition facility 是指借款人与商业贷款机构、多边金融机构签订银团或双边定期贷款的信贷协议，为借款人或其附属公司收购或合并相关实体时提供融资支持。此处的授信有融资额或贷款额的含义。），以确保总杠杆从长期来看是可持续的。

理想的目标通常不属于资本密集型行业，即需要定期和大量投资的行业（钢铁生产、汽车制造、航空业等）。这些行业的固定成本很高，收益的轻微下降就会导致重大的经营亏损，导致公司无法支付股利。

2.1.5　低营运资本需求

在理想情况下，目标公司还应具有较低的营运资本需求（working capital requirement，WCR）。WCR 是一家公司开展日常业务所需的现金数额。其计算方式是应收账款和存货之和减去应付账款。WCR 越高，公司为其运营周期融资的现金需求就越高。

为 WCR 融资只有两种方式：通过确保长期流动性（通过额外的股权或债务）；通过银行透支或短期授信。无论选择哪种方式，银行通常都不愿意为有高额营运资本需求的公司提供 LBO 融资。高 WCR 会使债务膨胀，并使目标承压。当债务水平已经很高时（LBO 中收购授信过高便属于此类情况），贷款人便不愿意承担 WCR 过高的风险。

---

[1] Capex（或资本支出）是公司用于购置或升级实物资产的资金，如房产、工业建筑或设备。这些支出的范围广泛——小到购买一台设备，大到建造一座工厂。

在某些情况下，公司的 WCR 为负。这意味着他们在运营周期内无须融资，相反还能产生现金，例如，超市或连锁餐厅就是如此。这有两个主因：供应商在交货后 30 天或更长时间内才获得付款，而顾客则直接为服务付费；产品是新鲜的，因此库存有限。这无疑是这些行业吸引 LBO 专业人士的另一个原因（见表 2.1，第 2.1.2 节）。

话虽如此，LBO 公司有时会决定投资 WCR 水平相对较高的公司，尤其是当它们相信高 WCR 可归因于管理不善时。在此情况下，降低营运资本需求（无论是通过优化库存管理，还是通过完善客户或供应商的支付条款）是价值创造的源泉。很明显，此时买家发现了一个可能改善运营流程的机会（见第 2.1.2 节）。

2.1.6　可抵押部分资产（理想情况下）

在同等条件下，若目标公司具备的资产有独立于公司业务活动的价值（例如办公室、仓库或商标），那么贷款人就更愿意为该收购提供融资。在贷款条件的谈判中，银行总会收到目标公司的股权质押。若目标公司破产，而公司的部分资产依然具有价值，那么该质押也就更有价值。

2.1.7　不存在肮脏的小秘密

在提出收购要约之前，买家会尽可能多地获取目标的信息。他们通常会进行尽职调查（due diligence，DD），这意味着他们会核实卖家分享的关于公司和其所在市场的所有信息。从理论上讲，这种尽职调查涵盖了交易的所有方面，包括财务、法律、技术和商业事项。其目的是确保潜在买家在收购结束后不会遇到任何不愉快的事件。

大买家会在顾问大军的帮助下实施这一过程。

- 财务顾问（financial advisor）是银行或者精品 M&A 机构。其作用是帮助买家确定目标公司的最终估值，并协调其他顾问间的互动。财务顾问要确保在与卖家商讨价格时就已经考虑了所有投入。
- 商业顾问（commercial advisor）是专注战略事务的咨询公司。其通常是大型管理咨询公司之一［波士顿咨询集团（Boston

Consulting Group）、麦肯锡公司（McK-insey&Company）、罗兰贝格战略咨询公司（Roland Berger Strategy Consultants）等］或其分拆公司之一。此类顾问的作用是确认公司的商业潜力、研究其市场动态，并分析竞争强度。

- 技术顾问（technical advisor）是专门从事公司所经营领域的咨询公司。其目的是评估现有资产的质量（例如机器或生产线）、识别潜在的技术风险以及与这些风险相关的成本。
- 法律顾问（legal advisor）的作用是检查该公司所签订的主要合同，并核实适用目标公司所处行业的主要法规。如果卖家提出要约并接受，那么该法律顾问还将负责交易文件的协商。
- 审计公司（audit firm）的作用是分析目标公司的财务报表。最后，审计顾问（audit advisor）还可以就交易的财政方面或目标公司的纳税申报给出意见。

当交易规模较小且买家为个人买家时，收购方对顾问的依赖性会明显下降。他们自己必须进行部分的尽职调查，以减少支付给顾问的成本和费用。个人买家通常仍会雇用律师事务所和审计师（或会计师），但会避免在其他类型的顾问上花钱，或限制自身的工作范围。对于非常小的交易（由个人买家主导的交易），尽职调查受限于最低限度，因为 DD 的成本可能占买家准备投资金额的很大一部分。例如，如果一个买家准备了 50 万美元投资于一项收购，那么在尽职调查上花费超过 5 万美元（已经占投资的 10%）就是没有意义的。因此，个人买家可能比大型投资公司更容易在收购后遭遇不愉快的事件。

无论交易的规模如何，买家总是要求卖家提供责任担保，即卖家同意对其仍是目标公司所有者时采取的任何行动的后果（财务、税务、法律等）承担责任的文件。如果交易发生在两个个人之间，通常最好由银行提供责任担保的反担保。

2.1.8 人的因素很重要

2.1.8.1 一流的管理团队
对于 LBO 公司来说，保留要比任命公司的管理团队更为简单。过去的管理者对公司业务了如指掌，如果对他们激励得当，他们通常能够实现专业投资者所追求的增长。在收购之前，LBO 公司必须做出的重要决策之一就是决定有多少经理人将成为目标公司的股东。这是一个困难的选择。如果人数太多，买家承担的风险就是对公司业务影响最大的管理者因激励不足而离开公司。相反，如果一些关键的管理者被排除在计划之外，局面就会变得紧张并对公司的总体业绩产生负面影响。

如果目标公司规模较小，而且是没有投资公司支持的个人买家完成了此项收购，那么此人就必须确保在所有权发生变化的情况下，员工也不会离开公司。因此，该买家可能也会设计一个股票期权计划来激励公司内部的关键人物。

2.1.8.2　文化变迁

除了引发公司高层的心态变化，极其成功的 LBOs 还能够促进目标公司全体员工全新职业道德的形成。员工的信念是公司业绩的关键，执着于关注细节对公司的赢利能力有极其正向的影响。

一些大型投资公司以注重文化而闻名。3G 资本对其所收购的所有公司都实施全面的培训计划。3G 资本的领导者坚信要定期培训员工，并综合高盛和通用电气（General Electric）开发的方法作为其管理风格的基础。人们持续从他们的管理者那里得到反馈，并获得年度排名。若员工列于排名最低的 10%，则通常会遭到解雇。3G 的管理风格相当有名以至于被戏称为"3G 管理法"，该风格甚至启发了一本书的写作[①]。在 2013 年的一次采访中，3G 的创始合伙人之一马塞尔·泰勒斯（Marcel Telles）说，该公司正在寻找那些无法吸引优秀人才但具有强大品牌的无趣公司。引进人才是扭转公司局面的秘诀。

[①]　参见 Souza Homem de Mello 等人的《3G 管理法：对接管美国资本主义最重要标志的三巨头管理风格》的介绍。

2.2 买家

2.2.1 私募股权公司

2.2.1.1 私募股权发起人

大多数杠杆收购是由投资公司［也可以称为私募股权（private equity，PE）发起人］进行的。他们的目标是收购一家高财务杠杆水平的公司、发展该公司，然后在 3 至 8 年后将其出售或使其在证券交易所上市以获利。[①]

2.2.1.2 LBOs 的起源

第一批 LBO 基金于 20 世纪 70 年代末在美国成立。始于 1976 年的 KKR 是这一领域的先驱者。然而，在 KKR 的创始合伙人杰罗姆·科尔伯格、亨利·克拉维斯和乔治·罗伯茨创建 KKR 之前（当他们还在为贝尔斯登工作时）就已经开始进军 LBOs 的世界了。

在 20 世纪 60 年代和 70 年代管理贝尔斯登公司的公司理财部门时，科尔伯格安排了几次成功的 LBOs，那时这些 LBOs 被称为自助式投资。1964 年，贝尔斯登安排并资助了罗林斯（Rollins）对奥金灭虫公司（Orkin Exterminating Company）的收购，今天公认该收购是第一次重大的 LBO。

在接下来的几年里，科尔伯格扩展了他的交易活动，并雇用了两个表兄弟亨利·克拉维斯和乔治·罗伯茨。新成立的三人组完成了一系列的 LBO，包括著名的斯特恩金属公司（Stern Metals）（1965 年）、Incom（1971 年）、Cobblers Industries（1971 年）和 Boren Clay（1973 年）。这些收购的股权来自外部买家以及该集团为收购公司而设立的有限合伙企业。

LBO 交易的快速增长意味着这三位银行家花在安排和构建 LBOs 上的时间越来越多，而花在其他 M&A 业务上的时间越来越少。在 20 世纪

[①] 在本章的最后我们将了解到，私募股权的范围不仅限于 LBO。因此，尽管私募股权公司并非都专注于 LBO，然而活跃于 LBO 领域的投资公司仍然都是私募股权公司。

70 年代早期，克拉维斯被迫担任一家通过 LBO 而被收购的公司的临时 CEO，这与他在贝尔斯登的职责相冲。类似的情况成倍出现。到 70 年代中期，三人组显然无法同时从事作为 M&A 银行家的工作和他们自己的投资活动。

在贝尔斯登的传奇执行合伙人赛·刘易斯（Cy Lewis）①拒绝了他们关于建立一个专门的内部投资载体的提议后，科尔伯格、克拉维斯和罗伯茨决定离开贝尔斯登，建立他们自己的风险投资企业——KKR。1977年，他们完成了第一笔收购，股权来自第一芝加哥银行（First Chicago Bank）以及希尔曼公司（Hillman Company），后者是发家于化学领域的美国亿万富翁亨利·希尔曼（Henry Hillman）的投资工具。

最初，这三位合伙人主要关注正面临接班难题的相关企业。他们希望目标企业的所有者：

- 希望退休；
- 没有指定的接班人；
- 不希望把公司卖给与其一生为敌的竞争对手；
- 由于相对有限的公司规模，无法推动公司在股票交易所上市交易。

历经几次成功的交易后，1981 年，KKR 说服了俄勒冈州公共雇员退休基金（Oregon State Public Employees Retirement Fund，即俄勒冈州公务员的养老基金）出资收购美国连锁超市弗雷德迈耶（Fred Meyer）。此交易是 KKR 的一次重大突破，因为该基金是属于他们的第一个大型经常性权益投资者（Recurring equity investor）。此交易也是整个 LBO 行业的转折点。当时，养老金基金大都暴露于公共股票和投资级债券中。此次投资标志着一个新的趋势，即养老基金在私募股权领域部署越来越多的资金。如今，养老基金成了 LBO 行业最大的投资者之一。

其他机智的金融家们迅速效仿 KKR 的战略：贝恩资本（Bain Capital）以及安宏资本（Advent）于 1984 年成立，黑石集团（Blackstone）、凯雷

① 作为贝尔斯登 1949 年到 1978 年的执行合伙人，赛·刘易斯将贝尔斯登转变成了华尔街巨头。他是一个众所周知的工作狂，在他的退休聚会上离世。

集团以及阿波罗全球管理有限公司（Apollo）分别于 1985 年、1987 年以及 1990 年成立。在欧洲，LBO 市场几乎于同一时间出现：锦汇投资（Cinven）、柏瑞资本（Permira）、BC 合伙人（BC Partners）以及 3i 集团（3i）分别于 1977 年、1985 年、1986 年以及 1987 年成立。

2.2.1.3　LBO 公司与 LBO 基金的对比

每个 LBO 公司都有自己的投资战略。然而，收购不是由公司直接进行的，而是由 LBO 公司设立的基金进行的，该基金的唯一目的就是收购公司。LBO 公司有时会被不恰当地指认为基金，但实际上其为通过一个独立的实体（即基金）从私人或机构投资者处（保险公司、主权财富基金、养老基金、大学捐赠基金、家族办公室[①]等）筹集资金以推进收购的管理公司。图 2.2 代表了一个典型的 LBO 基金结构。

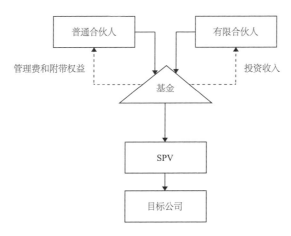

图 2.2　LBO 领域的基金结构

一般来说，LBO 公司是基金的普通合伙人（general partner，GP），而向基金出资的投资者是有限合伙人（limited partners，LPs）。有限合伙

---

① 家族办公室是以管理富有家族的资产为目的的公司。家族办公室分为单一家族办公室和多家族办公室。单一家族办公室只为一个家族服务（为该家族所有），多家族办公室则管理多个家族的财富（一般为独立合伙人所有）。

人是被动投资者。他们向基金出资的目的是赚取利润。普通合伙人通常只对基金进行适度的投资（占几个百分点）。其作用比有限合伙人的作用更复杂，其义务涵盖的责任更广泛，具体如下。

成立基金并设计战略。基金设立时一般从以下角度确立其定位：目标公司的属性（规模、行业和地理位置）；基金的生命周期（在把款项返还给投资者之前，基金预计运作的持续时间）；规模（私募股权发起人希望为基金筹集的金额，比如 5 亿美元、10 亿美元等）。

- 识别投资者。当 LBO 公司想要推出一个新基金时，私募股权发起人会大范围地向潜在投资者介绍他们的项目。他们会前往主要的金融中心宣扬其基金在历史上的光辉战绩并表明对下一个基金的雄心壮志。该过程被称为路演。路演可以在精品咨询公司或者投资银行的帮助下进行，这些机构的职责便是向 LBO 公司引荐投资者。

- 选择目标公司。一旦基金成立、投资者确立，投资公司就可以寻找要收购的公司了。投资公司会通过现有的关系或在银行或 M&A 精品公司的帮助下寻找目标公司。

- 构建收购。在进行 M&A 的同时，PE 公司还必须与为收购目标提供资金的贷款人进行协调。在大多数情况下这是由公司内部的同一个团队来完成的。然而，在大型 PE 公司中，投资部门（选择目标）和债务或资本市场团队（构建债务方案）是完全分开的。LBO 公司也可以找顾问来完成这项任务。顾问工作可以由负责 M&A 顾问的银行或另寻其他银行来承担。

- 进行投资。LPs 不会在第一天就向基金投钱，从财务上讲这无利可图。相反，LPs 承诺在基金中投资一定的金额，并在收购目标公司时将这笔钱汇给基金。当一家公司被收购时，管理合伙人会向已承诺投资基金的有限合伙人发出资本催缴通知，要求其转移资金。如果投资者承诺投资基金总规模的 10%，就会要求他们为每次收购提供 10% 的资金。

- 管理基金的参与。一旦进行了投资，管理合伙人的作用就是积极促进目标公司的发展。基金在公司的每份股份都由为 PE 发起人工作的投资专家监督。此人通常在目标公司的董事会任职。

- 出售目标公司。几年后，投资公司必须为每个目标公司找到新的买家。对于大型交易，几乎总是以聘请 M&A 顾问的方式来协调销售过程。

2.2.1.4　LPs 和 LBO 公司之间的利润分享

在典型的 LBO 基金结构中，作为被动投资者的有限合伙人获得源于基金业绩的投资收入。此业绩等于所有基金投资产生的利润总和。LBO 公司（只占基金出资的一小部分）获得管理费（management fee）和附带权益（carried interest）。

为了履行其作为普通合伙人的所有职责，私募股权公司每年都会收到管理费，其计算方法是 LPs 承诺资金的一个预定百分比（一般为 2%）。管理费的精确计算方法因私募股权公司而异。一旦有限合伙人的承诺资金都已部署完毕，管理费的水平一般就会下降。

除了费用外，投资公司还收取基金超过一定业绩水平的部分利润。此类报酬一般被称为附带权益，若 LPs 收到的所有款项超过了预先确定的回报率（附带权益阈值，carry hurdle），则附带权益一般等于该款项的 20%（附带权益水平，carry level）。附带权益阈值因基金所针对的投资类型和投资所在的国家而不同。新兴国家的附带权益阈值显然比欧洲或美国的要高。

2.2.1.5　基金的生命周期

基金的生命周期一般是 10 年。过了这个时期，就会清算该基金，资金也会返还给投资者。10 年的期限可分为两个阶段：前五年一般被称为投资期，在此期间，公司会被基金收购；第二阶段是撤资期，该阶段在基金清算前会出售第一阶段被收购的公司。基金章程通常允许在某些条件下延长基金的生命周期。此时，如果在原定的 10 年期限结束时市场条件不利（或公司正在经历一个困难的阶段，可能会使出售变得复杂），普通管理者就具备在后期出售公司的灵活性。

LBO 公司通常每四到五年筹集一次新的基金。该时间点与前一个基金的投资期的结束时间相吻合。此举确保了 LBO 公司在市场上始终保持活跃度。

基金的投资战略通常与作为普通合伙人的私募股权发起人的理念相一致。如果LBO公司非常专业，基金也会如此。有些私募股权公司只看重一个行业。例如，美国的罗克资本（Roark Capital）就是如此，其以投资连锁餐厅和基于特许经营模式的零售企业而闻名。这也是英国的狮王资本（Lion Capital）（仅在零售领域活跃）、法国的Antin Infrastructure Partners（在基础设施领域活跃）以及其他许多公司的战略。

像KKR、凯雷、黑石或Ardian这样非常大的投资公司可以同时部署好几个基金。这些基金并不相互竞争，一般都有独特的战略和行业重点。例如，有些基金专门从事大型LBO，有些基金专注于能源资产，有些基金专注于技术和媒体等。这种划分也可能是地域性的，有些基金针对的是位于北美的投资，有些基金针对的是欧洲的投资。

2.2.1.6 业绩目标

只有私募股权公司相信能够获得符合预定目标的回报率，他们才会收购一家公司。鉴于LBO交易中的高杠杆率和风险，这一目标通常是每年20%左右，这也是LBO公司在路演中推出新基金时强调的数字。

基金进行相当数量的投资，因此流向投资者的总体回报等于每次收购带来的回报的加权平均值减去支付给普通合伙人的费用。实现目标回报率对管理公司长期信誉至关重要，因为基金的业绩决定了私募股权发起人启动下一个基金的能力。

2.2.2 个人买家

虽然由投资公司安排的LBO吸引了大部分人的眼球，但很大一部分收购是由个人完成的。如前所述，此类交易通常涉及一个希望退休的所有者出售公司。买家通常是所有者的子女或公司的高管，但有时外部管理者也会牵涉其中。有许多公司高管在一个大型组织中工作后，会用他们的部分积蓄买下了一家SME，开始创业冒险。这些LBOs的规模从不到100万美元到超过1000万美元不等。大部分此类交易都涉及个人出资，金额在10万到50万美元之间。对于较大的SMEs的收购，买家通常会寻求当地投资公司的支持。

个人收购不同于基金收购。私募基金发起人只寻求金融资本收益。

他们的目标是在数年后（3~8 年）转售目标公司，并确保从运营的角度来看，此数年间他们以斐然的成就提升了公司价值。个人投资者走的则是另外一条路子，一般来说他们主要是寻求创业冒险。这涉及发展一家公司，迅速处置这家公司则很少在商业计划之内。长期增长才是他们的目标。话虽如此，这些个人投资者与那些白手起家的创业者相比，对出售公司还是更为开放的。这可以由以下事实来解释：相对于自己创业的人，进行 LBO 的个人买家在情感上对公司的依恋程度更低。

2.3 贷款人

2.3.1 基本概念

2.3.1.1 确定规模

如前所述，[①]LBO 的债务规模是依目标公司的 EBITDA 而定的。因此，LBO 所涉及的杠杆率通常表示为 EBITDA 的倍数（4 倍、5 倍等）。使用该指标方便贷款人比较不同的交易。在同等条件下，有弹性和成熟的企业应该比周期性的企业能够支持更高的杠杆率。也就是说，某项具体交易可利用的债务水平也取决于交易时的市场条件。2008 年危机前所构建的交易显然比 2010 年后几年的交易杠杆率要高。

确定收购债务规模时也会考虑目标公司本身的净债务。换句话说，金融家衡量的是由 HoldCo 和目标公司组成的集团的净债务总额。因此，交易的总杠杆率是收购债务和目标公司贷款的总和减去目标公司层面的可用现金。例如，如果某项交易的可接受债务水平是 5×EBITDA，而目标公司的净债务总额等于 1×EBITDA，那么收购授信将等于 4×EBITDA。

2.3.1.2 债务结构

LBO 的债务结构取决于目标公司的规模。较小的交易主要由一小组贷款人安排的一种债务层级构成。对于规模较大的收购，出现几类债务

① 见第 1 章第 1.2.1 节。

层级的情况并不罕见。相对于次级层级，优先级层级的债务可享优先偿还但利率更低。

LBO 中的债务结构也取决于交易的地点。尽管欧洲和美国的债务工具有很多相似之处，但并不完全相同。在欧洲大陆，银行仍然是活跃的贷款人，而美国市场则主要由债务基金主导。英国介于欧洲大陆和美国之间，但逐步向美国市场靠拢。

2.3.2 定期贷款

2.3.2.1 如何运作?

从传统上讲，LBO 的大部分收购债务是以定期贷款（也叫优先级贷款）的形式提供的。此类债务通常以 HoldCo 和目标公司的股权质押为抵押。如果 LBO 需要多种债务层级，那么定期贷款的级别要高于其他层级。这种优先权意味着此类贷款在偿还方面具有优先权。

优先级债务本身也可以分为以下几个层级:

- 定期贷款 A（Term Loan A，TLA）可全部或部分分期偿还，通常有 5 至 7 年的期限。
- 定期贷款 B（Term Loan B，TLB）是只付息的子弹式贷款。其期限一般在 7 年左右。
- 在一些罕见的情况下，会构建定期贷款 C（Term Loan C，TLC）。TLC 是比 TLB 具有更长期限的子弹式贷款。

这些不同层级具有同等地位，意味着它们具有相同的优先权和相同的偿还权。然而，每个层级都有不同的利率。子弹式贷款比分期贷款的风险更大。如果存在优先级债务，那么支付 C 档的利率较高，因为它是子弹式的且比其他层级的期限长。

较小的交易只有分期贷款，而较大的交易可以通过 TLA 和 TLB 的组合进行融资。当市场条件有利时，公司也可以在没有 TLA 情况下构建 TLB。此类情况下所有的优先级债务层级都是子弹式的。使用 TLBs 对私募股权发起人有吸引力，因为其不涉及本金偿还。尽管利率较高，但债务负担也更低，这就提高了投资者的内部收益率（Internal Rate of Return，IRR）。

2.3.2.2 条款

条款是贷款人在贷款协议中使用的一种法律保护形式，它们是借款人履行或避免某些行为的承诺。对这些条款的违背会引发对借款人的制裁，这些制裁甚至可以强制借款人提前偿还贷款（见第 2.3.2.3 节）。

我们通常可以将条款分为两类：肯定条款和否定条款。

- 肯定条款指的是借款人必须履行的行为，与之相关的例子包括与贷款人共享财务报表、遵循可适用的法律等。
- 否定条款则包括 HoldCo 被禁止的活动。在 LBO 中，最为常见的否定条款包括：承诺不将贷款所得用于除了收购目标公司外的其他任何投资；承诺在未经贷款人事先一致同意的情况下不接受任何额外的贷款。

一些律师有时会指出第三类条款，即财务条款，尽管他们一般以肯定或否定条款的形式起草此类条款。最常见的财务条款是 HoldCo 及目标公司组成的公司集团有义务将其净债务与 EBITDA 之比维持在预定比率，该比率一般被称为杠杆率。

在 LBOs，杠杆率被贷款人广泛采用以评估目标公司履行其财务义务的能力。组织结构中的债务水平与基于目标公司的 EBITDA 相比较，表明的是在所有其他条件一致的情况下，目标公司偿还债务所需的年数。

杠杆率通常是 LBO 中的条款。若杠杆率高于某一事先约定的比率，适用于收购债务的利差则可以增加以反应贷款人所承受的额外风险。若杠杆率过高，则还可以触发借款人提前还款的义务。

2.3.2.3 违约事件

违约事件是一种预先确定的情境，在该情境下贷款人有权要求提前偿还贷款。违约事件在贷款合同中有明确说明。这些事件中最显著的就是 HoldCo 无法按时支付贷款项下应付给贷款人的任何款项。

然而，违约事件并不限于 SPV 资不抵债或者破产。如前所述，契约的违反能够引发违约事件。例如，杠杆率增加到某一特定水平以上，抑或 HoldCo 采取了贷款协议禁止的步骤（例如，使用其所筹资金收购与交易无关的房产），此时贷款人可以要求立即偿还贷款。如果贷款无法偿还，贷款人就可以行使目标公司股权的质押，从而控制该公司。

2.3.2.4 Cov-lite 结构

现今诸多 LBOs 在实施时使用轻量条款（cov-lite）结构。相较于传统的 LBO 贷款，cov-lite 贷款包含的限制较少，这意味着此类贷款规定的条款有限。其通常还明显排除了任何规定杠杆率的条款。

对借款人来说，cov-lite 贷款更为灵活，因为此类贷款极大限定了贷款人要求偿还贷款或者在担保方案下行使其权利的场景。[1]Cov-lite 贷款通常于牛市时激增。在 2008 年金融危机之前此类贷款属于常态，自 2010 年中期以来又再一次流行。在通过 cov-lite 所构建的 LBO 中，一个著名的例子就是黑石集团于 2007 年收购希尔顿酒店（Hilton Hotels）（见案例研究 4）。

2.3.2.5 银行信贷池

目标公司的规模是优先级债务结构的主要驱动因素之一。小型收购通常由几家贷款人联合发起人共同提供资金。在此情况下，将债务的安排和结构定义为俱乐部式交易（club deal）。此类交易的收购授信通常由 HoldCo 一级的优先级债务层级组成。

对于大型交易来说，债务通常是通过承销（underwriting）来构建的，这意味着一个（或多个）贷款人承诺提供债务，但打算过后（部分或全部）出售给其他贷款人。需要大量债务的交易尤其需要承销。发起人使用承销来避免与众多贷款人就收购债务的条款进行谈判。相反，他们可以与特定数量的各方（通常是一到三个）讨论交易。与俱乐部式交易相比，承销的成本更高，因为承销商希望从服务和额外风险中获得报酬。然而，他们可以简化和加快谈判过程。[2]

2.3.2.6 非银行投资者

当银行承销一项交易时，它们不仅可以将收购债务分配给其他银行，还可以将贷款出售给专门从事杠杆贷款的非银行投资者，即非投资级贷款。这些投资者大多是基于 CLOs（担保贷款凭证，collateralized loan

---

① 见第 1 章第 1.1.2 节。
② 有关俱乐部式交易和承销的更多信息，请参阅附录 B（银团和俱乐部式交易）。

obligations）或 CDOs（担保债务凭证，collateralized loan obligations）的投资者。CLOs 和 CDOs 目前占 LBO 债务投资总量的绝大部分。我们将在本书的第四部分（关于证券化）详细介绍它们的运作方式。

非银行投资者的作用日益增强可部分归因于银行经营所受到的监管限制。我们在导言中已经解释过，银行必须用来自股东的资本为其部分贷款融资。所需的资本份额取决于银行发放贷款的风险。贷款的风险越大，银行需要调动的资本就越多。

鉴于 LBO 贷款通常是非投资级的[1]，它们通常会转化为高风险的加权资产（RWAs）。[2] 因此对银行来说，其资本使用成本十分昂贵。在许多情况下，与 LBO 贷款等值的 RWA 甚至大于其名义价值（意味着其权重大于 100%）。即使杠杆贷款的回报率很高（因其需要大量资本），很多时候银行将其保留在账上也是不经济的。对银行来说，高利差率伴随着的是低资本回报率。

基于这些原因，银行转而将 LBO 贷款卖给像 CLO 这样的投资者，此类投资者不受同样的监管约束。若涉及大型 LBOs，如今银行的角色大多是安排、承销，然后分发贷款。除了一些特定的交易（小型或极具战略意义的交易），银行很少将 LBO 贷款保留在账上。

非银行投资者在 LBO 领域日益重要的作用对 LBO 的结构产生了影响。鉴于这些投资者需调配很多基金而团队又相对有限，他们更愿意投资子弹式贷款而非摊销式贷款（这样他们就不必不断地重新投资基金）。这意味着 TLBs 越来越受欢迎，以及许多构建的交易中都没有 TLAs。

2.3.2.7　其他信贷授信

除了在 HoldCo 层面提供的债务外，目标公司还需要贷款来开展业务。如果这些授信存在于收购前，则由所有者偿还并重组。这样做的目的是使所有贷款人（在 HoldCo 和目标公司层面）都保持一致，以消弭 HoldCo 贷款人和目标公司贷款人之间的利益冲突。

LBO 中构建的主要辅助授信是如下。

---

[1]　或相当于非投资级，因为它们并不总是由评级机构正式评级。

[2]　见介绍部分的定义。

- 循环信贷授信（revolving credit facility，RCF）是给予目标公司层级的信贷额度（译者注：facility 并没有统一的翻译名称，在不同的文本中，其翻译包括工具、安排、便利等，比如这里的 RCF 还可以翻译为循环信贷工具、循环信贷安排或循环信贷便利。本书的不同地方都有包括 facility 的词组，考虑到该词的内涵以及翻译的统一性和可理解性，统一将其翻译为"授信"）。可以由公司随时提取（这个额度的作用类似于信用卡）。其可以用来为公司的营运资金需求或任何其他意外开支提供资金。其是公司日常活动的支柱。
- 如果公司需要投资以升级设备，可以在公司层面增加特定的资本支出授信（capex facility）。
- 如果所有者为目标公司设定的计划中包括培育战略，则可以构建收购授信（在 HoldCo 层面上提供）。

由银行（通常是那些对收购债务进行结构性安排的银行）提供这些不同的信贷额度。不过，希望与目标公司发展关系的银行也可以提供这些贷款。CLOs 不提供这些授信，因为不一定有必要使用到这些信贷额度。考虑到 CLOs 需要为投资者提供回报，其希望投资全额提取的贷款。

2.3.3 从属债务

从属债务（subordinated debt）对收益或资产所能主张的权利要低于优先级债务。我们也可以称其为次级债务。LBO 可以包含多种形式的从属债务。小型 LBOs 通常不包含次级债务。

2.3.3.1 第二留置权

一些 LBOs 包含了一种名为第二留置权（second lien）的债务工具。第二留置权债务所处的债务层级具备优先级债务的支付权利，但对借款人向贷款人提供的任何抵押品只享有从属权利。换句话说，第二留置权贷款人通常只受益于 HoldCo 和目标公司股权质押的第二顺位。

在违约事件发生后、交易终止的情况下，第二留置权贷款人可以获得用来保证贷款的抵押资产（通常是目标公司的股份）出售后的收益，但该收益首先要给付所有优先级贷款人。第二留置权债务在纸面上可视为优先级债务的附加层级，但从实际操作上看属于次级债务工具。

2.3.3.2 夹层债务

夹层债务是一种次于优先级债务但优先于股权的债务层级。其属于介于债务和股权之间的混合融资类型。夹层债务是一种子弹式贷款，其收益来自以下几个方面的混合：

- 交易期间的利息支付。
- 资本化利息（到期或交易再融资时支付），也被称为实物支付（PIK，payment in kind）。
- 公司股权的认股权证。认股权证是夹层贷款人的一种选择，贷款人可以按预先设定的公司股权比例支付利息。从财务上说，如果公司的估值从 LBO 之日起到投资者退出之日有所增加，那么认股权证就极具吸引力。

在 LBO 中，使用夹层债务是一种不以向优先级贷款人施以风险压力为代价而增加杠杆的好方法。夹层债务贷款人一般也是可以投资第二留置权债务的债务基金。夹层债务和第二留置权债务在所涵盖范围上通常没有任何重叠之处。

2.3.3.3 高收益债券

LBO 中债的次级层级也可以采取由 HoldCo 或位于 HoldCo 与发起人之间的 SPV 发行债券的形式。这些高收益债券（high-yield bonds）有时被称为垃圾债券（junk bonds）。垃圾债券是由德崇证券的明星债券交易员迈克尔·米尔肯于 20 世纪 80 年代在美国推广开来的。[①] 评级机构将高收益债券评为非投资级。

在此提醒一下，三大主要信用评级机构（穆迪、标准普尔和惠誉评级）发布的评级范围是从 AAA（或同等级别），代表债务几乎肯定会得到偿还，到 D（或同等级别），代表证券违约。评级为 BBB-或以上的证券属于投资级。非投资级的债务工具被评为 BB+ 或以下。

高收益债券与夹层债务在两个方面有所不同：其为通过评级的工具；

---

① 见案例研究 2。

其不包含 PIK 或认股权证，只支付高利率。高收益债券可用于需要大量流动性的规模可观的交易。当交易低于一定的金额时（约 5 亿美元），对评级的需求以及对高收益债券的需求，就是受限的。[①]

根据结构的不同，在法律上通常可以称高收益债券为从属票据或无担保优先级票据。用优先级票据来描述这些债券可能会产生误导。该工具其实是次级的。之所以称其是优先级，只是因为它是由在收购结构中位于 HoldCo 之上的 SPV 发行的。该 SPV 没有发行其他债务，从 SPV 的角度来看，这些票据是优先的。然而，当考虑整个交易时，其排名相对于优先级债务又是次级的。

2.3.4　单层级债务

2.3.4.1　单层级债务是什么？

单层级（unitranche）是一种作为优先级和夹层债务替代品的债务工具。自 20 世纪 90 年代中期首次亮相以来，由于其简单性而迅速走红：发起人只需就一份而非两份贷款协议进行谈判。单层级是非摊销的，期限通常为 5 年。其定价等于优先级债务和夹层债务的某种加权平均值。此类债务通常模拟夹层债务的票息特征，混合了交易期间支付的现金利息、到期支付的 PIK 和权证。单层级债务是目前中型 LBOs 中最受欢迎的债务工具。

银行并不提供单层级债务。其是由专门从事私人债务的基金（也被称为直接贷款人）提供的产品。这些基金在本质上类似于私募股权公司用来进行 LBOs 的基金。它们由投资公司设立，并由有限合伙人提供资金。这些合伙人由保险公司、养老基金、主权财富基金和家族办公室组成。债务基金和股权基金的主要区别在于 LPs 的预期回报（债务基金的回报较低）和投资政策（投资于债务而非股权）。提供单层级的债务基金一般也活跃在夹层债务和第二留置权领域。

---

① 很多债务投资者只能投资拥有评级的证券。因此，他们不能投资极少被评级的夹层级别。基于此，当交易规模较小时，次级债务采取夹层的形式。对于大型交易，次级债务以高收益债券的方式构建。

管理这些信贷基金的公司往往与管理股权基金的公司相同（阿波罗、Ardian、贝恩资本、凯雷集团等），尽管有些参与者只关注或主要关注债务产品［例如 Alcentra 或阿瑞斯资本管理（Ares Management）］。为了避免利益冲突，同时拥有股权和债务基金的公司通常不能同时作为股东和贷款人投资同一家公司。

2.3.4.2　分叉单层级

在过去数年中，LBO 市场上出现越来越多的直接贷款人与银行合作的交易。在此场景中，单层级被切成两半。单层级的优先级部分（通常低于 EBITDA×2）由银行持有，而次级部分则由债务基金提供资金。单层级优先级部分（被称为先出，first-out）下的应付利息明显低于次级部分（被称为后出，last-out）的利息。尽管将单层级分为两部分，但与 HoldCo 仍只有一项贷款协议。资金流动和支付则由一份单独的协议进行监管，该协议只在债务基金和银行之间进行讨论。这种类型的结构被称为分叉单层级。

构建分叉单层级是吸引银行在目标公司层面参与交易的一种方式。参与单层级债务的银行通常是提供 RCF、资本支出额度和收购额度的银行。这些辅助授信的金额一般较小，银行可能不愿意提供这些贷款（他们需要分析整笔交易，但仅能感觉到有限的收入）。在这一揽子辅助授信中加入单层级债务的次级部分，可以让此交易对银行来说更具规模。单层级的优先级部分的债务规模相对于 EBITDA 较小，这一事实意味着此贷款风险不高，并不需要消耗大量资本。

案例研究 2：迈克尔·米尔肯与高收益债券市场的诞生

迈克尔·米尔肯无疑是历史上最著名的金融家之一。很少有银行家能对金融市场的结构产生如此深远的影响。他在杠杆收购的发展中发挥了核心作用，至今仍被称为高收益债券市场之父。

德崇证券

米尔肯于 1946 年出生在加利福尼亚。他在伯克利学习经济和金融，随后在沃顿商学院完成了 MBA。之后，他加入德雷塞尔·凡士通（Drexel Firestone）。这是一家曾负盛名的小型投资银行，但已长期处于高盛和摩根士丹利公司的阴影之下。

德雷塞尔公司（Drexel & Company）是由弗朗西斯·马丁·德雷塞尔（Francis Martin Drexel）于 1838 年在费城（Philadelphia）创建的。在父亲去世后，弗朗西斯的儿子安东尼（Anthony）重组了公司，并与约翰·皮尔庞特·摩根（John Pierpont Morgan）建立了新的伙伴关系。他们共同创立了德雷塞尔、摩根公司（Drexel, Morgan & Co），该机构成为华尔街最强大的公司之一。1893 年德雷塞尔去世后，摩根将公司的名字改为 J.P. 摩根公司（JP Morgan & Co），这家银行到如今以摩根大通集团（JP Morgan Chase）为人所知。

在此次改名之后，德雷塞尔这一父名便又可供使用，德雷塞尔、摩根公司的前雇员决定购买其使用权并成立自己的投资银行。尽管血统高贵，新的德雷塞尔银行却从未能够与最好的公司竞争。该公司陷入困境，并不断寻找新的合作伙伴来维持公司的发展。1970 年，轮胎制造商凡士通（Firestone）被要求拯救该银行（该银行后改名为德雷塞尔·凡士通）。三年后，该公司被伯纳姆公司（Burnham & Company）接管。伯纳姆公司是华尔街的二线经纪公司，其希望在企业融资领域进行扩张，并被德雷塞尔这一名字的威望所吸引。最后，作为在美国市场扩张战略的一部分，比利时控股公司布鲁克塞尔兰伯特集团（Groupe Bruxelles Lambert）在 1976 年收购了该银行的少数股份，由此诞生了德雷塞尔·伯纳姆·兰伯特银行。（译者注：即今天所称的德崇证券。）[1]

彼时该公司还只是一家非常小的投资银行。但在其成立 10 年后的 1986 年，德崇证券成为华尔街最赚钱的投资银行——这要归功于迈克尔·米尔肯。[2]

---

[1] 布鲁克塞尔兰伯特集团是一家在泛欧交易所上市的比利时控股公司。其是比利时市值最大的公司之一。

[2] 根据 1986 年 12 月 31 日公布的年度报告。

米尔肯的愿景

在伯克利的学习期间，迈克尔·米尔肯发现了沃尔特·布拉德·多克·希克曼（Walter Brad–dock Hickman）的工作。他是一位经济学家和中央银行家，花了大量时间研究债券市场。通过有大量数据支持的实证研究，希克曼在 1958 年出版的一本书中证明，[①]非投资级（或高收益）债券提供的风险调整后的回报率优于投资级债券风险调整后的回报率。换句话说，这意味着即使高收益债券在本质上比投资级债券更具风险，但额外的风险得到了保证金中 delta 的充分补偿。

在 20 世纪 50 年代中期，高收益市场仍然非常小。其只由堕落天使（fallen angel）组成，即最初获得投资级评级但在其发行人遇到问题后遭到评级机构降级的债券。在这个市场上，债券交易时相对其面值有很高的折价。显然这种折价反映了额外的风险，但希克曼表明，从财务角度来看，这种折价超过其应有的水平。

针对这种情况，希克曼的解释是传统债券市场的许多投资者（保险公司、储蓄银行、养老基金等）都有相关投资指南以防止他们在账面上持有已下滑到非投资级评级以下的债券。换句话说，如果债券的评级低于 BBB–，他们就必须将其出售（因此可称其为垃圾债券）。在希克曼看来，这就解释了为什么垃圾债券的交易折价如此之高：不仅是因为其相对于投资级债券的高风险，也是因为很多传统买家不得持有这些债券。这减少了可用的流动性，拖累了其价格。

在借鉴希克曼的工作后，米尔肯得出了垃圾债券市场充满机会的结论。降级至投资级以下的债券并不一定会注定违约。降级只是表明违约的风险增加了。如果以合适的价格买入，垃圾债券可以为投资者带来可观的收益，有时会明显高于股票。而且与股票不同的

---

① 《公司债券质量和投资者的经历》（*Corporate Bond Quality and Investor Experience*），普林斯顿大学出版社，1958 年。

是，债券的回报只取决于借款人在到期时偿还债券的能力。投资者的利润与公司的增长前景、公司相对于同行的表现、市场条件、国家的税收政策等无关。利润只取决于两个因素：债券收购价格与发行价格之间的差异和公司产生足够现金流来偿还债务的能力。

最初的岁月

米尔肯最初以债券分析师的身份加入德雷塞尔。沃顿商学院的一位教授推荐了他。他的职业道德以及对细节的关注很快就给公司的每个人留下了深刻的印象。众所周知，米尔肯早上从不坐地铁，因为他不想碰到认识的人而把时间浪费在闲聊上。他宁愿坐公交车安静地阅读公司的财务报表，天太黑时他还会在头上戴一盏矿灯。

米尔肯很快对他的研究分析工作感到沮丧。他想利用他所见的市场低效率创办一个垃圾债券交易部门。他的提议遭到了拒绝。当德雷塞尔·凡士通公司与伯纳姆公司合并时，他准备离开去攻读博士学位。同样是沃顿商学院校友的塔比·伯纳姆（Tubby Burnham）相信这个年轻人的潜力，给了他一些资金来建立交易部门。最初的几年相当风光：米尔肯在他的垃圾债券投资组合中创造了超过100% 的年度回报。

大多数投资者只看到了风险，而米尔肯却看到了风险调整后的收益。他成了德雷塞尔公司最好的交易员以及华尔街冉冉升起的新星。当德雷塞尔·伯纳姆公司成为德雷塞尔·伯纳姆·兰伯特公司时，他已经是公司里最有权势的银行家之一了。他时年 30 岁，据估计年薪为 500 万美元。

米尔肯的光环使他能够于 1978 年在德雷塞尔股东的祝福下搬回加利福尼亚。他带着整个团队，在洛杉矶重建了一整个几乎完全专注于垃圾债券的交易大厅。在洛杉矶，米尔肯独立于他的老板经营着业务。这是一个双赢的局面。米尔肯为德雷塞尔赚了数十亿美元，作为回报，他可以花更多的时间在家乡与家人们在一起，尤其是在他那被诊断出患有癌症的父亲身边。

高收益债券市场的诞生

米尔肯垃圾债券革命的转折点发生在 1977 年 4 月，当时他正为一家名为德州国际（Texas International）的小型石油勘探公司安排史上首批高收益债券的发行。这笔交易规模不大，只需筹集 3000 万美元，但对该行业来说这是一个里程碑式的交易。在此之前垃圾债券只是堕落的天使。公司发行非投资级别的债券，这里首次出现。

德雷塞尔·伯纳姆·兰伯特公司很快成为高收益债券发行领域无可争议的领导者。它连续 10 多年在排行榜上排名第一，每年的市场份额在 40% 到 70% 之间。米尔肯及其团队为垃圾债券提供一条龙服务。他们包揽与产品有关的所有事情：他们说服公司发行高收益债券，组织发行，安排债券给投资者，以及确保这些债券在二级市场的流动性。

这一时期是高收益债券发行的黄金时代。第二次石油冲击（1979 年）和存贷危机（1985 年）的双重影响严重限制了中等规模公司的债务供给数量。由于银行不愿意放贷，发行高收益债券是许多公司获得融资的唯一途径。

在此期间，垃圾债券市场的性质也发生了巨大的变化。尽管在此之前，该市场是为被评级机构降级的债券而保留的，但多亏了米尔肯，它摇身变成了小型和高增长公司发行的非投资级债券的新家。根据米尔肯的说法，这些公司规模太小或风险过高，以至于无法被标普或穆迪正确评估。然而，它们代表了绝佳的投资机会。它们所经营的业务领域具有绝佳的增长前景，为债务支付了高额票息。

米尔肯在当时为后来一些家喻户晓的公司安排了高收益债券的发行，包括媒体领域的 CNN 和默多克集团（Murdoch Group），以及博彩业的永利度假村（Wynn Resorts）。

人们对非投资级债券的看法在几年内发生了戏剧性的变化，垃圾债券这一表述也逐渐被"高收益债券"这一术语取代。

LBOs 的兴起

高收益债券市场的诞生直接促进了 LBOs 的发展。通过向次级投资级借款人提供新的融资解决方案，米尔肯打开了 LBOs 和其他高杠杆交易的大门。20 世纪 70 年代末至 90 年代初涌现出如此多的私募股权公司并非巧合。阿波罗的创始人利昂·布莱克（Leon Black）本人从 1977 年到 1990 年在德雷塞尔与米尔肯一起工作。由于米尔肯善于安排大型交易，他成了所有 LBO 公司的首选联系人。他还曾与企业掠夺者合作，也就是那些试图通过敌意收购来收购上市公司的金融家们。米尔肯资助了一些有史以来最大的交易。1985 年，他支持罗纳德·佩雷尔曼（Ronald Perelman）恶意收购化妆品巨头露华浓（Revlon）。1989 年，他还为 KKR 收购雷诺兹-纳贝斯克安排了债券发行，这是有史以来最大的 LBO。①

当时在 LBO 领域，德雷塞尔几乎无敌手。其他投行的客户大都是成熟的公司，是这些掠夺者的潜在目标。如果这些银行为最终收购与其密切合作的公司的企业掠夺者们背书，那么就存在潜在的利益冲突。德雷塞尔利用了这种情况，从零开始建立了一个 M&A 特许经营机构，其工作重点是安排 LBOs，并为米尔肯的高收益部门提供支持。尽管米尔肯不是德雷塞尔的管理合伙人，但他无疑是该银行最杰出的人物。整个公司的组织都围绕他而进行。

自 JP 摩根以来最有影响力的银行家

米尔肯不仅是德雷塞尔的明星，也是当时美国金融业最受尊敬的人物。1987 年，与他竞争的投行同行的收入在 200 万至 700 万美元之间，而米尔肯当年的薪酬达到了 5.5 亿美元，这是华尔街有史以来最丰厚的薪酬。如此惊人的薪酬水平源于他最初的薪酬谈判。1974 年，当米尔肯还是一名正在寻找交易机会的年轻分析师时，就让泰迪·伯纳姆（Teddy Burnham）从他为公司创造的所有利润中拿出固定比例支付给他。当时，德雷塞尔还是一家小银行，没有人

---

① 直到 HCA 医疗卫生机构（HCA Healthcare）（一家美国医疗保健机构）于 2006 年 6 月被收购，雷诺兹-纳贝斯克一直是历史上最大的 LBO。经过通货膨胀的修正，毫无疑问其仍然是有史以来最重要的 LBO 交易。

能够想象这个 28 岁的人有一天会对金融市场产生如此大的影响。

很显然，米尔肯是现在所谓的金融脱媒（financial disintermediation）的创始人之一。金融脱媒指的是企业直接从金融市场获得资金，而不必依赖银行贷款。他在 20 世纪 70 年代后期安排的高收益债券表明，许多公司，甚至是小公司，都是有办法获得融资的。多亏了米尔肯，大多数机构投资者将他们部分投资组合转移到了高收益投资工具上，向大量原本无法获得资金的公司提供了资金。

米尔肯还间接推动了 LBO 行业的发展。他引导大量资金从投资者到高收益领域的能力加速了 LBO 市场的出现。通过使 LBOs 和对大公司的突袭成为可能，米尔肯也为美国资本主义的重组做出了贡献。在敌意收购的压力下，大型公司逐渐改变了其公司结构，从以企业集团为基础的范式转变为只专注于一种类型的活动，并优先为股东创造价值的商业模式。

基于以上原因，米尔肯对 20 世纪 70 年代中期以来美国金融体系的演变产生了深远的影响。他在高收益市场发展中的角色对金融行业产生了持久的影响。作为一位天才的金融家，他无疑是自约翰·皮尔庞特·摩根（John Pierpont Morgan）以来最有影响力的银行家。摩根创立了 JP 摩根，并在 1907 年扮演了当时还不存在的美联储（fed）的角色，将美国银行体系从破产边缘拯救过来。

滑坡

1986 年标志着米尔肯下坡路的开始。著名的突袭者伊凡·博斯基（Ivan Boesky）[奥利弗·斯通（Oliver Stone）执导的《华尔街》中迈克尔·道格拉斯（Michael Douglas）饰演的戈登·盖柯（Gordon Gekko）的原型[1]]在这一年因内幕交易被捕。为了减刑，他与美国当局达成协议，并提供了有关米尔肯和德雷塞尔公司的不

---

① 伊凡·博斯基 1986 年在伯克利哈斯商学院的毕业演讲中曾说过"贪婪是好的"，这句话正是盖柯在影片中的座右铭。

利信息。

在美国证券交易所的监管机构证券交易委员会（Security Exchange Commission，SEC）和纽约南区检察官鲁道夫·朱利安尼（Rudolph Giuliani）进行了为期三年的双重调查后，其得出结论称，米尔肯及其团队频繁地参与内幕交易。他们多次以自己的名义购买上市公司的股票，而此时他们正机密地代表客户准备对这些公司进行收购竞标。

调查人员还发现，米尔肯经常利用其在市场上的主导地位，故意对债券发行错误定价，并向客户收取高于其风险状况应支付的费用和利润率。与此同时，调查还显示，米尔肯、他的兄弟和他们的一些同事秘密设立了多个投资工具，以获取其中一些错误定价的债券为己谋利。更糟糕的是，米尔肯最好的客户们（即那些购买他所安排发行的高收益债券的基金经理）经常被邀请以个人名义投资这些秘密工具。

最终，米尔肯被判处 10 年监禁。他还必须支付 6 亿美元的罚款，并向各种投资者支付总计 11 亿美元的赔偿金。与此同时，德雷塞尔·伯纳姆·兰伯特还与 SEC 达成了一项协议。该行必须支付创纪录的罚款并出售部分业务。几个月后，德雷塞尔公司步入 20 亿美元亏损的局面。其开始寻找新的投资者，但其受损的声誉以及对其他法律责任的担忧限制了潜在买家的热情。由于无力偿还债务，该公司于 1990 年 2 月宣布破产。

尾声

由于良好的表现以及与相关机构合作共同抗衡其他被指控内幕交易的从业者，迈克尔·米尔肯后来减刑为两年。尽管终身不能涉足金融业，但他总共只入监了 22 个月。出狱几周后，他被诊断出患有癌症，但设法活了下来。今天他将大部分巨额财富捐赠于癌症研究、慈善事业和教育事业。

经过米尔肯多年来对历届美国总统的游说，2020 年 2 月 18 日，唐纳德·特朗普（Donald Trump）最终赦免了他。虽然在金融行业工作的禁令并未解除，但米尔肯对美国公司融资的积极影响受到了官方的认可。白宫的声明称他是"美国最伟大的金融家之一"，并解释说，"他的创新工作极大地拓展了新兴公司获取资本的渠道，（并）帮助创建了整个行业，如无线通信和有线电视"。这次赦免毁誉参半，但讽刺的是，该赦免还要归功于唐纳德·特朗普的私人律师鲁道夫·朱利安尼（Rudolph Giuliani）的外交才能。朱利安尼在20世纪90年代把米尔肯送进监狱，但之后他也被诊断出癌症。后来，他和米尔肯成了好朋友。

案例研究3：马尔科姆·格雷泽和曼联的LBO

尽管马尔科姆·格雷泽（Malcolm Glazer）对曼联（Manchester United）的收购仍然存在争议（尤其是在球迷中），但这也是一个令人印象深刻的收购故事。鉴于该俱乐部的价值在过去10年里急剧增长，格雷泽看到了其财务潜力。他证明了拥有一家足球俱乐部不仅仅是亿万富翁的爱好，也是一项有利可图的事业。

曼联

曼联足球俱乐部成立于1878年，其前身为纽顿希斯LYR（Newton Heath LYR）足球俱乐部。其球员原本是在纽顿希斯车站工作的兰开郡及约克郡铁路公司（Lancashire and Yorkshire Railway）的雇员。他们开始与其他铁路公司的足球队比赛，并于1892年参加了全国足球甲级联赛。不幸的是，这支球队不久就降到了乙级联赛。俱乐部挣扎了几年，在1901年几乎破产。1902年，当地酿酒师约翰·亨利·戴维斯（John Henry Davies）拯救了该俱乐部，并将其改名为曼联。

那时候，曼联被称为"溜溜球"俱乐部，是一支经常升降级的球队。它从来没有在甲级联赛打过很长时间，但总在乙级联赛为晋级而战。1927年约翰·亨利·戴维斯去世后，俱乐部再次面临财务困境，并在 1931 年为英国商人詹姆斯·吉布森（James Gibson）所救。

1945 年 10 月，当足球联赛即将恢复时，吉布森任命了一位年轻的苏格兰退役足球运动员马特·巴斯比（Matt Busby）担任俱乐部经理，并让他全权负责球员的选拔和训练。巴斯比的到来受到了俱乐部的质疑，因为他太年轻了，而且他曾效力于曼联的死敌利物浦（Liverpool）和曼城（Manchester City）。然而他的任命无疑是一个巨大的成功，俱乐部在 20 世纪 50 年代三次赢得英格兰联赛冠军。

1958 年，悲剧降临，俱乐部在一次戏剧性的飞机失事中失去了 8 名球员。马特·巴斯比自己也受伤了，数月无法出场指挥。尽管发生了事故，他仍然围绕丹尼斯·劳（Denis Law）和乔治·贝斯特（George Best）这样的年轻球员重建了一支球队。他们一起谱写了曼联历史的新篇章。他们在 1965 年和 1967 年两次获得联赛冠军，并最终在 1968 年赢得欧洲冠军杯，这是英国俱乐部首次获此荣耀。

在球场外，曼联也面临着变化。1951 年吉布森去世后，路易斯·爱德华兹（Louis Edwards）浮出水面，成为新的领军人物。1958 年，他从吉布森的孩子们手中购得股权并在董事会中占有一席之地。1965 年，他被任命为董事长，并在 5 年后成了大股东。在他 1980 年去世后，他的儿子马丁（Martin）接管了俱乐部。

尽管直到 2000 年马丁·爱德华兹都担任着董事长的职务，但他一直不受球迷欢迎，这可部分归因于他这些年来考虑了多个潜在买家的报价。1984 年，媒体大亨罗伯特·麦克斯韦（Robert Maxwell）出价 1000 万英镑；1989 年，房地产巨头迈克尔·奈特顿（Michael Knighton）出价 2000 万英镑。这两笔交易最终都以失败告终，但这种情况激怒了球迷，他们指责爱德华兹感兴趣的是赚钱而非支持俱乐部。1998 年，英国天空广播公司（BskyB Corp.）的罗伯特·默多克（Robert Murdoch）提出了 6.23 亿英镑的报价，该报价最终被董事会接受，但英国垄断与合并委员会（UK Monopolies and Mergers Commission）否决了此次收购。马丁对出售的撩拨再一次激怒了球迷。

与此同时，爱德华兹也采取措施提高球队的水平。1986年，他任命亚历克斯·弗格森（Alex Ferguson）为主教练，尽管开局逆风但他仍给予支持。1991年，俱乐部于伦敦证券交易所更名（London Stock Exchange）上市，获得了在转会市场上吸引球员和签约更好的人才的足够的资金。

在经历了20世纪70年代球场上的惨淡岁月后，弗格森的任命最终给俱乐部带来了稳定。从1992年到2003年，曼联在11年的时间里夺得8次联赛冠军，弗格森成为曼联历史上最成功的教练。俱乐部再次成为欧洲最受尊敬的球队之一。他们在1991年击败巴塞罗那赢得了欧洲优胜者杯（UEFA Cup Winners' Cup），并在1999年决赛中击败拜仁慕尼黑（Bayern Munich）赢得了属于他们的第二个欧洲冠军联赛。

然而，在21世纪初，弗格森与俱乐部的两个最大股东——爱尔兰巨头约翰·马尼耶（John Magnier）和约翰·帕特里克·麦克马纳斯（John Patrick McManus）之间开始出现紧张关系。马尼耶和麦克马纳斯试图让弗格森下台，但其他股东决定支持他。经过数周的紧张局势，董事会决定寻找新的主力投资者来稳定俱乐部。

2003—2005年：格雷泽的收购

美国商人马尔科姆·格雷泽（Malcolm Glazer）是美国国家橄榄球联盟（National Football League，NFL）[①] 坦帕湾海盗（Tampa Bay Buccaneers）队的老板，是第一个对投资曼联表现出兴趣的人。他对体育商业投资很熟悉，并对欧洲足球的投资机会寻觅了很久。格雷泽在2003年带领海盗队赢得了超级碗冠军，他相信自己也能在英超联赛中取得同样的成功。

对曼联的收购是逐步完成的。2003年3月，格雷泽通过专门投资俱乐部的个人控股公司红色足球有限公司（Red Football Limited）

① NFL 是美国职业橄榄球联盟的名称。

收购了俱乐部2.9%的股份。到9月份他将所持股份增加到3%以上，到10月份又增加到近9%。

2004年，当格雷泽将他的持股比例提高到16%以上，然后又提高到28%时，有关收购可能性的传言开始浮出水面。经过几个月的谈判，格雷泽终于在2005年5月与马尼耶和麦克马纳斯达成协议，收购他们在曼联的股份。随后，格雷泽买下了其他重要小股东的股份，使其股份达到75.7%，刚刚超过允许他将俱乐部摘牌的75%门槛。不久之后，他获得曼联全部的控制权。根据向最终少数股东提供的价格，该俱乐部的价值为7.9亿英镑，比英国天空广播公司7年前提供的价格高出26%。

格雷泽收购曼联的资金有很大一部分来自其控股公司红色足球有限公司的贷款。收购俱乐部的资金中有大约5.6亿英镑来自借款，其中包括由三家美国对冲基金提供的2.7亿英镑PIK贷款：城堡投资（Citadel），奥奇–齐夫资本管理（Och–Ziff Capital Management）和佩里资本（Perry Capital）。PIK贷款的利率被设定为14.25%，但如果曼联集团的净债务与EBITDA的比率超过5倍，则利率升至16.25%。其余债务则采取利率较低的优先级贷款的形式，但以曼联的资产作为担保，该资产主要包括曼联的品牌和老特拉福德（Old Trafford）球场。考虑到巨额的利息支付，许多人认为曼联的收购将危及俱乐部。球迷们尤其担心俱乐部的现金流将被转用于偿还收购债务，而不是吸引足球人才。

尽管在当时的欧洲，通过LBO收购一支运动队是个新鲜事，但在美国，这是一种常见的结构。尽管体育特许经营权背后的财务安排很少被披露，但众所周知，一些交易依赖于财务杠杆的使用。在20世纪80年代，几支棒球队通过LBO被收购，其中最著名的是西雅图水手队（Seattle Mariners），杰夫·斯穆利安（Jeff Smulyan）在1989年为收购该队支付了7600万美元（其中包括4100万美元的股权和3500万美元的债务）。类似的交易也发生在NFL。1999年，丹·斯奈德（Dan Snyder）以8亿美元的价格收购了华盛顿红皮队（Washington Redskins），其中包括3.4亿美元的收购授信和由体育场担保的1.55亿美元的贷款。

球场之上

尽管面对着很多足球专家给予的厚望，格雷泽还是决定限制曼联日常业务的变化。俱乐部保留了首席执行官大卫·吉尔（David Gill），更重要的是保留了主教练亚历克斯·弗格森爵士。[①] 尽管其他球队大举投资，尤其是切尔西及其新老板罗曼·阿布拉莫维奇（Roman Abramovich），但曼联仍然是英格兰的顶级球队。从2007年到2009年，该俱乐部连续三次获得英超联赛冠军。他们还在2008年赢得了另一个欧洲杯冠军（对阵切尔西），两次进入决赛（2009年和2011年），并在2011年和2013年再度赢得英超联赛冠军。

接下来几年的局势对曼联来说更加复杂。弗格森在效力27年后于2013年的退役对俱乐部产生了深远的影响。大卫·莫耶斯（David Moyes）——弗格森的继任者，在执教9个月后因为一系列糟糕的成绩而被解雇。之后的两位主教练——路易斯·范加尔（Louis Van Gaal）和若泽·穆里尼奥（Jose Mourinho）同样没有等到合同到期。尽管在国家杯和欧洲杯上都取得了成功，但他们都没能帮助曼联赢得联赛冠军。

投资的理由

与一些球迷的感知相反，格雷泽并非一时兴起才收购曼联。他做了一次非常理性的投资，无意通过对球队投资不足而损害俱乐部的利益。作为一名商业体育专家，格雷泽确信与美国体育特许经营权相比，欧洲俱乐部的价值被低估了。最明显的一点就是电视转播权和赞助交易远未达到其应有的水平。

格雷泽在1995年以1.92亿美元的价格收购了坦帕湾海盗队，

---

① 在弗格森带领球队于同一年赢得欧洲冠军联赛、英超联赛和英格兰足总杯的三连冠后，其于1999年被封为爵士。

这是当时职业体育特许经营权的最高售价。在随后的 10 年里（从他收购海盗队到收购曼联），涉及 NFL 球队的 6 笔交易都以更高的金额成交，从 1994 年西雅图海鹰队（Seattle Seahawks）的 1.94 亿美元到 1999 年华盛顿红皮队的 8 亿美元不等（见表 2.2）。在格雷泽买下曼联之前，最后 4 笔交易的成交金额在 5.45 亿美元到 6.35 亿美元之间，大约是海盗队收购价格的 3 倍。

表2.2　自格雷泽1995年收购坦帕湾海盗队以来涉及NFL特许经营权的交易情况

NFL 球队	买家	年份	价值（亿美元）
坦帕湾海盗队（Tampa Bay Buccaneers）	马尔科姆·格雷泽	1995	1.92
西雅图海鹰队（Seattle Seahawks）	保罗·艾伦（Paul Allen）	1997	1.94
华盛顿红皮队（Washington Redskins）	丹·斯奈德（Dan Snyder）	1999	8.00
纽约喷气机队（New York Jets）	伍迪·约翰逊（Woody Johnson）	2000	6.35
亚特兰大猎鹰队（Atlanta Falcons）	亚瑟·伯朗克（Arthur Blank）	2002	5.45
巴尔的摩乌鸦队（Baltimore Ravens）	斯蒂芬·比斯乔蒂（Steve Bisciotti）	2004	6.00
明尼苏达维京人队（Minnesota Vikings）	芝吉·维尔夫（Zygi Wilf）	2005	6.00
迈阿密海豚队（Miami Dolphins）	斯蒂芬·罗斯（Stephen Ross）	2008	11.00
圣路易斯/洛杉矶公羊队（St. Louis/Los Angeles Rams）①	斯坦利·克伦克（Stanley Kroenke）	2010	7.00
杰克逊维尔美洲虎队（Jacksonville Jaguars）	沙德·汗（Shad Khan）	2012	7.70
克利夫兰棕榈队（Cleveland Browns）	吉米·哈斯拉姆（Jimmy Haslam）	2012	11.00

---

① 公羊队 2010 年被克伦克收购时在圣路易斯，但 2015 年搬迁到了洛杉矶，这是该队自 1946 年至 1994 年间所在之处。

NFL 球队	买家	年份	价值（亿美元）
布法罗比尔队（Buffalo Bills）	特里和金·佩古拉（Terry & Kim Pegula）	2014	14.00
卡罗莱纳豹队（Carolina Panthers）	大卫·泰珀（David Tepper）	2018	22.00

资料来源：福布斯、NF。

　　NFL 特许经营权价值的增加主要是由于美式橄榄球电视转播权的价值上升。长期以来，美国的 3 个主要广播频道（ABC、CBS 和 NBC）或多或少地平分了这些版权。20 世纪 80 年代末，ESPN、福克斯（Fox）和 TNT 等新来者的出现打破了现状。竞争导致了网络间的激烈斗争，推动电视转播权向球员和特许经营权所有者的利益靠拢。

　　CBS 在播出了 38 年的 NFL 之后，于 1993 年把转播权让给了福克斯网络（Fox Networks）。在 1993—1997 年期间，福克斯开出了当时创纪录的 15.8 亿美元的转播费。4 年后，CBS 重新回到转播权竞争的游戏中，并同意在 1998—2005 年这 8 年期间内支付 40 亿美元。这一次 CBS 击败了 NBC，获得了 NFL 比赛的转播权。

　　随后的几年里，频道之间的竞争继续推高电视转播权的价值，其价值从 20 世纪 80 年代的每年 4.2 亿美元（包括所有频道）攀升至 2006—2013 年期间的 30 多亿美元，以及 2014—2021 年期间的 50 多亿美元，这同时也推高了 NFL 球队的价值。对比表 2.2 和图 2.3，我们可以明显看出 1998—2005 年和 2006—2013 年的电视转播交易与 NFL 球队价值的上升（从 1998 年之前的平均不到 2 亿美元上升到 1998 年之后的 5.4~8 亿美元，以及 2006 年之后超过 11 亿美元）相吻合。

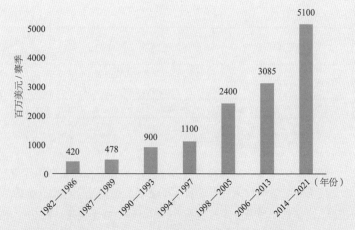

图 2.3　1982—2021 年 NFL 电视转播权价值

资料来源:《洛杉矶时报》和《纽约时报》。

电视转播权显然不是 NFL 特许经营权价值的唯一驱动因素。一支队伍的收购价格还可能受到诸如球场容量、门票价格、赞助交易等有形资产的影响，也可能受到诸如球队的流行程度或收购过程中的竞购者数量等无形资产的影响。但话又说回来，NFL 的电视转播权是平均分配给所有球队的，因此其才是推动 NFL 特许经营权价值上升的首要因素。

更具一般性地，电视转播权的价值上升是球队收入普遍增加的基石。在更高的电视转播价格下，电视频道不得不加大对比赛的宣传，这也提升了 NFL 的知名度。最终，比赛观众数量增加为其他营收的增加开辟了道路，特别是赞助交易和门票收入。

英超联赛的电视转播权

当马尔科姆·格雷泽接手曼联时，他确信英格兰足球的电视转播权将会上涨。他指出，2005 年欧洲出现了与 10 年前美国相同的趋势：随着娱乐节目总体需求的增长，新频道也如雨后春笋般涌现。

格雷泽还指出，与美式橄榄球不同，足球是一种全球性产品。

作为一项世界性运动其有潜力达到非常广泛的观众群体。当NFL在美国受到广泛关注，足球可能会受到数十亿观众的关注。

当格雷泽买下曼联时，2004—2007赛季英超联赛的国内电视转播权为每年1.024亿英镑。从此后，这些版权价格呈指数级增长，2016—2019赛季达到每年5.136亿英镑（见图2.4）。

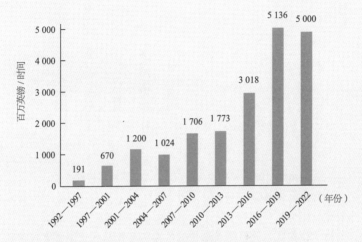

图2.4　1992—2022年超级联赛国内电视转播权价值

资料来源：《洛杉矶时报》和《纽约时报》。

图2.4所示的数额并不包括海外电视转播权。这些转播权在每个国家单独销售，其价格在1992年至2022年期间也有惊人的增长。1992年至1997年期间，转播权仅为4 000万英镑，而2019年至2022年期间，转播权已跃升至43.5亿英镑，与国内电视转播权的数额相当（见图2.5）。有趣的事，从格雷泽接手到2019—2022年期间，国内电视转播权价格增长为原来的5倍（从10.2亿英镑增长到50亿英镑），而海外电视转播权价格则增长了12倍以上（从3.25亿英镑增长到43.5亿英镑）。这显然证实了格雷泽对英国足球国际发展潜力的直觉。

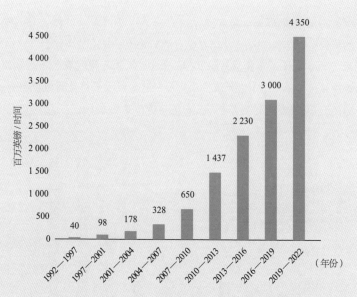

图 2.5　1992—2022 年超级联赛海外电视转播权价值

资料来源：作者。

除了这些收入外，像曼联这样的球队还能从各大频道支付给欧洲赛事（如著名的欧洲冠军联赛）的电视转播权中分得一杯羹。

赞助及票务

为了获得更多收入，格雷泽还致力于改善曼联的赞助交易。在2005 年，俱乐部球衣赞助商英国电话公司沃达丰（Vodafone）每年支付 900 万英镑。和许多人一样，出于对曼联不断增长的债务的担忧，沃达丰提前两年于 2006 年终止了这笔赞助交易。美国保险公司 AIG 随后接手，同意在 2010 年之前每年向俱乐部支付 1400 万英镑。之后怡安（Aon）以更高的价格取代了 AIG：每赛季 2000 万英镑，为期 4 年。2015 年，雪佛兰（Chevrolet）决定签订一份为期 7年、价值 3.61 亿英镑的合同，即每年超过 5000 万英镑，而怡安同意在 8 年内支付 1.2 亿英镑（每年 1500 万英镑）以赞助曼联的训练场地和装备。在 10 年内，赞助商在曼联球衣上做广告的费用从 900

万英镑增加到 6500 万英镑。

　　与此同时，阿迪达斯（Adidas）与曼联签署了一份自 2015—2016 年起价值 7.5 亿英镑的 10 年期交易，其将取代耐克（Nike）成为俱乐部官方球衣供应商。在耐克与法国国家队签署每年 4500 万欧元的交易之前，该交易使曼联的球衣成为当时足坛最有价值的球衣。图 2.6 显示了足坛最贵的 10 个俱乐部球衣交易。

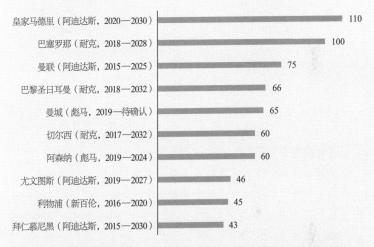

图 2.6　俱乐部足球中最昂贵的 10 件球衣（单位：百万英镑 / 赛季）

资料来源：作者。

　　曼联的票务战略也得以优化。收购后其票价急剧上涨。从 2006 年到 2009 年，老特拉福德球场东看台上层区域的季票从 494 英镑涨到了 665 英镑，涨幅超 30%。伴随着球场的扩建[①]（座位数量从 68 000 个增加到了 76 000 个），该战略为俱乐部带来了大量的额外收入（见图 2.7）。

---

① 扩建球场的决定发生于收购之前。

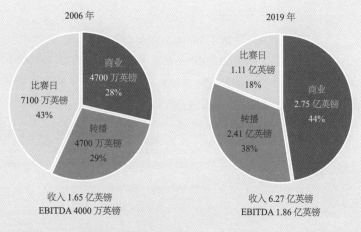

图 2.7　曼联在 2006 和 2019 年的收入

资料来源：曼联。

再融资与 IPO

尽管后收购时代曼联在球场上取得了成功，但其不断增长的债务让球迷们感到忧心忡忡。鉴于大量未偿还的高利率 PIK 贷款，红色足球的总债务在收购之后还在增加，并于 2009 年底达到近 7.78 亿英镑的峰值（2005 年为 5.6 亿英镑）。

2010 年 1 月，俱乐部宣布其计划筹集两笔新的 7 年期债券以偿还现有债务。英镑层级的债券以 8.75% 的票面利率发行了 2.5 亿英镑，美元层级的债券以 8.375% 的票面利率发行了 4.25 亿美元。曼联之所以能够以较低的成本进行再融资，要归功于其 EBITDA 的增加。在此期间，该值从 4000 万英镑上升到超过 1 亿英镑。

2012 年，俱乐部 10% 的股份在纽约证券交易所（NYSE）上市，总估值为 14.7 亿英镑，比格雷泽 7 年前的收购价格高出一倍多。该所得款项用于支付股利以及偿还部分收购债务。两年后随着格雷泽的去世，他的 6 个儿子在 NYSE 所以比 2012 年上市时溢价38% 的价格出售了俱乐部 5% 的股份，此时曼联的估值超过了 20 亿英镑。

后记

从很多方面来看，对曼联的收购都是一个照章行事的 LBO，给 PE 投资者上了很好的一课。

- 格雷泽所收购的公司处于他所熟悉的行业中，且他能够把握行业发展动态。他能够识别出其他投资者没有看到的市场趋势，即电视转播权和赞助交易的价值正不断增长。

- 一旦掌权，他还是保留原来的管理团队，即大卫·吉尔担任 CEO，亚历克斯·弗格森担任球队主教练。这对搭档在之前的老板手下就非常成功，而找到更好的专业人士的可能性十分渺茫。曼联在 2005 年至 2013 年间 5 次夺得英超冠军，并在 2008 年夺得 1 次欧冠冠军。自从吉尔和弗格森在 2013 年离开后，俱乐部就不那么成功了（没有联赛冠军），这表明关键人物在公司中是多么重要。

- 一旦俱乐部境况稳定，就将其债务以较低的利率再融资，从而为股东创造价值。

- 俱乐部最终部分上市，投资者可以使用该机制将部分投资货币化的同时，保持对其所收购公司的控制权。

第 3 章
LBO 的流程

3.1 销售流程

公司的销售流程因其规模和卖家战略而异。大型私募股权公司感兴趣的私人公司通常会被拍卖。卖家会聘请 M&A 顾问来协调整个流程、接洽潜在买家、最大化价格，并确保交易的快速执行。

拍卖的日程安排受到精确监控。拍卖开始于一个确定日期，这意味着其也会在一个固定日期结束。拍卖中间的所有步骤都是按照预先确定的日历进行组织。此方法确保了投标人之间的平等待遇，并迫使他们提出最佳报价。

然而，拍卖一家公司并不总是可行的。股东（无论是企业家还是公司）可能决定不公开披露出售其治下公司的意愿。销售流程的公开实际上会让员工、客户或供应商感到不安，并损害公司的利润。

一家公司也有可能在没有挂牌出售的情况下就被出售。投标人可以主动向公司董事会（或股东）提出要约，并在要约引起对方兴趣时开始讨论交易。上市公司私有化（public to private transactions）属于 LBOs 在开始时就不附带任何有组织的销售流程的典型例子。它们是旨在将上市公司私有化的交易。著名的上市公司私有化案例包括曼联（案例研究 3）和希尔顿酒店（案例研究 4）。

通常对个人买家感兴趣的小型公司进行拍卖很难，因无法提前确定潜在收购者，故无法按照精确的时间表行事，此类情况下，公司便只能通过策划人进行出售。策划人的作用是以合适的价格找到合适的买家。

3.1.1　初步分析

LBO 始于初步分析阶段，在此期间，潜在投资者会评估收购公司是否是一个好机会。如果聘请了顾问来协调销售流程，那么最初的互动一般分两步进行。

首先，顾问会将目标公司的简要介绍（预告片）发送给被确认为潜在买家的各方。该文件通常从行业、规模、产品或服务、营业额以及增长潜力等方面对公司进行概述。预告片的形式因公司规模或卖家战略而异。它可以是电子邮件中的几个要点或 PowerPoint 文稿中的几张演示。该文件可以透露公司的名称（尤其是基于公司描述或者市场绯闻可以轻易猜出是哪家公司时），如果卖家想要保密则可以不透露。

其次，当潜在买家感兴趣时，他们会签署一份保密协议［也可称之为非披露协议（Non-Disclosure Agreement，NDA）］。通过这份文件，他们要求获得关于目标公司的额外信息，同时承诺不透露这些信息。包含额外信息的文件被称为信息备忘录（information memorandum，IM）。这是一份由卖家顾问准备的综合文件，其中包括许多关于公司的机密数据：利润、利润率、各部门的赢利能力、详细的市场分析、劳动力的信息等。必要时，专业顾问会在 IM 的基础上准备额外的备忘录。这些备忘录有助于解决销售流程中可能出现的一些潜在问题（例如，如果公司有工厂的话，可以由工程公司起草一份具体的技术报告；如果在生产过程中使用化学品，则可以起草一份环境报告）。由卖家分享的文件还可以包括一份商业计划（由卖家的顾问准备）和基于该商业计划后公司的潜在估值。

一旦潜在买家签署了保密协议，他们就会根据自己的投资战略来分析机会。如果他们认为该公司符合他们的投资标准（规模、行业、赢利能力、增长潜力），就会为这笔交易投入资源。大买家会聘请他们自己的咨询方——M&A、法律顾问，可能还有技术和商业顾问，甚至包括会计或税务专家。

流程的下一步可能因人而异，但通常会组织一次与目标公司管理层的会晤。如果公司被拍卖，卖家的顾问会安排已签署 NDA 并对收购目标公司感兴趣的各方会面。LBO 市场上活跃且知名的贷款人通常也会被邀请与管理层会面，对大型交易来说更是如此。贷款人可以通过这种方式直接形成自己对目标的看法，并在流程的早期就开始对交易进行分析。随后他们可能会支持一个（或几个）买家。这个阶段被称为教育流程（education process）。其目的是让所有潜在的利益相关方更好地了解目标。

如果销售不以拍卖的形式进行，则与管理层的会晤可以采取不同的形式。个人之间的小型交易销售流程甚至可以分散至一到两天进行，其中包括实地或工厂参观，以便买家对潜在的收购有全方位的了解。此时不会邀请银行，而由买家直接和银行对接。无论拍卖与否，与公司管理层的会晤都应该有助于潜在买家对公司及其增长潜力形成更为准确的看法。

3.1.2　估值

对目标公司进行估值是 LBO 流程的关键一步。此步骤依据的是正统的金融技术。对该主题特别感兴趣的读者可以随意查阅专门讨论公司估值的书籍。在本节中，我们仅简要概述公司估值的一般方法。

为了简单起见，我们假设仅有两种方法可以评估公司价值：内在法或比较法。这没有任何特别之处，人们对其买的任何东西都是按这两种方式进行估值。我们一般会将产品的价格与该产品所能满足的需求相比较以确定它是否昂贵（内在法）。我们还会将此价格与具有相似属性产品的价格进行比较（比较法）。

3.1.2.1　比较法

比较法较为直观。其接近于评估住宅房地产的方法。其仅包括以下步骤：查看近期类似交易的价格，以简单的方法来对这些交易进行基准衡量（在房地产领域，通常以每平方米的均价来衡量），推导出目标的潜在价值。

此种方法相当有效，但实际上 M&A 交易的可用数据比房地产交易要少。这可部分归因于房地产市场的流动性和深度，还可部分归因于许多国家的房地产交易都于公证处或地方当局注册，然后由他们计算数据并将可靠的统计数据分发给广泛受众。

在使用这种估值方法时，买卖双方必须首先找出近期出售的类似公司。然后，他们逐一分析所有交易，并根据特定的绩效标准（如营业额、EBITDA 等）来划分出根据该标准计算的销售价格。自此，他们计算出行业均值，并使用这些数据就目标公司的价格进行谈判。例如，如果各方发现可比公司在过去三年中的平均售价是其 EBITDA 的 10倍，则他们会将此倍数应用于目标公司的 EBITDA 以计算其企业价值（enterprise value，EV）。（译者注：此处倍数是指 10 这一数值，但倍数也可以指 EBITDA，在下文中 EBITDA 这样的财务指标也被称为绩效衡量标准或倍数指标。）基于此，该比较计算方法在金融领域被称为倍数法（multiples approach）。

在实际运用时这种方法会稍微复杂一点，因为各方总是可以合理争论哪些足够相似的交易可以包含在基准衡量中。每家公司都各具特点，买卖双方间的博弈会依不同方的利益而强调或最小化这些差异。

再一次地，我们可以在倍数法和用于评估房地产的方法之间进行类比。如果一个城市的房地产平均价格是每平方米 5000 美元，这并不意味着这个城市的每处房产都会依此倍数出售。此平均值囊括了市中心的翻新公寓以及郊区的破旧建筑。确实可能存在与平均数的较大偏差，一些房产的价格可能为每平方米 1 万美元，而另一些则不超过每平方米 2000美元。在房地产领域，这些偏差来自房产的状况或其位置。考虑到公司的例子，近期增长或投入资本回报率（return on invested capital，ROIC）[1]等因素会影响销售价格。

使用倍数方法时最重要的问题之一是乘以哪种绩效衡量标准。需要注意的关键点是作为参考的标准与 EV 概念之间的联系。鉴于 EV 等于股权价值加上净债务，我们应使用与所有利益相关者（包括股票和债务持有人）相关的绩效标准来计算倍数。因此，相关标准必须按税前来计算。例如，EV/ 净收入这一倍数是没有意义的，因为分子适用于股东和债权

---

[1] ROIC 是税后营业利润与股东和贷款人投资总额之比。喜欢公式的朋友可以参考：ROIC= 净营业利润 /（公司自有资金总额 + 净债务–可用现金）。请注意，ROIC 与 ROCE（Return on Capital Employed，已动用资本回报率）的概念十分接近。

人，但分母仅适用于股东。基于此，我们可以使用三个主要的参考标准来评估一家公司：EBITDA、EBIT 和营业额。

倍数法中最常用的标准是 EBITDA。如前所述，EBITDA（未计利息、税项、折旧及摊销前利润）是公司收入与其运营成本之间的余额。作为一家公司赢利能力的指标，其并未考虑公司的财务战略、纳税状况或投资政策。其本身就是衡量特定业务潜力的重要指标。然而，使用 EBITDA 作为参考标准存在局限性。EBITDA 在计算时并未纳入折旧费用，因此忽略了维持业务可能需要的资本支出。从理论的角度来看，只通过关注 EBITDA 来评估一家公司意味着该公司无须进行投资但会永葆经营。出于这个原因，沃伦·巴菲特对使用 EBITDA 来评估一家公司持怀疑态度。他曾经说出了那段著名的想法："难道管理层认为牙仙[①]在为资本支出买单？"

EBIT（earnings before interest and taxes，未计利息及税项前利润）有时也被用作倍数法的参考标准。与 EBITDA 不同，EBIT 是公司在其生产周期中对其资产进行折旧后计算的。话虽如此，折旧只是资本支出的代理。一些被公司收购了许久的资产可能已完全折旧。EBIT 并不涵盖更换这些资产的成本。作为替代方案，银行家可以使用 EBITDA 减去资本支出作为一个可供参考的倍数。

目标公司的 EV 也可以基于其他倍数指标来计算。如果目标公司身处亏损，或者用来计算倍数的样本中大量公司并没有赢利，则使用营业额即可。这种情况通常发生于目标公司为初创企业或在很强的周期性业务中运营时。但由于 LBO 行业通常专注于产生强劲现金流的成熟公司，因此 LBOs 中很少使用营业额倍数。

一旦计算出 EV，扣除公司的净债务即可得出公司的股权价值。该股权价值在理论上是潜在买家为收购公司而必须支付的金额。

3.1.2.2　内在法

内在法，也被称为现金流折现法（discounted cash flow，DCF），会

[①]　欧美等西方国家传说中的精灵。——编者注

稍微复杂一点。其出发点是承认从理论的角度来看，公司的价值等于其长期产生的现金流之和。我们必须对这些现金流加以计算并加总以获得目标公司的企业价值。

该方法的使用者必须采用以下两步开展分析：

- 首先，他们要确定随着时间推移，公司所产生的现金流。为此，他们必须做出一些假设。这些假设包括营业额、成本、资本支出、通货膨胀、税收等方面的增长。
- 其次，一旦预期的未来现金流已知，他们就必须计算这些未来现金流的现值。未来的现金流必须被折现，因为现在获得的 100 美元不同于未来获得的 100 美元。这个概念被称为货币的时间价值。当前时间可使用的货币更有价值，因为其没有风险且具备赚钱能力。

用于将未来现金流转换为今天货币的比率被称为折现率（discount rate）。从理论上讲，该折现率是指某个足以使投资者放弃现在给定金额以在未来赚取更高金额的比率。如果投资者有 100 美元，但准备进行某项投资以在一年内至少赚取 110 美元，则折现率为 10%。

那么，在评估一个公司未来现金流时，适用的折现率是什么？从理论上讲，公司的目标是最终产生由贷款人和股东共享的现金流。如果我们参考早先的例子（我们在其中定义了折现率的概念），就会发现适用于转换未来现金流的比率等于公司贷款人和股东预期收益的加权平均数。换句话说，要使用的折现率是公司开展业务所需的加权平均资本成本。在金融理论中，该成本被称为加权平均资本成本（weighted average cost of capital，WACC）。

为了计算目标公司的 WACC，潜在买家必须知道目标的债务成本和股权成本。债务成本的获得相对简单。其相当于公司贷款到期后的税后利润。[①] 股权成本则更为复杂。它是公司必须交付给股东的回报。从公司的角度来看，该回报是一种成本，若其不能兑现，股东就会出售股票以

---

① 利息是免税的，因此公司债务的真实成本是税后利润。

致公司的价值下降。换言之，股权成本是公司为维持一定的股价和分配股利而必须投资和支出的金额。

让我们举一个数值例子。如果某公司在一个公司税率为30%的国家运营，其背负着收益率为3%、价值7000万美元的债务，以及投资者预期收益率为15%、价值4000万美元的股权，那么这家公司的WACC等于：

$$70/（70+40）\times 3\% \times （1-30\%）+40/（70+40）\times 15\% = 6.79\%$$

在评估公司价值的语境下，WACC可以作为未来现金流的折现率，将其转换为今天的货币。如果公司的WACC为6.79%，则每笔未来现金流必须除以$（1+6.79\%）^n$，n是未来现金流实际发生时距今的年数。公司的价值等于其所有未来现金流的折现之和。

3.1.2.3　确定收购价格

在实践中，对目标公司的估值和确定收购价格是两项不同的工作。虽然私募股权发起人使用上述两种方法来了解公司的估值，但他们的收购价格通常按以下方式确定：

- 他们首先通过提出一定数量的增长和成本假设，模拟目标公司在其投资期限内（大约5年）能够产生的未来资金流。
- 他们预期在投资结束日期存在一个退出倍数。换句话说，他们将目标公司5年后的理论估值设定为某个倍数（如上所述，该倍数通常是EBIT或EBITDA）的函数。
- 他们从理论估值中减去他们认为LBO在该日期可以支持的债务数额。得到的结果是目标公司的股权估值（即买方在这5年从公司的出售中获得的收益）。
- 考虑到他们基金的回报目标，他们可以从5年后的股权估值中找出他们今天准备投资的金额来收购目标公司。

3.1.3　意向书

买家会通过意向书（letter of intent，LOI）以确认其对目标公司的收购兴趣。买家通过意向书这一份不具约束力的文件向卖家声明，根据现阶段可用的信息，他们有兴趣收购目标公司。我们通常可以称LOI为非约束性要约（non-binding offer，NBO）。

LOI 通常包括以下要素：

- 交易条款：LOI 可以是购买整个公司或仅购买子公司或业务活动的提议。公司的某些资产可以被排除在要约之外。
- 建议收购价格：NBO 列出了买家对公司的估值，其中还包括估值时使用的假设。在此阶段提出的价格总是以新信息为准，而潜在买家将在下一阶段获得这些信息。
- 支付结构：潜在买家要解释支付收购价格的方式，是在签约时支付还是延期支付一部分？LOI 还表明有多少价格将由股权和债务融资。潜在买家在此阶段已经与贷款人进行了讨论。如果他们中的一些人表示有兴趣为收购提供资金，买家会要求他们起草一份支持信，并在信中解释他们可以提供何种类型的杠杆。
- 尽职调查的范围：[①]NBO 包括买家希望在销售流程的下一阶段能够具体核实的要素清单。这个清单包括查阅财务报表的权限、公司的司法信息、潜在的行业报告等。
- 交易时间表：如果卖家的顾问在前一阶段没有分享精确的时间表，买家一般会向卖家提出一个时间表。该时间表会特别指出尽职调查和执行交易所需的时间。
- 竞业禁止条款：潜在买家可能要求卖家在一段时间内不投资与被出售公司相同的行业。若存在竞业禁止条款，其也有地域和时间限制。
- 排他性：买家可以要求卖家设定一个排他性的谈判期，在此期间卖家不能与其他买家讨论目标公司的出售事宜。此类排他性谈判期不一定能够存在，尤其是交易处于卖家想为下一阶段选择多个竞标者的拍卖过程中时。

如果销售流程是以拍卖的形式组织的，卖家通常会收到多个不具约束力的报价。然后，卖家必须决定选择多少个竞标者进入下一阶段。一

---

① 见第 2 章第 2.1.7 节。

般来说，只有两到四个竞标者受邀继续参与谈判。这是为了保持一定的竞争压力，同时表明销售进展。太多的竞标者进入下一阶段可能会令买家望而却步，如果对目标竞价的竞争过于激烈，他们可能会丧失竞标的兴趣。

3.1.4　尽职调查

NBO 之后仍在竞标赛程中的竞标者会受邀进入尽职调查阶段。在此阶段，他们可以接触到关于公司的各种信息。他们的目的是确认在评估阶段做出以及在意向书中分享的假设。

如第 2 章 2.1.7 节所述，尽职调查是一项涵盖公司各个方面的调查：运营管理、财务报表、与客户或供应商的法律合同、客户名单等。在此项工作中，潜在的买家会获得主要由银行家、会计师和律师组成的顾问团队的支持。投标人还可以寻求其他专业人士的帮助：战略顾问、环境专家或税务专家等。这些顾问有时在前 NBO 阶段就为投标人提供了支持。

卖家及其顾问在此阶段会向投标人提供其所需的一切支持。他们通常会准备一份尽职调查包，其中包括潜在买家可能需要的关于公司的所有信息。该调查包中还包括与目标公司的状况相关的特定技术报告。此类报告可以涉及公司工业设备的质量、R&D 政策、资本支出需求等。

若竞标者仍然对收购目标感兴趣，他们将受邀在此阶段结束时提交一份有约束力的报价。他们可以确认 NBO 中包含的价格或者提出一个新的价格。如果新的报价降低了，他们通常会对此做出解释。

3.1.5　结构化和收尾

竞标者在准备 NBO 时，会和贷款人商讨如何构建和资助收购。竞标者或顾问（如前所述，顾问可以由作为 M&A 顾问的银行或其他银行来担任）会组织这些讨论。贷款人会被要求提供他们愿为交易融资的条款和条件。通常情况下，他们会分享以下信息：

- 可接受的最大总杠杆率；
- 贷款人愿意资助的授信的百分比（包括承销金额）；

- 贷款情况（部分分期或不分期）；
- 保证金和预付费用；
- 相关条款。

如果销售流程中充满竞争，同一个贷款人就可以受邀同时支持好几个竞标者。在此情况下，贷款人可以分配不同的团队来分析每个投标。这些团队［被称为树（trees）］不允许就其客户的交易和投标策略进行交流。一些竞标者会要求贷款人给予独家支持以避免任何潜在的信息泄漏。然而，贷款人可能不愿意提供这种排他性，因为这意味着若其竞标者出局则他们也将会被踢出交易。

一旦选定竞标者，买卖双方将进入排他性谈判阶段，此阶段被称为排他性期（exclusivity period）。他们最终敲定交易并协商股权收购协议（share purchase agreement，SPA），即目标公司的所有权从卖家转移到买家的法律文件。与此同时，买家与贷款人完成收购债务的签署和结清。

3.1.6 收购之后

3.1.6.1 私募股权公司

收购目标公司之后买家也不会停止工作。他们的关注点会转移到战略和运营绩效等优先事项上。此时他们会实施或改进报告工具以密切监测公司的关键绩效指标（key performance indicators，KPIs）以及战略变化的影响。

KPIs 是由公司定义的可量化元素，用于衡量最终目标的进展。这些 KPIs 可以与一系列的任务有关。其可以是财务类的（收入的增长、利润率的提高等），也可以是运营类的（售后服务的平均时长、执行某项功能的所需时间等），或者与商业策略相关（新客户的数量、每个客户的平均花费等）。KPIs 依新股东认定的议题而设定。在整个 LBO 的生命周期中，它们都受到密切的关注。

私募股权公司不负责其所控制的公司的日常业务。从理论上讲，其扮演专业股东的角色，负责制定战略并挑选执行战略的高管。通常情况下，LBO 公司的一名或几名员工会进入目标公司的董事会，为 CEO 及其团队提供支持。

理想情况下，私募股权公司与目标公司 CEO 之间的接触并不局限于董事会会议，而是会定期进行会晤，这样 CEO 就会感觉得到股东的支持。CEO 与私募股权公司之间的紧密关系是 LBO 成功的关键。黑石收购希尔顿酒店后被任命为 CEO 的克里斯托弗•纳塞塔（Christopher Nassetta）表示，如果没有董事长、黑石全球房地产主管乔纳森•格雷（Jonathan Gray）的全力支持，他将永远无法扭转酒店的局面（见案例研究 4）。

众所周知，一些私募股权公司不遗余力地专注于推出商业计划，并改善其所收购公司的运营业绩。例如，巴西 3G 公司注重的是效率，其采用的方法主要受到巴西管理顾问、贝洛奥里桑塔大学（University of Belo Horizonte）教授维森特•法尔可尼（Vicente Falconi）的启发，法尔可尼对丰田公司如何从无名之辈到世界上最大的汽车制造商的历程进行了大量的研究。

受鲍勃•费弗（Bob Fifer）（鲍勃•费弗著有一本鲜为人知的书，名为《在 6 个月或更短时间内实现利润翻倍》，3G 创始人曾多次向高管分发这本书）的启发，3G 公司对成本问题也十分关注。与许多简单地根据去年的成本制订支出计划的公司不同，费弗提倡一种名为"零基预算"（zero based budget，ZBB）的方法。运用此法时，每位管理者都必须根据具备明晰定义的需求，而非前一年发生的项目来证明所预测开支的合理性。该法迫使整个公司每年重新评估其需求，并使管理者们更难无故增加成本。3G 的创始人因零基法剔除了对公司销售收入或净利润没有直接贡献的非战略性支出（如差旅费、中层管理人员的相关费用等），只保留了对公司赢利能力有明确影响的支出（如 R&D、营销、品牌推广等）。

3.1.6.2　个人买家

收购的财务结构只是个人收购一家公司冒险旅程的第一步。一旦 LBO 得以实施，买家必须领导公司，并在收购前实施必要的变更。此路径与私募股权基金并无太大不同，尽管个人买家无法依赖（由于费用原因）一大批顾问来定义和跟踪 KPIs。在哈雷戴维森的例子中（案例研究 1），我们看到沃恩•比尔斯决定将重点放在减少生产线末端未通过质量测试的摩托车数量。改进此类 KPI 意味着公司更低的成本和更高的客户满意度。

3.2　退出策略

个人投资者收购一家公司（通常是小公司）通常是因为他们想拥有、管理和发展某项事业。对他们来说，这项令人兴奋的挑战与创业家的生活有很多共同之处。他们想自己当老板，享受乐趣，并以此为生。他们通常不会考虑短期退出策略，尽管他们可能会接受有吸引力的报价。除了一些例外情况，他们通常只会在退休时出售公司。

私募股权公司走的则是不同的路子。他们之所以买公司是打算几年后将其出售。他们的投资期限一般在3~8年。但是，若在此期间市场没有达到最优状况，或公司业绩不佳，公司需要时间重新走上正轨，则出售可能会推迟。

3.2.1　首次公开发行

首次公开发行（initial public offering，IPO，或公开发行）是向公众出售私人公司股份的过程。该过程由证券交易所组织，随后公司的股票在证券交易所上市并可以自由交易。通过IPOs退出被视为私募股权的"圣杯"。其体现出一种教科书式的LBO，买家接管了一家不景气的企业，将其摇身变为可以公开上市的赢利公司。早先讨论的哈雷戴维森就是一个完美的例子。

通过IPO退出很容易成为头条新闻、令人神往。许多关于LBOs的案例研究都终以公开发行，本书也不例外。关于哈雷戴维森和曼联的案例1和案例2都包括IPO。不过，实际上此类退出并不如此频繁。只有规模大到足以吸引公众投资者兴趣的公司才能遵循此法。即便如此，以IPO退出也不一定是首选项。表3.1展示了2016年宣布的十大私募股权退出，其中仅三家涉及公开发行。

与直接出售给私募股权公司或竞争对手相比，IPOs组织起来更为复杂。IPOs受到更严格的监管且更具不确定性。公开市场的波动度更大，也存在更大的退出延迟风险。实际上，只有当目标公司的估值对卖家来说更具吸引力时，卖家才会考虑IPOs。此类情况通常发生于当目标公司是很多买家无法触及的大型公司时。

考虑到 IPO 的不确定性，LBO 公司在考虑为投资组合公司进行公开发行时，通常会采取双轨流程（dual-track process）。这意味着他们同时寻求潜在的 IPO 和 M&A 退出。该策略可以给潜在买家施加压力，同时确保他们有退路。当买家给出一个好的报价或者无论出于什么原因 IPO 实行困难时，LBO 公司会优先考虑将目标公司出售给买家。

表 3.1　2016 年宣布的十大私募股权投资退出案例 [1]

日期	公司	价值（十亿美元）	卖家	交易类型	买家
2016 年 6 月 9 日	丹能（Dong Energy A/S）[2]	15.0	高盛资本合伙人	IPO	—
2016 年 2 月 25 日	夏普（Sharp Corporation）（66.06%）	8.0	日本工业解决方案（Japan Industrial Solutions）	战略	富士康（Foxconn）
2016 年 9 月 7 日	一级方程式世界锦标赛有限公司（Formula One World Championship Ltd.）	7.9	CVC	战略	自由媒体（Liberty Media）
2016 年 5 月 5 日	MultiPlan, Inc	7.5	合众集团（Partners Group）、史带投资控股（Starr Investment Holdings）	二级市场	Hellman & Friedman、GIC 和伦纳德·格林伙伴公司（Leonard Green & Partners）
2016 年 9 月 5 日	奇隆健康（Quironsalud）	6.4	CVC	战略	费森尤斯（Fresenius）

---

[1]　在表中，"战略"指出售给一家公司，而"二级市场"指出售给另一家 LBO 公司。

[2]　现更名为沃旭能源（Ørsted）。

日期	公司	价值（十亿美元）	卖家	交易类型	买家
2016 年5 月25 日	美国食品控股公司（US Foods Holding Corp.）	5.1	KKR、克莱顿·杜比利尔与莱斯公司（Clayton Dubilier & Rice）	IPO	—
2016 年6 月12 日	步立康系统（Blue Coat Systems）	4.7	贝恩资本	战略	赛门铁克（Symantec）
2016 年9 月23 日	Nets A/S	4.5	安宏资本和贝恩资本（Advent International Corp. Bain Capital）、ATP 私募股权合伙人（ATP Private Equity Partners）	IPO	—
2016 年6 月28 日	变革医疗（Change Healthcare）	4.0	黑石集团、Hellman & Friedman	战略	麦克森（McKesson）
2016 年8 月7 日	睡眠火车（Mattress Firm）	3.9	JW 蔡尔兹联合公司（JW Childs Associates）①	战略	斯坦霍夫（Steinhoff）

资料来源：改编自 EY。

IPOs 通常意味着退出是逐步完成的。从技术角度出发，私募股权公司不可能在股票市场上一次性出售所有股份（除非其只拥有少数股权）。换句话说，私募股权公司在 IPO 后通常仍是目标公司的股东。希尔顿酒店的 LBO 就属于此类情况。从 2013 年 IPO 算起，黑石花了 5 年时间才完全退出这笔交易（见案例研究 4）。

基于逐步退出的需求，选择 IPO 可能是一种战略选择。以此方式发

① 2019 年改名为 Prospect Hill Growth Partners。

起人在将部分投资货币化的同时也可以仍然担任目标公司的股东。如果LBO公司坚信在中短期内可以创造更多的价值，那么该策略就是有意义的。保留股东身份是获取部分未来所创造价值的一种方式。

3.2.2　出售

3.2.2.1　给公司

将目标公司出售给另一家公司是比IPO更常见的退出方式。买家通常是目标公司直接或间接的竞争者。他们也可以是客户或供应商。我们可称此种类型的买家为战略买家。他们希望扩大业务并在自身活动与目标公司的活动之间获得协同效应。例如，2011年，金融软件公司富达国民信息服务公司（Fidelity National Information Services，FIS）从七家私募股权公司手中收购了其竞争对手金仕达（Sungard）。这七家私募股权公司在2005年联合收购了金仕达。在当时，这是继雷诺兹-纳贝斯克收购案之后的第二大LBO。[①]

私募股权公司也可以决定拆分一家公司的各种业务然后分别出售给不同的买家。KKR在标志性的雷诺兹-纳贝斯克交易中采用了此策略。纳贝斯克的英国业务被卖给了法国公司BSN［现为达能（Danone）］，中国罐装食品生产线被卖给了新加坡饮料公司杨协成（Yeo Hip Seng），德尔蒙食品（Del Monte Foods）被卖给了一个由私募股权公司和日本酱油生产商龟甲万株式会社（Kikkoman）组成的财团。

从金融理论的角度来看，在目标公司最终出售给自然收购者（即竞争对手）之前其是由LBO收购的这一事实，说明了私有相对于公有的优势。与上市公司不同，私营公司不必公布季度报告。他们的股东可专注于长期价值的创造并作出极端的决策，尽管这可能意味着更少的短期利润。私募股权公司填补了某种空白。他们购买需要全面再组织的公司，对其进行彻底改造并将其出售给更传统的买家。

[①]　这七家私募股权公司分别是贝恩资本、黑石集团、高盛资本合伙人（Goldman Sachs Capital Partners）、KKR、普罗维登斯股本合伙人（Providence Equity Partners）、银湖（Silver Lake）和TPG资本。

3.2.2.2　给另一家私募股权公司

将目标公司出售给另一家私募股权公司（或金融买家）也是一种潜在的退出途径。这意味着在第一次LBO之后，目标公司将与另一发起人进行第二次收购。第二次交易称为二级LBO。在私募股权早期，此类型的退出与失败的收购有关。它给人的印象是，目标公司因第一家私募股权公司管理不善而无法吸引公开市场或战略买家的兴趣。如今，出售给另一家LBO公司已成为极为常见的退出选择。这不再与任何负面含义相关联。如此多的私募股权公司拥有如此多的资本进行相关部署，二级（或三级）LBOs已成为诸多退出选择中的一员。

私募股权公司财力雄厚，但也是可靠的交易方。与其他潜在收购方不同，他们定期收购公司，并且知道如何分析目标、谈判交易和完成交易。鉴于LBO公司所依赖的高杠杆率，一个低利率且具备诱人贷款条件的市场环境往往将私募股权公司置于潜在买家中的有利地位。他们可以支付战略投资者可能难以企及的倍数。

与传统买家相比，私募股权公司不会面临在现有业务与所收购公司之间创造协同效应的压力。他们唯一的重点是优化目标公司的业绩表现。从此意义出发，作出投资决定对他们来说更容易。私募股权公司通常也不太可能受到反垄断法的约束，除非其投资领域的专门性程度很高，因此相对于公司买家其有更多的自由在收购中找到自己的位置。LBO下的公司对其他私募股权公司来说是一个诱人的目标。他们已经证明其商业模式与杠杆收购兼容。私募股权公司还可以假设管理团队习惯于与要求苛刻的股东合作。此外，在LBO成功后，这些管理者通常对二级LBO持开放态度。他们知道，与战略买家相比，在私募股权公司的领导下其拥有更多的自由。他们还知道，他们很可能仍然会担任公司的股东，这会非常有利可图。

一些公司因辗转于不同私募股权公司间而闻名。在美国，医疗保健服务公司Multi-Plan Inc. 就是一个众所周知的例子，自2006年以来其历经4次LBOs。凯雷投资和WCAS集团（Welsh，Carson，Anderson & Stowe）在2006年收购了该公司，并于2010年将其以3倍的价格出售给了BC合伙人和银湖。2014年，MultiPlan以44亿美元的企业价值出售给了瑞士私募股权公司合众集团和史带保险集团（Starr Insurance Group）。两年后，该公司再次以 75 亿美元的价格出售给由 Hellman & Friedman、GIC 和伦纳德·格林伙伴公司组成的财团（见前文表 3.1）。

在欧洲，一家专门从事冷冻食品的制造和分销的法国企业 Picard Surgelés 可能是经历连续 LBO 的最典型的例子。康多夫（Candover）于 2001 年从家乐福集团（Carrefour group）（相当于法国沃尔玛）手中收购了该公司，然后于 2004 年将其出售给 BC 合伙人，后者随后于 2010 年将其出售给了狮王资本。2015 年，部分退出得以安排给了战略买家，彼时一家专门生产冷冻产品的工业面包坊瑞士公司阿利兹塔（Aryzta）收购了 Picard Surgelés 中 49% 的股份。此后阿利兹塔又出售了大部分股份，但狮王资本仍是大股东。

3.2.3 股利再资本化

股利再资本化允许私募股权公司在不出售其在目标公司的股份的情况下将其投资货币化。这种技术由在 HoldCo 层面筹集更多债务为 LBO 再融资以向股东支付额外的股利构成。在没有实际退出选择的情况下，股利再资本化是 LBO 公司用来产生即时回报和提高 IRR 的一种替代方法。

3.2.3.1 股利再资本化是如何运作的？

如果 LBO 下一家公司表现良好，那么该交易的总杠杆率（以净债务 /EBITDA 计算）应随着时间推移而下降。这是两个因素下自然而然的结果：

1. 由于越来越好的经营业绩，此公司的 EBITDA 逐年上升。

2. 若收购债务部分（或全部）摊销，此公司净债务的名义价值会在几年后下降。

因此（仅举一个简单的例子），理论上，LBO 的杠杆率可能从收购之日的五倍 EBITDA 变化为几年后的三倍 EBITDA。在所有条件相同的情况下，这笔交易目前的杠杆率很低。如果确实有贷款人愿意在收购目标公司时提供五倍 EBITDA 的杠杆率，那么没有理由相信贷款人不会在几年后接受同样的杠杆率，尤其是目标公司至今表现良好。

此情况意味着在我们的例子中，控制目标公司的私募股权公司可以在 HoldCo 层面上筹集相当于两倍 EBITDA 的额外债务。该笔额外债务是通过公司的再融资注入的（即以新的授信偿付给现有贷款人）。新旧债务之间的差额用来向 LBO 公司支付股利。

股利再资本化通常运用于以下场景：

- 市场条件不允许出售目标公司或进行 IPO。
- 卖家无法以可接受的价格找到买家。
- 目标公司业绩优异，正提前触及业绩基准线。然而，控制目标公司的私募股权公司无意进行出售。其坚信目标仍有价值可待挖掘，并选择进行股利再资本化，以变现部分已完成的工作。如果目标的 EBITDA 在其治下的头两年里已经有了极大的提升，为什么还要再等两三年待出售后才获得回报呢？

3.2.3.2　相关约束

贷款人并不总是欢迎股利再资本化，因为其是用于向股东支付特别股利，而不是为目标公司提供资金。换句话说，其涉及贷款人以承担额外的风险的方式为 LBO 公司创造更好的 IRR。因此，股利再资本化通常只能发生于目标公司表现优异、市场活跃和融资条件极其有利之时。毫不奇怪，2007 年是股利再资本化创纪录的一年。在经历了 2008 年至 2012 年的放缓之后，随着市场的改善，其又再度流行。一些观察人士将股利再资本化视为市场过热的信号。

在一些国家，股利再资本化可能会遭受法律阻碍。此技术有时被视为有悖于公司自身的企业利益，其目的只是为了向股东支付特别股利。因此，一些国家对股利再资本化实施了限制。在欧盟（European Union，EU），《另类投资基金经理指令》（*Alternative Investment Fund Managers Directive*，AIFMD）第 30 条规定，若某个基金由位于 EU 的资产经理管理或该基金是在 EU 外设立但其向 EU 的投资者积极推销自己，那么由该基金收购后控制的于欧盟注册的投资组合公司在两年内的分派（包括股份的股利和利息）、资本削减、股份赎回或股份回购都会被施以限制。

3.3 LBO 及私募股权

如果不提及与杠杆收购经常相关的一些其他财务安排，就不可能对其进行全面分析。LBOs 属于私募股权融资的一个子集，涉及非上市公司估值和所有权的融资部分。尽管 LBOs 占私募股权交易很大比例，但其并不是唯一涉及私营公司所有权变更的金融结构。

私募股权世界围绕三种技术构建：风险投资、成长投资，以及 LBOs。虽然这三种融资形式存在共同之处，但如果只是为了更好地理解 LBO 结构的特殊性，那么重要的就是指出这三者间的差异。

3.3.1 关注风险投资及成长投资

3.3.1.1 风险投资

风险投资是指以少数股东的身份向处于早期发展阶段且有前途的公司投入资金并为其提供快速发展手段的活动。投资者的最终目标是在几年后转售股份以获利。

红杉资本（Sequoia Capital）对谷歌（Google）的投资可能是最著名的例子之一。1999 年，这家总部位于硅谷的公司以 1250 万美元的价格收购了谷歌 10% 的股份。5 年后的 2004 年，当谷歌上市时，红杉资本以 85 美元的价格获得了 2390 万股，这相当于 20 多亿美元，超过其初始投资的 162 倍。

风险投资允许创业者通过将部分股权出售给外部投资者来为公司的发展提供资金。对于因没有利润或利润有限而无法获得银行贷款或债务资本市场融资的早期公司，来自新投资者的股权注入通常是为新投资提供资金的唯一途径。风险投资者们承担为这些早期公司融资的风险，是因为他们希望公司能够借此投资而成长。此类成长应该会提高公司的估值，从而允许风险投资者们能将其股份出售给其他投资者以获利。

鉴于投资一家可追溯记录有限的早期公司相关的高风险，风险投资者倾向于分散投资。他们知道，一个聪明的发现（谷歌）相伴着大量不那么成功的冒险。话虽如此，顶级风险投资公司能提供的往往不仅限于资金。他们还提供营销建议、技术专长和专业人士网络。投资早期公司不是买彩票。一些公司拥有令人印象深刻的业绩记录。例如，除了对谷歌的投资外，红杉资本还资助了苹果（Apple）、雅虎（Yahoo）、思科（Cisco）、艺电（Electronic Arts）、油管（YouTube）、贝宝（PayPal）、领英（LinkedIn）和 WhatsApp 等公司。

风投领域另外一个著名的玩家是凯鹏华盈（Kleiner Perkins），其投资了亚马逊（Amazon）、美国在线（AOL）、康柏（Compaq）、谷歌、爱彼迎（Airbnb）、Spotify 和优步（Uber）等公司。其他成功的风险投资案例包括基准（Benchmark）投资了 Dropbox、Snapchat 和 Instagram，格雷洛克合伙人（Greylock Partners）投资了（Airbnb、Facebook、LinkedIn和 Dropbox，阿克塞尔（Accel）投资了 Facebook、Dropbox 和 Spotify。

3.3.1.2　风险投资公司

大型风险投资公司的运作方式与 LBO 公司类似。[①] 他们以普通合伙人的身份设立基金，并以有限合伙人的身份从不同投资者处筹集资金。每个基金都有一个精确的范围，并按预先确定的年限设立。风险投资公司的角色是确定基金将投资的公司、谈判收购、完成交易并组织退出。和其 LBO 同行一样，风险投资中的 GPs 可获得基于 LPs 承诺或投资金额上的管理费用、向 LPs 提供超过一定门槛值的 IRR 后的附带权益。

3.3.1.3　多轮融资

成功的初创企业可能需要多轮股权投资才能产生持续性利润。正如创始人投入的资金可能不足以发展公司一样，早期风险投资公司的投资也可能不足以满足初创公司的长期需求。此时，公司可能会筹集额外的股权，有时会经历多轮融资。如今，在高度规范化的风险投资世界中，每一轮股权融资都有其特定的名称和目的。

这些连续股权融资轮次之间的主要区别是：

- 所资助公司的成熟水平；
- 融资的目的；

---

① 见第 2 章第 2.2.1 节。

● 参与该轮股权融资的投资者类型。

融资回合从种子资本（seed capital）阶段开始，然后是 A、B、C 轮融资。

种子轮为公司提供启动业务、开发产品原型以及可能雇佣第一批员工等所需的资金。此轮融资通常非常不正式，其资本来源可能包括来自创始人的资金、朋友和家人的钱，以及天使投资者（投资初创公司的富有个人）的投资。此轮的估值是主观的，与创始人的背景、行业和估计的资本需求密切相关。此阶段的股权融资相当有限以避免稀释创始人的股权。

A 轮是第一轮机构融资。估值是基于该公司自种子轮以来取得的进展。在此阶段，公司的商业模式通常比上一轮更为明确。此阶段筹集的资金用于优化产品，并可能雇佣额外的人才。在 A 轮期间筹集的资金可达数百万美元。

B 轮融资的规模通常比前几轮大得多。达到此阶段的公司通常已经找到了自己的利基市场。他们有一个清晰的商业模式，他们的目标是获得必要的资金以建立全面的运营业务。活跃在 A 轮和 B 轮的投资者通常是传统的风险投资公司，如红杉、格雷洛克、阿克塞尔等（见第3.3.1.1 节）。

C 轮融资是为了完善产品并扩大公司规模。此后期阶段的融资通常是为了使企业达到赢利水平。此轮融资的资金也被用于开发新产品或服务。活跃在此轮的投资者通常不同于参与前几轮融资的投资者。我们通常称之为成长投资公司，而非风险投资公司（见第 3.3.1.5 节成长投资）。

3.3.1.4　风险投资的历史

早在现代金融出现之前，富裕家庭就已经开始从事对前途光明的新企业进行投资的活动。历史学家发现早在古希腊便存在类似风险投资交易的例子。一些作者将 1492 年对克里斯托弗·哥伦布（Christopher Columbus）探险队的资助描述为历史上最早的现代风险投资交易之一。该案例确实具备一个激动人心的风险投资故事所包含的所有要素：一个企业家（克里斯托弗·哥伦布）带着一个创新项目（通过一条新航线到达印度）从有能力提供资助的人［卡斯蒂利亚（Castile）的伊莎贝拉一

世（Isabella Ⅰ）和阿拉贡（Aragon）的费迪南德二世（Ferdinand Ⅱ）]
那里寻求资金（装备三艘船），并准备不情愿地将部分利润交给其支持者
（在此案例中是 9/10），甚至有一份合同记录了此协议（圣达菲投降书）。

然而，直到第二次世界大战结束，活跃在风险投资领域的参与者大
多是富有的个人或家族（尽管当时没有人使用"风险投资"一词）。例
如，在文艺复兴时期的佛罗伦萨，像美奇（Medici）家族或花思蝶
（Frescobaldi）家族这样的银行家们资助了许多贸易业务和第三方提出的
风险业务。20 世纪上半叶，美国的洛克菲勒（Rockefeller）家族、范德
比尔特（Vanderbilt）家族和瑞典的瓦伦堡（Wallenberg）家族也参与了
各种创业项目。

现代风险投资的起源可以追溯到第二次世界大战后。1946 年，享有
"风险资本主义之父"之称的法国人乔治·多里奥（Georges Doriot）①创
立了第一家自认为的风险投资公司——美国研究与发展公司（American
Research & Development Corporation，ARDC）。ARDC 的目的是为从欧
洲回来的美国士兵所发展的创业风险企业提供资本。它是第一个像真正
的公司一样运作的风险资本投资者。ARDC 从各处筹集资金，而不限于
富裕的家庭或个人。该公司还采取了投资组合的方式，将所有投资捆绑
于单只基金中。ARDC 最成功的交易就是 1957 年对数字设备公司（Digital
Equipment Corporation，DEC）的投资。到了 20 世纪 60 年代，DEC 成
了美国最大的计算机公司之一，使得 ARDC 在 1966 年通过 IPO 退出了
其投资。

风险投资作为一种资产类别的发展随着 20 世纪 70 年代个人计算
机的发展而出现。个人拥有计算机的可能性意味着与这个行业相关的所
有企业（电子游戏、半导体、计算机制造等）都有迅速壮大的潜力。资

①　乔治·多里奥为了在哈佛商学院（Harvard Business School，HBS）攻
读 MBA 学位而移居美国。他后来成为 HBS 的教授，随后于 1957 年与他
之前的两个学生克劳德·詹森（Claude Janssen）和奥利维尔·季斯卡
尔·德斯坦（Olivier Giscard d'Estaing）在法国枫丹白露创建了欧洲工商
管理学院（INSEAD）。

本自动涌入风险公司。唐·瓦伦丁（Don Valentine）于 1972 年在加利福尼亚门洛帕克创建了红杉资本。同年同地，两位前惠普（Hewlett-Packard）高管尤金·克莱纳（Eugene Kleiner）和托马斯·帕金斯（Thomas Perkins）创立了凯鹏华盈。（译者注：原文为 Tom Perkins，名字有误。）

3.3.1.5　成长投资

成长投资是私募股权不太知名的另一个分支，其主要为赢利或至少产生现金流的公司提供融资。此类公司通常已经度过了初创阶段，并且已经找到了自身利基或商业模式。不同于风险投资，成长投资并非用来启动一家公司。此类型投资意味着为现有风险企业顺理成章的扩张或额外发展提供资金。这些公司的业务比风险投资资助的公司更为成熟，但在没有额外股本的情况下，其不足以产生足够的现金流来为重大扩张提供资金。

成长型的投资通常采用少数股权的形式。其可以通过普通股或优先股来构建，但一般不给予投资者控制权。如果以优先股的形式构建，则这些投资在股利分配方面具有优先权。此权利并不意味着自动支付股利，而是公司在支付普通股股利之前必须先支付优先股股利（以交易文件中事先约定的支付水平）。优先股通常无投票权，但在公司清算时优先于普通股。额外的结构化机制通常允许优先股转换为普通股，或赋予公司以事先约定的价格赎回优先股的权利。

依赖成长投资的公司通常仍为创始人所有。这些公司可能已经在风险投资公司处筹得股权，但这绝不是成长投资的先决条件。一些公司经历了资本筹集的所有阶段（种子轮、A 轮、B 轮等），而一些公司在没有风险投资资金支持的情况下发展业务，只有在需要扩大业务规模时才筹集额外的股权。

成长投资的参与者通常在 C 轮时开始投资，此时公司需要现金来推动增长并获得或巩固赢利能力。C 轮之后的股权融资不太符合规范；合乎逻辑的下一步通常是 IPO 或出售给战略买家。然而，随着某些公司需要获得迅速增长的国际规模以主导市场，C 轮之后的融资愈发普遍，其中尤以科技行业为甚。例如，Facebook 在 C 轮之后、IPO 之前获得了多轮额外的私募股权资金。

表 3.2 显示了 Airbnb 从 2009 年成立到 2017 年 3 月 F 轮融资之间的几轮融资。在此期间,支持该公司的投资者包括天使投资者 [阿什顿·库彻(Ashton Kutcher)、杰夫·贝索斯(Jeff Bezos)]、风险投资公司 [安德里森·霍罗威茨(Andreessen Horowitz)、格雷洛克、红杉等]、成长投资公司 [Capital G、TCV、TPG 成长基金(TPG growth)等] 以及多元化控股公司 [阿尔诺集团(Groupe Arnault)①]。Airbnb 在确定其商业模式后,也于 2016 年 6 月举债。

表 3.2　Airbnb 的多轮融资,从种子资本到成长投资

日期	交易名称	募集金额(美元)	投资者人数	精选投资人	投前估值(美元)
2009 年 1 月	种子轮	2 万	1	Y 组合子(Y Combinator)	—
2009 年 4 月	种子轮	60 万	2	红杉资本、Y 风投(Y Ventures)	—
2010 年 11 月	A 轮	720 万	9	阿什顿·库彻、通用催化(General Catalyst)、格雷洛克合伙人、Y 风投、红杉资本	—
2011 年 7 月	B 轮	1.12 亿	9	安德里森·霍罗威茨(Andreessen Horowitz)、阿什顿·库彻、杰夫·贝索斯、红杉资本	12 亿
2013 年 10 月	C 轮	2 亿	5	阿什顿·库彻、创始人基金(Founders Fund)、红杉资本	23 亿
2014 年 4 月	D 轮	4.75 亿	7	红杉资本、安德里森·霍罗威茨、TPG 成长基金、红杉资本	95 亿
2015 年 6 月	E-1 轮	15 亿	15	富达投资(Fidelity Investments)、泛大西洋投资(General Atlantic)、阿尔诺集团、凯鹏华盈、高瓴资本集团(Hill-house Capital Group)、红杉资本	240 亿

① 阿尔诺集团是 LVMH 创始人贝尔纳·阿尔诺(Bernard Arnaud)的个人控股公司。

日期	交易名称	募集金额（美元）	投资者人数	精选投资人	投前估值（美元）
2015 年 11 月	E-2 轮	1 亿	1	头标资本（FirstMark Capital）	245 亿
2016 年 6 月	债务融资	10 亿	4	美国银行（Bank of America）、花旗集团（Citigroup）、摩根大通集团、摩根士丹利（Morgan Stanley）	——
2016 年 9 月	F 轮	5.5555 亿	6	Capital G 、TCV	294 亿
2017 年 3 月	F 轮	4.478 亿	5	Capital G 、TCV	300 亿

资料来源：Craft、Crunchbase。

　　成长投资行业的组织方式与风险投资完全相同。由专门从事某行业的公司构建基金，而外部投资者在其中担任有限合伙人。这些投资者提供的不仅仅是财务支持，他们还提供建议、经验，以及潜在的技术专长。他们还帮助管理团队和创始人为 IPO 做好准备。例如，美国最大的成长投资公司之一 IVP，其所投资公司中的 25% 已经上市。其他成长投资公司包括 Alphabet 的成长股权投资基金 Capital G 和 TCV，TCV 闻名于 1999 年首次投资奈飞（Netflix）（当时奈飞还在从事 DVD 邮寄业务），以及在互联网泡沫破裂后对奈飞进行资本重组（在奈飞将商业模式完全转向流媒体之前）。

3.3.1.6　成长投资和风险投资的对比

　　晚期风险投资和早起成长投资之间的分界线并不像此处详述的那样明晰。一些投资者活跃于这两个领域，出现于早期投资阶段的风险投资公司如果相信他们所支持的公司走上了正轨，那么一般会在后续的几轮中再投资。红杉资本支持 Airbnb 从种子轮到 E 轮（见前文表 3.2）。然而，从投资者的角度来看，两者的主要区别是成长投资公司专注投资赢利（或接近赢利）的公司，而风险资本家则关注于处于早期阶段的公司。

表 3.3 总结了这两种投资方式的主要区别。

表 3.3 成长投资和风险投资的对比

	风险投资	成长投资
投资目标	早期初创企业	晚期初创（或成熟）企业
投资时目标公司的所有权	创始人所有	创始人所有，存在（或不存在）事先机构投资
投资的性质	少数非控制权益	少数非控制权益
投资者的投资杠杆	否	否
投资金额的规模	基于产品开发成本	基于实现或增强赢利的计划
投资主题	破坏式创新	扩大规模的能力
目标公司的现金流	一般是负的	正的（几乎是）
风险水平	相当高	明显的
领域	主要是科技和医疗保健	广泛的领域
退出	出售给战略投资者、其他金融投资者或者 IPO	出售给战略投资者、其他金融投资者或者 IPO
活跃参与者的例子	阿克塞尔、安德里森·霍罗威茨、基准、创始人基金、格雷洛克合伙公司、凯鹏华盈、红杉资本	泛大西洋投资、IVP、JMI 股权（JMI Equity）、凯鹏华盈、顶峰投资（Summit Partners）、TCV、TPG 成长基金

3.3.2 LBO 与风险投资和成长投资的比较

尽管 LBO 与风险投资以及成长投资同属私募股权家族，但它们可能更像是远房表亲，而非亲兄弟。与风险投资和成长投资相比，LBOs 有几个鲜明的特点：

- LBOs 是一种收购融资技术，而不是一种融资方式。虽然风险投资和成长投资为公司提供资源以为扩张提供资金，但 LBO 涉及收购股权。换句话说，风险投资和成长投资为公司发展提供资金，而 LBOs 为收购提供资金。
- LBOs 是一种新的技术。其涌现于 20 世纪 70 年代末，而风险投资和成长投资是非常古老的金融工具。虽然最近才正式化，但这两个概念都由来已久。富有的个人投资他人的企业助其成长，以此换取利润份额，这在古代就已存在。

- LBOs 涉及目标公司所有权的变更。虽然风险或成长资本家通常与现有投资者一起持有少数股权，但 LBO 公司倾向于获得公司的完全控制权——尽管这种控制权有时是与共同投资者联合行使的。

- 在 LBO 中，对目标公司的股权投资部分由债务融资。这种杠杆应当可以提高投资者的回报。在风险或成长资本中，由基金或天使投资者进行的股权权益的收购只靠股权融资。风险资本或成长投资者的投资回报只与现行业务产生利润的能力挂钩。其不受益于财务杠杆。

- 风险和成长资本为相对年轻的公司提供资金，而 LBO 更偏爱运营于成熟市场并有优秀历史业绩的目标公司。强大而稳定的现金流方能说服贷款人提供收购授信。

- LBO 可能涉及管理层变动，特别是在 MBI 或培育的情况下。风险和成长资本家不希望改变其所投资的公司的管理团队。

- LBO 投资者购买一家公司对其施以控制，并实行早已设计好的商业计划。风险或成长资本家通常不能（也不想）强加自身观点。他们投资某家公司是因为他们相信管理团队提出的商业计划。

案例研究 4：希尔顿酒店的 LBO，迄今为止最赚钱的私募股权交易

1919 年，当康拉德·希尔顿（Conrad Hilton）以 4 万美元的价格买下位于得克萨斯州思科（Cisco）的莫布里酒店（Mobley hotel）时，他可能不会想到，这家小公司有朝一日会发展成为世界上最大的连锁酒店之一。不过，在银行家和金融家中，希尔顿酒店不仅仅是一个成功的酒店品牌；其也是一笔标志性的私募股权交易。在该公司 1970 年首次上市后，其于 2007 年被黑石收购，并在 6 年后成为 LBO 历史上最赚钱的交易。

希尔顿酒店

希尔顿酒店成立于 1948 年。该酒店成立目的是将康拉德·希尔顿自收购莫布里酒店以来其所购买的所有酒店统一为一个法律实体。1964 年，希尔顿在美国和海外经历了 16 年的显著增长后，决定剥离相关国际业务，专注于美国市场。1971 年，该公司巩固了在本土市场的地位，并收购了总部位于拉斯维加斯（Las Vegas）的连锁酒店国际休闲公司（International Leisure Company），此公司的主要资产是火烈鸟（Flamingo）和国际赌场。该交易主要是在 1970 年通过 IPO 进行融资。

尽管希尔顿酒店成了第一家在 NYSE 上市的赌场运营商，但从财务角度来看，其运营较为保守。康拉德·希尔顿和他的儿子以及在 20 世纪 70 年代接管了该集团的班农（Bannon），都不愿依赖债务。他们曾受到大萧条（Great Depression）给予的创伤，因此对大胆的财务行为唯恐避之不及。

1996 年，沃尔特·迪士尼公司（Walt Disney Company）前首席财务官斯蒂芬·博伦巴赫（Stephen Bollenbach）取代了班农·希尔顿。这个新任 CEO 带领希尔顿酒店开启了一段以一系列大型收购为标志的新征程。20 世纪 90 年代末，低利率和友好的融资条件的出现使该集团能够收购包括大使馆套房（Embassy Suites）、汉普顿客栈（Hampton Inn）、霍姆伍德套房（Homewood Suites）、巴利之家（Bally's）以及凯撒（Caesars）等品牌。在 2005 年，希尔顿酒店以 57 亿美元的价格购回了之前的国际业务，并将其赌场出售给了哈拉娱乐公司（Harrah's entertainment），后者最终于 2006 年 10 月被阿波罗和 TPG 资本以 LBO 的方式收购。

从 1996 年到 2007 年，希尔顿的发展速度超过了其所有主要竞争对手，新增了超过 35 万间客房。按客房数量计算，该公司从全球第七大酒店集团上升为第四大酒店集团。这一令人印象深刻的增长随着 EBITDA 的大幅改善。希尔顿在此期间的表现优于所有同行，表明收入增长可以与赢利能力的提高共存。然而，此轮增长主要由债务驱动，2005 年 12 月，在收购其国际业务后，希尔顿的债务跌入垃圾债券领域，穆迪将其评级从 Baa3 下调至 Ba2。

LBO 狂潮

20 世纪初科技泡沫破裂后的市场崩盘促使美联储（Federal Reserve）降息，并在较长一段时间内将利率保持在低位。与之前的情况相比，该政策实行后出现了一系列极其廉价的资金。依靠财务杠杆的企业顺理成章地受益于这种新的货币政策。私募股权公司显然获得了更多的火力收购公司。它们开始关注那些曾经看似遥不可及的目标。2006 年 7 月，KKR、贝恩和美林（Merrill Lynch）用 327 亿美元收购了美国医院公司（Hospital Corporation of America），超过了早先 1989 年 KKR 以 311 亿美元收购雷诺兹-纳贝斯克的创纪录交易。在短短一年多的时间里，这一新纪录被两次打破，第一次是黑石收购办公物业投资（Equity Oice Properties，EOP）（389 亿美元），第二次是 KKR 牵头收购能源未来控股（Energy Future Holdings）（444 亿美元）。

历史上最大的 LBOs 列表（表 3.4）显示了当时 LBO 市场的活跃程度。从 2005 年 11 月到 2007 年 10 月，在不到两年的时间里，历史上规模最大的 15 笔 LBOs 中有 12 笔构建于此阶段。其余 3 笔上榜的交易是 1988 年对雷诺兹-纳贝斯克的收购、银湖资本和迈克尔·戴尔（Michael Dell）对戴尔的收购，以及 3G 资本和伯克希尔·哈撒韦（Berkshire Hathaway）对亨氏（Heinz）的收购，后两笔交易都发生在 2013 年 2 月。2007 年 7 月，黑石对希尔顿酒店的收购是这个疯狂时期最后几笔巨额交易之一。

表 3.4　历史上最大的 15 笔 LBOs

被收购公司	发起人	交易金额（十亿美元）	日期
能源未来控股	KKR、TPG 资本、高盛资本合伙人	44.4	2007 年 2 月
EOP	黑石	38.9	2007 年 1 月

被收购公司	发起人	交易金额（十亿美元）	日期
HCA 医疗保健公司（Hospital Corporation of America Healthcare）	贝恩资本、KKR 和美林	32.7	2006 年 7 月
雷诺兹-纳贝斯克	KKR	31.1	1998 年 10 月
第一资讯（First Data）	KKR	29	2007 年 4 月
哈拉斯娱乐公司（Harrah's Entertainment）①	阿波罗、TPG 资本	31	2006 年 10 月
奥特尔（Alltel）	TPG 资本、高盛资本合伙人	27	2007 年 5 月
希尔顿酒店	黑石	26	2007 年 7 月
清晰频道（Clear Channel）	KKR、贝恩资本以及托马斯·H. 李合伙人（Thomas H. Lee Partners）	25.7	2007 年 10 月
联合博姿（Alliance Boots）	KKR	24.8	2007 年 5 月
戴尔	银湖合伙人、迈克尔·戴尔	24.4	2013 年 2 月
亨氏	3G 资本、伯克希尔·哈撒韦	23	2013 年 2 月
阿克斯顿-史密斯（Archstone-Smith）	铁狮门（Tishman Speyer）、雷曼兄弟（Lehman Brothers）	22.2	2007 年 10 月
金德尔摩根（Kinder Morgan）	凯雷（Carlyle）、高盛资本合伙人、立合斯顿（Riverstone）	22	2006 年 8 月
佐治亚太平洋（Georgia Pacific）	科氏工业（Koch Industries）	21	2006 年 1 月

① 该公司于 2010 年改名为凯撒娱乐公司。

黑石

黑石于 1985 年由前雷曼兄弟（lehman Brothers）时期的银行家彼得·乔治·彼得森（Peter George Peterson）和苏世民（Stephen Schwarzman）创立，此二人彼时分别担任 CEO 及 M&A 主管。作为最初成立时的一家精品咨询公司，至 2007 年黑石[①]已成为全球最大的私募股权公司。当时，其管理资产（assets under management, AUM）总额为 790 亿美元，远远高于其主要竞争对手凯雷投资（590 亿美元）、贝恩资本（400 亿美元）、KKR 或 TPG（各 300 亿美元）。该公司活跃于私募股权的许多领域，同时其通过对游乐园、酒店公司和房地产投资信托（real estate investment trusts, REITs）（某类拥有并经营创收性房地产的公司）的投资，在房地产领域发展了特定的专业知识。

撇开希尔顿的 LBO 不谈，2007 对黑石来说也是重要的一年。当年 1 月，公司完成了当时历史上规模最大的 LBO。其以近 390 亿美元的价格收购了管理租赁大楼的 EOP。几个月后的 6 月，黑石启动了自己的 IPO，这在私募股权公司中尚属首例。黑石估值为 390 亿美元的 12.3% 的股份上市交易。两位创始合伙人各自持有公司约 20% 的股份，不久就被《福布斯》（Forbes）列为美国最富有的人之一。

黑石及其对希尔顿的兴趣

在以上背景下，黑石开始勾画收购希尔顿酒店的计划。如果希尔顿能与其现有的酒店组合相结合，将使其最终成为世界上拥有最多酒店客房数量的运营商。黑石已经在实施运营变革和投资资本以扭转酒店业中表现不佳的业务方面建立了声誉。在进行对希尔顿的交易的前四年中，黑石已经收购了美国长住饭店（Extended Stay America）、普莱姆酒店（Prime Hospitality）、博卡度假村（Boca

---

① Blackstone 这个名字源于两位创始人的名字。Schwarz 在德语中代表黑色，而 Peter 则来自希腊语 petra，在英语中代表石头。

Resorts）、温德姆酒店和度假村（Wyndham Hotels & Resorts）、拉金塔旅馆及套房饭店（La Quinta Inns & Suites）和酒店 REIT 玛丽之星酒店（hotel REIT MeriStar Hospitality）。

作为房地产行业的顶级参与者，自 1994 年以来，黑石已经推出 8 只专注于房地产的基金，其中包括两只专门致力于国际业务的基金。在 2006 年至 2007 年的两年时间里，黑石充分利用了低利率环境和投资者对资产类别的强烈兴趣，筹集了三个新的重大房地产基金——一个在 2006 年发行于欧洲以欧元计价，另两个以美元计价 [其分别为黑石房地产合伙人 Ⅵ（Blackstone Real Estate Partners Ⅵ）（109 亿美元）和黑石房地产合伙人 Ⅴ（Blackstone Real Estate Partners Ⅴ）（52.5 亿美元）]。当时，只有摩根士丹利和孤星公司（Lone Star）与其处于同一竞争水平（表 3.5）。

表 3.5　2005—2008 年募集的五大房地产基金

资产管理公司	基金名称	成立年份	基金规模（亿美元）
孤星基金公司	孤星基金 Ⅵ	2008	75
黑石	黑石房地产合伙人 Ⅵ	2007	109
摩根士丹利	摩根士丹利房地产基金 Ⅵ	2007	80
黑石	黑石房地产合伙人 Ⅴ	2006	52
孤星基金公司	孤星基金 Ⅴ	2005	50

资料来源：黑石、孤星基金以及卢多维克·法利波（Ludovic Phalippou）。

黑石集团从 2006 年 8 月开始向希尔顿示好，但花了一年多时间才达成交易。最终的交易价格是每股 46.50 美元，相比 33 美元的市场价值，有高达 40% 的合理溢价。尽管希尔顿最近表现良好，但该公司董事会难以拒绝这个报价。股东们也知道希尔顿将难以以同样的速度继续增长。集团雄心勃勃的扩张计划需要注入大量的现金，而黑石则提供了必要的资金支持。

激进的资本结构

黑石最终以265亿美元的价格收购了该公司。虽然这笔交易规模很大，但在当时并不离谱。在2007年上半年已经有四笔规模更大的LBOs得以宣布：TXU、EOPs、第一资讯和奥特尔。尽管如此，但正如如表3.6所示，收购时的估值和债务水平依然处于高位。希尔顿在被收购时EBITDA为16.8亿美元。考虑到总债务为204亿美元，该交易的杠杆率超过了EBITDA的12倍。

表3.6 希尔顿酒店 LBO 资本结构

	金额	百分比（%）	EBITDA 倍数
股权	5.7	21.5	—
定期贷款 B	14	53	
无担保优先级票据	6.8	25.5	—
债务总额	20.8	78.5	12.4
资金来源总计	26.5	100	15.8

资料来源：改编自张道云（Dawoon Chung）以及卢多维克·法利波。

该交易的股权通过最新设立的两个美国基金，即黑石房地产合伙人 V 和黑石房地产合伙人 VI 获得。债务则来自各家银行、对冲基金和房地产债务投资者的筹资。以12.4倍EBITDA计算，该交易的债务水平特别高，尽管最近几笔交易的净债务与EBITDA之比也达到了两位数。我们可将债务分为两个层级：利差为2.75%的140亿美元优先级贷款；利差为4.91%的68亿美元优先级无担保票据。[1]黑石全球房地产主管乔纳森·格雷（Jonathan Gray）是这笔交易的

---

[1] 尽管名为优先级，但优先级无担保票据属于次级债务的一种形式。若有需要可参考第2章第2.3.3.3节关于高收益债券的讨论。

幕后推手，他设法以 cov-lite 的方式获得了整个债务组合。[①] 这是该时期 LBOs 的典型特征。

金融危机

2008 年的金融危机对酒店业来说是非常糟糕的消息。公司和家庭削减了旅行预算，全球酒店收入陷入干涸。高杠杆率的希尔顿尤为受到冲击。其收益急剧下降，但多亏了 cov-lite 结构，贷款人无法催缴债务或接管公司。这给予了希尔顿亟须的灵活性以继续推进其扩张战略。

2009 年，黑石将其在该业务中的股权价值减记了 70%。次年，贷款人同意重组债务并承担损失，以减轻对希尔顿的压力。总的未偿债务从 200 亿美元减少到 160 亿美元。与此同时，黑石投入了 8.19 亿美元，以 54% 的折扣回购了 18 亿美元的次级债务。黑石对该业务再投资的决定受到重组公司债务这一需求的驱动，同时允许一些贷款人退出了交易。这也表达出对此项投资的信心。当时，黑石仍然需要投资价值为 109 亿美元的黑石房地产合伙人 VI 基金的大部分资金（见前文表 3.4）。这个决定似乎很大胆，但毕竟是在行业周期的最低点对高质量房地产进行的投资。

黑石旗下希尔顿的战略

自 1996 年斯蒂芬·博伦巴赫（Stephen Bollenbach）接任希尔顿首席执行官以来，该公司发展迅速，但黑石认为其看起来仍更像是一家集合了不同资产的控股公司，而不是一家真正的整合性的全球企业。黑石认为，希尔顿酒店缺乏强有力的组织、过于分散在不同领域。

黑石接管希尔顿后的首要举措之一就是用新的 CEO 克里斯托弗·纳赛塔（Christo-pher Nassetta）取代博伦巴赫。纳赛塔曾是 HOST 酒店及度假村（Host Hotels & Resorts）的前 CEO，在他的管

---

① 更多关于 cov-lite 结构的描述，请参考第 2 章第 2.3.2.4 节。cov-lite 结构是牛市的典型特征，此时市场流动性充裕，很多贷款人追逐着相同的投资机会。

理下，该公司的规模在十年间翻了一番。在黑石的支持下（尽管遇到了危机），纳赛塔做出了一系列促使希尔顿转型的决策。他将公司文化重塑为更加注重目标导向，并将希尔顿的总部从加利福尼亚州的比弗利山庄迁至弗吉尼亚州的麦克林。这一举措使希尔顿能够在成本更低、更便捷的链接枢纽运营，从而提高集团的运营效率。

在黑石的支持下，纳赛塔实施了一项基于四大支柱的战略。

1. 轻资本模式：尽管公司持续成长，但减少了债务驱动的收购活动。在收购后，99%的酒店房间增长来自特许经营。此战略使得希尔顿能够在几乎不增加债务的情况下，将在酒店上的投资组合规模提升了36%。同时，该集团无须进行大规模资本注入也能够快速扩张至新兴市场。

2. 国际化：在回购希尔顿国际之后（这在LBO之前进行），该公司继续在美国之外大量投资。例如，从2007年到2013年，该集团在中国的酒店数量从6家增加到了171家。

3. 品牌建设：纳赛塔重振了希尔顿这一标志性品牌并对集团下的各个子公司进行了更好的定位。希尔顿尤其关注其旗下两个豪华品牌康拉德（Conrad）和华尔道夫·阿斯托利亚（Waldorf Astoria）在关键国际市场的扩张。

4. 技术：截至2013年，消费者可以使用手机、平板或电脑进行酒店入住，并且希尔顿也推出了一项广泛的忠诚度计划，允许顾客在一个忠诚度计划下享受希尔顿所有品牌的优惠。

纳赛塔将其在希尔顿的第一年形容为其一生最艰难的时期。但在苏世民和乔纳森·格雷的支持下，他仍然成功地改造了这个原本杂乱无章的庞然大物。几年之内，希尔顿变成了一家拥有更强大的品牌以及更坚实的非美国客户基础的精干公司。

退出策略

到2013年，金融市场已经从2008年的危机中恢复过来。经过六年的努力，黑石认为实现投资回报正逢其时。公司考虑了三种退出策略：将希尔顿以交易的方式出售给竞争对手；让希尔顿接受第二次收购；选择 IPO。黑石排除了前两种解决方案。尽管相对于 2008 年，市场状况有所好转，但格雷和纳赛塔认为战略买家不会为协同效应支付足够的溢价。同时，在希尔顿的 LBO 杠杆率恢复到更合理的水平之前，其高额债务使其对于第二次收购者来说是一个相对不具备吸引力的选项。

考虑到这些因素，IPO 似乎是正确的退出路径。标普 500 指数已回到 2007 年 10 月的水平，近期 IPO 的活动也很活跃，2013 年前三个季度已有 112 家新上市公司。其中 22 家公司属于房地产行业。黑石自己也通过美国长住饭店的 IPO 筹集了 5.65 亿美元。市场再次看涨，私募股权公司对希尔顿吸引投资者的能力充满信心。

2013 年 12 月，希尔顿再次上市。该公司以其资本的 11.8% 筹集了 23.4 亿美元，使其股权估值达到了 197 亿美元。加上当时遗留的 140 亿美元债务，希尔顿酒店的企业价值达到了 337 亿美元（2007 年为 260 亿美元）。令人印象更为深刻的是，黑石当初只以 56 亿美元的股权投资收购了希尔顿，此次交易成为有史以来最赚钱的 LBO。

IPO 只是黑石退出的第一步。其在 2014 年持续出售股份，并在 2015 年将其股份削减至 50% 以下。然后，在 2016 年 10 月其以 65 亿美元的价格将希尔顿 25% 的股份卖给了中国的海航集团，这意味着希尔顿的股权价值达到了 260 亿美元（是黑石最初投资的 4.6 倍），并使海航成为希尔顿最大的股东。黑石于 2018 年 5 月出售了其在希尔顿最后 5.8% 的股份，结束了长达 11 年的投资。

结语

希尔顿从全球金融危机的低谷中王者归来，成了一个蓬勃发展、利润丰厚的世界领导者，这样的成功是私募股权专家梦寐以求的。如果不充分利用当时 cov-lite 类的杠杆条款并机会主义地回购债务，该公司就不会获得如此可观的回报。但黑石坚信其从未对该投资丧失信心，无论如何，一些铁的事实无法改变。希尔顿是一个令人印象深刻的投资故事。毫无疑问，该交易使乔纳森·格雷和克里斯托弗·纳赛塔成了 LBO 的传奇人物。

总结

LBOs：我们学到了什么？

- 杠杆收购或 LBO 是一种允许投资者购买目标公司而无须投入大量资本的融资技术。收购由 SPV 完成，SPV 也被称为控股公司或 HoldCo。该 HoldCo 通过股权（来自投资者）和债务进行融资。

- 收购债务由目标公司向 HoldCo 所支付的股息偿还。因此，被收购公司有能力分配股息对于 LBO 的成功来说至关重要。杠杆收购仅适用于产生稳定和经常性现金流的成熟公司。

- LBO 也是一种税务结构。其为新的所有者创造了一个税收保护措施，因为收购债务的利息可以抵税，而 HoldCo 所收到的股息是免税的。总而言之，这意味着从税收的角度来看，由 HoldCo 和目标公司组成的公司集团共同缴纳的税款要少于目标公司独立运营时所缴纳的税款。

- LBO 的成功还依赖于公司管理层的全力支持。这些管理者和公司的成功有直接的利益关系，因为他们本身就是目标公司的买家，或者是因为买家授予了他们公司的部分股份。这使得他们有强烈的动力来提高公司的估值。

- LBOs 可以由愿意收购公司的个人或名为 LBO 公司的投资公司来执行。这些公司专门通过 LBO 收购公司。它们从第三方投资者（养老基金、保险公司等）那里筹集资金以收购公司，运营几年后在赢利的情况下将其剥离。

- 退出所采取的形式一般包括出售给战略买家、出售给其他 LBO 公司，或者 IPO。退出的利润（如果有的话）由 LBO 公司以及第三方投资者共享。

- 收购目标公司的所需债务可由专门从事杠杆贷款的银行或贷款人提供。此类债务有时可分为诸多层级。在此情况下，优先级债务的偿还顺序先于次级债务，但利率更低。用于为杠杆收购融资的债务工具一般属于非投资级。

第二部分

项目融资

项目融资是一种为大型基础设施和能源项目设计的融资技术。项目融资可能是本书分析的所有结构中争议最小的一种。其目标是使要求巨额前期成本且具有长期经济寿命的项目得以建设。这些项目，如医院、道路或能源厂，主要属于社会或经济基础设施部门，它们提供有利于大量人民的基本服务。对于结构化融资的批评者来说，LBOs 比项目融资更容易成为靶子。

专家们认为，第一个项目融资交易构建于 13 世纪末的英格兰。1299 年，国王爱德华一世（Edward Ⅰ）和佛罗伦萨的银行家花思蝶家族签署了一项协议，让其为德文郡的采矿权益提供资金。当时，花思蝶家族属于欧洲最富有和最有权势的家族。他们拥有的银行遍布整个欧洲大陆，并持有很多企业的股权。他们还与许多王室家族关系密切。他们向这些王室提供大量资金，资助其战争和商业冒险。

由于没有任何资金来资助新发现的银矿的开发，爱德华一世同意花思蝶由他们来资助整个采矿基础设施的建设。作为交换，他们将获得项目运营一年的所有收入。然而，如果这些意大利人的利润最终低于其所投入的投资额，他们也没有向王室的追索权。在这一年期满后，基础设施必须移交给英格兰王国，然后由王室自己运营、获取利益。

尽管有这个中世纪的例子，项目融资在很长的一段时间内还是鲜有运用。在由农业主导的经济体中，基础设施的建设（以及对项目融资的需求）极其有限。第一次工业革命后情况发生了变化。例如，苏伊士运河和埃菲尔铁塔这两个 19 世纪最具标志性的项目就是通过项目融资结构进行融资的。

第 4 章
项目融资的基础知识

4.1 定义

4.1.1 项目融资的目的

项目融资的目的是资助大型公共或私人基础设施项目的建设和运营。在第二部分引言中提到的案例（银矿、埃菲尔铁塔、苏伊士运河）都属于此类。迪士尼乐园巴黎分园的建设也是通过项目融资结构进行融资的大型基础设施的典型示例，这也是本书后面分析的案例研究之一。

项目融资广泛应用于全球各类基础设施资产的融资，包括高速公路、铁路、港口、机场、风力或太阳能发电厂、污水处理厂、海水淡化厂、医院、学校、体育场馆、光纤网络、电信塔等。这些资产具有以下共同特点：

- 高昂的建设成本；
- 相对较长的建设周期；
- 项目的生命周期横跨数十年。

4.1.2 通过无追索权债务为基础设施建设融资

项目融资不仅被由其融资的资产类型定义，也受到所有项目融资结构共有的一套规则塑造。因此，项目融资更详细的定义是："……基础设施项目的融资以授予给 SPV 无追索权债务的形式进行，该 SPV 由一个或多个公司或金融股东建立，其唯一目的是建设和运营此基础设施。因资助项目而筹集的债务和股权仅由项目所产生的现金流来偿还。"

图 4.1 描述了一个简化的项目融资结构。在此例中，一个股东（或

发起人）成立了一个 SPV（或项目公司），其唯一目的是建造一条由政府委托的高速公路。该 SPV 通过债务和股权混合融资，并使用这些资金来资助高速公路的建设。一旦项目完全建成，该项目就开始产生现金流。这些现金流（在此例中，是通行费和潜在补贴的总和）用于支付高速公路的运营和维护以及偿还债务。如果 SPV 在支付这些费用后还有足够的现金，则以股利的形式分配给发起人。

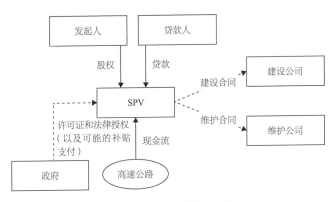

图 4.1　项目融资结构简化图

下面将详细阐述这个简单的结构和定义：

1.SPV 由与项目发展有经济利益牵扯的股东（发起人）设立。例如，在我们的示例中，发起人可能是一家大型建筑公司。有时会有多个发起人共同支持同一个项目。发起人也可以是专门研究基础设施行业的投资公司。在此情况下，我们可以称发起人为金融发起人（financial sponsor）——这是一个与实业发起人（industrial sponsor）相对的概念，实业发起人意味着此项目背后的公司是实业公司。金融发起人和实业发起人有时候会组队共同开发或拥有某些基础设施。

2.SPV 仅因项目本身而成立。通常情况下，其无法独自进行项目的建设和运营。这些活动会外包给其他公司，有时包括发起人自己或发起人的专业子公司。例如，图 4.1 中投资了该项目的发起人同样可以直接或间接地负责公路的建设和维护。

3. 项目融资是一种客制化的金融技术。每笔交易都会得到单独的分析和结构安排。贷款人向且仅向 SPV 提供融资。他们对项目公司的股东无法律或财务追索权。项目债务被称为无追索权（non-resource）。以我们的例子来说，如果高速公路无法产生足够的现金流来偿还债务，贷款人无法追索建筑公司。贷款人放弃对发起人其他资产任意或所有索赔的权利。作为交换，他们通常会获得 SPV 的股权质押以及（如果法律允许）基础设施本身的抵押权。

4. 如果贷款人无法追索发起人，就意味着贷款必须仅通过项目产生的现金流来偿还。债务规模严格基于 SPV 的潜在收入。贷款人必须进行极其详细的项目分析，以确保基础设施能够得到建设并产生足够的现金流。

5. 由于缺乏对发起人的追索权，承包商（供应商、负责建设和运营的实体等）对 SPV 负有严格的合同义务。这些义务通常包含财务担保，以便在证明项目的任何问题（施工延误、业绩不佳等）直接归因于承包商没有履行其义务时，SPV 可以对其进行财务追索。

6. 项目融资可大致分为三个阶段：

- 第一个阶段为开发阶段（development phase），在此期间发起人努力获得建设项目所需的所有许可和必要的法律、行政和监管授权。与此阶段相关的成本通常仅通过股权来融资。

- 第二个阶段为建设阶段（construction phase），在此期间无追索权融资得以构建。项目可以提取贷款和股权的剩余部分，用于支付基础设施的建设。

- 第三个阶段为运营阶段（operational phase），在此期间 SPV 能够开始出售项目所生产的货物或服务产出。项目产生的现金流用于支付运营和维护（operation and maintenance，O&M）成本、偿还债务，以及分配股利。

4.2 为何选择项目融资结构？

4.2.1 基础设施资产融资的两种不同选择

基础设施项目并不是都通过项目融资结构进行融资。开发项目的发起人总是不得不在两种主要的融资选项中做出选择：

- 其可以在公司层级筹集债务以直接在其资产负债表上体现此项目的开发（公司融资）；
- 其可以通过特殊目的载体来为项目提供资金，该载体的作用就是筹集资金来为基础设施的建设融资（项目融资）。

在第一个选项中（公司融资），银行直接贷款给发起人，以便发起人开发和建设项目。贷款的偿还与发起人产生现金流的能力挂钩。贷款人与发起人的其他债权人在债务偿付上处于同等的位置。只要发起人有偿付能力，他们的贷款就会得到偿还。即使独立进行的项目陷入财务困境，贷款也必须得到偿还。相反，如果项目成功但发起人由于其他活动而破产，则与之签约为成功项目提供资金的贷款人不会处于任何优先偿付地位。他们像任何其他债权人一样面临着发起人破产的动荡。

在第二个选项中（项目融资），由 SPV 筹集的债务偿还仅基于项目所产生的现金流。贷款人对发起人的其他资产无追索权。贷款人面临着项目风险。他们的贷款偿还不受发起人其他业务赢利能力的影响。若项目失败，即使发起人由于其他业务活动而获利颇丰，他们的贷款也不会得到偿还。

4.2.2 项目融资选项的优势

4.2.2.1 隔离风险

对发起人来说，使用附带 SPV 这一中介的项目融资结构能够将所有法律和金融风险转移至另一个实体。SPV 是以有限责任公司的形式成立的，因此股东的责任以其出资额为限。换句话说，如果项目失败，发起人无须偿还 SPV 所募集的债务。我们可以将 SPV 看作是遥远的破产（bankruptcy remote），它意味着 SPV 的破产对发起人的影响很小。发起人的最大损失以其对项目公司的股权投资额为限。反之，如果发起人决定通过公司融资的方式为项目融资，则无论项目的结果如何，发起人都必须继续偿还与项目有关的债务。在此情况下，贷款人对发起人有完全追索权（full recourse）。

4.2.2.2 最大化利用杠杆

使用项目融资结构也是增加与基础设施有关的债务总额的一种方式。项目公司的贷款人根据项目产生的现金流来确定贷款规模。如果该现金流稳定且可预测，那么贷款人就会在杠杆使用上更为激进，特别是如果项目公司受益于与信用评级极佳的公司或政府控制的实体所签订的长期购买协议。债务占融资额 80% 的项目并不少见。

在公司融资的情况中，银行不仅会分析项目所产生的现金流，还会分析发起人的整个收入结构。若发起人的一些其他业务更具波动度或可预测性更低，将对发起人的举债能力产生负面影响。在此情况下，通过项目融资结构获得的资助该项目的债务总额将会高于通过公司融资债务获得的总额。

显然，如果发起人在信用评级上表现优异，并且项目成本与发起人的资产负债表的规模相比非常有限，那么将债务构建为无追索权贷款就不会正向影响最大可用杠杆。在此情况下，发起人或许能够通过公司融资而为整个项目融资。

4.2.2.3 延长债务期限

如果一个项目能提供足够的可预测和稳定现金流，那么专门从事项目融资的贷款人通常可以提供长期限的融资解决方案，有时期限甚至可以超过 20 年。项目融资方案的平均期限远远大于银行或机构贷款人因一般融资目的所销售的大多数工具。投资级公司的循环信用贷款平均期限为 7（5+1+1）年，而期限超过 10~15 年的债券发行通常相当罕见（当市场条件改善时，此类债券发行显然变得更加普遍，但在此情况下，对项目融资的需求也会增加，从而也会延长项目融资债务的期限）。

4.2.2.4 联盟者的理想解决方案

当多位发起人想要共同参与某个项目时，通过项目融资结构来为该项目融资是最为常见的。建立一个 SPV 以在项目公司层级担保债务意味着债务的成本与项目的信誉相挂钩。此时债务成本对所有股东都是一样的。而当每个共同发起人单独筹集公司债务以为其在项目中的股份提供资金时，发起人所支付的信用利差则取决于他们各自的信用评级。若一些发起人是大型投资级公司而其他一些不是，那么他们在资金成本方面可能会存在巨大差异。构建项目融资是一种将所有股东置于同等竞争环境并使其利益一致的解决方案。

4.2.2.5　金融发起人的理想解决方案

如前所述，发起人可以是建筑或基础设施公司（在此情况下可以称之为实业发起人）或专门投资基础设施和能源资产的金融投资者（即金融发起人）。这些金融发起人与第 3 章讨论的 LBO 公司并无二致。它们的组织结构十分相似。它们的目标是通过专门的投资工具从有限合伙人那里筹集资金，并将这些现金投资于运营公司。它们之间的主要区别在于专门投资基础设施目标的投资公司只投资项目公司或者是持有基础设施资产的公司，而 LBO 公司拥有更广泛的投资范围。一般来说基础设施投资公司也有更长的投资期，其能够持有一项资产长达 10~15 年，而传统 LBO 公司一般持有 5~7 年。最后，考虑到基础设施投资公司通常投资于具有稳定且可预测现金流的公司，因此相比于 LBO 公司，它们相中的目标公司具有更低的 IRR。

不同于实业发起人，金融发起人无公司层级融资的选项。其自身结构就决定了投资公司规模相当有限。用于投资项目的股权来自属于独立法人实体的基金。对于这些金融发起人而言，为基础设施项目融资的唯一选择就是使用项目融资结构，据此金融发起人所持有股份的 SPV 筹集无追索权债务。

4.2.2.6　中小型发起人的唯一解决方案

仅因发起人规模太小而无法获得充足的长期流动性资金以建设大型基础设施项目的现象并不少见。在此情况下，项目融资是向前的唯一解决方案。专门从事可再生能源的独立电力厂商（independent power producer，IPP）通常属于此类。这些公司开发风力和太阳能发电厂，其目标是建立一个与电网相连并能够产生能源的发电厂。其通常通过与最终分配电力的公共监管实体签订长期合同来实现这一点。对于贷款人而言，为能够确定从国有机构那里获取收益的风力或太阳能发电厂融资比直接为 IPP 融资更加容易，后者在某些情况下可能是一家非常小的公司。

4.3　项目融资结构的相关约束

尽管有上述优点，但与公司融资相比，使用项目融资结构并非没有缺点：

- 由于贷款人要承担项目本身的风险，所以需要对项目进行彻底的分析。其需要大量信息并要求技术、法律、税务以及财务方面的尽职调查。这些报告应当由顾问及专业公司准备和起草，从而增加了交易的成本、时间和复杂性。
- 合同安排（我们将在后面详细分析）非常复杂。卷入到项目融资交易的各方数量相当多，这自然而然地拖累了谈判的进程。一个项目融资交易能轻而易举地花费数月时间来构建，而公司贷款在几周内就可以完成。
- 项目的监控成本通常很高：贷款人有重要的技术、财务和法律监控要求，其必须投入整个团队积极跟踪交易直至交易逐步完成。
- 由于贷款人承担额外风险——高杠杆、长期限、对发起人无追索权，因此该结构的融资成本高于公司融资成本，尤其是当发起人属于投资级时。

综合上述缺点，项目融资通常限定于非常大的项目。对发起人来说，若所需融资的资产规模有限，则耗时谈判并招致高昂交易成本之举便毫无意义（除非发起人自身别无选择，此情况如前所述。发起人一般会因规模太小无法获得银行贷款）。贷款人依此同理。由于每笔交易都需深度分析，其更愿意关注大型交易而非小型交易。因此小型交易通常很难通过项目融资债务进行融资。

4.4　如何在公司融资和项目融资之间进行选择？

因为项目可以通过 SPV 或公司债务进行融资，因此发起人面临两种融资选择。他们必须在构建项目之前决定要遵循的路线。虽然大多数情况下项目融资这一路径会被选择，但一些小型或标准化的项目通常通过公司融资进行处理。一些具有优秀信用评级的大公司有时也会选择公司融资，以从便捷性和更便宜的债务成本中获益。表 4.1 展示了这两种技术各自的品质。

表 4.1　公司融资和项目融资的关键差异

	发起人的公司融资	SPV 的项目融资
贷款人所承担的风险	发起人产生现金流的能力	项目产生现金流的能力
贷款人的风险分析	发起人财务报表的分析	从各个角度对项目进行彻底分析（技术、财务、税务、法律）
适用情景	发起人达到某一规模标准及拥有好的信用评级	项目分析显示独立地看该基础设施是可融资的
债务规模	取决于发起人的财务指标及偿债能力	取决于项目的现金流
到期时长	投资级的话很少超过 7~10 年（取决于当时的市场条件及可提供的流动性）	若项目的生命周期及未来现金流的可预测性允许，可以考虑很长的期限（一般来说 15~25 年，有时甚至超过 30 年）
利差	基于发起人的信用质量	基于项目现金流的可预测性及项目用户的信用质量
发起人的风险	即使项目失败也要偿还债务	财务风险仅限于其对项目公司的投资
结构化	有限：贷款和债券发行文件非常标准、符合传统	复杂、耗时且成本高
贷款人可用的担保方案	无：银行是发起人的无担保债权人。若融资被授予给发起人的子公司，则由集团的主要实体提供公司担保，以确保贷款人承担的是发起人而非子公司的信用风险	贷款人拥有 SPV 的股权质押（贷款人也可以拥有基于基础设施本身的抵押）。① 其对发起人无追索权但是可以在违约的情况下收回 SPV（或者基础设施）
适用于	小的项目以及 / 或发起人有优异的信用评级并且想利用该评级、保持灵活性	大的基础设施项目，尤其是当发起人想将其风险暴露限制在某一特定项目、某项目涉及多个发起人、发起人是金融发起人、发起人资产负债表规模有限、无法以其他方式为项目融资时

---

① 如果法律允许的话。一些项目经过公开招标授予给 SPV，SPV 只是基础设施的经济所有者，法律所有权仍然属于授予项目的公共实体。这意味着 SPV 不能将该基础设施抵押给贷款人。其只能质押自己的股权。

案例研究 5：埃菲尔铁塔的建造

1886 年，古斯塔夫·埃菲尔（Gustave Eiffel）在巴黎市中心展示了其高达 300 米的金属塔的设计方案，彼时他已经是一位颇有建树的工程师和成功的企业家。他在欧洲各地建造了桥梁，并构思了部分位于欧洲和美国的知名建筑。他最著名的成就是自由女神像。虽然雕塑本身是由弗雷德里克·巴托尔迪（Frédéric Bartholdi）设计的，但里面的金属框架完全是由埃菲尔构思的。

埃菲尔心中的塔是革命性的，要成为世界上最高的纪念碑。自 1884 年起埃菲尔就开始构思，并希望为 1889 年的世界博览会建造这座塔，以入选纪念法国大革命 100 周年的相关活动。埃菲尔尽其所能以确保活动的组织者会选中他的项目。他与政治家会面、在报纸上购买广告，并定期与博览会组织委员会主席爱德华·洛克罗伊（Edouard Lockroy）会面。经过两年的激烈游说，他终于说服了洛克罗伊发起招标，以在巴黎市中心建造一座现代纪念碑。

招标带有明显的偏向性。由于和洛克罗伊关系密切，埃菲尔影响了招标通知的起草。纪念碑的规格几乎和埃菲尔的构想完美契合。为了确保埃菲尔能够中标，竞标者仅有 18 天来准备其所回复的标书。埃菲尔已经用了两年多的时间完善相关理念，因此他轻松获胜。[①]

特许经营协议

1887 年 7 月 8 日，在选定项目的一年多后，古斯塔夫·埃菲尔、爱德华·洛克罗伊和法国政府代表签署了一份三方协议，详细说明了项目的地点、融资和运营等细节。根据这份 12 页的契约，[②] 大家一致同意将该塔建于巴黎塞纳河沿岸的第七区。埃菲尔亲自负责设

---

① 这样的操作对于响应招标的公司来说是稀松平常的。这些公司都会试图说服发布招标的公共当局要求相关项目带有一些有利于他们公司而非其他公司的技术规范。现今很多国家已设立法律以规范游说和限制此类行为。

② 在现代项目融资协议通常长达数百页的背景下，此数值得强调。

计、建造和资助该项目。作为回报，巴黎市政府作为该大厦的合法所有者，授予他 20 年的使用权和经营权。

埃菲尔还获得了总计 150 万法郎的国家补助。补助金分三期发放，每期 50 万法郎。补助的发放依据是一楼、二楼和三楼的竣工。换句话说，埃菲尔受益于政府补贴却不得不用私人资金开工建设铁塔。政府将支持该项目的前提是建设已取得显著进展。

作为这些补贴的交换，埃菲尔同意将限额收取游客的费用。双方签署的协议类似于今天所说的特许经营权协议，尽管当时尚未存在此类协议：一个私人实体负责建设和运营某项基础设施，并获得该基础设施在某一期间内所产生的相关收益，但该私人实体要遵守公共当局规定的一些基本规则，方能继续进行建设。

最初的困难

塔的建设由埃菲尔的公司埃菲尔建筑公司（Les Etablissements Eiffel）完成。该公司估计项目的总成本为 660 万法郎，其中 650 万法郎用于施工，10 万法郎用于法律和结构化费用。因此，埃菲尔必须在 150 万法郎的补贴之外再筹集 510 万法郎。尽管埃菲尔正在建造今日巴黎最著名的纪念碑，但其却要竭尽全力寻找合作伙伴。从技术角度来看，在巴黎市中心建造一个 300 米高的金属结构是非常危险的。

埃菲尔聘请了一位财务顾问来说服银行为该项目融资。这位专家的作用是证明在巴黎市中心建塔的理念是有利可图的。这位顾问建立了一个在当时看来非常复杂的财务模型。他研究了每天平均有多少游客参观巴黎和国外的著名纪念碑，并从这些数字中推断此塔可能吸引多少人。根据预期增长和通货膨胀目标，在考虑季节性、天气条件以及周末和工作日之间的差异后，他推断出未来 20 年的参观人数。该顾问的计算结果表明，该项目未来 20 年经营现金流的净现值远远超过 510 万法郎。

基于此分析，三家银行最终同意为该塔融资：法国兴业银行（Société Générale）、法国–埃及银行（the Franco–Egyptian Bank）和法国工商信贷银行（Crédit Industriel et Commercial，CIC）。该交

易于 1888 年 7 月，也就是第一层完成的两个月后签署。在此期间，埃菲尔本人为第一阶段的建设提供了资金。

财务结构

作为投资于该项目的交换，三家银行要求埃菲尔将所有与塔的建设和运营有关的权利和义务转让给埃菲尔铁塔公司（Société de la Tour Eiffel，STE）。[①] 这是一家专为建设以及管理此项目而成立的特殊目的公司。STE 的股本分为两类股权：10 200 股面值为 500 法郎的可赎回普通股（即总计 510 万法郎）及 10 200 股无面值的创始人股。

这两类股票都提供相同的股利权利。尽管如此，只有当可赎回普通股的持有人完全收回其初始投资（即每股 500 法郎）时，才能对这两类股票分配股利。这些可赎回股一半由埃菲尔认购（5 100 股），一半由银行认购（5 100 股）。这意味着埃菲尔和银行各出资 255 万法郎。此时股东的出资总额为 510 万法郎。表 4.2 总结了该项目的资金来源和用途。

表 4.2　埃菲尔铁塔项目资金的来源和用途（以法国法郎计）

资金的来源		资金的用途	
补贴	1 500 000	建造成本	6 500 000
可赎股票（埃菲尔）	2 550 000	法律和咨询费	100 000
可赎股票（银行）	2 550 000		
创始人股	—		
总计	6 600 000	总计	6 600 000

资料来源：米歇尔·里昂内·杜·穆蒂埃（Michel Lyonnet du Moutier）所著的《埃菲尔铁塔的冒险》（*L'aventure de la Tour Eiffel*）。

创始人股无票面价值。其所有者并未向 STE 注资。其唯一目的就是将股利分配给其所有者。创始人股全部分配给了埃菲尔（10

---

① 英文是 Eiffel Tower Company。

200股）。一旦普通股得以完全偿还，这两类股票之间就毫无区别了。图 4.2 总结了埃菲尔铁塔背后的融资结构。

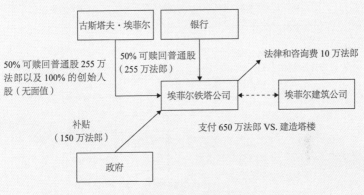

图 4.2　埃菲尔铁塔的融资结构

资料来源：米歇尔·里昂内·杜·穆蒂埃所著的《埃菲尔铁塔的冒险》。

根据埃菲尔与贷款人之间的协议，银行有权在世博会结束后 4 个月内以每股 500 法郎的价格购买 25% 的可赎回普通股。其还必须通过公开发行的方式承担埃菲尔持有的剩余 25% 可赎回普通股的出售。作为服务报酬，银行获得了 45% 的创始人股和 12.5 万法郎的佣金。然后，所有各方都可以自由持有或出售手中的股份。

图 4.3 显示了埃菲尔铁塔建成后的股权结构。

建成之后

埃菲尔铁塔的建造是工业效率的典范。其在零事故的情况下以原有预算提前原计划 10 天完成建造，这是一个创纪录的建造时间。建筑工人的施工强度很大，但埃菲尔通过给员工大幅加薪避免了罢工，这多亏了装配塔楼的工厂对建造流程的优化节省的成本。

建设的成功给埃菲尔和银行带来了金融优势。在上市首日，STE 的股价触及 770 瑞士法郎的高点，几周后飙升至 1 000 法郎以上。尽管参观人数仍低于预期，但世博会期间的收入带来了 560 万法郎的总利润，触发了对可赎回普通股的全额偿还，并向股东派发

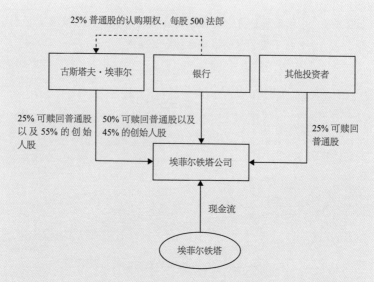

图 4.3　埃菲尔铁塔建成后的股权结构

资料来源：米歇尔·里昂内·杜·穆蒂埃所著的《埃菲尔铁塔的冒险》。

了 50 万法郎的股利。

　　尽管不太清楚埃菲尔从该项目中实现了多少总利润，但事实证明这是一笔极其有利可图的交易。但这也是一个不太成功时期的开始。作为设计和建造巴拿马运河的承包商，埃菲尔卷入了一场腐败丑闻。他被判处两年监禁，最终在上诉中被无罪释放。埃菲尔深受这场磨难的影响，不久之后便决定从自己的公司退休，专注于科学研究。

后记

　　世博会之后，埃菲尔铁塔的财务表现仍然相当令人失望，但在 1910 年，埃菲尔成功地将特许经营期延长了 70 年。受益于 20 世纪大众旅游业的发展，该塔慢慢成为游客参观巴黎的一个焦点。STE 将其发展成了一个赢利业务，到 1980 年当特许经营权续签时，铁塔吸引了新投标者的兴趣。

从那时起，埃菲尔铁塔的运营转移到了一家新公司，即新埃菲尔铁塔运营公司（So-ciété Nouvelle d'Exploitation de la Tour Eiffel, SNETE；英文为 New Operating Company of the Eiffel Tower），其30% 为巴黎市所有，其余 70% 由巴黎市（40%）和一个金融合伙人（60%）共同控制的控股公司所有。自 2006 年以来，埃菲尔铁塔的特许经营者是埃菲尔铁塔运营公司（Société d'Exploitation de la Tour Eiffel, SETE；英文为 Operating Company of the Eiffel Tower）。该公司最初是巴黎市（拥有 60% 的股份）和私营部门几个合伙人的子公司，这些合伙人包括法国电力公司（EDF）、尤尼百-洛当科（Unibail- Rodamco）、埃法日（Eiffage）和 LVMH（40%）。2015 年，私人合伙人将所持股份转让给了公共实体。如今，该塔已完全独立运营，不享受任何补贴，并且每年吸引超 600 万的付费游客。其已位于世界上最赚钱的地标之列。

第 5 章
项目融资的主要参与方

5.1 不同的项目类型

项目融资结构显然不尽相同。将项目公司置于交通风险和不确定现金流中的高速公路和受益于来自投资级公用事业公司长期电力购买协议（power purchase agreement，PPA）的风电场这两者的融资方式肯定有所不同。对预计收入的确定性程度决定了项目公司所担保债务的结构、杠杆大小、成本和到期期限。

在融资领域，项目一般依其现金流的来源进行分类。一般有以下三种主要的分类方式：

1. 项目具备长期购买合同，在该项目中特殊目的公司将其产出（或服务）长期出售给确定的买家。

2. 项目具备交通或商户风险，在该项目中项目公司在市场上直接出售其产出（或服务）。

3. 在此类项目中，SPV 获取公共实体支付的固定租金以建设和管理用来提供公共服务的基础设施。一般可称这些项目为公私合营（public-private partnerships，PPPs）。

5.1.1 具备长期购买合同的项目

一些项目受益于就其生产的产出（或服务）所签订的长期购买合同。此类合同［也称承购合同（offtake contracts）］通常具备很长的签约期（大约 20 年），这使得未来现金流对发起人和银行来说具有高可见性。这些项目构成了大部分通过无追索权债务进行融资的基础设施。

5.1.1.1　如何运作？

此类项目在能源领域很常见。为了鼓励发电厂生产清洁能源并建设大型风力或太阳能发电厂，世界各地的政府往往都向可再生能源生产商提供长期 PPAs。这些合同附带通过通货膨胀调整后的固定价格，并向项目公司保证在很长的一段时间内都会以给定价格购买全部的能源产出。此类 PPAs 给可再生能源生产商提供了关于项目公司未来收入的高度可见性，这应当可以激励可再生能源项目的建设。

关于受益于长期 PPA 的能源项目的风险分析是非常精简的。无论是发起人还是贷款人都不必对能源价格的长期走势进行假设。取而代之的是他们需要分析在合同期内购买产出的对手方的信誉。对于能源项目来说，此对手方通常是项目建设所在国的政府或当地的国家公用事业公司。在能源领域，此类 PPAs 一般会采取差价合约（contracts for difference，CfD）的形式，这意味着项目公司在现货市场出售能源，但若市场价格低于项目中标时的保证价格，则其会同时受益于国家公用事业公司或政府所支付的补足款。反之，若市场价格高于保证价格，则项目公司必须向国家公用事业公司或政府支付市场价格与 CfD 价格之间的差额。

PPAs 没有必要非得和政府实体签署。其也可以在想要长期以一给定价格保障供应（电力、天然气、石油等）的公司和某一出售对应产出的公司之间达成。这些私人（或公司）PPAs 之所以得以签署通常是因为私人参与者有强烈的能源需求或其所处的国家能源供应昂贵或不可靠。只想使用清洁能源的公司也可以与经营风力或太阳能发电厂的项目公司签署公司 PPAs。谷歌就是一个众所周知的例子，其在美国、智利、欧洲和亚洲签署了众多私人 PPAs，为其数据中心提供清洁能源。

长期购买协议能减少风险但不能消除风险。一个在市场上出售其产出的风力发电厂和另一个受益于长期 PPAs 的风力发电厂的主要差异在于前者的市场风险被后者的对手方风险所替代。所有的其他风险则保持不变。需要注意的是，发起人和贷款人在这两种情况下都面临：建造风险（若项目无法建设则不会有现金流），以及资源风险（若不存在风，那么风力发电厂尽管附带着很好的 PPA 也不会产生收入）。

5.1.1.2 为受益于长期购买协议的项目融资

若承购人的信用度尚可，那么签订长期购买协议可以使项目公司获得长期融资。假设其他风险得到有效缓解，如果项目受益于 20 年的承购合同，例如，SPV 可以筹集 18 年的全额摊销贷款。可以将这两年的差异称为尾部（tail），在债务偿还初期，万一其他风险限制了项目产生现金流的能力，其可以起缓冲作用。例如，在风力发电厂的例子中，即使承购人是一家投资级公司，贷款人也会暴露于一两年风力不足的风险。在此情况下，SPV 无法发电，因此会限制其产生收益和归还贷款的能力。尾部的存在允许贷款人重组债务并延长期限，同时其仍可从融资的 PPA 中受益。

在一些情况下，贷款人愿意接受负尾（nagative tail），这意味着债务期限长于购买合同。这可能发生在基础设施的预期寿命大于承购合同时。在此情况中，贷款人会假定即使在初始购买协议结束之后，该项目仍能够生产和出售产出（无论产出为何——电力、天然气等）。负尾不会超过几年时间。由于等债务到负尾阶段时已大幅摊销，风险已得到缓解，这确保了与项目的现金流相比贷款人的信用暴露是有限的。不过显然的是，只有当 SPV 在合同结束后无须自动将基础设施移交给政府或政府所拥有的实体时（在一些国家可能出现这种情况），负尾的存在才会成为可能。

5.1.2 具备交通或商户风险的项目

5.1.2.1 定义

暴露于交通或商户风险的项目一般无法受益于长期承购合同。此类项目必须直接在市场上出售其产出或服务。案例 5 分析的埃菲尔铁塔就是此类项目的例子。该塔的收入与参观人数直接挂钩。

- 具备交通风险的项目：收费公路是暴露于交通风险的项目的一个典型例子。其收入与付费顾客的数量有关。如果潜在用户更愿意乘坐火车或使用公共道路，项目公司可能无法产生足够的现金来偿还其债务。港口或机场领域的项目通常也附带交通风险。其收入与支付基础设施使用费的航运公司或航空公司有关。
- 具备商户风险的项目：未从 PPA 中获益的能源项目暴露于商业风

险。项目公司必须直接在市场上出售其产出（天然气、石油、电力）。SPV 的收入可能极其不稳定。

5.1.2.2　比受益于承购协议的项目具备更高的风险水平

暴露于商户或交通风险的项目比受益于 PPAs 的项目更具风险性，因此更难融资。贷款人必须知晓资产的潜在收入，并了解顾客是否愿意支付费用以及愿意支付多少费用来购买项目所提供的商品或服务。在所有条件相同的情况下，暴露于商业或交通风险的项目所具备的杠杆率通常低于受益于长期承购协议的项目。此类项目贷款的利差通常较高，债务的期限较短。从股权角度来看，这些项目的风险也更大。相对于在受益于长期 PPA 的项目中持有股权的投资者，投资此类资产的发起人通常会要求更高的 IRR。

面临商户风险的项目需要专家介入以确定市场价格在未来可能如何演变。这是一项困难的工作，很多贷款人对此类项目的融资持谨慎态度。其他的一些贷款人则愿意贷款，但会要求更高数量的股权以及更保守的融资结构以确保有足够的缓冲来吸收极低收入的影响（见第 6 章）。

贷款人在分析带有交通风险的项目时必须要了解基础设施所提供的服务的价值。例如，在收费公路的例子中，他们必须衡量与其他可用选项（免费公路、火车等）相比，顾客在时间和便利性上的收益，并确定用户是否愿意支付发起人所提出的价格。银行通常会和顾问合作进行此项分析。该分析会设想多种交通情况以测试基础设施的弹性及其杠杆能力。

5.1.2.3　补贴

对于已得到政府授权而建设暴露于交通或商户风险的项目的私营部门，政府可以给予补贴以最小化其风险。当年，埃菲尔铁塔就得益于法国政府 150 万法郎的拨款（见案例研究 5）。这些补贴降低了基础设施的总成本并且使项目更易达到盈亏平衡点。当留给私营部门很大一部分风险时，支付补贴是吸引更多参与者参与基础设施建设的一种方式。

补贴可以在建设期（如埃菲尔铁塔）或运营阶段支付。在后一种情况中，补贴支付只有在基础设施建设得当且充分发挥作用的情况下才会成为可能，此时参与其中的政府所面临的风险有所下降。然而，在此情况下，私营部门的风险会更大。因此，补贴（若存在的话）的时间点会影响一些参与者参与项目的意愿。

5.1.2.4 部分暴露于商户风险的项目

在某些情况下，SPV 只是部分暴露于商户风险。项目公司签署了承购协议，在很长一段时间内将其部分产出（或服务）以某一固定价格出售，而产出剩余部分的出售则暴露于市场风险。这种情况在能源领域经常发生。风力或太阳能发电厂可以通过公司 PPA 将其部分产出卖给客户，其余的则直接在能源市场上出售。无论情况如何，当 SPV 未来现金流具备更大确定性时，贷款人通常能够向项目公司提供更多的杠杆。

5.1.3 PPPs

对于 PPP 的定义还未存在共识。一些学者认为，PPP 是指私营部门和公共部门之间旨在建设、融资和运营基础设施的所有法律协议。其他学者认为，此概念应由项目公司所产生收入的性质来定义。因此，他们倾向于对特许经营权（concession）（收入直接来自终端用户）和 PPP（租金由公共实体支付）做出区分。这在本书中我们采用此方法。

5.1.3.1 特许经营权：一个历史性方法

拉拢私营部门参与开发、资助、建设和运营公共基础设施的想法并不新鲜。该想法几乎和项目融资的概念一样古老。1299 年德文郡银矿的开发（在第二部分的介绍中讨论过）表明政府和私营部门之间的合作可以追溯到几个世纪前。在此例中，私营部门（即 frescobaldis）为建设提供了资金，并获权可在相关设施归还给国王（英格兰的爱德华一世）之前将该项目一年全部收入收入囊中。此类法律结构确保了政府无须为关键的公共基础设施支付资金。与建造埃菲尔铁塔有关的法律协议（见案例研究 5）也是如此。古斯塔夫·埃菲尔以及银行确实为属于巴黎市的资产提供了资金。作为交换，他们有权获得该项目 20 年的所有收入。

政府（或公共当局）与私营部门之间的此类合作一般被称为特许经营权（concession）。根据特许经营合同，私营部门被公共当局赋予权利以开发、资助、建设、运营和维护某项基础设施。作为回报，在一定时期内，负责该项目的实体有权保留该基础设施产生的全部（或大部分）收入；

德文郡矿场的情况是一年，埃菲尔铁塔是 20 年。特许经营合同适用于受管制的公共基础设施，但其并不只是适用于新的基础设施，也可以用于资助现有资产的翻新、改进或扩展。

在特许经营协议下，特许人（即公共当局所授予的特许经营权所有者）暴露于其所建设或翻新以及运营的基础设施的业绩风险中。有时会涉及补贴，但由于特许经营权是为了将成本和风险从公共部门转移到私营部门，因此这些补贴的数额尤其有限。

5.1.3.2 PPPs：从英国到世界尽头

PPP 这一缩写所代表的概念则相对新颖，指的是建设基础设施项目时使用了一套特定的合同及报酬体系，该体系通过 1992 年英国一个名为私人融资计划（private finance initiative，PFI）的项目得以建立。该项目旨在为基础设施领域公私部门间的合作伙伴关系提供法律和金融框架。自此，诸多国家采用了类似的框架。尽管细节可能因管辖区而异，但这些特定的法律安排统一被定义为 PPPs。

PPPs 似乎与特许经营权相似，但该模式拓展了与私营部门可能存在的合作伙伴关系范围。在传统的特许经营权体系中，为项目融资的发起人和贷款人承担了切实的绩效风险。SPV 向终端顾客提供服务或产品，无论是高速公路（与铁路和其他交通选择竞争）还是水的特许经营权（与瓶装水竞争，并受制于使用波动），顾客都可以自由选择是否使用。而在 PPP 中，基础设施的直接用户和客户是不一样的。用户是个人，而为资产付费的客户是政府或地方当局。

PPPs 的典型例子是将一家医院的建设和运营委托给一个私人财团。与任何项目融资一样，基础设施的建设由一个 SPV 完成，其已将这一义务分包给该领域的专业公司。一旦项目完全建成，SPV 将负责医院的所有非医疗活动：安保、餐饮、维护、清洁等。作为这些服务的交换，政府或地方当局向项目公司支付租金。这些租金由项目公司用于支付医院非医疗服务的运营，以及偿还为资助建设而签订的债务。任何额外收益都归于发起人。医院的所有医疗要素（人员的选择、提供的医疗服务等）都不在协议范围内，这些仍由政府或地方当局掌控。

PPPs 结构显然不只是为医院提供资金。其可以用来建造大量的资产，包括学校、大学、监狱、法院、有轨电车、体育场、道路等。PPPs主要涵盖社会基础设施项目，这些项目为政府或公共实体所用以提供基本的公共服务，如卫生、教育或司法。

在 PPP 中，SPV 所获收入来自政府或者是地方公共当局，后者使用基础设施向公民提供非商业服务。这是 PPP 与特许经营权的主要差异之一，在特许经营权的模式下终端用户为基础设施所提供的服务付费。

在 PPP 中，政府或公共当局所支付的租金又叫可用性付费（availability payments）。可用性付费是为性能付费，与需求无关。换句话说，只要 SPV 建设的基础设施完全可用且公众使用时毫无限制，那么 SPV 就可以完全拥有租金（无论公共实体是否使用该基础设施）。

为了保证基础设施得到良好的设计、正确的运营和专业的维护，可用性付费会和某些性能标准挂钩。公共当局和项目公司会设定某一付费水平，若基础设施的可用性不能太让人满意，则该付费水平会下降。例如，PPP 合同表明，在设备维护不善、材料残次有缺、存在安全隐患、缺乏清洁卫生的情况下，可用性付费会相应减少。

PPP 的目标是能够将核心公共基础设施的建设和运营移交给私营部门。PPP 的理念是虽然公共部门的职责是为公民提供教育、公共交通和司法等服务，但其作用不一定是建设、运营、维护和帮助公共当局提供这些服务的资产。PPP 旨在利用私营部门在建设和运营领域的效率。

继英国的成功经验和公共开支的控制需求之后，许多国家已经采取措施，在自己的法律体系中采用类似于 PFI 的模式。现在，PPP 框架已广泛应用于世界。南非、澳大利亚、巴西、比利时、法国、德国、意大利、爱尔兰、荷兰和许多其他国家都使用这种法律和金融技术为地铁项目、铁路、学校、医院、监狱等提供资金。

5.1.3.3 为 PPPs 融资

从传统上讲，贷款人将 PPPs 视为最安全的项目融资类型。建设通常相当容易，现金流也不受市场风险的影响。其只取决于公共对手方的信誉以及项目公司为基础设施提供高水平服务的能力，从而使可用性付费得以全额支付。对于贷款人来说，这意味着风险比传统的特许经营权要低得多，特别是代表 SPV 负责基础设施运营的公司是领域内的一流企业时。

基于上述原因，相较其他项目类型，PPPs 的股权融资额相对较少。在西欧，若负责可用性付费的对手方所获评级为 A 及以上，则资本配比可落于 90/10[①] 的区域内。债务成本相当低，贷款的期限也相当长。在新兴市场，公共实体的评级一般更低，建造风险也更高，此时结构显然不那么激进——资本配比更低、债务期限更短、贷款利差更昂贵。

5.1.3.4　PPPs 的法律形式

PPPs 的法律形式因国而异。其通常以 BOT 合同的形式构建，即建设（build）、运营（operate）和转让（transfer）协议，借此基础设施的所有权仍归公共部门所有，而资产的融资、建设及运营则处于私营部门的监督之下。在 PPP 临近尾声时，基础设施会被转交给公共部门，届时大家会签署一个新的 PPP。新的私人方要么承诺为基础设施的扩建或翻新提供资金，要么只是简单的接受公共当局所支付的费用，作为在给定期间运营该项目的交换。

在一些国家，PPPs 会以 BOOT 合同的方式构建，即建设（build）、拥有（own）、运营（operate）和转让（transfer）协议。从本质上讲，它们与 BOT 合同非常相似，只是在 PPP 期间，基础设施的法律所有权属于 SPV。因此，在 BOOT 中，SPV 可以向贷款人提供基础设施本身的质押，而在 BOT 中这是不可能的，贷款人只能收到 SPV 的股权质押。[②]

在某些情况下，PPP 会通过 BOO（建设、拥有、运营）协议构建，这意味着 SPV 不必将其已建设和资助的基础设施转交回公共部门。在特许经营权领域，BOO 合同极其常见，且广泛应用于移动电话和光纤网络。尽管此类合同看起来对私营部门非常有利，但公共部门能以此方式避免未来收回可能过时的旧资产或基础设施。

5.2　发起人

发起人是 SPV 的股东。他们为项目提供股权。若项目失败，他们首

---

① 意味着项目公司以 10% 的股权和 90% 的债务进行融资。

② 详见第 4 章第 4.4 节，表 4.1"贷款人可用的担保方案"。

当其冲遭受经济损失。如前所述，发起人有两类：实业及金融。

5.2.1 实业发起人

实业发起人是那些除了投资基础设施项目之外还有实际商业活动的发起人。投资可能占其商业模式的大部分，但并非唯一的。例如，在能源领域，电力厂商可能会投资 SPV 的股权以资助建设风力或太阳能发电厂，但他们的工作并不限于这些金融投资。他们围绕项目的生命周期进行大量的产业活动：

- 确定并确保用以建设和开发项目的土地；
- 开展研究以确定有足够的风力或太阳辐射；
- 设计项目及其规格；
- 确保可融资的 PPA；
- 监督项目的建设；
- 项目建成后的运营和维护。

很多项目中可以见到实业发起人的身影。其目标是通过多种渠道创造价值，而投资只是其中之一。例如，在我们先前的例子中，能源公司可通过项目公司所支付的股利，抑或通过运营项目获得利润。此时，价值创造中很大一部分是通过项目开发而非单纯的股权投资得以实现，只有实业发起人才能做到这些。

也就是说，世界上很多地方特许经营系统的发展已经改变了很多发起人的商业模式。例如，成立于 1899 年的法国公司万喜（Vinci），其最初是一家建筑公司。现在则是一个包含建筑业的综合企业，其也有一个着重于公路和机场领域的特许经营部门。今天，万喜在法国经营着 4 300 多千米的高速公路，并获得了许多机场的特许经营权，包括法国（里昂、南特等）和海外（贝尔格莱德、里斯本、波尔图、智利圣地亚哥、巴伊亚萨尔瓦多、大阪、神户等）的机场。2019 年，万喜特许经营业务的净收入在集团总收入中占比 69%（32.60 亿欧元中占 22.55 亿欧元），[1] 这意

---

① 资料来源：万喜 2019 年年报。

味着其特许经营业务目前的赢利能力是原有建筑业务的两倍以上。^①

万喜不是唯一一家走这条路的公司。如今，许多从事基础设施项目建设的公司都发展了特许经营或投资部门［西班牙的 ACS、意大利的亚特兰蒂亚（Atlantia）、法国的埃法日等］。三大原因可以解释此重大趋势。首先，投资基础设施本身就是一项有利可图的业务，正如万喜所表明的那样。其次，积极参与特许经营业务是为建筑部门争取合同的一种方式。以万喜为股权投资者的财团显然会为作为建筑承包商的万喜来竞标特许经营权。最后，财团有时不愿意选择那些没有完全致力于该项目的供应商。让所有主要分包商投资项目公司是协调股东和供应商利益的方式。换句话说，股权投资者更愿意选择对项目有信心并愿意承担股权风险的公司作为分包商。当项目规模很大且可为分包商带来极高利润时，情况尤为如此。

让主要供应商参股也是确保分包商向项目公司提出有竞争力价格的一种方式。如果项目运营时供应商可以收获股利，那么与报酬只是供应合同所带来的利差相比，供应商更有动力提出有竞争力的报价。

这一趋势在欧洲离岸风电领域尤为显著。一些负责安装桅杆、风力涡轮机和电缆的基础设施和专门从事海洋工程的公司已入股于其所参与项目。例如，荷兰公司范欧德（Van Oord）投资了荷兰 600 兆瓦的双子星（Gemini）风力发电厂，而其竞争对手、比利时公司 DEME 已直接或间接参股多个项目，包括德国的 Merkur 以及比利时的 Rentel、C-Power 和 Seamade。风力涡轮机制造商在某些情况下也采取了类似的策略。通用电气投资了 Merkur 离岸风力发电厂，为其提供了 66 台涡轮机；西门子则入股了德国的 Veja Mate 项目，为其提供了 67 台西门子涡轮机。

5.2.2 金融发起人

5.2.2.1 定义

金融发起人是对基础设施资产进行股权投资的投资公司。其不从事

---

① 从营业利润角度来看，并非指资本回报。

与其所投资项目有关的任何产业工作。其唯一目的是通过投资获利。如前所述，其投资逻辑和组织架构和专门从事杠杆收购的私募股权公司相似。这两者的主要区别在于其所投资或购买的股票的所属公司持有基础设施资产而非通过 LBOs 被收购。鉴于该行业的弹性和较低的波动度，相对于专门从事 LBOs 的投资公司，其习惯制定一个更低的 IRR。

金融发起人新近活跃于基础设施领域。该领域的先驱麦格理（Macquarie）在 20 世纪末开始投资该领域。欧洲最大的私募股权投资机构 Ardian 从 2005 年开始活跃于基础设施领域，而凯雷在 2006 年推出其首支基础设施基金。

许多历史悠久的私募股权公司现在都设立了专注于基础设施的基金（以及负责部署和管理这些基金的整个团队）。该资产类别非常受欢迎，在过去的 10 年里，该领域的可用资本稳步增长。例如，KKR 在 2012 年、2015 年以及 2018 年为其第一个、第二个以及第三个基础设施基金分别募集了 10 亿美元、31 亿美元以及 74 亿美元。私募股权公司对该领域的兴趣主要可归于基础设施吸引了其有限合伙人。基础设施作为一种资产类别提供了长期以低波动度锁定稳定收益的机会，这是养老基金、保险公司或主权财富基金等长期投资者迫切寻求的两个特征。

5.2.2.2　金融发起人间日益激烈的竞争

对该资产类别的兴趣使基础设施投资公司面临来自投资者的直接竞争，而这些投资者以往仅以有限合伙人的身份投资其旗下基金。确实，有些参与者认为既然可以入股受益于长期和可融资 PPA 的风力发电厂，那就没有理由再向投资公司支付费用。此时，专业的基础设施投资公司确实没有增加什么价值；SPV 处于自动驾驶状态，项目运营主要依赖能源公司的经验。

如今，一些保险公司、养老基金或主权财富基金与专门从事基础设施的私募股权公司展开直接竞争。它们建立了内部投资载体，并积极寻找基础设施领域的投资机会。因此，现在关注该资产类别的金融发起人情况极为多样化：专门从事基础设施的私募股权公司，已经积累了基础设施专业知识并推出专注该资产类别基金的传统 LBO 公司、传统资产管理公司、养老基金、主权财富基金和保险公司。

私募股权公司通过稍微转变投资重点以适应这种新竞争形势。其以前大量投资具有稳定和可预测现金流的资产，但现在在寻找更复杂的资产和需要积极管理的基础设施。换句话说（这样说可能过于简化），其已放弃 PPPs 和其他有长期承购协议的项目，将此领域拱手让给了不太成熟或更保守的投资者（即其以前的 LPs），转而集中于具有多个客户和 / 或某种程度交通或商户风险的基础设施资产。很多私募股权公司现在也直接投资私营公用事业公司。这些公司比单一的项目更加多样化，但也会暴露于同样的交通或商户风险。

5.2.2.3　金融和实业发起人同舟共济

金融发起人和实业发起人经常一起投资。例如，希思罗机场（Heathrow Airport）的案例（见表 5.1）表明，各种各样的投资者可以共同持有一项资产。在七个股东中，一个是实业发起人［法罗里奥集团（Ferrovial）］，六个是金融发起人（两个养老基金、三个主权财富基金和一个基础设施基金）。希思罗机场是一种炫耀性资产[①]，其下降空间有限（很难想象希思罗机场在很长一段时间内没有交通量[②]），但上升空间也有限（空中交通堵塞），这对像养老基金和主权财富基金这样的保守投资者来说是自然而然的投资机会。不足为奇的是，在所有股东中只有一家是持有有限股权（11.18%）的基础设施投资公司。

表 5.1　希思罗机场控股有限公司的股权

股东	投资者类型	股份（%）
法罗里奥集团	建筑及特许经营公司	25.00
卡塔尔投资局（Qatar Investment Authority）	主权财富基金	20.00
魁北克储蓄银行（Caisse de dépôt et placement du Québec，CDPQ）	养老基金	12.62

---

① 炫耀性资产指的是某些投资者可能想要在其投资组合中加入的一项极其知名的基础设施，这不仅是因为其财务价值，也是因为其声望。

② 像 Covid-19 这样的极端情况是例外且（希望）只是暂时的。

股东	投资者类型	股份（%）
新加坡政府投资公司（Government of Singapore Investment Corporation，GIC）	主权财富基金	11.20
阿林达资本合伙人（Alinda Capital Partners）	基础设施投资公司	11.18
中国投资有限责任公司（China Investment Corporation）	主权财富基金	10.00
大学退休金计划（Universities Superannuation Scheme，USS）	养老基金	10.00

资料来源：希思罗机场（截止到 2020 年 12 月）。

5.2.3　绿地和棕地投资

尽管基础设施投资是一项长期工程，但持有项目公司股份的投资者与其他股东一样：若有必要，其就会出售手中股份。基础设施领域的 M&A 由各种类型发起人的不同战略及其各自的风险偏好所驱动。

金融发起人通常不参与项目的开发阶段（除了少数例外，例如麦格理或 Meridiam）。此时项目尚未获得许可证和执照，其不成功甚至无法启动的风险非常高。此阶段一般只由熟稔该风险的实业发起人提供资金。

在获得法律授权和初步研究证明了项目潜力和可行性之后，该项目就有可能获得融资并开始基础设施的建造。建造阶段仍由实业参与者主导，但在某些情况下，其将部分股权售予金融发起人——这种情况在成熟资产类别（可再生能源）身上和建设风险尤其低的国家（欧洲、北美）经常发生。此时出售部分股权可以帮助实业发起人锁定开发阶段创造的部分价值。我们一般称建设中的资产为绿地（greenfield）资产。

一旦基础设施投入运营［棕地（brownfield）资产］，金融投资者自然成为潜在买家。项目此时是去风险化的，整个资产卖给金融发起人也实属正常。如果基础设施的维护已经通过合同转让给经验丰富的参与者，那么金融玩家就确实没必要再拉产业公司一起参与投资了。在可再生能源领域，大多数太阳能或风力发电厂都有信誉良好的对手方与其签订的长期 PPAs 支持，许多资产一旦有了体面的运营记录就会转手。它们通常由产业参与者部分或全部出售给金融发起人。然而，希思罗机场的例子（见前文表 5.1）表明，对于复杂的资产来说，最好由经验丰富的实业发起人继续担任项目的锚定投资者。

有些项目被称为黄地，其介于绿地和棕地资产之间。此类项目部分处于运营中，部分处于建设中。例如，已经部署但正在扩展的光纤网络就属此例。有时候需要大量资本支出进行翻新的棕地资产也被认为是黄地资产，此叫法突出了其未来投资的需要和相关风险。鉴于已产生现金流，黄地资产也经常会引起金融发起人的兴趣。

基础设施行业的 M&A 也受基础设施投资公司本身属性所驱动。这些公司旗下基金有预定寿命（通常是 10 或 15 年）。当基金生命周期结束时，管理基金的投资公司将清算基金仍然持有的资产，以便向有限合伙人支付回报。这些定期销售引发了持续的 M&A 交易流，我们可以经常看到基础设施资产在不同金融发起人之间流转。

5.2.4　证券交易所上市

5.2.4.1　基础设施公司的上市

大型基础设施资产有时也会公开上市。考虑到机场的规模和多样化的收入来源，更是这种股权结构强有力的候选人。悉尼机场和 Fraport（法兰克福机场）分别在悉尼和法兰克福证券交易所上市。然而，这些公司更偏向于拥有基础设施特征的传统公司而非单纯的项目公司。例如，Fraport 在世界各地运营和拥有一系列机场：法兰克福、圣彼得堡、克利夫兰、巴尔的摩、利马、福塔莱萨、阿雷格里港、德里等。

这些公司的商业模式和财务结构表明，传统的项目融资和公司融资之间有时仅存在一线之隔。尽管这两种融资工具有所不同（见第 4 章第 4.4 节），但当贷款同时带有这两种工具的某些特征时，此处显然存在着灰色地带。像 Fraport 此类公司有一个非常稳定的收入来源，因为其属于真正的基础设施业务。然而，与此同时，其扩张战略远超于其原始资产（此处指法兰克福机场），从而将股东暴露于更高水平风险之下。最终，相对于控制受益于长期 PPA 的风力发电厂的投资者，追寻像 Fraport 这样资产（无论其是否上市）的投资者往往会要求更高的 IRR。

5.2.4.2 基础设施基金的上市

基础设施资产的上市也可以间接完成，这意味着控制该资产的金融载体公开上市。世界上最大的基础设施投资公司之一麦格理基础设施和实物资产（Macquarie Infras– tructure & Real Assets，MIRA）管理着四支公开上市的基金（见表 5.2）。

表 5.2　MIRA 管理的四支公开上市基金

上市基金	所持有的资产	报价地点
阿特拉斯动脉（Atlas Arteria）	在法国（2 条）、美国以及德国的四大收费公路	澳大利亚证券交易所（ASX）
麦格理基础设施公司	在能源生产、储存和分配方面的美国基础设施资产投资组合	NYSE
麦格理韩国基础设施基金	韩国收费公路和桥梁的投资组合	韩国证券交易所（KRX）
麦格理墨西哥房地产投资信托（FIBRA Mac– quarie México）	投资墨西哥工业、办公及零售物业的房地产投资信托基金	墨西哥证券交易所（BMV）

资料来源：麦格理基础设施和实物资产。

5.2.4.3　yieldcos

yieldco 是活跃在可再生能源领域的一类上市公司。（译者注：yieldco 的全称为 yield company，一般可称之为收益性公司。此类公司所经营的资产主要可通过长期合同而产生可预测现金流。）其属于可再生能源开发商为持有其运营资产而设立的投资载体。在传统的 yieldco 结构中，可再生能源开发商将其运营项目组合转移至 yieldco，同时保持其开发业务及资产组合处于开发状态。一家 yieldco 上市，但建立 yieldco 的开发商仍由少数人持股控制。

在 yieldco 的成立下可再生能源开发商能够将其现有的运营项目组合部分货币化。此法可以资助新项目的建设，而不必筹集额外的股权造成现有股东股权稀释。通过出售由长期 PPA 支持的运营项目，开发商为倾向于收益而非增长的低风险投资者提供了投资机会（因此称此类公司为

yieldco）。

yieldco 结构的一个重要元素就是 yieldco 和开发商就开发商未来将建设的项目达成协议。在传统的 yieldco 结构中，新的可再生能源项目由拥有 yieldco 股份的可再生能源公司开发和建设。一旦项目完成，yieldco 就会受邀购买。yieldco 没有义务收购每个项目。对于开发商所建设的资产，其只是拥有优先购买权（通常称之为 rofo）。

对投资者来说，rofo 是一个重要元素。投资者不仅投资运营项目；其还在购买未来资产组合的特权性准入。准入以 rofo 的形式而非购买的义务示人，这降低了潜在风险。投资者知道自己不会为项目过度付费。与此同时，如果 yieldco 决定购买一个项目，其必须支付市场价格。yieldco 未用于购买新项目的现金会分配给股东。图 5.1 展示了一个简化后的 yieldco 结构。

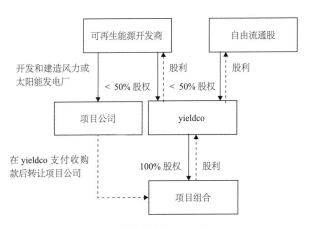

图 5.1　简化后的 yieldco 结构

yieldco 背后的逻辑是支持能源开发商的股权投资者和那些希望为可再生资产运营提供资金的投资者所承担的风险不同，这也并非以同一个 IRR 为目标。因此，对同时专注于可再生资产开发及所有权的综合运营商来说，其估值可能会因开发业务的高风险水平而下降。将这两项业务活动分离能够使业务的这两大支柱都达到最优估值。yieldcos 在 21 世纪 10 年代初和中期是一种非常流行的融资工具。如表 5.3 所示，北美和欧

表 5.3　主要 yieldcos IPO 列表

yieldco	能源开发商	资产类型	IPO	所筹集资金额（亿美元）
NRG 收益（NRGYield）[1]	NRG 能源（NRG Energy）	太阳能、风能、热能以及传统能源	2013 年 7 月，NYSE	8.4
TransAlta 可再生能源（TransAltaRe-newables）	TransAlta 公司	风能和水力发电	2013 年 8 月，多伦多证券交易所（TSX）	3.46
Pattern Energy	Pattern Development	风能[2]	2013 年 10 月，纳斯达克（NASDAQ）及 TSX	9.38
阿本戈收益（Aben-goa Yield）[3]	阿本戈	太阳能、风能及传统能源	2014 年 6 月，NAS-DAQ	8.29
新时代能源合作伙伴（NextEra EnergyPartners）	新时代能源（NextEra Energy）	太阳能和风能	2014 年 6 月，NYSE	4.06
TerraForm 能源（TerraForm Power）	SunEdison	太阳能（美国资产）	2014 年 7 月，NAS-DAQ	5
Saeta Yield	ACS	太阳能及风能	2015 年 2 月，马德里证券交易所（bolsa de madrid，BME）	8.52

① 2018 年 8 月 31 日改名为 Clearway Energy。

② Pattern Energy 在 IPO 时只着重于风能领域，随后扩展至太阳能项目。

③ 2016 年 1 月 7 日改名为大西洋收益（Atlantica Yield）。

yieldco	能源开发商	资产类型	IPO	所筹集资金额（亿美元）
8point3	第一太阳能和太阳能源（First Solar and SunPower）	太阳能	2015 年 6 月，NAS-DAQ	4.2
TerraForm 全球（TerraForm Global）	SunEdison	太阳能（非美国资产）	2015 年 7 月，NAS-DAQ	6.75

资料来源：汇丰银行（HSBC）以及 Agefi Hebdo。

洲的许多开发商于 2013 年至 2015 年设立了 yieldcos。

在一定程度上，yieldco 也是一种会计套利。将 yieldco 中大部分股份上市能够使开发商不用合并因交易而在 SPV 层级上筹集债务。

- 当开发商对 SPV 拥有完全控制权时，开放商会对 SPV 进行财务合并。
- 当开发商将其经营项目的全部所有权转让给 yieldco 时，yieldco 成为 SPVs 的控股股东。其合并 SPVs 及 SPVs 的债务。
- 若开发商仅保留对 yieldco 的重大影响 [1]，则无须合并 yieldco，其仅按照会计中的权益法（equity method）确认其在 yieldco 净利润中的按比例份额。

因此，开发商可以通过将其运营资产出售给 yieldco，同时将产生的利润分成保持在 SPV 水平，从而大幅降低其债务水平。

让我们用一个数值例子来说明这种会计套利：

- 如果开发商旗下 SPV 以 2000 万美元的股本和 8000 万美元的债务进行融资，且该 SPV 在一年内创造了 100 万美元的净收入，那么开发商将在合并财务报表中确认 SPV 的收入及债务（分别为 100 万美元和 8000 万美元）。
- 现在我们假设开发商以 2000 万美元的价格将其在 SPV 中的全部股份出售给某一 yieldco，该 yieldco 不受其控制但其占有 40% 的权益。随后，开发商必须应用权益法来计算这 40%。
- 若项目公司是该 yieldco 的唯一资产，那么开发商会将其在 yieldco 的原始投资 800 万美元（40%×2000 万美元）记录为非流动资产。在年末，其将 100 万美元的 40% 加到原始投资价值上，同时记录 40 万美元的收入。与原来的情况相比，开发公司现在已经消除了 8000 万美元的债务，但仍然在其账面上保留了 SPV40% 的净收入。

然而，yieldco 这一概念也带来了诸多问题：

---

[1] 请注意，有多种规则可以定义重大影响，例如股权、投票权、对董事会的影响等。

- 利益冲突。即使 yieldco 是一个独立公司，只有权利而没有义务从开发商那里收购项目，但其仍然是从股东处购买资产——这可能会导致利益冲突。为了确保 yieldco 不会为资产支付过高的价格，其会设置专门的评估委员会，以核实 yieldco 以合适的价格购买资产。这些估值委员会由 yieldco 的董事会授权以保护其利益。尽管此类契约性框架提供了保护，但许多专家认为，从合规的角度来看，yieldco 模式仍存在缺陷。

- 对锚定股东的依赖。作为可再生能源开发商的附属机构和专属客户，yieldcos 不是单纯的可再生能源投资载体。其股东必须接受他们所投资的 yieldco 属于大型集团的一部分。例如，阿本戈和 SunEdison 设立了 yieldcos（见前文表 5.3），他们的破产对其专属 yieldcos 的股票价格产生了负面影响。

- 收益和成长之间的冲突。yieldco 不仅为股东提供收益，因其可以选择从开发商那里购买运营项目，故其也是一个成长平台。从项目中获得但尚未分配给股东的现金不足以收购这些资产，因此 yieldco 必须定期筹集资金。如果市场上可再生资产的价格不断上升〔自 2000 年代末以来，由于更了解相关风险和对绿色投资的喜好（这种情况已经发生）〕，yieldco 就无法向投资者提供原先的收益。每次增资都会引起现有股东的稀释和股票价格的下跌。

鉴于这些挑战，自 2015 年来市场对 yieldco 的兴趣衰减，特别是在上述破产事件之后。活跃于可再生能源项目的开发、拥有和维护的综合企业从那时起开始重新流行。例如，欧洲最大的独立可再生能源企业之一的 Neoen，位列于 2018 年泛欧交易所最大的 IPO，其以 24% 的股份筹集了 6.38 亿欧元。

与此同时，yieldcos 吸引了基础设施基金的兴趣，可能是因为其 DNA 与私人投资者寻求长期收益的投资逻辑更加一致。在前文表 5.3 所列的 9 家 yieldcos 中，有 5 家在 2020 年之前退市：布鲁克菲尔德（Brookfield）的可再生能源分支、布鲁克菲尔德可再生能源合作伙伴（Brookfield Renewable Partners）收购了 TerraForm 能源，瑞士投资基金 Capital Dynamics 收购了 TerraForm 全球、Saeta Yield 以及 8point3，加拿大退休金计划投资委员会（Canadian Pension Plan Investment Board，CPPIB）收购了 Pattern Energy。

5.2.5 类基础设施资产

5.2.5.1 定义

鉴于基础设施领域目前的流动资金，投资者的收益率和 IRRs 正遭受持续的压力。为了应对这种情况，一些金融发起人，尤其是基础设施投资公司，已经扩展了基础设施的定义，以竞标那些不太受同行垂涎的资产。虽然这些投资者总是寻找在交通、能源、电信和社会基础设施领域经营的、具有高进入壁垒的长期实物资产，但他们已经游离于传统的基础设施范围（即 PPPs、风力或太阳能发电厂、高速公路、机场、港口等）之外。

法国基础设施投资公司（Antin Investment Partners）可能是这种演变的缩影。该公司收购并出售了 Westerleig，后者是英国火葬场及墓地的第二大私人运营商和开发商。2015 年，该公司收购了德国领先的医疗诊断平台之一 Amedes，次年又收购了法国领先的致力于精神病护理的私人运营商 Inicea。虽然这些业务远远超出了基础设施的传统定义，但它们都是长期实物资产，具备公共服务特征，通常由于监管而在寡头垄断的市场中运营。这些类型的资产通常被称为类基础设施（infrastructure-like，或者更常见的称呼：infra-like）资产。

5.2.5.2 Infra-like 资产的融资

Infra-like 资产的融资结构一般更偏向于 LBO 而非典型的项目融资。期限为 5 到 7 年的债务通常会在 HoldCo 层级上筹集以资助对目标公司股权的收购。然而，相对于传统的 LBO 债务，用于 infra-like 收购的贷款一般会支付更低的利差。这些公司的具体特征（高进入壁垒、现金流的长期可见性）限制了风险，允许贷款人在价格方面更为激进。鉴于 infra-like 资产类别的特殊性及其在基础设施资产和普通公司之间的定位，传统的 LBO 公司和基础设施基金竞标同一资产的情况并不少见。

5.3 贷款人

5.3.1 银行

5.3.1.1 项目融资中的牵头银行

在项目融资中，银行承担了大部分的贷款业务。所有主要机构都有专门从事此类交易的部门。通过企业和零售部门开展业务的银行在此领域有竞争优势。其通过零售网络获得的流动性资金使其有能力比只在投资银行部门经营的竞争对手更容易提供长期资金。表 5.4 展示了 2019 年项目债务排行榜，该排行榜根据项目融资的贷款金额和完成的交易数量对银行进行排名。该表中的所有机构都有强大的零售业务，并具有良好的项目融资构建能力。

全球项目债务排行榜不应掩盖以下事实，即从很多方面看项目融资是一项本地业务。例如，在欧元区，能够廉价获得欧元的银行会比其同行更具竞争力。这样的情况也同样适用于在加拿大的加拿大银行、在澳大利亚的澳大利亚银行等。日本银行是一个例外。鉴于其国内市场的竞争程度和日元长期利率疲软，利弊权衡下在国外放贷也是一种很好的选择。

表 5.4　主要 yieldcos IPO 列表

排名	公司名称	价值（百万美元）	交易数量
1	三井住友银行（SMBC）	19.988	134
2	三菱日联银行（MUFG Bank）	14.910	127
3	瑞穗银行（Mizuho Bank）	14.460	75
4	桑坦德银行（Santander）	11.779	165
5	法国巴黎银行（BNP Paribas）	10.755	96
6	印度国家银行（State Bank of India）	10.725	22
7	法国东方汇理银行（Crédit Agricole CIB）	8.790	89
8	荷兰国际集团（ING）	8.204	87
9	法国兴业银行（Société Générale）	7.023	81
10	法国外贸银行（Natixis）	6.524	70

资料来源：Dealogic。

《巴塞尔协议Ⅲ》的规定给活跃在项目融资市场的银行带来了挑战。对于一定金额和一定信用等级的交易，RWAs和资本消耗随着贷款期限的延长而大幅增加。对其中一些银行来说，为长期融资提供有竞争力的定价非常复杂，特别是其如果无法在项目融资领域从巴塞尔的高级法中获益的话。在项目融资业务中，一些银行现在已经完全消失了，剩余的大多数银行发现很难提供超过20年或25年的贷款。[①]

为了适应期限延长后资本消耗的增加，银行通常在贷款中包含利差递增，即初始利差定期增加几个基点。例如，一项贷款可以在头五年支付200个基点，随后三年支付215个基点，接下来三年支付230个基点等。利差递增的目的是鼓励再融资并减少贷款的有效期限。较短的贷款意味着更低的RWAs，这对银行有利。如果在几年后没有进行贷款再融资（例如由于市场条件不理想），银行至少可以从利差的增加中获益，这部分地补偿了RWAs的增加。

5.3.1.2 银行提供的是何种贷款？

银行可以向项目公司提供不同种类的贷款：完全分期贷款，硬式迷你型永久贷款（hard mini-perms），以及软式迷你型永久贷款（soft mini-perms）。

完全分期贷款是传统的项目融资贷款，该贷款会在项目的生命周期内摊销为零。

这些贷款的到期日基于项目公司的收入计划。例如，若SPV通过与信用良好的交易方签订20年的PPA出售其产出，那么贷款可以覆盖建设期+18年（或更长时间）。在这种情况下，如图5.2所示，贷款在建设期间逐步提取，并于之后的18年内偿还。完全分期贷款常见于发达经济体PPP项目或受益于长期合同收入的资产的融资。

若银行无法提供长期债务（考虑到项目的风险或货币缺乏长期流动性），则其可以提供硬式迷你型永久贷款。此类贷款的期限通常为7~10年，并最终遵循气球偿付（ballon payment）。此时，债务状况与完全分

---

① 《巴塞尔协议》和RWAs相关概念的定义可参照本书介绍章节中的内容。

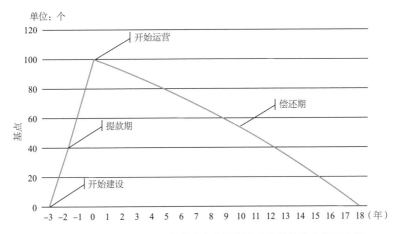

单位：个

图 5.2　建设期（3 年）+18 年的完全分期项目融资贷款的未偿还金额

期长期贷款一样，但在 7~10 年后，应全额偿还贷款的未偿还金额（见图 5.3）。换句话说，SPV 必须在贷款到期时或到期前进行再融资。如果其没有这么做，那么就算项目公司违约。

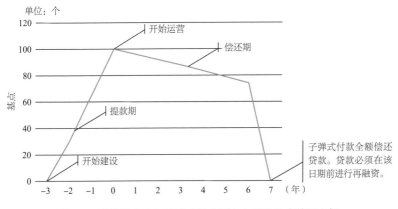

单位：个

图 5.3　建设期为 7 年的硬式迷你型永久贷款的未偿还金额

最终，银行也可以提供软式迷你型永久贷款。就某种意义而言，此类贷款与硬式迷你型永久贷款类似，因为银行预计在最初的 7~10 年期限后会收到气球偿付。然而，不同于硬式迷你型永久贷款，在此期限后，该偿还非强制性的。SPV 可以保留贷款，但通常会有明显的利差递增。发起人通常也不允许在此期限后获得红利：项目的所有现金流都用于偿还贷款［这种机制被称为现金清扫（cash sweep）］。软式迷你型永久贷款的目的是激励发起人在最初的期限之后对贷款进行再融资，但其比硬式迷你型永久贷款更灵活，因为贷款人不能要求在此最初期限后偿还贷款。

5.3.1.3 次级贷款

除了上述主要项目融资贷款，一些银行可以提供次于这些贷款但优先于股权的授信。这种额外的授信类型被称为次级贷款（junior loan）［在这种情况下，主要项目贷款被称为优先级贷款（senior loan）。有了次级贷款，发起人就可以在保持优先级贷款人风险水平不变的情况下增加杠杆（并提高 IRR）］。

只有大型项目才有可能包括次级授信，因为此贷款层级必须具备足够的规模，以补偿额外复杂性所带来的成本，以及激励潜在次级贷款人分析机会（若交易太小，贷款人不会动员团队处理交易；他们更愿意关注大型交易。这意味着同样的工作量会有更多的潜在收入）。相比于优先级贷款，次级贷款（通常）期限更短，（总是）需要支付更高的利差。

5.3.2 基础设施债务基金

5.3.2.1 基础设施领域的新玩家

基础设施债务基金是项目融资领域相对较新的参与者。其是向基础设施及能源项目提供长期债务的投资载体。这些基金的结构类似于私募股权公司旗下的基金设置：投资公司担任基金的管理者及 GP，而例如养老基金或保险公司等长期投资者担任 LPs。与我们目前所见到的基金相比，主要区别在于这些基金投资基础设施债务而非股权。

这些基金自 2010 年以来的日益成功恰逢基础设施作为一种资产类别开始出现以及银行在次贷危机后面临困难。当时，许多银行正在重新评估其优先事项，并质疑在其大部分资金（存款）是短期的情况下提供长期债务是否明智。监管无益于长期债务的提供。适用于长期债务的更严格的资本消耗规则使银行更难提供项目融资贷款。

鉴于这种模式的变化，坐拥长期资金的投资者已借机积极关注此种资产类别。基础设施债务基金为长期投资者提供了有吸引力的投资机会。项目债务能在很长一段时间内提供稳定的收益率，且与经济周期或其他资产类别的相关性较低。与股票投资相比，债务投资提供较低的回报，但具备较高的资本保护水平，这对保守的投资者来说是颇具吸引力的组合。

5.3.2.2 监管背景

虽然银行所接受的监管使其更难进行长期贷款，但在适用于保险公司的监管规则下承保人有很强的动力投资基础设施债务。值得注意的是，保险公司需要将其投资期限与债务期限相匹配。因此，基础设施债务（从本质上讲属于非常长期）对这些参与者来说是一个理想的投资机会。对寿险公司来说尤为如此，因为在保险公司中寿险公司可持有债务的时间最长。

在欧洲，保险公司的监管是由一套名为《偿付能力 II 》（solvency II）的规则设定，该套规则自 2016 年 1 月 1 日起适用。其要求保险公司用股权而不仅仅是用受保人所支付的保费，为其部分投资提供资金。这种最低数额的股权被称为资本费用（capital charge）。这种方法本质上类似于《巴塞尔协议 III 》为银行制定的规则。根据这些规则，银行所提供的贷款也有明确的资本费用（见本书的介绍章节）。根据"偿付能力 II"，与评级和期限相似的公司信贷相比，基础设施债务的资本费用较低。这为保险公司投资该资产类别提供了强大的动力。[①]

基于以上原因，基础设施债务基金通常可以提供比银行更长的期限。它们中大多数可以超过 30 年，这是许多银行做不到的。然而，这些债务基金可能更为保守，其中一些不愿意承担建设风险。其一般更愿意为棕地资产融资。当其涉入绿地项目时，有时候会在建设阶段要求担保。这种担保通常由能够承受风险的银行提供。又或者，银行向债务基金提供

---

① 在基础设施的债务（与其他债务工具相比）及股权投资（与其他股权投资相比）方面，保险公司所负担的资本费用更低。这就是为什么保险公司会大举投资基础设施公司或项目公司的股权的原因。

的保护可以以看跌期权的形式被构建。该基金向项目公司提供贷款，但在银行有看跌期权（显然必须为此支付费用），如果项目在建设期间出现问题，基金可以行使此期权。

基础设施债务基金也不愿意为漫长的建设期提供资金，因为其想快速部署其 LPs 的资本。在理想情况下，其希望一次性提取贷款，而不是逐步提取（在基础设施建设期间就是这样，因为贷款是逐步提取以支付后续建设步骤的费用的）。尽管这些基金正变得越来越灵活，现在可以容忍较短的建设期，并承担更多的建设风险，但相对于绿地资产，其在棕地资产的融资方面仍然更为活跃。

5.3.2.3 这些基金是谁？

如无意外，基础设施债务领域的许多顶级资产管理公司都隶属于保险公司或再保险公司［如安联环球投资（Allianz Global Investors）、英杰华投资（Aviva Investors）、安盛投资管理（AXA–IM）、励正投资管理（Legal & General IM）、M&G 投资（M&G Investment）、[①]MEAG[②]］。该领域的其他领导者则是传统的资产管理公司或基础设施专业公司［如安保资本（AMP Capital）、贝莱德（BlackRock）、易福门（IFM）、麦格理等］。基础设施债务基金的关注点可能因基金而异，但大多数基金的投资剑指经合组织（OECD）国家—对载体来说此举合乎逻辑，这样可以给其 LPs 提供高水平的资本保护。[③]

5.3.3 项目债券

项目债券是项目融资流动性的另一来源。其由项目公司发行并由投资者购买，投资者只通过项目产生的现金流获得偿还。项目债券与其他项目债务的来源有以下不同：

---

① 美国保险集团保德信（Prudential）的子公司。

② 一家慕尼黑再保险公司。

③ OECD 是经济合作与发展组织（Organization for Economic Co-operation and Development）的缩写，该国际组织的目标是促进市场经济的发展。OECD 成员多是发达国家。

- 必须对项目债券进行评级。投资级评级通常具有针对性，其投资者都相当保守。他们中的大多数都不能投资非投资级证券。根据交易和发行的法律特征，可能需要两个甚至三个评级。负责债券发行的银行负责协调评级过程。

- 保险公司构成了投资者群体的主体。其属于希望投资长期工具的买入并持有型投资者。活跃于基础设施债务的保险公司可以有多个投资载体。有些专门投资项目债务（如前所述），另一些则只投资项目债券。

- 由于适用于保险公司的法规（见第 5.3.2 节关于基础设施债务基金的讨论），项目债券可以有很长的期限。其非常适合为享有长期特许权或承购合同的基础设施资产融资。尽管如此，一些投资者仍受托去关注次级债券。此类债券的期限较短，通常有一个次投资等级的评级。基于我们已经解释过的原因，次级债券的投资更适合于财产和意外伤害（Property & Casualy，P&C）保险公司。

- 项目债券在大型项目的情况下别具吸引力。投资者资金雄厚，但团队有限。他们倾向于支持大型投资。

- 债券支付固定票息。到期利息的定义并非是利差与参考利率之和。在项目的整个生命周期中，票息是固定的。与项目债务不同，项目债券不包括利差递增。

- 项目债券包括提前偿还情况下的提前赎回补偿。提前赎回补偿是某类条款，在该条款下，发行人若提前还款则必须向贷款人支付一笔金额，该金额等于此时投资者所要放弃的所有票息的现值。鉴于此特征，项目债券一般不打算在到期前进行再融资。其是真正的长期融资工具。

- 债券的整体价值通常于发行当天提取。因此，债券并非绿地项目的理想工具，因为绿地项目的债务通常随着施工进度逐步提取。项目债券更适合为棕地项目再融资。也就是说，有一些解决方案可以通过延迟的提取机制来构建项目债券，在该机制下，资金可以随着时间的推移与建设付款时间表相匹配。在任何情况下，项目债券都更适合棕地资产。与项目建设相关的风险确实很难与投资级评级共存。

5.3.4 发展金融机构

发展金融机构（development finance institutions，DFIs）也是项目融资流动性的另一来源。债务基金以及项目债券投资者主要关注的资产都位于评级最高的 OECD 国家，而 DFIs 能够支持位于前沿或新兴市场的项目。

5.3.4.1 定义

DFIs 是由主权国家所有并控制的金融机构。其目标是向无法吸引足够私人资本的项目或公司提供资金以支持经济发展。DFIs 可以是双边（bilateral）（由某个政府所有）或多边（multilateral）（由多个政府共同所有）的。

DFIs 战略或范围各不相同，但其具备相同的目标，即支持和促进经济发展。DFIs 向当地公司提供公司贷款，并在项目融资方面极为活跃（主要在债务方面，有时在股权方面）。DFIs 还可以提供担保或技术援助。无论是构建企业贷款还是项目融资贷款，多个 DFI 共同合作的情况并不罕见。

双边 DFIs 根据其唯一股东的指导方针进行投资和贷款。其通常于原籍国之外活动，是服务政府对外发展和合作政策的重要工具。一些双边 DFIs（但并非全部）只在其所属国家的公司作为发起人或提供项目所需部分设备的情况下进行投资。双边 DFIs 在某种程度上也是软实力的一个要素，世界上大多数的大的经济体的政府都有自己的 DFI，比如加拿大（FinDev）、美国（OPIC）、法国（Proparco）、德国（DEG）、英国（CDC Group）、中国（China Devel-opment Bank）、日本（JBIC）等。

5.3.4.2 多边开发银行

多边开发银行（multilateral development banks，MDBs，或称之为多边机构）是由多个主权国家拥有并控制的 DFIs。最著名和最大的 MDB 是世界银行集团。其有 189 个成员。其主要目标是减少贫困和促进经济发展。其由五个不同目标的机构组成。其中有两个活跃在项目融资领域：国际金融公司（International Finance Corporation，IFC）向私人项目提供贷款，多边投资担保机构（Multilateral Investment Guarantee Agency，MIGA）向投资者和贷款人提供政治风险保险（即担保）。

其他MDBs都以区域为重点，一般只为一个特定区域的项目提供资金。这些MDBs的名单很长。其中包括非洲开发银行（African Development Bank，AFDB）、亚洲开发银行（Asian Development Bank，ADB）、亚洲基础设施投资银行（Asian Infrastructure Investment Bank，AIIB）、欧洲投资银行（European Investment Bank，EIB）、美洲开发银行（Inter-American Development Bank，IDB）等。一个区域性的多边机构一般不只由该区域的国家发起。例如，与非洲国家一起，美国、中国和许多欧洲国家都是亚开行的成员。由于受益于股东的支持，MDBs享有极好的信用评级—这使其能够从银行和资本市场筹集相当便宜的资金来为其投资融资。

成为区域开发银行的一员受支持经济发展的愿望以及在该地区拥有某种影响力的野心所驱使。鉴于此政治维度，机构之间有时会存在一些竞争。2013年成立了由中国提出的AIIB(当时已经有一个亚洲区域银行，即ADB)，许多人认为这是中国在亚太地区拥有更大影响力并推进中国公司所参与项目的一种方式。虽然大多数欧洲国家都是AIIB的成员，但美国却不是。

5.3.4.3　项目融资中的MDBs

MDBs在项目融资方面发挥着非常重要的作用。其核心任务是为基本的基础设施融资，而且其在新兴市场非常活跃。在其他国家，其更注重为创新项目或使用不完全成熟技术的基础设施提供融资。例如，EIB在欧洲积极为漂浮式离岸风电项目融资—这是一种仍处于起步阶段的能源来源。

MDBs总是面临以下矛盾：其必须带来附加值（即证明其所参与的融资项目和公司满足了私人市场无法满足的需求），同时确保财务可持续性（其是银行而非NGOs）。这种情况会在内部以及与一些私人竞争者产生紧张关系；MDBs有时会因为投资本可以吸引私人资本的项目而受到批评。

5.3.4.4　优先债权人地位

鉴于IFC所涉及项目的高风险，IFC和其他主要的多边机构在历史上遭受的损失出奇的少。这部分归因于其事实上受益于优先债权人地位（preferred creditor status）。这种地位并未受到法律承认，但在实践中其主要是 MDBs 的性质带来的结果：MDBs 是由主权国家所有的超国家金融机构。例如，IFC 得益于 180 多个国家的支持。错过 IFC 贷款的支付可能意味着施加于违约项目或公司的政治压力，并有可能使发生违约的国家陷入政治孤立。

多次事件证实了 IFC 优先债权人地位。IFC 的贷款明显被排除在俄罗斯政府债务重组以及阿根廷于 2001 年实施的暂停偿还外债之外。

5.3.4.5 A/B 贷款

IFC 和其他主要 MDBs 利用其优先债权人地位，与其他机构分享部分信贷风险。当 IFC 构建一个交易并向一个项目提供贷款时，其将部分贷款保留在自己的账户上（A 贷款），并将其余部分分配给其他贷款人（B 贷款）。

在法律文件方面，IFC 和借款人之间签署贷款协议，而其他贷款人则与 IFC 签署参与协议。借款人知道这些贷款人的参与，但 IFC 仍然处于主导地位，其是备案的贷款人。这确保了其他贷款人充分受益于 A/B 贷款结构的优势。B 贷款的参与者事实上受益于优先债权人地位。在前面的例子中（俄罗斯和阿根廷），B 贷款和 A 贷款一样，被排除在任何重组或违约之外。IFC 承诺无论什么情况都在 A/B 贷款结构下按比例分配还款额。在发生违约的情况下，两笔贷款将受到同等影响。

鉴于优先债权人的地位，从巴塞尔框架下的监管角度来看，B 贷款得到了优惠待遇。所有主要的信用评级机构（惠誉评级、穆迪和标准普尔）在其分析中也承认这一地位。

5.3.5   出口信贷机构

5.3.5.1   定义

出口信贷机构（export credit agencies，ECAs）也属于流动性的来源，并在一定程度上受到政府监督。ECAs 指的是由政府拥有和管理的金融实体，或者代表政府进行运营。其作用是对设备或服务的出口给予支持。许多国家都有 ECAs：加拿大的出口发展公司（EDC）、中国的出口信用保险公司（Sinosure）、法国的国家投资银行（BPI）、德国的裕利安怡（Euler Hermes）、意大利的外贸保险服务公司（SACE）、英国的出口融资部（Export Finance）、美国的进出口银行（Ex-Im Bank）等。[①]

ECA 的支持可以采取两种不同的形式：向购买 ECA 所在国生产的服务或设备的进口商提供直接贷款，或者向进口商的银行提供担保。该机制在前一种情况下被称为买方信贷（buyer credit），在后一种情况下被称为买方信贷担保（buyer credit cover）。[②] 根据不同的内部准则和设置，一些 ECAs 倾向于直接贷款，而另一些则倾向于向商业贷款者提供担保，还有一些 ECAs 则同时实施这两种措施。

ECAs 在基础设施融资方面非常活跃。其向银行提供贷款或担保，而这些银行向购买其所在国生产的设备的项目公司提供债务。ECAs 参与了许多项目，这些项目带有大量的基础出口合同，且这些项目不限于新兴市场。风力可再生能源项目有时会受益于涡轮机制造国 ECA 所提供的贷款担保。例如，丹麦的 ECA，即 EKF 支持了许多依靠维斯塔斯（Vestas）风力涡轮机的项目，维斯塔斯是由丹麦制造的涡轮机品牌。

ECA 的参与可能是确保出口合同的关键。大型且复杂的项目或新兴市场的项目往往无法从私人金融机构处吸引足够的流动性。ECA 的作用是增加买方可用的流动资金并促进出口。当市场流动性不足时，ECA 也尤其有用，如 2008 年金融危机后或欧洲主权债务危机期间。

图 5.4 展示了一个 ECA 通过买方信贷担保参与的项目融资结构。除了 ECA 的存在外，该图与传统的项目融资结构相似。ECA 向贷款人保证提供给项目公司贷款的偿还。作为交换，ECA 像其他保险公司一样收

---

① 此处仅举几例。还有大量国家（不仅仅是工业化程度高的国家）拥有自己的出口信贷机构，比如荷兰的安卓（Atradius）、西班牙的出口信用保险公司（CESCE）、比利时的 Credendo、丹麦的出口信用委员会（EKF）、瑞典的出口信用委员会（EKN）、挪威的出口信用担保局（GIEK）、韩国的贸易保险公司（K-Sure）和进出口银行（Kexim），以及日本的日本出口和投资保险（NEXI）等。

② ECAs 也提供其他类型的解决方案来促进出口，但这些产品和项目融资关联不大，因此不再赘述。

取保费。保费由借款人支付，在此情况下借款人是 SPV。

ECA 根据一系列标准做出支持某项出口合同的决定：

- 涉及的风险水平；
- 合同对于出口商雇佣方面的重要性；
- 该项目与经济发展目标的战略契合度（该经济目标由监管 ECA 的政府所设定）；
- 其他政治或地缘政治的考量。

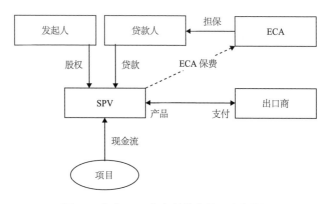

图 5.4　包含 ECA 担保的简化项目融资结构

5.3.5.2　适用于 ECAs 的规则

ECAs 并没有以任何价格提供任何类型担保的自由。其在 OECD 设定的名为"OECD 共识"的规则下运行。"OECD 共识"的目的是在出口商之间创造一个公平的竞争环境。国家之间的这种协定为 ECA 在支持本国出口商方面的实际行动设定了限制。此框架应被视为国家间的君子协定，而非有约束力的条例。

根据"OECD 共识"，适用于 ECA 的主要限制如下：

- 其必须收取最低保费或利率。
- 其不能借出或担保超过最大期限的贷款。此期限是 14 年（加上建设期），但在可再生能源项目中可以延长到 18 年（加上建设期）。
- 其能提供或担保的金额存在最大限额。通常，ECAs 借出或担保金额最高为合规合同价值的 85%。

除此一般性架构，每个 ECA 都有其自身的条例和信贷指南。ECA 的目标是促进国家商品和服务的出口，但该目标不能危及该机构的资产负债表。与其他贷款人和信用保险公司一样，ECAs 有信贷限额和信贷委员会。

5.3.5.3 示例

在实践中，ECA 参与的项目通常包括两个债务层级：一是 ECA 支持层级；二是商业债务层级（即由私人贷款人提供的正常债务层级）。例如，在能源项目中能看到此类双层级债务结构。涡轮机的购置可以受益于 ECA 的担保，而与发电厂建设相关的项目成本却不在担保范围内（由于建设是在当地完成，并不存在出口）。在此情况下，ECA 层级规模依涡轮机购置价值而定。其最多相当于该价值的 85%（可称该值为"合规价值"）。其余债务则由商业银行提供，此层级债务不享受担保。这两个层级债务权益平等，这意味着其享有相同的优先权和偿还权。

为了说明相关概念，我们以一个风力项目为例，该项目总成本为 1.5 亿美元，其中 1 亿美元用于购买涡轮机，5000 万美元用于其余部分（建筑和其他费用）。如果涡轮机是进口的并受益于 ECA 的担保，SPV 将寻求获得 8500 万美元的 ECA 支持债务（85%×1 亿美元）。假设贷款人需要 20% 的股本缓冲（即 3000 万美元），那么该项目需要筹集的商业债务总额等于 3500 万美元（15 000−8 500−3 000=3 500）。这种非 ECA 支持债务层级被称为洁净层级（clean tranche）。

虽然 ECA 支持层级的价值为 8500 万美元，但这并不意味着 ECA 能保证全额偿还该笔款项。根据其内部条例，一些 ECAs 可以要求贷款人承担所谓的剩余风险（residual risk）。当 ECA 为项目融资贷款提供担保时，ECA 经常邀请受益于 ECA 担保的贷款人承担 5%（或 10%）的剩余风险。换句话说，ECA 担保层级将相当于 8500 万美元，但银行将只从

---

① ECAs 显然可以完全自由地提供或担保出口合同较低百分比的金额。该百分比由 ECA 的信贷委员会确定。

② 或者更多，由 ECA 的决策设定商业贷款人必须接受的剩余风险金额。

ECA 担保的 95%（或 90%）中受益，即 8075 万美元（或 7650 万美元）。在此情况下，剩余风险金额等于 425 万美元（或 850 万美元）。尽管与 ECA 层级规模相比，此剩余风险金额相当有限，但其存在是 ECAs 测试商业银行对潜在风险偏好的一种方式。若银行不能承担 5% 或 10% 的剩余风险，那 ECA 为何会接受此笔贷款的担保？表 5.5 总结了这个简单的例子。

表 5.5　ECA 担保下 PF 融资结构的简要概述

资金来源	金额（美元）
ECA 担保贷款	8 500 万
受益于担保的金额（95%）	8 075 万
剩余风险（5%）	425 万
商业贷款（洁净层级）	3 500 万
发起人	3 000 万
项目总成本	1.5 亿

5.3.5.4　ECAs 的优势

ECA 直接（当其放贷时）或间接（当其提供担保时）为项目融资市场提供额外的流动性资金。鉴于控制主要 ECAs 的政府有很强的信用评级，通常来说其流动性是相对的。以下是两种常见的情况：

● 如果由 ECA 直接提供贷款，那么 ECA 一般受益于当地政府的融资成本。若政府有良好的信用评级，此类融资成本通常非常低。

● 当银行向项目公司提供贷款但同时受益于 ECA 的担保时，银行正在为该 ECA 承担风险（剩余风险除外的风险）。贷款利差与该 ECA 的信用等级相适应，该信用等级与控制此 ECA 的政府的信用等级相一致。

考虑到巴塞尔协议的规定，受益于 ECA 的担保对银行来说也非常宝贵。适用于 ECA 支持贷款的 RWAs 由银行根据 OECD 信用风险分类来计算。OECD 将国家风险从 0 到 7 进行分类，0 为最佳评级。根据巴塞尔协议的规定，若 OECD 将某国评级为 0 或 1，那么在该国政府控制下的 ECAs 所支持的贷款将不计权重。换句话说，工业化程度最高的政府治下的 ECA 所担保的贷款会转化为零 RWAs。这对银行来说显然极具吸引力，因为这意味着 ECA 支持贷款不会消耗监管资本。这就解释了银行为何可以对 ECA 层级提供有竞争力的定价。

5.3.5.5 结构化选项

虽然发起人有时会认为 ECAs 相当官僚，但不应夸大其相对僵化性。考虑到其所接受的风险和限制（即"共识"），ECAs 仍然非常有帮助。从结构化的角度来看，其提供了多样化选择。多个 ECA 层级能够联合构建（每个层级涵盖不同的设备采购）某个 ECA 层级，也可以与某个 DFI 提供的债务层级结合构建。澳大利亚 Ichthys 液化天然气（Ichthys LNG）接收站[①]的建设是其有史以来最大的项目融资，其需要 8 个 ECAs（有些直接借给项目公司，有些则为贷款提供担保）和 24 家商业银行的参与。表 5.6 显示了 Ichthys 项目的资金来源。

表 5.6 Ichthys LNG 接收站的初始项目融资[②]

资金来源	金额（亿美元）
ECAs 直接贷款 JBIC（日本） Kexim（韩国） 出口金融与保险公司（EPIC，澳大利亚）	58
ECA 担保贷款 NEXI（日本） Kexim（韩国） K-Sure（韩国） 安卓（荷兰） 裕利安怡（德国） BPI 法国（法国）	54

---

① Ichthys 液化天然气接收站随后于 2020 年进行了再融资。这里显示的是 2012 年构建的初始融资。

② LNG 接收站是对 LNG 油轮从生产区运来的液化天然气（liquefied natural gas，LNG）进行再气化的设施。

资金来源	金额（亿美元）
商业贷款	48
贷款总额	160
发起人	40
项目总成本	200

资料来源：INPEX，Total。

ECAs 也可以为项目债券提供信用担保。Walney Extension 离岸风力发电厂是沃旭能源与 PFA 和 PKA（丹麦两大养老基金）财团所共有的资产，作为该项目融资的一部分，已向包括英杰华投资、黑石、励正投资管理和麦格理在内的投资者群体发行了评级项目债券。EKF 为债券的某一层级提供了超过 3 亿英镑、长达 16 年的担保。

5.4 公共当局的作用

公共当局在项目融资领域发挥着关键作用。其主要制定适用于 PPP 和特许权的条例。其还负责组织招标以选择这些基础设施的私人投资者和运营商。

5.4.1 框架

政府显然负责对适用于项目融资的法律进行投票。每个国家都有自己的 PPP 和特许权框架，并在必须由公共实体供资的项目和可由私营部门供资的项目之间划定界限。鉴于基础设施项目的长期性质，法律框架的稳定性是吸引投资者的关键因素。OECD 国家的政府通常意识到了这一点，并倾向于尽量减少法律变化，或在花时间与各基础设施利益相关者进行互动后才进行法律变更。

公共实体在项目的每一步都发挥着作用，特别是在开发和建设阶段。他们给予发起人必要的法律授权来建设基础设施：建筑许可证、环境许可证等。法律还规范公民和项目公司之间的互动。居民总是有可能反对建设新的基础设施，例如，一些公民可能会争辩说，其福祉因在其附近所存在的项目而受到损害。司法系统的设计（或多或少是成功的）是为了在对基础设施的需求和附近公民的福祉之间找到一个平衡。在许多国家，对项目建造提出上诉的权利受到严格限制，这确保了决策能够迅速作出—这是股权投资者的又一保证。

5.4.2 公开招标

政府或公共当局组织公开招标，以选择哪些发起人将受权资助及运营基础设施。这些招标旨在根据政府或公共当局规定的一系列标准，为项目选择最合格的一方。招标一般分为两个阶段：

- 第一阶段为资格预审阶段（pre-qualification phase）。在此期间，发起人展示其技术及财务资格证明和任何相关经验。发起人可以单独或联合投标。只有在此阶段结束时被选中的各方才被允许收到最终的投标条件并参与到下一阶段。
- 第二阶段为投标阶段（bid phase）。在此期间，发起人准备并向招标机构提交其最终报价。在此阶段结束时，将选出一个优先投标人。该优先投标人将负责建设和运营基础设施。

这两个阶段的过程通常确保只有通过资格预审的公司或财团才能为该项目投标。以此方式，公共当局可以在过程的早期淘汰缺乏经验的发起人，并将第二阶段的参与限制在合格参与者身上。

投标的选择标准通常有两方面：技术报价的质量和价格。在传统的招标中，每个投标人都会根据这两个标准获得某个数量的分数。总分最高的候选人会获选为首选投标人。

技术报价质量的定义显然因项目而异。在一些招标中，基础设施的设计是关键；在另一些招标中，项目的环境足迹必须受到限制。投标者也可能被要求证明其项目不会干扰该地区的经济活动。例如，在离岸风电中，通常会要求投标人表明其已经考虑到离岸风力发电厂对渔民活动的潜在影响，并且其已经找到了缓解该影响的方法。

竞争性价格的定义则更为一致。例如，对于 PPP 来说，价格是候选人建设和运营项目所需的可用性付款的总和（越低越好）。对于特许权，价格可以是补贴水平或项目公司打算向用户收取的价格水平（这里也是越低越好）。

案例研究 6：巴黎迪士尼乐园濒临破产 ①

1985 年，当迪士尼 CEO 迈克尔·艾斯纳（Michael Eisner）官宣其打算在巴黎附近建造一个主题乐园时，人们有理由相信该项目将获得巨大成功。八年后，即开园仅一年后，该乐园就濒临破产。华特迪士尼公司的高管们面临着他们职业生涯中最艰难的决定：是放弃他们在欧洲的雄心壮志，还是为一个脆弱的项目注入额外股权？

除了该标志性项目所附带的戏剧性事件外，巴黎迪士尼乐园的命运也阐明了项目融资的变迁，其证明了在没有固定价格承购合同或可靠比较的情况下，预测现金流是多么的复杂，以及无追索权融资作为减少风险的一种手段对发起人具备吸引力。

项目起源

作为动画行业的先驱，华特迪士尼公司在 20 世纪 50 年代涉足主题乐园业务。当迈克尔·艾斯纳宣布其巴黎计划时，这家娱乐公司已经在经营另外三个乐园，两家在美国，一家在日本。迪士尼乐园于 1955 年在加利福尼亚开业，华特迪士尼世界于 1971 年在佛罗里达州开业。美国以外的第一个乐园于 1983 年在东京开业。西欧在该集团的版图上已有很长一段时间。迪士尼在该地区有很强的品牌光环，其动画片在欧洲产生的利润历来高于北美地区。华特迪士尼公司对其新乐园抱有很高的期望，希望能复制其在美国和日本的成功。

经过对来自五个不同国家不少于 40 个地方仔细审查流程，1985 年，巴黎东部的马恩河谷被选为园址。马恩河谷以微弱优势战

---

① 自 1992 年开业以来，该乐园多次更名。为了清楚起见，我们将只使用今天流行的名称：巴黎迪士尼乐园。

胜了巴塞罗那附近的一个地点；尽管天气非常好，但人们认为加泰罗尼亚在战略上没有吸引力。巴黎似乎是一个更好的选择，因为其人口众多，其也处于欧洲中心位置，而且法国首都已经吸引了大量的游客。

项目校准

当迪士尼的高管们开始认真规划时，此时其却提出了一个自相矛盾的看法：尽管之前的三个乐园都取得了商业上的成功，但迪士尼从未找到使利润最大化的方案。

- 在加利福尼亚，由于土地面积太小，迪士尼无法建造足够的酒店住宿来迎接游客。迪士尼本可以自己获得的大部分收入都流向了周边地区酒店连锁品牌投机新建的酒店。

- 华特迪士尼公司在规划其在佛罗里达州的乐园时，可能过于保守，低估了需求并且对酒店的投资过少。再一次，周围的酒店公司从迪士尼公园处收获意外之财。

- 在日本，为了控制风险项目的建设和运营都被交给了当地的合作伙伴，迪士尼只收取版税。在这里，乐园的巨大成功也只助于迪士尼的部分受益。

华特迪士尼公司对其欧洲项目并不缺乏野心。为了避免重蹈美国和日本经验的覆辙，迪士尼高层做出了两个重要决定。他们将在没有当地合作伙伴的情况下经营乐园，并在项目中包括一个巨大的酒店综合体。总建筑成本估计为44亿美元——为建造东京乐园所付金额的三倍多。这是迄今为止迪士尼历史上最大的投资。

日本项目是一个重要参考。其为几年前在美国之外建成的首家乐园。其也取得了巨大的成功。每年的游客数量超过了最乐观的预测，到20世纪80年代末，其每年吸引了1500万人次，这比美国任何一个乐园都多。迪士尼当地合作伙伴——东方置地公司（Oriental Land Company，OLC）建造了该乐园并成为运营商。该公司为建造乐园所借的11亿美元长期贷款（尽管困难重重）但在三年内已全部还清。①

与法国政府的总协议

巴黎和巴塞罗那之间的乐园主办权之争，最终成为法国和西班牙政府之间的政治斗争。双方都意识到了迪士尼主题公园在就业方面的价值，并承诺提供直接和间接支持。西班牙提出了更大的补贴，但法国提供了更好的后勤支持和更多的铁路和公路连接。

经过两年的谈判，迪士尼和法国政府于1987年签署了最终的合作协议。在这份文件中，法国政府同意以下内容：

- 以低于市场30%的价格出售乐园的土地；
- 建造地铁站、公交车站、游客停车场以及连接公园和高速公路的道路；
- 以7.85%的利率（低于当时法国政府债券的利率）提供总价值48亿法郎②的贷款；
- 对园区内销售的所有产品采用5.5%的增值税率，其中包括那些通常适用较高税率的产品。

为了换取这些优势，华特迪士尼公司承诺：

- 保证乐园方向公共交通的最低交通量——如果没有达到这个水平，迪士尼必须向法国政府做出赔偿；
- 在园区内开放一个展示法国文化的景点；
- 在一定时期内，马恩河谷800千米范围内不得建造另一个迪士尼主题乐园；
- 至少在五年内保留对项目的大部分控制权。

融资结构③

---

① OLC由日本铁路运营商京成电铁（Keisei Electric Railway）、房地产开发商三井不动产（Mitsui Fudosan）和千叶县共同成立。OLC今天仍然是东京迪士尼度假区的所有者和经营者。

② 当时欧元还不存在。

③ 考虑可读性，已有意简化此处所描述的结构。

迪士尼的高管们对乐园财务结构的选择进行了激烈的辩论。计划最初只是在公司层面简单地筹集债务和股权来为项目的建设提供资金。然而，迪士尼的顾问建议，采用项目融资结构进行融资才是更明智的选择。使用项目融资将使乐园与迪士尼的资产负债表隔离。其还将允许迪士尼在项目层面而不是集团层面筹集额外的股权，此步骤旨在避免对迪士尼现有股东造成任何稀释。

迪士尼选择的结构依赖于 SPC 的设立，该 SPC 的唯一目的是建设和经营乐园及酒店。此 SPC［欧洲迪士尼乐园 SCA（也被称为欧洲迪士尼）］对该项目拥有完全的控制权。其作用是制定乐园战略，选择及支付员工报酬。SPC 还从客户那里收取款项、偿还项目债务，并向迪士尼分配特许权使用费以便在公园中使用品牌和部署的专门技术。重要的一点是：特许权使用费与营业额而非利润挂钩。

迪士尼控制了 SPC 的 49% 的股份。其余的股权通过在伦敦和巴黎同时进行的 IPO 筹集。此次 IPO 于 1989 年 11 月完成，比乐园开放的时间早了三年，对于一个没有业绩的公司来说这是有史以来最大的 IPO。尽管存在缺乏收入、未来经营风险大和施工周期漫长等问题，但此次 IPO 获得了 10 倍以上的超额认购。

SPC 还筹集了两个层级的 20 年期无追索权债务。BNP[1]领导了一个由 39 家银行组成的银团，并提供了一笔贷款以便进行建设。由东方汇理（Indochine）牵头的 30 家银行组成第二集团为项目的酒店部分提供资金（见图 5.5）。

虽然建筑成本高于预期，但在 1992 年 4 月，投资者还是对乐园的开放欢呼雀跃。股价飙升至 165 法国法郎，是 IPO 价格（72 法郎）的两倍多。1992 年 10 月，当时的总理皮埃尔·贝雷戈瓦（Pierre Bérégovoy）甚至授予迈克尔·艾斯纳法国最高荣誉勋章——法国

---

① BNP 和 Paribas 当时是两个独立实体。两者于 2000 年合并成立为 BNP Paribas。

荣誉军团骑士勋章。

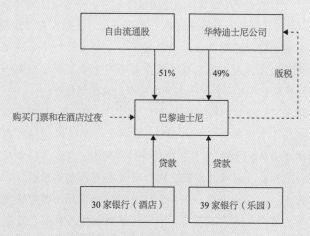

图 5.5　简化后的巴黎迪士尼融资结构

资料来源：改编自 J. D. Finnerty（2007）Project Financing，Asset-based Financial Engi- neering. Hoboken NJ：Wiley。

债务问题

尽管最初热情高涨，但很快该项目规模不当的问题就浮出水面。收入几乎不足以覆盖成本。1993 年，该乐园在其首个完整的财务年度就记录了 9 亿美元的亏损。巴黎迪士尼乐园无力偿债，1993 年 11 月其股价跌至 11 法郎。

该项目中的酒店部分尤其表现不佳。房间价格过于昂贵，游客宁愿睡在巴黎的酒店里也不愿意待在乐园里。这与过去经验大为不同。佛罗里达州和加利福尼亚州的游客通常会组织一次特别的家庭旅行来参观乐园。但在法国，游客是在参观巴黎时顺道去看乐园。他们去乐园是为了取悦自己的孩子，但其自身是想在晚上到巴黎观光。

高管们也很快意识到其错误选择了乐园开放的时机。彼时欧洲正经历着自"二战"以来最严重的经济危机。法国于 1993 年陷入

168

衰退，许多欧洲国家的失业率上升。法国的货币政策越发加剧了这种情况。为控制通货膨胀而采取的强制性措施使法国法郎上涨，这提高了境外游客的旅行价格，使那些本来可能参观乐园的潜在游客望而却步。

项目设计中的错误

公园本身也不太符合法国和欧洲游客的期望。气候是第一个主要问题。巴黎迪士尼乐园沿用了其他迪士尼乐园的设计，但巴黎的气候比加利福尼亚、佛罗里达或东京要冷得多。景点并不适合冬季。当秋天天色转凉，公园的营业额便急剧下降。

工作日的上座率是另一个问题。迪士尼期望法国的父母会像美国一样，在一周内请一天假，让他们的孩子错过一天的课程来参观乐园。但这并非法国文化的一部分。平均而言，相对于美国，孩子们的暑假假期要更长，父母就更不愿意让孩子在一年中缺课。法国的乐园在工作日门可罗雀，而在周末则车水马龙，这使那些不得不长时间，甚至在寒风凛冽中排队的父母滋生了沮丧情绪。

无论早午餐，餐饮都是另一个令人失望的来源。迪士尼没有料到法国顾客会想在乐园里吃早餐。但是，由于大多数客户拒绝过夜，他们希望早点出发，并在到达时就有东西吃。早餐缺乏选择令人沮丧，同时，午餐也是一个问题。许多欧洲游客无法理解乐园开业时实行的禁酒政策。

虽然东京乐园的成功是巴黎迪士尼乐园开业的主要动力，但这也是乐园在欧洲与预期相差甚远的主要原因。迪士尼的高管们充分意识到文化差异和适应当地口味的必要性。在日本，他们甚至想过将公园的一部分用于武士世界（samurailand）而非牛仔世界（frontierland）。但在其日本合作伙伴的说服下，才断了将景点"本土化"的念想。东方置地公司确信，日本游客对迪士尼世界非常熟悉，如果乐园能够带来真实的美国体验，其将会更加成功。在东京，乐园对日本文化的唯一让步是寿司店的存在以及米奇和米妮在元旦时穿上了和服。鉴于乐园在日本的成功和迪士尼卡通在欧洲的历史性流行，迪士尼试图在巴黎复制在东京的成功是可以理解的。

重组

在重重困难下，迪士尼的管理层不得不采取行动。迪士尼降低了门票和酒店价格，并与旅行社和旅游经营者签订了合作协议以吸引新的游客。景点也进行了重新设计以供冬季使用。乐园根据当地人口味调整了食物，并开始在一些餐厅出售酒类（葡萄酒和啤酒）。

在此情况下，乐园将关闭的传言开始传播。但实际上迪士尼并没有关闭这一选项。公司走得太远已无法后退。重组整个项目才是唯一的选择。迪士尼、巴黎迪士尼乐园和乐园债权人之间的危机谈判达成了一项协议，其中包括：

- 迪士尼将在重大增资中发挥主导作用；
- 银行豁免①其 18 个月的利息支付；
- 推迟本金还款三年；
- 迪士尼撤销了来自欧洲迪士尼乐园 SCA 数以亿计的应收账款；
- 豁免五年内应支付给迪士尼的所有版税；
- 此后大幅减少版税支付。

1994 年 6 月，贷款人接受了此次重组。与此同时，沙特王子阿尔瓦利德（Al-Waleed）获持欧洲迪士尼 10% 的股份，成为该公园仅次于迪士尼的第二大股东。

尾声

虽然该协议给了巴黎迪士尼乐园一些暂时的喘息空间，但八年后的 2002 年，麻烦再次来袭。当时，巴黎迪士尼乐园开设了其第二个乐园，即华特迪士尼工作室，这是与第一个乐园相邻的景点综合体。这笔巨额投资使巴黎迪士尼乐园第二次陷入困境。2004 年 2 月，其与债权人达成了一项新的债务重组协议。

---

① 豁免是指同意放弃某项权利。在该具体情况下，尽管贷款人在贷款协议中享有合同权利，但其同意 18 个月内不收取利息。

还是相同的配方：债务重组、削减版权支付费用，以及增资。几年后的 2014 年，在新的困境中，迪士尼认购了第三次增资。2017 年，迪士尼最终决定完全控制该项目，提出买断剩余所有股份。这标志着项目融资中这一命运多舛冒险的终结。但荒诞的是，这一冒险最终造就了欧洲主要旅游景点之一。

第 6 章
项目融资结构

6.1　项目初步分析

项目融资存在很多风险。其资助公司时面临三重挑战：没有业绩记录；需要大量投资；鉴于建设期，将无法立即产生现金流。

项目融资和 LBOs 有一些明显的相似之处。这两种结构都旨在通过混合了债务和股权的 SPV 为资产（公司或基础设施）融资。债务偿还和投资者回报完全来自该资产产生的现金流。在这两种情况下，如果 SPV 违约，贷款人对发起人也没有追索权。贷款人必须根据资产产生收入的能力来确定其贷款规模。

然而，这两种融资结构在一个主要方面有所不同：项目融资通常不是为已处于运营中的资产提供资金（棕地交易除外）。其目的是促成资产的建设。因此，贷款人暴露于建造风险。这就是项目融资与本书分析的其他技术，包括资产融资和证券化的区别。基于此，项目融资需要在任何投资决定做出之前要进行详细的尽职调查。贷款人必须识别出所有潜在风险，并且必须确保在每一种情况下都能实施某种解决方案来适当地减轻风险。

6.1.1　建造风险

建造风险被定义为所有可能延迟或阻止项目建造或大幅推高其总成本的风险总和。为了尽量减少这些风险，贷款人从不在 SPV 获得所有必要的建设许可证之前承诺为项目融资。其通常还依靠技术顾问（被称为贷款人的技术顾问，lenders' technical advisor, LTA）来确定项目的独特性。该顾问需确定该项目于技术上可行以及建造可以在发起人提出的预算范围内无缝进行。[①]

通过将项目建造分包给在该领域有良好记录的知名公司，也可以将施工风险降到最低。这些公司通常也通过其标准建筑合同提供一定数量的担保。其通常同意承担成本超支，并在建造出现重大延误或缺陷时对客户进行赔偿。贷款人和发起人不仅要密切关注建筑公司的业绩记录，而且要关注其信用质量，在建造出现延误或缺陷的情况下向 SPV 支付赔偿金时更要如此。

发起人倾向于限制与之签订合同的对手方数量。其通常依赖涵盖工程、采购和建造（engineering，procurement，and construction，EPC）的联合合同。通过 EPC 合同，项目公司将建设项目的全部责任转移给承包商。承包商负责设计、采购、建造、调试，并将基础设施移交给项目公司。通过只与一家大公司签订一个 EPC 合同，而非因每项施工要素最终签订大量合同，发起人能将建造风险降到最低。其提高了建造过程的效率，避免了小供应商在建造期间表现不佳或破产的风险。此类风险反而转移到了 EPC 承包商身上。

对于大型和复杂的项目来说，由一个公司组成的联合体而非单一的承包商来负责 EPC 极为常见。在此情况下，EPC 合同必须说明，负责 EPC 的诸多实体对 SPV 负有共同责任还是单独责任。

6.1.2　资源风险

项目的经济可行性有时取决于自然资源。对采矿或石油和天然气行业的项目来说尤其如此。发起人和贷款人必须确保目前的储量能够使项目长期生存。专业的工程师和独立的地质学家负责评估资源的可能可用性，包括数量和可获得性。发起人自己（或通过授权的专家）会进行第一次分析，但贷款人通常需要第二次征询专家意见。贷款人通常会了解基本情况，以确定可以获得的储存量，并根据储量可能的下行情况进行敏感度分析。

---

① 在实践中，LTA 由项目公司在选择银行前受命。LTA 会准备与潜在贷款人共享的报告。贷款人依靠此报告的结论作出投资决策。

可再生能源领域的项目也存在资源风险。专家会在开发阶段进行风力和辐射研究。当构建融资时，其会与贷款人共享。专家最好进行多年研究，以确保收集的数据能够真实反映项目所在地的典型天气条件。

6.1.3　信用风险

贷款人在项目融资中承担的信用风险取决于多种因素：

- 项目现金流的来源：正如第 5 章第 5.1 节所述，项目的性质及其现金流的来源对贷款人承担的风险有直接影响。SPV 从德国政府获得可用性付款的 PPP 项目与完全暴露于交通风险的高速公路特许经营权之间几乎没有共同之处。在 PPP 案例中，贷款人接受的是标普 AAA 评级和穆迪 Aaa 评级的对手方风险。[1] 在特许经营权案例中，分析更为复杂。贷款人必须熟悉其他可用的交通选择，并了解新公路在时间和舒适度方面带来的收益。

- 结构的杠杆：贷款人根据现金流的质量和可靠性调整杠杆。在所有条件相同的情况下，拥有 AAA 级对手方的 PPP 项目比暴露于商户 / 交通风险的项目或新兴市场的项目具备更高杠杆率。

- 项目的战略重要性：贷款人所暴露的风险也取决于项目对发起人的重要性。尽管项目融资无追索权，但在业绩不佳的情况下，发起人总是可以决定对 SPV 进行资本重组。巴黎迪士尼乐园在经历了艰难的开端后进行了重组（见案例研究 6），因为华特迪士尼公司不想放弃这样一个具有象征意义的项目。贷款人对华特迪士尼公司没有法律追索权，但迪士尼公司在声誉上受到的影响太大，不能放弃该项目。类似的情况也发生在 PPP 中。例如，公共当局宁愿同意重组一个不良项目，也不愿意冒运营中断的风险。

- 提供给贷款人的证券性质：贷款人通常会坚持要求提供包括 SPV 股权质押在内的担保方案。在违约的情况下，其可以行使自己的权利，控制 SPV 并将公司卖给第三方以偿还债务。基础设施的质

---

① 截至 2020 年 9 月，德意志联邦共和国的信用评级。

量是让贷款人放心的另一个因素。有些项目的流动性比其他项目要好。例如，在英国，M6收费公路在2013年12月发生违约后，原贷款人从麦格理手中接管了该资产，并于2017年6月出售给易福门。

6.1.4　市场风险

一些项目（特别是能源领域的项目）从本质上讲暴露于市场风险。其所出售产品（天然气、石油、电力等）可以自由交易，其价格可以随着时间的推移而剧烈变动。这种市场风险损害了SPV获得长期融资的能力。其甚至可能阻止发起人获得项目债务，这意味着资产将无法建造或必须通过公司贷款融资。

为了最小化（或抵消）此类风险，发起人可以与潜在客户协商长期承购合同。通过此类合同，SPV在很长一段时间内都可以以预先确定的价格出售其全部或部分产出。发起人可以签订一个或几个承购合同来部分或全部抵消此类市场风险。与信誉良好的对手方签订长期的承购合同通常能使项目公司获得长期资金。

正如第5章所解释的，许多政府已经选择为项目公司消除市场风险，以发展可再生能源，如风能或太阳能发电厂。其提供上网电价补贴（feed-in tariffs），以固定的价格从提供绿色能源的能源生产商那里购买长期电力（约20年）。另外，政府还提供差价合约（contract for difference，CfD），即政府将项目公司所售电价提高到预先商定的水平。[①]

6.1.5　利率风险

对项目融资的各方来说，消除任何利率变化的风险是关键。由于通常涉及大量债务，在利率上升的情况下，项目存在赢利能力急剧下降的风险。项目时间越长，该风险越大。

对冲利率风险的需要来自银行以浮动利率放贷的事实。项目公司

---

① 政府通常组织公开招标来授予这些上网电价补贴或CfD。投标的赢家是以最低水平的上网电价补贴或CfD投标的财团（即竞标最低政府补贴）。

（以及任何人）的债务成本通常是参考利率（即银行的流动性成本）和利差（基于借款人的信用风险—风险越高，利差越高）的总和。利差在合同中有明确规定（200bps，300bps，等等）[1]，但参考利率是浮动的，其根据银行流动性的供求情况而不断变化。[2]

为了对冲此类风险，发起人通常将固定利率与贷款项下的浮动利率进行交换。这是通过利率互换（interest rate swap，IRS）实现的，项目公司向金融机构支付固定利率，并收到浮动利率作为回报。这个浮动金额经过校准以匹配 SPV 在项目贷款下应支付的浮动利率。总的来说，就像项目公司将浮动利率贷款转化为固定利率贷款一样。

图 6.1 说明了这种合同安排。在此示例中，项目公司以 LIBOR+300bps 的利率借贷 20 年，同时其签订一个 IRS，支付 4% 并获得 LIBOR。[3] 那么债务的总合成成本为 7% 的固定利率（4%+3%）。

项目融资交易的对冲对手通常是在交易中充当贷款人的银行。这是其在不会太耗费资本下（IRS 不会转化为高 RWAs）确保额外收入的一种方式。然而，这是一种非强制性的市场惯例，其他机构也可以提供互换。

与银行不同，基础设施债务基金更可能向项目公司提供固定利率。这些基金有不同的商业模式，其从寻求固定回报的有限合伙人那里收集资金（例如，用于支付养老金）。这些基金没有银行那样的资金限制，通常更愿意提供固定利率贷款。

---

① 在此提醒，一个 bp（基点）相当于 0.01%，故 300bps=3%。
② 更多详细信息，请参见附录 A（银行如何设置利率）。
③ 固定利率（我们在此随机设定为 4%）实际上是在签署 IRS 时由 IRS 期间市场对 LIBOR 的预期来决定（在此例中为 20 年）。这个固定利率是未来 20 年预期浮动利率的加权平均值。在此例中，这意味着在签署 IRS 的时候，市场认为在 20 年内获得 4% 的固定利率等于在同一时期支付的预期浮动利率。

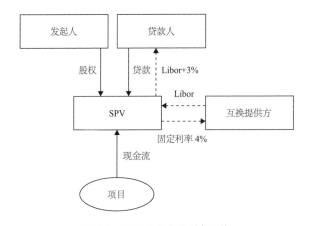

图 6.1　项目融资中的利率互换

6.1.6　外汇汇率风险

当 SPV 的收入和（运营或财务）支出以不同货币计价时，汇率风险就会出现。例如，项目公司以美元销售其产出，以当地货币支付给贷款人、供应商或分包商，就属于这种情况。美元的任何下跌都会导致项目公司赢利能力下降。

限制这种风险的最佳方法是尽可能地使建造时的货币与项目收入的货币相一致。通常发起人在建造和运营阶段都会这样做：

- 在建造阶段：在建造时，通过与供应商的直接谈判（SPV 可以要求以项目指定货币支付）或使用货币对冲工具来实现货币统一。在建造时消除外汇风险可以确定项目公司筹集的债务金额。
- 在运营阶段：所筹集债务通常以销售产品或服务的货币来计价。贷款人和发起人都不希望在 15 年或 20 年内面临错配风险。由于在如此长的时间内进行货币对冲的成本太高，唯一的解决办法通常是将债务和产出以相同的货币计价。但也有例外，如果项目所在国家的当地货币与美元挂钩，以及以当地货币出售其产出（例如在一些中东国家），在此情况下，发起人有时希望以美元而不是以当地货币举债，因为美元的流动性更强、利差更低。这增加了发起人的 IRR。然而，这也给贷款人带来了额外的风险，因为一些国家在过去已经放弃了与美元挂钩的做法（阿根廷）。

6.1.7 运营风险

运营风险是项目建造和维护过程中所固有的。贷款人主要通过与记录良好或已成功完成类似项目的发起人合作来减少这种风险。发起人在选择供应商时也遵循同样的思路。贷款人在尽职调查阶段会分析 SPV 和其各分包商之间的合同。这些合同包含专业担保和严格的保险义务。

6.1.8 技术风险

如果项目的成功取决于特别新颖或有可能被淘汰的技术，则存在技术风险。在此情况下，该项目一般不能保证获得项目债务。为新技术融资是风险资本家而非项目融资专家的领域。

6.1.9 政治风险

政治风险主要指政治性威胁，其可能会危及项目的赢利能力乃至其存在。在反复出现政治不稳定和有暴力历史的国家，此类风险很高。项目可能会毁于战争、社会动荡浪潮或恐怖主义行为。发起人可能会被征用，或者项目被政府国有化。为了限制此类风险，贷款人可以就政治风险保险进行谈判。这种保险可以涵盖上述所有或部分风险，同时也包括发起人在法律上不可能将现金转移出项目所在国的风险。

在某种程度上，就政治决策而言成熟市场也存在政治风险，融资时无法预见的决策会对项目赢利能力产生很大影响。这一政治风险的子集与我们已经提到的风险大为不同，其被称为法律变更风险（change in law risk）。与上述风险一样，其同样来自公共领域，但其更多地涉及民主决策而非政治事件。为了减轻法律变更风险，贷款人通常要求法律文件规定，由于法律变更产生的额外成本由发起人承担。

6.1.10 环境风险

所有涉及基础设施建设的项目都会对环境产生影响。此类影响可能很小，但必须在项目开始前对其进行精确评估。若发起人和贷款人参与的项目最终对环境造成破坏，那么惩罚和名誉损失可能会很严重。

贷款人必须确保参与建造和维护资产的各方能够遵守高质量标准，并且 SPV 已经获得了所有必要的环境许可证。很难评估监管变化风险如何在未来增加相关成本，但可以通过确保基础设施使用最先进的设备来限制此类风险。

在某些情况下，基础设施的报废成本也必须计入财务预测，可再生能源项目就是如此。风力和太阳能发电厂通常在与基础设施预期寿命相对应的给定时间段内获得奖励。在此之后，发起人必须拆除设备，而贷款人必须确保已考虑这些成本。

6.1.11　不可抗力及其他风险

6.1.11.1　不可抗力

不可抗力风险是指由于任何人无法控制的事件而导致业务长期中断的风险。尽管对不可抗力没有明确的定义，但人们普遍认为此类事件必须不可预见、独立于合同双方，以及无法避免，像地震、火灾、洪水等自然灾害就属此类，罢工或暴乱也是。

贷款人一般会坚持要求受到保护，免受不可抗力事件造成的任何损失风险。大多数此类风险（火灾、地震等）都由适当的保单承保。SPV 和贷款人之间的贷款协议包括了 SPV 对这些风险投保的义务。

6.1.11.2　其他风险

为 SPV 各种风险投保的义务并不限于不可抗力。其包括更广泛的风险，一般这些风险可由两类主要保单承保：

- 由财产保险（property insurance）承保基础设施的损失和全部或部分毁坏（并承保不可抗力风险）；
- 由第三方责任险（third party liability insurance）在认定基础设施对第三方造成的损害负有责任时提供赔偿（例如，在工厂的泄漏会损害邻居财产的情况下）。

这些保险单的利益一般都分配给贷款人。换句话说，若保险公司需就某事件对 SPV 进行赔偿，贷款人在此事件中遭受损失后该赔偿可以直接给付给贷款人。这让贷款人更为放心，因为现金不会通过 SPV 进行转移。

6.2 项目融资的法律结构

项目融资的法律文件非常详尽。其作用是在项目生命周期内管理所有各方之间的关系。鉴于项目融资交易的长度和所涉及的风险水平，发起人和贷款人必须对许多潜在问题加以考虑和处理。

6.2.1 SPV 的设立

6.2.1.1 项目公司的特征

利用项目公司来建设、融资、拥有和运营基础设施是项目融资的基石。

从法律角度看，SPV 的作用是将项目与发起人的其他资产隔离。若项目失败，发起人不承担超出其初始股权投资的任何财务责任。项目公司的贷款人对发起人其他资产没有追索权。

从财务角度来看，隔离出能长期产生稳定收入的资产可以让贷款人向项目提供相匹配的长期债务。如果这些收入与发起人其他资产和负债混在一起，即与其他更不稳定的现金流和不可预测的费用混在一起，则贷款人不可能提供长期贷款。

SPV 的社会目的非常狭窄和有限，即项目的建设、融资和运营。其无法改变自身战略，并且未经贷款人许可其决策范围非常有限。

6.2.1.2 员工

项目公司一般将项目所有主要方面分包给外部实体。分包协议涉及人员部署（用于建设、维护和运营），但项目公司不直接雇佣这些员工。其受雇于作为分包商的公司。尽管如此，SPV 仍能雇佣员工。在这种情况下，这些员工通常向发起人之一借调而来，其作用通常是监督所有项目的分包商，并向发起人和贷款人报告资产的绩效。尽管存在此类直接雇员，但其数量通常非常有限。

规则之外存在例外，但例外很少，值得注意的例外情况包括需要大量人员的大型资产。欧洲隧道公司（Eurotunnel）[1]和巴黎迪士尼乐园作为20世纪90年代的两个主要项目，从一开始就有自己的员工。然而，这两家公司都略微超出 SPVs 的范畴。其所负责的复杂项目需为客户提供高水平的服务。这两者也都是上市公司，必须向相关监管机构证明其可以自主行事，而无须广泛依靠从其他公司借调的员工。

6.2.2　贷款协议

6.2.2.1　项目融资贷款的主要特征

像 LBO 一样，项目融资交易可以被构建为俱乐部式交易，也可以包含承销。[2]贷款人和 SPV 之间签署的贷款协议是项目融资的主要法律文件。其包含了每个贷款人承诺的贷款金额以及预期的提款时间表。项目融资贷款并非一次性提取，而是在建造过程中分阶段提取（除非贷款用于棕地资产再融资）。

建设通常分为几个阶段。贷款协议对每个阶段都有明确的规定，其与特定的成本相关，并以预定的目标结束，通常是项目某部分得以完成。一旦达到一个目标，SPV 就得以提取贷款，以便 SPV 向建筑公司付款。

贷款的提取也受制于与项目建设无关的先决条件（conditions precedent）。先决条件（简称 CP）可能是收到建造许可证、行政审批以及令人满意的环境或技术审计。提款也可能取决于第三方行动的完成。例如，在一些项目中，基础设施只有在政府修建直通道路后方可使用。修建该道路可能是开始提取贷款的 CP。

除主要授信外，项目融资贷款还可以包括第二层级债务。第二层级不一定要动用，但项目公司可在项目超支的情况下使用。其意在支付不可预见的额外费用，并在建造过程中出现小插曲时为 SPV 提供一些灵活

---

① 欧洲隧道集团（Groupe Eurotunnel），即现在的 Getlink，是负责建造英法海底隧道（Channel Tunnel）的公司名称。其现在负责管理和运营这一基础设施。Getlink 在泛欧交易所上市（2012 年前在伦敦证券交易所上市）。

② 更多详细信息，请参阅附录 B（银团和俱乐部式交易）。

性费用。第二层级金额显然以事先约定的金额为上限。该层级利差通常高于适用于主层级债务的利差。

6.2.2.2　储备账户

我们在本书第一部分关于杠杆收购的章节中（第 2.3.2.2 节）看到，借款人在贷款协议中必须向贷款人做出一定数量的承诺。这些承诺被称为条款（covenants），其本质上是借款人承诺将进行或不进行某些活动，或将履行或不履行某些行为。条款是保护贷款人的要素。违反这些条款会引发对借款人的制裁，包括在某些情况下，若未在预先约定的补救期内纠正违约行为，则借款人有义务偿还贷款。

项目融资中最常见的条款之一是在 SPV 层面的特定账户中预留现金储备。项目公司可用该账户上的现金来应付大量资金流出。由于此机制的存在，贷款人可以在不中断项目或影响 SPV 债务偿还义务的情况下实现这些支付。

一般来说，贷款人有两个储备账户，每个账户都有具体和明确的用途：

- 偿债储备账户（debt service reserve account，DSRA）一般于项目公司无法偿还债务时使用（例如，资产因特定问题暂时停止运营）。
- 维护资本开支储备账户（maintenance reserve account，MMRA）确保 SPV 定期存放现金，以资助未来不可避免且明确确定的重大资本或运营支出（例如重铺公路或机场跑道）。

这些储备账户的最大余额由贷款人和发起人谈判确定。DSRA 中的金额是 SPV 月度平均债务偿还的倍数（6、12、24 个月等）。（译者注：债务偿还英文为 debt service，其包括利息支付、本金摊还及其他相关费用。）MMRA 中的金额通常被设定为项目资本支出总额的某个百分比。一旦达到最大余额，SPV 就停止向这些账户付款。若在项目期间某时间点使用了这些账户上的资金，则必须重构余额。

建立 DSRA 和 MMRA 的资金方式一般在贷款协议中注明，其为以下方式之一：

- 储备账户于建造最后一天获得全额注资；

- 在建造最后一天获得部分资金，然后依据项目现金流增加资金；
- 完全由项目现金流构成。

这些现金储备有时可由银行担保代替。此时，发起人会为银行承担的风险提供反担保。

6.2.2.3 偿债覆盖率

贷款协议还包括一些条款，以确保项目公司维持某些最低的预定财务比率。若项目公司不能将这些比率保持在贷款协议中约定的水平之上，则可以对 SPV 进行制裁。

偿债覆盖率（debt service cover ratio，DSCR）就是这些关键比率中的一员。DSCR 的计算方法是年度净经营现金流总额除以年度债务偿还义务总额。从数学上讲，公式如下。

$$DSCR = NOCF_t / (P + I)_t$$

式中，$NOCF$ 为净经营现金流，P 为需偿还的本金，I 为需支付的利息，t 为给定年份。

项目文件通常要求 SPV 将该比率保持在一定水平之上。同一项交易可以计算多个 DSCRs：

- 目标 DSCR 是由项目的基本情况确定的 DSCR。若项目表现符合预期，那么其将是各方所预期的比率。
- 锁定 DSCR 低于目标 DSCR。若达到该比率，项目公司就不用向股东支付任何款项。这是为了在项目表现不佳时保护贷款人。
- 违约 DSCR 则更低于锁定 DSCR。其是触发贷款人规定的违约事件的比率。

贷款人要求的 DSCR 因交易类型而异。相对于在西欧拥有信誉良好对手方的 PPP，暴露于商户风险的项目具备更高的 DSCR。DSCR 水平也受成交时所适用的市场条件的影响。当流动性充裕时，贷款人往往更加积极，其不仅会在利差和期限方面竞争，还会在提供给发起人的总杠杆方面竞争。

6.2.2.4 贷款周期覆盖率

项目融资中另一常见条款是将贷款周期覆盖率（loan life coverage ratio，LLCR）维持在某一水平之上。上述 DSCR 只是简单衡量某项目在

特定时刻 t 按期向银行还款的能力；与之相比，LLCR 则刻画了 SPV 未来还款能力。其衡量的是融资期间未来可用现金流对 SPV 总债务的覆盖率。其计算方式如下：

$$LLCR = \{\sum \left[OCF_t / (1+i)^t \right] + DR_t\} / D_t$$

式中，OCF 为经营现金流，i 为折现率，DR 为债务储备账户可用余额，D 为总债务，t 为给定年份。

为了计算分子，LLCR 将未来净经营现金流现值和储备账户中目前可用现金相加，然后将该和除以 SPV 应付给贷款人的金额。贷款人要求的最低 LLCR 因交易类型而异。与附带信誉良好的公共实体的 PPP 相比，对于面临商户风险的项目该值更高。

6.2.2.5 其他条款

除了上述条款（储备账户和财务比率），贷款协议还包括其他条款，这些条款更加理所当然和更易协商。像所有条款一样，其以肯定或否定的方式被起草：

- 肯定条款：保持足够的保险水平、与贷款人分享 SPV 的财务报表、遵守适用的法律等。
- 否定条款：承诺不将贷款进项用于项目本身以外的融资、不从事与项目无直接或间接关系的行动，未经贷款人事先一致同意，不接受任何额外贷款等。

6.2.2.6 违约事件

正如本书前面在讨论 LBOs 时所解释的那样（第 2 章第 2.3.2.3 节），违约事件是一种预先确定的情境，在该情境下贷款人有权要求提前偿还贷款。在项目融资贷款中，这些事件并不限于项目公司无力偿债或破产。违反条款的行为也可以触发违约事件。例如，若 DSCR 或 LLCR 低于一定水平，或者 SPV 从事了贷款协议所禁止的行动（如用其资金收购与项目无关的财产），贷款人可以要求立即偿还贷款。

由于项目公司通常没有资金立即还款（所有收入都用于偿还债务或分配股利），贷款人不会在违约情况下自动要求提前偿还贷款——即使其有权这样做。其可能更有兴趣与发起人达成妥协以补救违约。

贷款人的目标毕竟是最大限度地提高自身获得偿还的机会。如果其认为最好的选择是与发起人达成协议并重组债务，其可能决定选择这条道路。巴黎迪士尼乐园就属此例。银行认为与华特迪士尼公司携手合作比行使其在担保方案下的权利来收回 SPV 更有意义。在这种情况下，债务得以重新被安排在较长期限内，发起人放弃了一定年限的股利分配。

重组债务并不总是可能的，或者说可能只是不成功。此时，贷款人总是可以承认违约并行使其在担保方案下的权利（请参阅第 6.2.3 节关于担保方案的内容）。这种情况在前面提到的 M6 收费站的案例中发生过。在发生违约事件后，银行从麦格理公司那里收回资产，随后将其出售给易福门。

6.2.2.7　次级贷款

次级贷款（如果有的话）记录在借款人和次级贷款人之间签署的独立协议中。管理次级贷款的机制与适用于优先级贷款的规则非常相似。其中也存在条款和违约事件。这两者的主要区别是优先级贷款人在偿还和担保方面位列第一顺位（见第 6.2.3 节）。次级贷款人和优先级贷款人之间的互动受一份名为"债权人间协议（intercreditor agreement）"的文件的制约。

6.2.3　担保方案

6.2.3.1　担保方案说明

作为对项目公司财务承诺的回报，贷款人获得了一定数量的担保。在发生违约事件时，其可以行使这些担保。我们通常称之为担保方案（security package），其一般包含以下要素：

1. SPV 的股权质押：这使得贷款人在违约情况下能够控制项目公司。贷款人可以自由重组项目，将项目公司卖给其他发起人或只出售部分项目。

2. 介入权：介入权赋予贷款人权利"介入"项目公司并暂时控制 SPV，但并非给予其合法的所有权。这允许贷款人在必要时强制做出重要决定，即使项目公司的董事会不能或不愿意做出这些决定。行使介入权机制要比行使 SPV 的股权质押更加灵活。其可以用于解决临时问题。

3. SPV 所有银行账户的质押：该机制允许贷款人控制项目公司的银行账户和账户中的现金。在发生违约的情况，贷款人能够快速、直接地获得 SPV 的现金。

4. 对所有应付给项目公司的款项进行直接分配：这使得贷款人可以直接从违约项目公司债务人的所有应得付款中获益。

5. 项目自身的抵押（若合法，就如第 4 章第 4.4 节表 4.1 所解释的那样）：此类担保意味着项目公司无法在未经抵押人（即贷款人）事先同意的情况下合法地出售其资产。

若借款人和另一组贷款人在 SPV 层级上签订了次级贷款，这些贷款人也会收到一个担保方案。从逻辑上讲，该担保方案比优先级贷款人的担保方案更加轻量级。其通常包括对 SPV 股权的第二优先质押和对资产本身的第二优先抵押。"第二优先"一词意味着次级贷款人可以行使其权利，但排名在优先级贷款人之后。如违约在贷款人随后行使 SPV 股权质押的情况下，出售 SPV 股权的收益首先会被分配给优先级贷款人，然后再被分配给次级贷款人。换句话说，在优先级贷款人收回其全部投资之前，次级贷款人无法获得赔偿。

6.2.3.2　担保方案分析

担保方案的保证不应掩盖贷款人在 SPV 违约时陷入的微妙处境。担保方案的所有要素都与基础设施及其表现直接相关，这意味着在违约的情况下（通常由表现不佳的资产引发），担保的价值很有可能会受到严重影响。这并不意味着担保方案没有价值，只是其价值有限。

为了在违约情况下尽量减少损失，贷款人必须迅速采取行动。其必须做出正确判断——是否行使 SPV 的股权质押、重组债务或与发起人或承购方（在 PPP 的情况下是公共实体）进行谈判。如果违约原因是业绩不佳，其还可以推动更换运营和维护（O&M）运营商。

从概念上看，项目融资中的贷款人与 LBO 中的优先级贷款人处于同样的地位：其对发起人无追索权。唯一的区别在于前者所资助的商业类型更具弹性并具备更高的进入壁垒。其担保方案也更为强健。

6.2.4　其他财务文件

6.2.4.1　债权人间协议

债权人间协议是一份由项目公司所有贷款人和互换提供方签署的文

件。[①] 该文件规定了这两者之间的关系，并描述了其应当如何互动以及如何与 SPV 互动。若项目有多个债务授信，该文件则规定了债务的等级和支付方式。这些债务层级可以对应不同的等级（次级贷款和优先级贷款），但也可以是平等的（即有相同的等级）。例如，一个项目可以有两个不同层级的优先级债务，只是期限不同（例如，18 年期和 30 年期的债务）。

债权人间协议是必要的，因为在项目的有效期内，贷款人和互换提供方必须做出许多决定。即使是建造进度的微小延迟也可能需要修改贷款进度。在此情况下，项目公司必须要求贷款人更改贷款资料。债权人间协议通常会处理这类情况，并解释 SPV 和贷款人为修改贷款协议而需采取的步骤。

6.2.4.2 增值税授信

名为增值税授信（VAT facility）的抵免额度通常是为资助适用于项目建造期间所产生费用的增值税所必需的。鉴于 SPV 在此阶段不产生收入，其不开具增值税发票，也无法用从客户那里收取的增值税来抵消应付给供应商的增值税。该 SPV 有一个增值税抵免。

增值税抵免由 SPV 设立地的政府偿还。偿还通常在三到六个月后进行，在此期间，增值税授信会弥补这一支出。

在实践中，建造期间的每笔付款都要缴纳增值税。这意味着增值税授信的结构必须被设计成可在建造期间多次提取和偿还。

---

① 互换提供方是 SPV 的债权人，因为其期望从项目公司处获得资金流（与 SPV 签署的 IRS 下支付的固定利率资金流）。其同时也是项目公司的债务人（其必须向 SPV 支付浮动利率）。更多信息请参阅第 6.1.5 节（利率风险）。当签署 IRS 时，由 SPV 支付的一系列流量和由互换提供方支付的流量是相等的。然而，随着利率的不断变化，一系列浮动流量的价值也随着时间的推移而变化。若利率上升，互换提供方就会成为项目公司的净债务人（他们欠 SPV 的钱多于 SPV 欠他们的钱）。若此时终止 IRS（由于 SPV 破产，随后 IRS 终止），其将欠项目公司的钱（并且必须支付给 SPV）。在利率下降的情况下，互换提供方就会变成 SPV 的净债权人（若终止 IRS，SPV 将不得不支付给他们）。基于此，互换提供方必须是债权人间协议的一部分。

6.2.5 项目文件

项目文件是项目所必需的非财务类协议。

6.2.5.1 建造（或 EPC）合同

我们的读者现在很清楚，只有当负责建造的对手方是信誉良好的一方时，项目才有可能获得银行贷款。这使发起人和贷款人感到放心，并将风险降到最低。如前所述，建造有时由发起人或其附属公司进行。像高速公路或机场这样的核心基础设施通常属于此例。同一个集团可以投资股权并建设该项目。欧洲的主要建筑公司如 ACS 或 Sacyr（西班牙）、亚特兰蒂亚（意大利）或万喜及埃法日（法国）在建设和投资两方面都很活跃。

然而，在有些情况下，建造由与发起人无关的一方完成，例如，能源领域就是如此。可再生能源开发商并不会自己建造风力或太阳能发电厂。其依靠传统的建筑公司（如前面提到的那些）。

建筑公司通常承诺在预先确定的时间表和预先商定的预算内交付项目。如果不能做到这一点，就必须支付赔偿金。这是合同的关键要素，因为许多公开招标后的项目必须在一定的时间内完成，才有资格获得补贴或承购合同。出于这个原因，发起人更愿意与有信誉的建筑公司合作，这些公司有广泛的专业知识。

我们已经解释过，建造合同可以整合到完整的 EPC 合同中，即包括项目所有工程、采购和建造方面的协议。EPC 合同大大简化了建造过程，并允许 SPV 将一系列的风险转移到一个单一的建筑公司。

但 EPC 合同并不总是可行的或可取的。EPC 合同确实相当昂贵（毕竟，建筑公司得到了协调整个过程和承担额外风险的报酬）。此外，从工业角度来看，EPC 合同并不总是合理的。有时，由发起人直接规划和安排建造会更有效率。当一个风力发电厂建成后，通常会将涡轮机供应协议与其他协议完全分开。这些合同被称为 BoP 合同（balance of plant，辅助设备）。它们有时甚至会被分成两份合同，一份是土建工程，另一份是电力工程。为了确保有吸引力的融资条件，这些合同的所有各方都必须是信誉良好的公司。

6.2.5.2　运营和维护合同

O&M 合同是 SPV 将项目的运营和维护委托给第三方的协议。该实体通常与发起人（或发起人之一）有关。该合同的成本已事先被知晓并与通货膨胀率挂钩。其被披露给贷款人，以便他们能充分了解项目的现金流。

6.2.5.3　承购协议（以及与 SPV 产生收入有关的其他合同）

提供 SPV 收入可见性的合同是合同集合中一个关键元素。该合同是融资的主要驱动力，因此，其也是每个项目融资结构的基石。根据项目的性质，有多种类型的合同可供使用。

- 承购协议是指 SPV 根据事先商定的价格和条件出售其全部或大部分产品的合同。理想的情况是，其涵盖一个很长的时期，并涉及信誉良好的对手方。合同期限和承购方的信用质量对项目的融资条件（利差、期限、总杠杆等）有直接影响。
- 在 PPP 中，项目公司和参与 PPP 的公共实体签署 PPP 合同。该合同规定了应支付的可用性付款和这些付款可以减少的情况。
- 当合同被授予特许经营权时，项目公司（即特许经营公司）和转让方签署特许经营权合同。该合同可以采取各种形式。SPV 可能完全暴露于商户或交通风险，也可以从补贴中受益。SPV 可以预先支付特许的经营权，也可以在项目的有效期内进行年度（或定期）支付。现金流的性质可能有所不同，但和项目融资一样，其是确定债务规模的关键因素。

6.2.5.4　租赁协议

租赁协议这一类合同给予了 SPV 使用特定场地以置放其项目的权利。贷款人必须确保租赁期至少与项目的预期寿命相等。租赁协议可以与政府控制的实体或与愿意从未使用的地块上获得收入的第三方签订。

贷款人还必须核实项目公司已从相关部门处获得建设项目的权利。获得免于上诉的建造许可证是整合融资方案的先决条件。

6.2.5.5　与东道国的协议

由于能够为经济发展和创造就业机会做出贡献，一些项目（显然不是全部）带有强烈的政治色彩。在此情况下，这些项目会涉及发起人和项目所在国政府之间的总协议。该协议包含适用于项目的总体框架和具体规定。

这些具体规定可以包括给予 SPV 的一些好处：补贴、税收优惠、定制规定、免费场地分配等。作为交换，通常会要求发起人承诺在当地雇用预定数量的员工和 / 或与当地供应商签订合同。法国政府与华特迪士尼公司在建造巴黎迪士尼乐园之前签订的协议（见案例研究 6）便是此类合同的一个典型例子。

6.3 财务结构

6.3.1 财务模型

6.3.1.1 建立财务模型

项目融资中最复杂的步骤之一是最终确定用作项目参考的财务模型。这项工作极为重要，不容忽视。其属于项目公司的商业计划。我们必须确定 SPV 的所有收入和支出并将其输入模型中，在给定发起人 IRR 要求和债务市场环境的前提下，从财务角度分析该项目是否有意义。

与传统的商业计划相比（或者更准确地说，与传统公司的商业计划相比）项目融资模式提出了以下挑战：

- 债务相对较高，对未来收入的任何校准错误都会对 SPV 的还款能力产生重大影响，并可能威胁到项目的连续性。
- 融资期限相对较长，项目公司的现金流必须比传统商业计划的期限更长（但很少超过 5 年），这增加了不准确的风险。
- 公司目标及公司资产寿命有限，在遇到困难时，要实质性地改变公司的战略会相当复杂，甚至是不可能的。换句话说，没有 B 计划。如果项目公司不能实现其商业计划，股东和可能的贷款人将不得不承担损失。

建立完善的项目融资模型需要经验。该模型要逐步建立并依次关注项目的三个主要元素：确定 SPV 的收入和运营费用、建设阶段的必要投资，以及债务规模。

6.3.1.2 确定经营现金流

开发财务模型始于确定经营现金流。财务建模人员将所有与融资因素无关的正负流量输入模型。此阶段主要由工业因素驱动。施工进度、资本支出（capex）和运营费用（opex）均基于发起人技术团队提供的输入。这些元素构成了财务模型的骨干部分。其无法由财务人员进行优化，财务建模人员必须采用工程师提供的假设。

对 SPV 的收入进行建模要稍微复杂一些，将其输入财务模型的方式取决于项目的法律框架。预计收入可以是一个假设，也可以是模型的输出。

- 若项目完全暴露于商户风险，那么收入的计算主要基于发起人及其顾问所提供的数据。收入是模型的一个假设。
- 若项目是带有可用性付款的 PPP 项目，项目将被授予给对可用性付款出价最低的发起人。在此情况下，收入是模型的一个输出。其由考虑了债务条件和目标发起人 IRR 的财务模型决定。
- 若项目依赖于可用性付款和商户风险的组合，那么部分收入是输出，而另一部分则基于发起人所作的假设。

预计收入和费用之间的差额等于项目的经营现金流。表 6.1 总结了净经营现金流的计算方法。

表 6.1 项目融资中净经营现金流的简化计算

净经营现金流	
+	收入
−	原材料成本（若有）
−	运营和维护成本
−	保险
−	征费及税收
=	经营现金流总额
−	营运资本需求的增加或减少
=	净经营现金流

一旦项目建造完工，其就开始产生经营现金流。当然，也存在建设期和运营期部分重叠的情况。例如，像离岸风力发电厂这样的大型项目就是这种情况，在所有风力涡轮机安装完毕之前就可以开始生产电力。此时，建造期间就会产生收入（被称为竣工前收入）。

6.3.1.3　财务顾问的角色

财务模型非常复杂，通常是由财务顾问代表发起人来建立。该顾问的作用是为交易建立模型和结构，确定意向贷款人，并确保交易的顺利执行。大型或复杂交易通常十分依赖顾问，特别是当多个投资者在一个财团中合作时。这是所有股东确保财务模型由独立方完成以及债务筹集过程由专家来优化和处理的一种方式。

当多个发起人或财团相互竞争一个大型特许经营权或 PPP 项目时，聘请财务顾问也很常见。财务顾问（银行或精品机构）为投标带来价值，就如 M&A 顾问在收购过程中带来价值一样。其提供专业知识、市场知识和优化客户报价的额外资源。表 6.2 展示了 2019 年全球项目融资顾问排行榜。

表 6.2　2019 年全球项目融资顾问排行榜

排名	公司名称	价值（百万美元）	交易（个）
1	麦格理	11.302	17
2	桑坦德银行	9.383	62
3	印度国家银行	9.375	3
4	花旗银行	9.020	4
5	摩根士丹利	7.378	2
6	法国兴业银行	6.768	7
7	三井住友银行	5.381	6
8	罗斯柴尔德	5.133	7
9	安永（EY）	4.627	13
10	三菱日联	4.232	6

资料来源：Dealogic。

顾问通常在流程的各个阶段陪伴客户。在投标阶段（各种财团竞争特许权、PPP 或任何其他项目），顾问帮助其客户提出财务报价。其建立财务模型，优化债务结构，并探测市场以确定该项目的融资条件。如果其客户投标成功，顾问就必须执行交易，并根据与借款人的最终磋商选择最终的贷款人。

6.3.2　债务规模

6.3.2.1　如何确定债务总额

计算项目所需的总债务是贷款人和发起人之间讨论的主要话题之一。对于贷款人来说，发起人的股权出资是抵御损失的必要缓冲。项目中股权越多，所需债务就越少，用于偿还债务的现金流就越多。股权投资者的利益则完全相反。在所有条件相同的情况下，项目中更多的股权意味着更低的投资回报。

无论贷款人和股权投资者之间的讨论如何，一个基本原则适用于所有项目：净经营现金流必须高于项目公司的债务偿还义务（本金和利息）。贷款协议中总是明确规定净经营现金流与偿债义务的比率（即第 6.2.2.3 节中定义的 DSCR）必须高于一个预先确定的数字。如果项目公司不能保持一定的 DSCR 水平，可能会引发违约，这意味着贷款人可以要求提前偿还贷款及其他事项。

6.3.2.2　发起人出资的法律形式

尽管发起人的投资金额通常以股权代持，但其很少仅采用股本这一法律形式。出资通常是股本和股东贷款的混合，后者即股东向子公司提供贷款的一种形式。

在涉及收入分配时，通过股东贷款进行投资可以给予发起人更多灵活性。从法律角度来看，支付股利比支付利息更复杂：

- 虽然股利支付方式因国家而异，但股利分配都被施以严格规定。股利通常只在股东根据年度财务报表（一般在财政年度结束数周后才能获得）作出正式决定后每年支付一次。相反，贷款的利息和本金偿还可以根据贷款协议定期支付（每月、每季度等）。使用股东贷款使 SPV 更容易向其股东分配现金。SPV 产生现金流后几乎可以实时支付给发起人——这对股权投资者的 IRR 有积极影响。

- 此外，只有赢利公司方能合法支付股利。在项目融资中，从会计的角度来看，项目的头几年通常是亏损的。这些损失并不意味着该项目表现不佳，存在损失只因头几年项目资产的会计折旧率极高。尽管如此，SPV 的现金流仍然为正。此时股利分配受到限制，但使用股东贷款则可以让发起人从利息和本金支付中受益。

发起人的投资以股东贷款的形式进行这一事实并不会改变贷款人的风险状况。贷款人的贷款仍然优先于发起人的出资，无论该出资以股本还是股东贷款的形式进行。无论发起人出资的法律形式为何（即资本或股东贷款），这种投资都被称为股权。[①]

6.3.2.3　是否存在理想的债务股本比？

在所有条件相同的情况下，项目风险越高，对发起人所要求的出资额就越高。因此，理想的债务股本比是不存在的。该比取决于项目类型、潜在风险、基础设施的位置和市场情况。DSCR 通常是债务股本比的主要决定因素。为了在一段时间内满足一定的 DSCR，负债金额不能超过资产成本的某一百分比。

项目贷款还包括项目公司获准拥有的最大净债务股本比（或最大杠杆）（70/30 或 80/20 等）。该杠杆设置了项目的相对最大债务金额上限。其是贷款人保护中的重要元素。如果一个项目不仅表现良好，而且表现非常好，现金流超过了最初的财务预测，则 SPV 将有多余的现金流来偿还股东贷款，这意味着项目的总杠杆可能会（相对）高于项目开始时的总杠杆。此类杠杆可以确保发起人在一段时间内对融资游戏保持足够的关注。

在实践中，债务金额的上限要么是 DSCR，要么是杠杆。虽然 DSCR 通常在交易开始时就设定了最高贷款金额（杠杆更多体现了贷款人保护的元素），但也可能发生的情况是，债务金额从一开始就受到杠杆

---

① 这意味着当我们在本章其他部分提到"股权"时，我们考虑的都是发起人的总投资（资本和股东贷款）。

的限制。若该项目受益于一份非常慷慨的承购合同，那情况就尤为明显。

再融资之后，项目的债务股本比也会发生变化。若项目表现良好并且市场条件允许，项目公司通常可以获得一笔数额更大的新贷款。这笔贷款收入将用于偿还现有债务并向股东支付额外股利。棕地资产再融资在项目融资中极为常见，也是市场流动性充裕时的常态。

若项目表现不佳，需要进行资本重组，也可以修改项目的债务股本比。尽管发起人没有义务这样做，但其可能会决定对 SPV 进行再投资而不是让项目破产。这就是华特迪士尼公司拯救巴黎迪士尼乐园的方式（见案例研究 6）。

6.3.2.4　发起人股权投资的时机

根据项目以及发起人与贷款人之间的磋商，股权提供方可以在不同阶段进行投资：

- 可以优先吸引股权投资者。在此情况下，建筑合同下的第一笔应付款项仅由股权融资。优先级贷款仅在股权总额已全部利用后提取。

- 随着建设的推进，股权投资者也可以以贷款的形式进行投资。在此情况下，若项目的债务股本比已固定为 80/20，则建设合同项下的每笔付款都将由 20% 的股权和 80% 的优先级债务提供资金。

- 在其他一些情况下，股权只于建造期结束时投资［此类股权被称为后端（back-ended）］。在这种情况下，建造期间的每笔付款都由一定数量的债务（在我们的例子中是 80%）提供资金，其余部分则由过桥贷款提供资金。过桥贷款由发起人全额担保，并在建设结束时由发起人注资偿还。过桥贷款的使用推迟了股权投资，提高了发起人的 IRR。然而，此类解决方案只适用于信誉良好的大型发起人，因为提供过桥贷款的银行在建造阶段承担了发起人的信用风险。[1]

①　或者，若无过桥贷款，则可构建后端股权出资。在此情况下，出资顺序为先债务后股权。若 SPV 在建造阶段违约，贷款人可向发起人追索相当于其股权出资的金额（按违约日前建造进度比例）。

6.3.3 瀑布

6.3.3.1 债务偿还和股利分配

在项目开始之前，贷款人和发起人会就如何在运营阶段分配现金流达成一致。这种现金流的分配方式被称为瀑布，这意味着根据特定安排，现金流从顶部（收入）流淌到底部（股利）。

瀑布的细节由利益相关方自行决定。尽管如此，其仍然按照以下优先级（从最重要到最不重要）进行排序：

1. 优先考虑项目所必需的资本和运营费用。

2. 贷款人优先：在向发起人分配股利之前，先偿还贷款的本金和利息。

3. 优先级贷款人优先：若存在多笔贷款，优先级贷款人首先得到偿还。因此，债务越次级，项目公司的成本（利率）就越高。

4. 贷款偿还之后、股利分配之前，将部分收入划拨至储备账户。

5. 一旦支付完所有其他款项，最后就会支付股东贷款的股利、利息以及本金。

贷款人对此类分配方式会有较高的满意度，同时该方式也将项目的顺利运营放在首位。表 6.3 说明了项目融资的一个典型瀑布。

表 6.3 项目融资中的瀑布

运营阶段可能出现的瀑布示例	
+	净经营现金流
–	优先级债务利息
–	优先级债务本金
–	次级债务利息（如有）
–	次级债务本金（如有）
–	支付偿债储备账户
–	支付主要维护资本开支储备账户 [①]
=	发起人可用的现金流

---

① 有时候，储备账户资金会优先于向次级贷款人的付款。

6.3.3.2 是否存在利益冲突风险

一些发起人作为 SPV 的股东以及负责项目建设或运营的分包商获得项目报酬。在理论上这可能为潜在利益冲突打开大门，因为发起人可能更愿意作为承包商而非股东获得报酬：股东于瀑布底部获得报酬，而承包商于施工期间或运营阶段优先获得报酬。在现实中，该风险有限，因为贷款人会在其尽职调查中监测这种可能性（即贷款人希望确保项目公司为资产的建设、运营和维护支付市场价格）。这种风险也因多个发起人通常一起投标一个项目而有所缓解。如果一个合作伙伴想人为地增加建设或维护成本，其他发起人可以选择退出或与其他公司合作。

总结

项目融资：我们学到了什么？

- 项目融资是一种通过设立以融资、建设和运营资产为唯一目的的公司来促进大型基础设施项目（输送管道、风力发电厂、高速公路、体育场等）建设的融资技术。

- 该公司（也被称为项目公司或 SPV）是由名为发起人的单个或一组股东构成的。这些发起人可以是实业或金融发起人。实业发起人所指公司（如建筑公司）与项目完成经济利益挂钩，而金融发起人则是专门投资基础设施资产的私募股权公司。

- 项目公司的资金来自股权（由发起人提供）和债务（由贷款人提供）的组合。债务只能由项目产生的现金流来偿还。债务无追索权，意味着若项目现金流不足以偿还债务，贷款人对发起人没有追索权。作为担保，贷款人一般会收到 SPV 股份及其银行账户的质押。

- 多亏这种融资技术，设计为长期使用的大型基础设施资产可以通过长期贷款（可能是 25 至 30 年或更长）进行融资。发起人直接融资的项目通常无法达到那么长期限。因此，项目融资是一种促进私营部门为基础设施融资的工具。

- 鉴于此类项目所提供的稳定和定期的现金流，SPVs 可以有很高的杠杆率，但此时的主要制约因素是项目的净经营现金流必须高于偿债义务。这两个流量之间的缓冲取决于项目的风险：项目的风险越大，杠杆率越低。

- 贷款人在承诺向 SPV 贷款之前，会对项目进行详细分析。他们分析项目的技术可行性和经济可行性，确保长期现金流足以偿还债务。贷款利差依项目风险而定。

- 每个项目融资都分为两个阶段：建设和运营。在第一阶段，SPV 利用发起人和贷款人的投资来支付基础设施建设。在运营阶段，净运营现金流按优先顺序被分配给资助 SPV 的人，首先是贷款人，然后是发起人。

第三部分

资产融资

　　资产融资是一套旨在为购置大型可移动资产如船舶、飞机或火车提供资金的融资结构。其于 20 世纪 70 年代初作为一组独特的融资技术出现，当时第一批现代飞机租赁公司国际租赁金融公司（International Lease Finance Corporation，ILFC）、北极星（Polaris）和 GPA 成立了。

　　尽管资产融资（以其最现代的形式）仅能追溯到 50 年前，但此类交易最早形成于 17 世纪，当时荷兰银行家开始为愿意与亚洲进行贸易的船主提供船舶融资。鉴于所涉及的风险，当时的资产融资看起来更像是风险资本而非结构化融资。为船舶提供资金的银行家并不是简单地提供贷款，他们还要求从船舶产生的利润中分得一杯羹。

　　在随后的几个世纪里，风险的降低和海上贸易的增长逐渐影响了融资结构。资产融资发展缓慢，其从贷款偿还与货物销售挂钩的模式，转变为贷款人在接受船舶作为抵押物的同时为船东提供资金的交易。换句话说，资产融资从以货物为基础的融资方式转变为依靠资产本身质量和价值的融资。

　　与本书分析的其他融资技术（LBO、项目融资和证券化）不同，资产融资并不只指一种类型的融资结构。其描述了一套旨在为大型可移动资产融资的技术。在这些结构中，有些相当简单，有一些显然更为复杂。虽然只有后者符合导言中对结构化融资的定义，但我们建议对两者都进行分析。这应该能让读者更好地理解什么是真正的资产融资。

第 7 章
资产融资的定义

7.1 资产融资的范围

7.1.1 资产是什么?

在结构化交易的大家庭中,资产融资可能是最为神秘的技术。我们很难知道其为何神秘,但一个合理的解释可能是英语中"资产"一词缺乏明确性。这个词含义广泛,几乎定义了金融中的一切,从一栋建筑(房地产资产)到一个证券(金融资产)。但有一点可以肯定,资产融资的表述会导致混乱。

资产一词(在资产融资的表述中)所指资产具有以下特点:

- 其是实物资产;
- 其是可移动资产;
- 其是巨贵资产。[1]

资产融资技术主要为购买飞机、船舶或火车提供资金——很少用于购买一些小型资产,如直升机、集装箱或起重机。这些资产构成了大部分兼具实物性、可移动性和昂贵这三个特征的资产。因此,绝大多数依靠资产融资的公司是航空公司、航运公司和铁路公司。偶尔,在其运营

---

[1] 尽管暂无官方来定义"巨贵(very expensive)"的确切含义,但人们通常认为资产融资技术更有可能用于 1 亿美元资产的融资,而不是用于一台复印机或饮水机——尽管两者都是实物和可移动资产。人们常说资产融资用于大额资产融资。除此之外,资产融资技术也可以用为较小资产的投资组合融资,例如集装箱或公共汽车。单独一个集装箱并不昂贵,但当大量集装箱捆绑在一起时,金额就会非常大。

周期中使用飞机或船舶的公司也可以从这些技术中受益。银行可以为联邦快递的飞机或为壳牌或雪佛龙的超级油轮融资。

上述有形资产可以使用很长一段时间。商业飞机的寿命在 25 至 30 年，与集装箱船或散货船差不多。一些类型的直升机如果维护适当，甚至可以飞行更长时间。这种非凡的寿命解释了为什么这些资产会有一个有组织的二级市场。有些客户希望使用全新的资产，而有些客户则乐意购买价格较低的二手资产。

这些资产存在的需求和流动性使其相对容易融资。若客户违约，贷款人将其作为质押出售或寻找新用户。在某种程度上，这些可移动资产与房地产有一些相似之处：其是具有独立于当前使用者内在价值的长期资产。

7.1.2　结构的三种类型

与前面几章中所见技术不同，资产融资涵盖了多种融资结构的子类型。虽然 LBO 和项目融资交易总是同一模式的变种，但资产融资结构却可分为三个不同类别：

抵押贷款；

融资租赁；

经营租赁。

即使这三种结构与我们导言中对结构化融资的定义不完全吻合，但正如已经解释过的那样，我们将花时间对其进行分析。

7.2　如何为资产融资？

7.2.1　抵押贷款

7.2.1.1　定义

抵押贷款是一种相对简单的融资选择。此工具可能已为我们大多数读者所熟知。资产融资中的抵押贷款与发放给个人购买房产的贷款没有太大区别。其运作方式很简单：客户贷款为资产融资；作为贷款的交换，银行获得资产抵押权，即如果客户不偿还贷款，银行就有权占有该资产。

抵押贷款在飞机或航运融资中非常普遍。其能成为可能，是因为飞机和商船的市场价值与客户的信用度无关。换句话说，即使客户违约，该资产也保持一定的价值。这就是资产留置权对贷款人有价值的原因。如果客户破产（无论是航空公司还是航运公司），贷款人可以取消资产赎回权并将其出售，以尽量减少损失。图 7.1 显示了资产融资中的一个简化抵押结构。

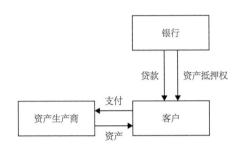

图 7.1　简化后的抵押贷款结构

7.2.1.2　发生违约时

若客户违约，拥有资产抵押权的银行可以收回资产并将其出售。根据客户实际违约时的出售价格和贷款人的风险，出售的收益可能低于或高于应付给银行的金额。如果销售价格较高，销售收入将用于偿还债务和支付银行在收回和销售资产方面的费用。剩余部分则返还给客户。如果销售价格较低，客户仍需负责通过出售资产来偿还剩余的金额。然而银行在这部分贷款中的地位与其他无担保贷款人相同。

7.2.1.3　债务规模

鉴于资产抵押对贷款人来说是一个强有力的保障因素，在确定贷款规模时要考虑到这一资产的价值。如果银行信贷决策的主要驱动力仍然是（或应该是）客户偿还贷款的能力，那么资产的市场价值就确定了可以借贷的最大金额。只有贷款人的风险敞口不显著高于资产价值，抵押才有意义。抵押是为了给贷款人带来额外的保障。如果抵押资产的价值显著低于借给客户的金额，那么抵押带来的价值就很有限。

由于贷款规模基于资产价值，因此出现了贷款价值比（loan-to-value，LTV）这一概念，其用来衡量贷款金额与进行融资资产价值之比。一般 LTV 最高为 80%，取决于借款人信用质量，该值显然可以更低。这个 20%（或更多）的缓冲是为了在客户违约的情况下承担与资产收回和出售有关的费用。这也是为了在资产市场价值没有发生有利变化的情况下给贷款人一些保障。资产（飞机、船舶等）的市场价值通常由独立方（经纪人、评估师）[①]确定，以确保贷款规模无误。

7.2.1.4 期限

鉴于被融资资产的长寿命和流动性，抵押贷款可以提供相当长的期限。10~12 年的交易并不少见。如果交易是为二手资产融资或为现有贷款再融资，期限显然会缩短。这相当合理，因为在这种情况下，资产的寿命较短。

期限为 10~12 年的贷款通常是全额摊销的分期贷款，这意味着直到贷款全部还清，借款人的所有还款额相等。期限较短的贷款可采用气球式结构。在这种情况下，贷款通过等额分期付款部分偿还，但包括到期时的大量最后付款（一般为贷款总额的 20%~40%）。鉴于客户鲜有现金来支付这最后的气球式贷款，这意味着必须在到期前进行贷款再融资。

气球式贷款类似于项目融资中的硬式迷你型永久贷款（第 5 章第 5.3.1.2 节）。不过，与项目融资贷款人不同，资产融资贷款人不暴露于项目风险。无论被融资的资产是飞机、船舶还是火车，贷款的偿还都与资产独立赢利能力或表现没有直接关联。此类贷款是一种带有额外资产担保的公司贷款。即使客户未使用该资产，也应偿还贷款。

资产融资中的抵押贷款一般以俱乐部式交易的形式构建。资产通常单独融资，考虑到融资金额，无须进行承销[②]。贷款很少超过 1.5 亿美元，除非是一批资产共同融资。

---

① 评估师和经纪人分属两类不同职业。评估师是评估资产的专家，通常会获得专业认证。经纪人是销售和购买二手资产的专家。

② 更多详细信息，请参阅附录 B（银团和俱乐部式交易）。

7.2.2 融资租赁

7.2.2.1 定义

融资租赁（有时也被称为资本租赁）这一租赁方式意味着资产所有者通过承租人在原始租赁期内支付的租金来收回购买资产时的总投资（加上利息）。因此，融资租赁是指承租人所支付租金的折现值与业主投资相等的租赁。

换句话说，融资租赁这一租赁方式由承租人经营资产、完全控制资产，以及在租赁期内支付资产总价值。业主［也叫融资出租人（finance lessor）或出租人（lessor）］给予承租人按其意愿使用资产的完全自由。[①] 出租人并无在原始租赁期后进一步出租该资产的计划。对于融资出租人来说，回报率只来自原始租赁期。在租赁期结束时，该资产一般要么报废，要么由承租人通过行使极具吸引力的购买权（如 1 美元或 1 000 美元）获得。

人们常说，融资租赁是一种将资产业主所有风险和回报实质上转移给承租人的租赁。鉴于承租人拥有该资产的经济所有权、出租人在原租赁期结束后不承担寻找新承租人的风险，因此业主主要承担承租人的信用风险。出租人不暴露于独立的资产赢利能力：无论承租人如何使用该资产，都要支付租金。基于此，融资租赁是一种公司融资技术。其通常由作为融资出租人的银行直接或通过子公司提供。

融资租赁的出租人只在承租人违约的情况下暴露于资产价值。由于融资租赁的租赁期往往相对较长（以完全支付资产），这种资产暴露不可忽视。融资出租人会倾向于关注稳固的信用，这样其可减少发生违约而处理资产的可能性。在违约情况下，融资出租人确实必须将资产出售给第三方，并试图通过这次出售收回其投资。另外，出租人也可以寻找新的承租人。由于融资出租人是融资实体而非资产专家，其很少有能力处理这些情况。

---

① 只要承租人不故意损害资产。

7.2.2.2　在资产融资中的使用

在资产融资中使用融资租赁主要有两个原因。该融资方式可以提供高达资产购买价格 100% 的融资，构建一个具有税收效率的交易。

7.2.2.3　融资租赁结构

在融资租赁中，银行不直接为客户融资。其以名义股权额（如 1 000 美元）成立一个 SPV，并向此 SPV 提供优先级贷款，这样该 SPV 就可以购买资产并将其出租给客户。租赁期一般定在 10 至 12 年。

在租赁期结束时，承租人可以象征性地购买该资产（如 1 000 美元）。考虑到像飞机或大型船舶此类资产的寿命和 10 到 12 年后的市场价值，此金额不值一提且（原书第 182 页）极具吸引力。即使承租人在原租赁期结束后不会使用该资产，也应该购买该资产并将其出售给第三方以获取利润。

作为贷款担保，银行从 SPV 那里获得资产抵押权。这种优先级贷款的规模与任何抵押贷款一样。为了使银行在客户违约的情况下有一个缓冲，他们需计算出一个保守的 LTV——客户违约必然会导致 SPV 违约（因为 SPV 是因交易目的而设立，没有其他收入来源）。根据承租人的信用风险，优先级贷款可以相当于总资产成本的 70% 或 80% 左右。

剩余的 20% 至 30% 以次级贷款的形式被提供给 SPV。这笔次级贷款可以由承租人本身或另一个贷款人提供。承租人支付的租金用于偿还优先级及次级贷款。因此，SPV 将其全部现金流分配给贷款人。图 7.2 是一个简化后的融资租赁图。

当次级贷款由银行提供时，次级贷款的利差反映了次级贷款人所承担的风险。其定价高于优先级贷款。次级贷款人受益于一项担保：资产的次级抵押。如果 SPV 违约（由承租人不付租金引发），随后贷款人行使其担保权，资产被出售，出售收益的分配顺序为优先级贷款人、次级贷款人（一旦优先级贷款人完全收回其贷款）。当次级贷款由第三方贷款人提供时，融资租赁下承租人可用外部债务全额支付原资产价格。资产的使用者不需要支付任何首付款。

若次级贷款由承租人自己提供，适用的利差就不是问题，因为承租人的款项最终会转给承租人自己。在此情况下，次级贷款更像是一个旨在为优先级贷款人维持保守 LTV 的缓冲器。

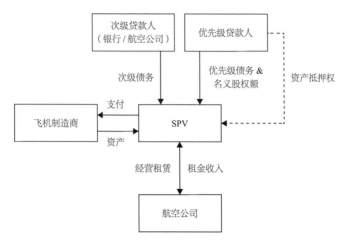

图 7.2 简化后的融资租赁结构

7.2.2.4 税务租赁

为什么银行和客户会签订融资租赁来为飞机、船舶或火车融资？若客户提供次级贷款，事实上，此结构就与抵押贷款并无不同，而且，为资产全额成本融资的可能性并不要求融资租赁：次级贷款结构无须 SPV。

构建融资租赁通常是为了实现税收套利。该套利的存在是因为大型实物资产必须进行折旧，从而为其所有者带来税收减免。在融资租赁的情况下，从税收角度来看，是 SPV 而非资产使用者对资产进行折旧。这是与抵押贷款的重大区别。[1]

让我们试着总结一下这种税收套利的程度。参与融资租赁的 SPV 应纳税额计算如下：

+ 租金；

---

[1] 我们在这里讨论的是税收折旧而非会计折旧。鉴于在融资租赁这一结构中承租人保留了与资产所有权相关的风险和回报，会计准则［特别是国际财务报告准则（IFRS）和美国通用会计准则（US GAAP）］认为，从会计角度来看，融资租赁的资产必须由承租人进行折旧。然而，税收和会计规则是两个不同的框架，并不遵循相同的规则。总之，在融资租赁中，从会计角度看，承租人对资产进行折旧；但从税收角度看，法定所有人对其进行折旧。

－利息（优先级或次级贷款）；

－资产折旧；

＝税务结果。

若折旧期不长于租赁期，那么，在租赁期内，租金之和必然等于（利息＋资产折旧）之和。这可归为两个原因：资产的价值等于贷款的总和；租金涵盖了两笔贷款的偿还（加上利息）。

话虽如此，若公式（租金–利息–资产折旧＝0）在租赁期内成立，就意味着其不是每年都成立。如果折旧期短于租赁期，那么 SPV 的税务结果在资产折旧时将是负数，之后则是正数。假设租赁期为 12 年，而折旧期为 8 年，那么 SPV 的税务结果在前 8 年为负数，从第 9 年到第 12 年则为正数。

如前所述，SPV 通常由一家银行建立并完全拥有。因此，其与银行属于同一纳税集团。该纳税集团意味着就税收而言，银行和 SPV 被认为是一个单一实体。两家公司的税务结果相加，计算出纳税集团的应纳税额。[①]

鉴于 SPV 在租赁前 8 年中的税务结果为负数，此后的税务结果为正数，这意味着在前 8 年中由银行和 SPV 组成的纳税集团支付的税款少于银行在独立基础上支付的税款。在这之后，银行和 SPV 组成的纳税集团支付的税款比银行单独支付的税款要多。

虽然前 8 年节省的税款总额等于第 9 至 12 年支付的税款，但该交易具有实际价值。考虑到货币的时间价值（我们在第 3 章已解释过的概念），现在省税、将来交税比先交后省更好。换句话说，对银行来说，与 SPV 组成一个纳税集团具备实际价值。

考虑到可通过出租获得利益，银行愿意预先支付一笔钱来与 SPV 形成一个纳税集团。这笔付款的形式是对 SPV 的股权投资。这项投资减少了承租人的融资金额，并解释了为什么资产使用者依赖融资租赁。银行

[①] 第 1 章第 1.2.2 节更为详细地解释了纳税集团的概念。为了避免创建一个纳税集团，SPV 可以以税务透明实体的方式建立。最终结果一样，SPV 没有税务实体，税款由其母公司支付，在此例中母公司是银行。

并不期望从其股权投资中获得任何股利。这项投资的唯一目的是从融资租赁带来的税收优惠中获利。基于此，作为税务租赁投资者的银行被称为税务投资者（tex investor）。

表 7.1 和表 7.2 显示了考虑到以下假设，SPV 的税务结果为何：

- 资产成本：1 亿美元。
- 优先级贷款：8 000 万美元（由银行作为贷款人提供）。
- 次级贷款：1 800 万美元（由承租人提供）。
- 股权投资：2 000 万美元（由银行作为税务投资者向 SPV 提供）。
- 优先级及次级贷款的利息：5.5%[1]。
- 适用于 SPV 所在国的公司税率：30%[2]。

表 7.1 和表 7.2 显示，税务租赁允许资产使用者将与资产所有权相关的税收利益转让给第三方——在此情况下第三方是银行。承租人不能从资产税收折旧中受益（就如其在抵押贷款下获益一样），但是在购买该资产时可获得首付款折扣。在我们的例子中，资产成本的折扣等于银行的股权投资（200 万美元）。换句话说，承租人的总资产成本是 9 800 万美元，而非 1 亿美元。

这项交易不仅对承租人来说是积极的，对税务投资者来说也有利可图。虽然银行在投资上没有得到任何股利或利息，但其仍然在获利。如表 7.2 所示，该交易的净现值为 120 万美元。[3] 该利润的产生可归因于此交易在租赁的前几年（第 1 至 8 年）流失了需缴纳的税款，而在交易的第二部分（第 9 至 12 年）才需要纳税。

签订融资租赁还是签署抵押贷款取决于资产使用者的财务战略。例如，在我们的例子中，客户选择了融资租赁，以便从资产成本的 200 万美元折扣中获益。然而，其无法从该资产的 8 年税收折旧中获益。相反，

---

[1] 见第 3 章第 3.1.2.2 节折现率的定义。

[2] 为了便于阅读，这些数字是随机选择的。每个国家都会独立设置资产的税收折旧期限。有些国家采用与资产寿命一致的税收折旧期，有些国家则实施较短的期限以激励投资。

[3] 一项投资的净现值（NPV）是该投资产生的折现现金流减去该投资的成本。

表 7.1 租金的计算

日期	优先级贷款（万美元）				次级贷款				租金
	贷款金额	(a)利息	(b)本金偿还	(c)债务偿还(DS1)	贷款金额	(d)利息	(e)本金偿还	(f)债务偿还(DS2)	(c)+(f)=(g)总租金(DS1+2)
开始日期		80000000							
第一年		.....							
总计		80000000							

表 7.2 租金的计算

日期	税			税务投资（万美元）	
	(h)折旧	(g)+(a)+(d)+(h)=(i)税务结果	30%(i)税	股权投资	折现现金流
开始日期				2000000	-2000000
第一年	.....				
总计	.....				

融资租赁的租金将进行税收抵免，但时间更长，在此例中是 12 年，显得不那么有利。

更确切地说，在这个例子中，航空公司作为承租人从所缴租金产生的税收抵免中获益，但要对其从次级贷款中获得的利息征税。与用 80% 的抵押贷款购买资产的情况相比，航空公司从表 7.1 中（b）和（e）两栏之和的折旧中获益（即 12 年内折旧 9 800 万美元），但不能从表 7.2 中（h）栏所示的资产折旧中获益（即 8 年内折旧 1 亿美元）。在这两种情况下，8000 万美元贷款的应付利息均可进行抵免［表 7.1 的（a）栏］，无论是因为其是利息（抵押贷款的情况），还是因为其对应于影响优先级贷款利息偿还的租金部分（融资租赁的情况）。

总而言之，若客户认为在未来不能完全受益于资产的税收折旧，那么其就会选择税务租赁而非抵押贷款。若资产使用者有经常性的税收流失而适用其注册国家的税收规则限制了结转税收流失的能力，就属此例。[1] 在此情况下，客户可能想通过税务租赁的结构，在购买资产时将其部分税务优势货币化。

在这个阶段，读者可能会注意到，如果税务投资者在交易中投资了200 万美元，那么前面提到的方程式（租金−利息−资产折旧 =0）将是错误的。其结果为负而非零。租金之和确实低于（利息 + 资产折旧）之和。这是因为租金是根据总额为 9800 万美元贷款计算而来，而资产成本是 1亿美元。这并没有改变我们的推理，只是由于税收流失更大，使得税务租赁更加有力。

7.2.2.5 税务租赁行业

税务租赁是为大型可移动资产融资的一个有力工具。其也是具备吸引力且银行对其完善多年的税务投资机会。在如前所述基本结构的基础上，其变体颇多。我们不会一一提及，但会重点介绍其中的两种。

---

[1] 在很多国家，公司在法律上可以结转其现有税收流失。这意味着公司可以使用过去或现在的税收流失来抵消未来的利润（从而减少未来的应纳税额），可结转流失数额可能受限，时间限制也可能适用。例如，公司只将其流失结转 3 年或 5 年。这种机制的具体细节（若存在的话）在每个国家都有所不同。

第一种是第三方税务投资者（third party tax investors）。尽管绝大多数税务投资者仍是银行，但其也构建税务租赁为其他公司提供作为税务投资者投资融资租赁的机会。在此情况下，税务投资者向SPV投资股权，这样他们就可以与SPV组成一个纳税集团。对于这些公司来说，投资税务租赁是优化其税收的一种方式。银行向这些税务投资者收取结构化费用，并在交易中保持贷款人的身份。税务投资者来自众多行业。

第二种是租赁尾期（lease tails）。税务租赁的赢利性来自SPV在最初几年（在我们的例子中为第1至8年）产生的税收流失。因此，若税务投资者一旦在SPV产生正的税务结果后将其出售，那么税务租赁的赢利性将大大增强。在此情况下，税务投资者将受益于前8年的税收流失，但不需要为第9至12年产生的利润纳税。此项投资将赢利颇丰。

然而，什么类型的公司能够收购一个必须缴税但不产生现金流的SPV？这种情况违反直觉，但仍存在潜在买家。此类公司拥有巨额结转流失（因为其过去做了糟糕的投资），或者从税收的角度看其是结构性亏损的公司（例如，其具有大量免税收入，同时也具备可扣除费用）。对于此类型买家，与SPV形成一个纳税集团是中性的，因为该集团不会触发税收支付。向该类型买家出售SPV被称为租赁尾期。

一般较难构建租赁尾期。虽然初始税务投资者出售其在SPV中的股权，但其必须为该交易付款（这对卖家来说非比寻常）。事实上，为了避免在未来缴税，卖家正准备为买家支付收购SPV的费用。卖家支付的金额显然必须低于SPV未来应缴的税款。对于收购SPV的公司来说，租赁尾期是一种将税收流失变现的方式。其从卖家那里收到一笔款项，但无须为SPV产生的利润缴税。

由于给买家支付收购公司的费用通常在法律上比较复杂，租赁尾期通常与其他交易捆绑，以掩盖税收优化结构。租赁尾期非常有利可图，但自2000年代中期以来，该方式受到了全世界税务机关的高度关注。许多政府已出台相关法律法规禁止这些交易。因此，租赁尾期几乎完全消失了。

7.2.2.6　今日的税务租赁

细心的读者可能从表7.1和表7.2的数字中了解到，税务租赁的效益与三个主要因素有关：资产折旧期、利率水平，以及适用的公司税率：

资产折旧期：折旧期越短，税务租赁就越有力。较短的折旧期会在交易初期产生大量的税收流失。考虑到货币的时间价值这一概念，这对交易来说最为理想。从理论上讲，获利最多的税务租赁所指的资产租赁可在 12 个月内折旧但可租赁很长时间：节税于第一年预先产生，而税收于多年内支付。[1]

利率水平：利率水平越高，税务租赁就越有利可图。高利率会在交易开始时产生巨大的税收赤字。这是因为支付给 SPV 的租金反映了两笔分期贷款（优先级和次级贷款）的偿还。如前所述，SPV 的税务结果计算如下：租金–利息–资产折旧。考虑到租金严格等于贷款的还款额，税务结果也等于：本金 + 利息–利息–资产折旧。这个结果即：本金–资产折旧。

当利率较高时，固定利率分期付款贷款在开始时摊销缓慢，在结束时摊销迅速。这意味着与利率较低时相比，当利率更高时，公式（本金–资产折旧）在交易开始时便为负，在结束时便为正。因此，高利率在交易开始时会造成更大赤字。在所有条件相同的情况下，贷款收益率为 8% 的税务租赁能比利率设定为 2% 时为双方创造更多价值。

适用的公司税率：公司税率越高，交易开始时的税务结果就越趋于负值。因此，高公司税率对双方都具有积极意义。

今天的税务租赁市场比 20 世纪 90 年代末或 21 世纪初的时候更为受限。主因是利率和公司税率的演变对税务租赁的利润率产生了负面影响。鉴于中央银行自 2008 年以来采取的宽松货币政策，利率已大幅下降。这大大降低了在租赁的头几年创造大量税收流失的可能性。

许多 OECD 国家[2] 也降低了其公司税率以促进投资。作为重要税务租赁市场，法国、英国和美国现在的公司税率比 20 世纪 90 年代中期低15 到 20 个百分点：

- 在法国，公司税率在 20 世纪 90 年代末高于 40%。2020 年是 28%，从 2022 年起是 25%。

---

[1] 尽管在任何司法管辖区，在 12 个月内对大型可移动资产折旧完的概率很低，但有些国家的折旧规则比前面提到的例子中的 8 年更为有利（或曾经有利）。

[2] 若读者不熟悉 OECD，请参阅第 5 章的内容。

- 在英国，公司税率在 20 世纪 80 年代初超过 50%，在 20 世纪 90 年代中期仍为 33%。现在已经低于 20%。
- 在美国，联邦公司税率从 20 世纪 90 年代中期的 35% 降至 2020 年的 21%。

此外，一些政府已经围绕税务租赁出台了更严格的规定。虽然在 20 世纪 90 年代有可能在美国构建一个税务租赁（美国税务租赁）将资产租赁给欧洲的客户，但现在此类交易已被禁止。美国立法者确实考虑到，在美国创造税收流失以补贴在欧洲的投资，可能不是美国纳税人资金的最佳使用方式。

总的来说（冒着过度简化的风险）自 2008 年危机以来，税收优化方案受到了更多审查。政府已经限制了银行优化其融资的可能性，许多融资结构包括税务租赁，都受到了影响。自 2020 年和欧盟引入 DAC6 指令以来，公司必须向其各自的税务机关申报所有从税收角度来看可能被认为是激进的跨境交易。该指令还允许欧盟成员国之间自动交换这一信息。

7.2.2.7 吨税

除去以上种种，税务租赁仍有市场，尤其在航运业。在一些国家，税务租赁可利用吨税制度来构建。吨税是一种替代性税收方法，其允许航运公司按其船队的吨位缴税，而不是按其利润缴税。在存在此制度的国家，航运公司必须决定如何缴税：按其吨位的一定比例（吨税）或按其利润的一定比例（公司税）。通常选择吨税，因为其相当有优势，应缴税款非常低。这确实是该制度得以存在的原因。政府希望通过减少税收负担来促进当地航运业的发展。

税务租赁可以利用吨税制度来优化船舶的融资。交易的开始通常与正常的税务租赁一样。资产由 SPV 收购并租赁给一家航运公司。SPV 作为船舶的所有者，选择根据其利润而不是船舶的吨位来缴税。因此，在船舶折旧的同时，SPV 登记的税务结果为负数。税务投资者从该结构中获益，并支付较少的税款。一旦税务结果变成正数（例如，在我们表 7.2 的例子中的第 9 年），交易就会被重组，从而使选择吨税制的航运公司成为船舶的所有者。换句话说，当 SPV 有责任支付公司税时，交易就终止了。此时，作为船舶的所有者，由航运公司缴税。鉴于其选择了吨税选项，故应缴税款极低。

依靠吨税制度的税务租赁的具体内容显然因国家而异。事实上，所有国家都有不同的税收规则，银行必须构建交易使航运公司对船舶的收购不会对 SPV 或投资者产生负面的税收影响。吨税制度下税务租赁的经济学从本质上讲与租赁尾期没什么不同。各方在头几年从税收减免中受益，但当 SPV 的税务结果成为正数时便找到一种方法使税收负担最小化。

7.2.3 经营租赁

7.2.3.1 定义

经营租赁是一种极其简单的租赁方式。资产（飞机、船舶、轨道车等）由租赁公司收购并在一定时期内租给客户。在租赁期结束时，承租人将资产返还给出租人（或经营出租人）。经营租赁不包括购买这一选项。

经营租赁的期限变化很大，从几个月到几年不等。在任何情况下，租赁期都大大短于租赁资产的寿命。例如，在飞机融资中，经营租赁的合同期限可以是几个月（以涵盖夏季——航空公司最繁忙的时期）到 12 年（新资产的通常租赁期限）。

有些新交付的飞机交易已签署了长达 15 年的合同，尽管这些不是常态。

与融资租赁中的出租人不同，经营租赁中的出租人承担着现实的资产风险：承租人在租赁期结束时并未收购资产，以及在原租赁期内支付的租金总和不能弥补出租人的投资。因此，出租人必须寻找新的承租人或在租赁期结束时出售该资产。该风险被称为剩余价值（residual value）风险。其意味着出租人承担了资产预期价值的风险。如果出租人无法再出租该资产（或以给定的价格出售），出租人就会承担损失。然而，出租人并不承担任何项目风险。无论飞机是否满载，承租人都要支付租金。

7.2.3.2 客户需要灵活性

当客户需要灵活性时，其更偏爱经营租赁。我们将在关于维珍航空（Virgin Atlantic）的案例研究 7 中看到，其是如何具体让航空公司受益的。出租人提供了这一优势，但要求以相对较高的租金支付作为交换，以弥补风险。基于此，经营租赁的成本通常高于其他资产融资技术。

经营租赁存在于多个领域，尤其流行于航空运输业。世界上几乎50%的商业飞机都属于租赁公司，其以经营租赁的方式出租给航空公司。

这些经营租赁形式颇多。在绝大多数情况下，租赁公司向其客户提供没有机组人员的飞机。此概念名为干租（dry lease）。租赁公司仍然是资产的合法所有者，但飞机完全由航空公司运营。此类型租赁合同一般签署多年。其是购买飞机的真正替代方案。

湿租（wet lease）这一租赁协议形式则是飞机所有者也向其客户提供机组人员、维修和保险。湿租通常签署的时间很短，而且通常只用于满足某一踩点的临时需求（例如在旺季）。湿租也是航空公司管理其过剩运力的好方法，其可通过湿租将其机队和机组人员出租给另一家航空公司，例如，在欧洲夏季结束后，欧洲的航空公司湿租给南半球的航空公司，用于其夏季运输。与更传统的干租相比，湿租只占租赁市场的很小一部分——尽管其流行于飞机租赁业的早期，正如案例研究8 GPA（Guinness Peat Aviation）所示。

铁路公司、航运公司或航空公司想要租赁其商业模式中固有的资产，这似乎很奇怪，但在许多行业都可以发现类似趋势。超多公司并不拥有其所占用的场地，而是从专门的房地产公司处租用。拥有房地产会使资本过于密集，所以公司更愿意租用办公室。其利用自己的资源，专注于最熟悉的领域。对航空公司来说也是如此：运送乘客不需要拥有飞机。例如，以服务质量而闻名遐迩的阿联酋航空公司（Emirates）就是全球最大的经营租赁用户。

7.2.3.3 关于出租人的一些论述

租赁公司是专门从事大型和昂贵可移动资产所有权的公司，其自身不经营资产。其唯一目的是收购资产并出租给客户。其通常专精某一资产类型（飞机、船舶、火车等），尽管有些公司所出租的资产范围很广。

租赁公司不应该与银行相混淆。其并非金融公司，不受监管，也不受《巴塞尔协议》的约束。如果它们中的一些是银行的子公司，那也只是少数。其他的则是上市的、私人拥有的，或是大型企业集团的一部分。

与抵押贷款或融资租赁不同，经营租赁这一融资解决方案只能由对该行业有深刻了解的实体提供。经营租赁需要真正的行业专业知识。租赁公司最好能投资符合市场需求的资产,这样一旦租赁期满,其可轻易找到新的承租人。我们将在稍后阶段详细讨论这一点(见第 9 章第 9.1.2 节)。

也就是说,经营出租人在与承租人签订协议时,必须有一个真正的信用风险分析一类似于银行所做分析。专门从事大额资产的出租人并非汽车租赁公司,也不会得到预付款。其签署的租约期限最长为 12 年,一般按月得到给付。其承担承租人的真实信用风险。若其想避免在租赁期结束前就收回资产,将资产租给合适的承租人是关键。

7.2.3.4 出租人的融资策略

出租人对资产的收购一般是通过 SPV 进行融资。此 SPV 由股权(来自出租人)和债务(由贷款人提供)混合融资。债务通常无追索权,这意味着在承租人违约时,贷款人对出租人无追索权。银行从资产的抵押权中获益。图 7.3 是一个简化后的飞机经营租赁结构。

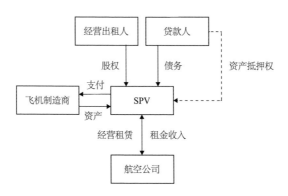

图 7.3 简化后的经营租赁结构

另外,出租人可以直接用股权和股东贷款为 SPV 提供资金,并在公司层面筹集资金。这是大型出租人采用的解决方案,尤其当其为投资级别时。这大大降低了其债务成本,因为贷款人的风险不在航空公司身上,而在投资级出租人身上。出租人也可以有其他融资策略,我们将在后面详细介绍(见第 8 章第 8.3 节)。

7.2.3.5　JOLCOs

一些节税交易有时必须以经营租赁的形式构建。附带购买选择权的日本经营租赁（japanese operating lease with call option，JOLCO）就属此例，这是一种为日本投资者提供特殊税收优惠的租赁类型。JOLCO 与传统的经营租赁非常不同。这两种租赁的投资者类型迥异：经营租赁由租赁公司提供，而 JOLCO 由银行和日本税务投资者提供的。JOLCO 本质上是一种融资租赁，但其必须被设计成经营租赁，以使投资者能够受益于日本纳税人可获得的特定税收减免。JOLCOs 在飞机融资中非常流行。

在一个典型的 JOLCO 中，在日本成立的 SPV 所获融资中 20% 至 30% 来自日本税务投资者提供的股权，以及 80% 至 70% 来自日本银行提供的完全分期偿还的优先级贷款。SPV 收购资产（在大多数情况下是飞机）并根据经营租赁将其出租给承租人。在租赁期结束时（一般为 10 至 12 年），承租人可以从资产的认购期权中获益，该期权价值严格等同于 SPV 中的股权数额。图 7.4 展示了一个简化后的 JOLCO 结构。

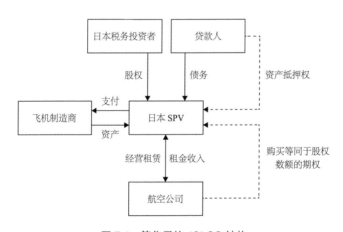

图 7.4　简化后的 JOLCO 结构

承租人在租赁期间支付的租金用于支付优先级贷款的债务偿还和税务投资者的票息。该票息非常低，因为日本的税务投资者同时受益于当地的税收减免。这些免税额由日本政府授予，以促进日本公司在海外的投资。这代表了税务投资者的大部分赢利。承租人因股权部分支付的票息只是一个附加物。

只有当日本的税务投资者承担了真正的股权风险时，其方能获得税收减免。这意味着租赁以经营租赁构建。SPV（也就是投资者）必须面对真实的剩余价值风险。在现实中，这种风险即使存在也相当小。JOLCO 的构建方式是认购期权的金额总是大大低于租赁期结束时资产的预期价值。若资产在租赁期结束时的市场价值为 4500 万美元，那么承租人总是会行使 2000 万美元的认购期权。承租人总是可以买下飞机，若不想使用则将其出售。

这一结构特征解释了为什么 JOLCOs 在飞机融资方面特别受欢迎。税务投资者确实且必须确定，当租赁结束时，其会行使认购期权。鉴于飞机的价值贬值较慢，并且随着时间的推移该价值仍然稳定且可预测，投资者对飞机有一个确定性，即认购期权将会实现赢利。[1] 由于船舶的价值比较不稳定，在航运融资中则不存在真正的 JOLCO 市场。投资者不确定认购期权和资产价格之间是否会有显著的缓冲空间。投资者不能真正暴露于剩余价值风险。

JOLCO 是一个非常强大的融资工具。其为承租人提供了某项资产全额融资，包括价格低于优先级债务的子弹层级（即股权）。就此意义而言，若 JOLCO 在法律上属于经营租赁，那么其本质上就属于融资租赁。

7.2.4　这三种选择如何互相比较？

表 7.3 总结了可以用来为资产融资的各种方案。在这三种方案中，只有经营租赁符合我们在导言中给出的结构化融资的定义。在后面的章节中，我们将重点讨论这种特殊的结构。[2]

---

① 若期权所涉及资产的市场价格高于期权所设定的价格，那么认购期权即实现赢利。

② 话虽如此，由于在安排税务租赁时所涉及的高水平的会计和税务结构，许多银行家和金融家认为，融资租赁也是结构化融资的一部分。

表7.3 不同的融资选择

期限	抵押贷款	融资租赁	经营租赁（排除 JOLCOs）
期限	通常 8 至 12 年	通常 8 至 12 年	变化极大，从几个月到 12 年不等
资产的法定所有权	航空公司	SPV	SPV
来自客户的款项	偿还抵押贷款	支付给 SPV 的租金。SPV 使用这些款项以偿还购买该资产的贷款	支付给 SPV 的租金以偿还出租人的股权投资以及偿还用于为收购资产提供资金所筹集的债务
资产使用者的公司风险	是	是	是
购买选项	不适用	是，租赁期结束时以极具吸引力的价格	否
资产的经济所有权	航空公司	航空公司	航空公司（干租）或经营出租人（湿租）
从税收角度来看税收的折旧	航空公司	SPV	SPV
优势	对想要购买资产并将其使用至报废的资产使用者来说是理想的解决方案	由于承租人和出租人共享税收优势能够降低资产成本	灵活性
限制	要求至少占资产成本 20% 的前期投资	不灵活	相对较高的租金

案例研究 7：理查德·布兰森和维珍航空的开始

当你需要的波音 747 飞机价格超过 2 亿英镑时，你如何用仅有的 200 万英镑创办一家成功的航空公司？这个明显无解的难题是理查德·布兰森（Richard Branson）于 1984 年创办维珍大西洋（Virgin Atlantic）时不得不面对的问题。

维珍唱片

1950 年理查德·布兰森出生于伦敦东南部，从小就表现出对商业的强烈兴趣。还不到 18 岁那年，他开始了第一次创业———一本名为《学生》的杂志。三年后，在 21 岁时，他在伦敦开了一家商店，销售直接从制造商那里购买的唱片。由于与唱片公司达成了协议，布兰森能够以比高街商店低得多的价格出售产品。他在牛津街的第一家商店立即获得了成功。在几个月内，他就能在伦敦开设其他数家商店。

乘胜追击，1972 年布兰森与尼克·鲍威尔（Nick Powell）一起成立了使其出名的唱片公司——维珍唱片。麦克·欧菲尔德（Mike Oldfield）的《管钟》（*Tubular Bells*）是该唱片公司发行的第一张专辑，没有使用传统的鼓乐和歌词。该唱片取得了巨大的成功。销量刚开始很慢，但在 1973 年 12 月突然加速，当时恐怖电影《驱魔人》（*The Exorcist*）正成为热门，其配乐就是《管钟》的开场曲目。

在这首次成功后（对于第一张专辑来说），维珍签下了有争议的乐队"性手枪"（Sex Pistol）。在其专辑《天佑女王》取得巨大经济成功后，该唱片公司顿时炙手可热。凭借雄厚的财力，维珍在接下来的几年里又签下了一些重要的艺术家：滚石乐队（Rolling Stone）、彼得·盖布瑞尔（Peter Gabriel）、保罗·阿卜杜勒（Paul Abdul）、UB40 和文化俱乐部（Culture Club）。

在 20 世纪 80 年代，维珍逐渐将其活动多样化。该公司投资了一家夜总会和一家视频制作和发行公司。音乐和娱乐业以外的商业机会一般都不予考虑，但布兰森被迷住了，因为在一个星期五的晚上，他在办公桌上发现了一家初创航空公司寻找投资者的商业计划。

航空公司，真的吗？

布兰森非常清楚，他不是商业计划书作者所联系的第一个潜在投资者。他从事的是唱片业，而非航空运输业。因此，他可以很容易地想象，在他之前许多商业天使都对该项目不屑一顾，拒绝投资。但布兰森被诱惑了。航空公司。这听起来超酷。这听起来很有趣。

阿兰·希拉里（Alan Hellary）和伦道夫·费尔兹（Randolph Fields）是该提案背后的企业家，他们的想法是推出一家全部都是商务舱的跨大西洋航空公司。布兰森同意该项目的跨大西洋部分，但立即拒绝公司概念中没有经济舱。果真如此，那在公共假期和休假期间，如何填满飞机？

为了了解市场情况，布兰森试图在当天晚上订一张去纽约的机票。事实证明这是不可能的，因为所有航空公司的电话都处于忙线中。他第二天的尝试也带来了同样的结果。布兰森根本无法得到一张去纽约的机票。他根据直觉得出结论，要么是所有航空公司效率低下，要么是需求量太大以至于电话线总是占线。不管如何，这都表明市场上可容纳一家高效航空公司。

布兰森在维珍的合作伙伴却对此持怀疑态度。航空运输业是一个固定成本极高的行业，在此行业中，历史上的参与者都获得了最大的机场和最好的时间段。此外，如果存在问题的项目仍在进行中，那只因莱克航空（Laker Airways）在两年前就已宣告破产。这家已倒闭的航空公司腾出了伦敦和纽约之间的每日航班时段，而其仍然没有找到任何购买者。

与波音公司的租赁

布兰森并没有灰心。他喜欢拥有一家航空公司的想法。他对这个行业一无所知，但他相信，如果成本控制得当就有可能取得成功。他向合作伙伴承诺，投资将保持在最低水平，并发誓无论结果如何，都不会向企业投入超过 200 万英镑。

鉴于资金限制，新航空公司无力购买飞机。在短期内租赁飞机是唯一选择。布兰森直接给西雅图的波音公司总部打电话。在不同部门辗转后，他设法与一位工程师交谈，这位工程师说波音公司通常不租赁飞机。话虽如此，恰好波音公司刚刚归还了一架对他们毫无用处的二手 747。

在 20 世纪 80 年代初，以经营租赁的方式获得一架飞机相当罕见。当时，世界上 90% 以上的机队仍由航空公司自己直接所有。其余的则主要属于当时三个主要出租人：国际租赁金融公司（ILFC）、北极星飞机租赁公司和 GPA。

波音公司的代表向布兰森透露，这是他们第一次就这种类型的合同进行谈判。他们通常出售飞机，而非租赁飞机。尽管商业讨论艰难（波音公司希望长期租赁，而布兰森不想承诺租赁会超过一年），但两个团队相处得很好。很快，先前在维珍公司办公室进行的讨论转移到了布兰森停泊在伦敦北部的摄政公园附近的游艇上。

经过几周的谈判，双方最终签署了一份96页的协议。这笔交易看起来是短期租赁，但在法律上却不是。维珍公司赊购了这架747飞机，并同意在几年内每月支付一部分购买价。但一年后，维珍公司可以选择将飞机回售给波音公司，价格相当于维珍公司到时仍未支付的部分购买价格。如果飞机的市场价值（由独立专家确定）高于在认沽期权下提前设定的价格，波音公司承诺以市场价格回购该资产。

布兰森谈判的这项交易对维珍来说相当友好：

- 若项目没有达到预期效果，该交易可于一年后终止。此时，维珍航空可以归还飞机，布兰森按照合作伙伴的指示限制了相关损失。
- 届时，若二手747飞机的市场表现高于预期，航空公司将出售飞机获利。这将抵消部分损失。
- 最后，如果维珍航空被证明是成功的，航空公司可以选择不行使认沽期权，从而保留飞机。

在庆祝交易的晚宴上，波音团队向布兰森透露，这是迄今为止他们所进行过的最愉快的同时也可能是最为艰难的一次交易。他们都开玩笑地说，与布兰森完成为期一年的交易比向泛美航空或联合航空出售整个机队更难。

航空公司的成立

维珍大西洋航空公司成立于1984年。布兰森和合作伙伴们希望在6月推出他们的航线以充分受益于夏季时光，这是该行业一年中最有钱赚的时期。最初的日子是史诗般的：与维珍唱片公司签约的歌手前来鼓舞员工士气，并出现在从盖特威克到纽瓦克的首飞中。

一个飞机引擎出了点小毛病，差点毁了这次首飞活动。出于对这家年轻航空公司的同情，乘坐该班的记者决定不在媒体上报道此事。他们知道这个问题是小事，且完全超出布兰森的控制。提到这个问题会使航空公司"出师未捷身先死"。

首飞之后

这次首飞标志着布兰森和航空运输业之间漫长爱情故事的开始。经过大赚的第一年，维珍航空开始扩张，并先后开辟了到迈阿密、波士顿、洛杉矶和东京的新航线。到 20 世纪 80 年代末，维珍航空已经成为英国第二大航空公司，并在一些国际航线上与英国航空公司直接竞争。

这种直接竞争导致了两家航空公司之间的重大商业纠纷，这场斗争在 20 世纪 90 年代初造成了维珍航空的巨大损失。为了挽救航空公司，在 1992 年理查德·布兰森决定（很不情愿地）将他的唱片业务卖给百代公司（EMI），并将收益投资到这家濒临破产的公司。

截至 2020 年 3 月，维珍航空拥有一个由 40 多架飞机组成的机队。其两个主要股东是达美航空（49%）和维珍集团（51%）。其因引进了诸如走道式酒吧和椅背式娱乐系统等设施而闻名，这两项创新现在在国际航空旅行中极为普遍。

尾声

在维珍航空取得成功后，布兰森开始了在航空业的许多其他投资。1996 年，维珍收购了欧洲比利时航空公司，将其更名为维珍快运（Virgin Express），随后将其与布鲁塞尔航空公司合并，并出售给汉莎航空公司（Lufthansa）。维珍在 2000 年推出了维珍蓝（现在的维珍澳大利亚），2005 年推出了维珍尼日利亚（2010 年卖给尼日利亚投资者，2012 年停止运营），最后在 2007 年推出了维珍美国（2016 年被阿拉斯加航空公司收购）。

第 8 章
利益相关者

8.1 客户

8.1.1 资产使用者

8.1.1.1 它们是谁?

严重依赖经营租赁的公司只能活跃在非常有限的领域。它们主要是航空公司、航运公司或铁路公司。在这三个行业中,航空业可能最值得分析。在全球范围内,通过经营租赁租赁的商业飞机比例很高(近50%)[①],表明了结构化融资对整个行业的价值。

铁路公司并不像航空公司那样经常使用经营租赁。世界各地的许多铁路公司都归政府所有,有时享有垄断地位。其往往受益于非常有竞争力的资金来源,无须经营租赁。从全球来看,对铁路行业来说,经营租赁只是小众产品。其主要存在于欧洲和北美,那里的市场是竞争性市场,新进入者需要寻求各种融资选择。

经营租赁在航运业也属小众产品,但原因与铁路业不同。船舶的标准化程度要低于商业飞机。所有航空公司都使用类似的飞机(大多由空客或波音制造),而航运公司则使用不同的资产类型(油轮、散货船、集装箱船、液化天然气船等)。这些船舶由大量船厂建造。因此市场更为分散,这意味着每项资产潜在承租人数量更加有限。这使得经营租赁对出租人的吸引力相对减少。

基于这些原因,接下来的两章将主要关注航空公司和其对经营租赁

---

① 数字截止到 2019 年 12 月。

的使用。我们将尝试了解为什么这种融资方案变得如此流行，以及它给承租人带来的价值。航运和铁路公司的具体案例将在稍后阶段讨论。

8.1.1.2 航空业的案例

即使不考虑新冠疫情危机，航空业的融资也是一项艰巨的任务。贷款人必须考虑以下因素：

1. 飞机的成本相当高。根据资产类型的不同，一架新的空客或波音飞机的成本大约在 5 000 万美元到 2.5 亿美元之间。[①] 对银行来说（无论哪家银行），同意为这样的金额提供融资是一个重要决定。

2. 当购买飞机时，航空公司的投资回报期特别长。每次飞行所获收入与资产成本相比相当低。换句话说，购买飞机是一项长期投资。若航空公司通过传统的公司贷款（例如，5~7 年的期限）为新飞机融资，那这家航空公司实际上是在用中短期负债为长期资产融资。这并非正统金融理念所推荐的策略。若贷款是子弹式的，航空公司就会承担再融资的风险。如果贷款在 5~7 年内完全摊销，那么飞机所获收入就不足以偿还贷款。

3. 由于飞机成本和燃料价格的原因，航空公司的固定成本很高。换句话说，一般情况下航空公司的盈亏平衡点非常高。盈亏平衡点所指的收入水平表明该公司所获总收入能够覆盖其费用。在此活动水平上，公司利润为零。高盈亏平衡点意味着一个公司必须产生高额营业额以覆盖其费用。

4. 航空业具有周期性。航空公司受其经营所在国经济表现和事件的影响。任何当地经济放缓都意味着航空公司的收入减少。航空旅行是家

[①] 与空客和波音官方给出的价格相比，此处提到的价格非常低。这是因为这两家制造商通常会在标价基础上给予大量折扣。它的折扣不是 5%，而是 40% 到 60%。这种做法可能令人惊讶，但这两个制造商经常采用此法以便在与客户谈判时拥有最大的回旋余地。这也是一种策略，用于确保给予客户的真实价格不为竞争对手知晓。官方价格从来不是客户支付的价格。空客富有魅力的前首席商务官约翰·莱希（John Leahy）曾开玩笑说，在他的职业生涯中，只有一个客户支付了全额标价，该客户是要求将其飞机定制为商务喷气机的亿万富翁。

庭和公司可以轻易限制的一项开支。

8.1.1.3 违约的悠久历史

基于上述原因，大多数航空公司属于次投资级也就不足为奇了。[1]
多年来，一些最著名的航空公司已经破产，突出了在竞争环境中管理高
固定成本业务的困难。泛美航空，曾经是世界上最著名的航空公司，在
1991 年破产并停止了运营。2001 年，由亿万富翁霍华德·休斯（Howard
Hughes）（1939 年至 1966 年）和公司掠夺者卡尔·伊坎（Carl Icahn）
（1985 年至 1992 年）先后拥有的环球航空公司在 10 年内第三次破产（继
1992 年和 1995 年之后），并最终被其竞争对手美国航空公司收购。

一些主要的欧洲航空公司也已消失。瑞士航空公司是瑞士国家的骄
傲，也是该国在商业领域卓越表现的象征，由于惊人的债务水平，其于
2001 年停止了运营。最近由于新冠疫情危机而受到影响的航空公司名单
也很长：拉塔姆航空（LATAM Airlines）、阿维安卡（Avianca）、墨西哥
航空（Aeromexico）等。没有人比维珍航空的创始人理查德·布兰森能
更好地总结经营航空公司的困难："如果你想成为百万富翁，就从 10 亿
美元开始推出一家新的航空公司。"

虽然其他航空公司并未停止运营，但其也可以加入该名单中。在过
去 20 年中，有多家美国航空公司根据《破产法》第 11 章申请保护，从
而获得了重组债务和精简业务的时间。在美国，当一家公司无力偿付其
债权人时，其可提出申请，由联邦法官根据第 11 章给予保护。该保护暂
缓了债务人对贷款的偿还。同时，公司可以准备一个重组计划，这通常
意味着大量债务的重新安排和贷款人的债务豁免。当联邦保护停止时，
公司将恢复正常业务。若重组不可能，公司就会被清算：将出售其资产
以支付债权人。

表 8.1 涵盖了自 2001 年以来根据第 11 章进入破产保护程序的美国

---

[1]　本段撰写于新冠疫情期间。在这场危机之后，所有航空公司都有可能成为非
投资级公司，航空业的总体形势将是灾难性的。尽管如此，即使我们忽略这
次危机，只关注长期趋势，航空公司一般都是非投资级的。多年来，只有少
数几家达到了投资级别。

主要航空公司名单，鉴于 9·11 的悲惨事件，这一年对航空运输来说特别困难。此后发生的兼并事件突出了该行业的脆弱性和重组的必要性。

对 2001 年后的关注（或对 2020 年新冠疫情危机的分析）不应掩盖这样一个事实，即航空业本质上是一个具有高固定成本和低利润的行业。即使在正常情况下，它也是难以生存的行业。与许多具有高固定成本的行业不同，它的确不一定是一个具有高进入壁垒的行业。案例研究 7 中维珍航空的例子表明，建立航空公司需要确保的两个主要因素是资产（可以租赁）和时隙（在二线机场很容易获得）。（译者注："时隙"英文为 slot，也被称为"时间间隙"。在航空领域，对 slot 进行分配是为了对稀缺的航空运输基础设施进行合理配给。时隙又分为降落时隙和起飞时隙。一般来说，"时隙"指的是一个时间窗，在该范围内允许飞机起飞或降落。）建立一家赢利的航空公司是困难的，但创建一家航空公司并不复杂。

这些因素解释了该行业的相对财务弱点。2019 年没有任何特定的全球或区域经济放缓，这里有一份该年停止运营的航空公司名单，名单中多样化的名字来源表明无论在哪个国家，经营航空公司仍然是一项艰难的任务（见表 8.2）。

表 8.1　自 2001 年 9 月美国航空公司主要破产情况

航空公司	受第 11 章保护	退出破产保护	注释
全美航空（US Air-ways）	2002 年 8 月	2003 年 3 月	为了削减成本，该航空公司终止了为飞行员提供的福利极佳的养老金计划
联合航空（United Airlines）	2002 年 12 月	2006 年 2 月	于 2010 年和大陆航空（Continental Airlines）合并
全美航空	2004 年 9 月	2005 年 9 月	全美航空通过与美西航空（America West）合并
西北航空（Northwest Airlines）	2005 年 9 月	2007 年 5 月	摆脱了破产

航空公司	受第 11 章保护	退出破产保护	注释
达美航空	2005 年 9 月	2007 年 4 月	2008 年被达美航空（Delta Airlines）收购。在此期间，全美航空提出收购达美航空，但是银行最终决定支持达美的一个独立项目
美国航空	2011 年 11 月	2013 年 12 月	2013 年获准与全美航空合并。新集团保留了"美国航空"这一称谓

8.1.2　有价值和高需求的资产

尽管读者现在可能认为为航空公司融资是一项不可能完成的任务，但仍有几个理由保持乐观：

- 自 1950 年以来，对航空旅行的需求一直在稳步增长。虽然有一些小插曲，但长期趋势很明确。很大一部分人——特别亚洲人消费能力的提高，将导致更多人乘坐飞机。
- 航空业并未成为技术颠覆的受害者。其不能与新闻或唱片等行业相提并论，这两个行业都在互联网的主导下深受撼动。
- 一些低成本航空公司［易捷航空（EasyJet）、瑞安航空（Ryanair）、西南航空（Southwest）和亚洲航空（AirAsia）］的成功（尽管是相对的）证明了在这个行业获利是可能的。该行业竞争激烈。考虑到高额的固定成本，任何战略失误都会迅速危害航空公司。

表 8.2 的一个有趣的启示是，尽管 2019 年破产的航空公司数量很多，但只有很少的飞机停飞。经营出租人已经成功地收回和重新部署其资产，而其他航空公司则利用这个机会购买了可用的飞机。

飞机受到追捧有几个原因：

1. 商用飞机是一种标准资产。在全球范围内运营的很多机队由两家主要制造商生产，即波音和空客。这提高了资产的可用价值。此外，飞机没有任何令人信服的替代品。其他运输方式（火车、公共汽车、汽车）

都不是真正的替代品。

2. 飞机是具有较长寿命的资产。使用某架空客或波音飞机超过 25 年也是有可能的。有些飞机甚至可以飞 30 年。在那之后，其备件还可用于其他飞机。

3. 由于前两个原因，飞机是存在真正二级市场的资产。该二级市场高度结构化。有专门对飞机进行估价的参与者（评估师）和其他作为飞机买卖中介的参与者（经纪人）。二级市场的组织性更强，因为我们通过技术记录可以非常精确地了解每架飞机的情况。

8.1.3　传统的融资选择

8.1.3.1　抵押贷款

航空公司强大的资本支出需求显然是其寻找资金的主要原因。一方面，考虑到该行业的相对弱点；另一方面，考虑到其所用资产的特点，航空公司最容易的选择是使用名下飞机来筹集资金。飞机由于流动性很强，对贷款人来说是一种有价值的抵押品。

抵押贷款是航空业中的流行工具。其代表了一种简单的融资选择。贷款人为在高固定成本、周期性行业经营的公司承担风险，但获得了价值相对稳定的流动资产的抵押。

表 8.3 总结了为航空公司融资所带来的风险和机会。风险与行业有关，而机会来自飞机的内在质量。在此情况下，抵押贷款是航空公司最喜欢的融资方案之一。抵押贷款不管该行业固有的脆弱性，会允许航空公司筹集长期资金（即 10 到 12 年）。

表 8.3　航空公司融资的风险和机遇

风险	机遇
广泛的资金需求	没有任何替代的标准化资产
行业固定成本高	资产寿命长
周期性行业	资产的二级市场

8.1.3.2 税务租赁

税务租赁同时也是航空公司传统的资金来源。即使在许多国家，现在的税务租赁和过去相比效率低了，[1] 有些结构也仍保持一定的吸引力。这就是日本税务租赁——JOLCO 的情况。[2]

JOLCOs 在航空公司中非常受欢迎。此类解决方案极具竞争力，可为飞机获得全额融资。然而，市场仍然有限，因为对这些交易感兴趣的日本税务投资者不是无限的。基于此，JOLCOs 通常为一级航空公司构建。日本的税务投资者更愿接触那些具有最佳信用指标的航空公司。

8.1.3.3 其他公司融资选项

若我们排除经营租赁，那抵押贷款就是小型航空公司间最流行的融资选择。大型参与者显然有更多解决方案。其可以使用大公司普遍使用的融资工具：债券、贷款、混合债务等。这些工具使大航空公司能够优化其资金组合，并多样化其贷款人群体：抵押贷款一般由银行提供，但债券和其他混合工具则在资产管理公司处取得。这会让航空公司感到欣慰，因为其对银行的依赖程度降低了。

尽管这些工具吸引了航空公司，但抵押贷款仍然是最常见的融资工具。图 8.1 显示了法航–荷航集团（Air–France KLM）截至 2019 年 12 月（即新冠疫情之前）的债务偿还情况。与其他工具相比，抵押贷款还款义务所占比重表明，这是迄今为止该公司最为偏好的融资选择。

汉莎集团（Lufthansa Group）是全球最大的航空公司之一，也具备多样化的贷款人群体。该公司在其 2019 年年度报告中指出，其已经发行了总金额为 14 亿欧元的多笔借款人票据贷款[3]、5 亿欧元的 5 年期债券，以

---

① 见第 7 章第 7.2.2.4、7.2.2.5 以及 7.2.2.6 节。

② 见第 7 章第 7.2.3.5 节。

③ 借款人票据贷款类似于债券，其在票息支付（固定或浮动）或到期方面非常灵活。

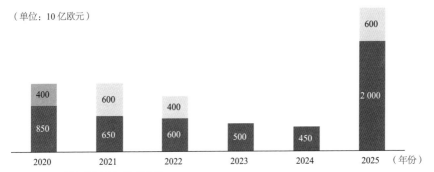

（单位：10 亿欧元）

图 8.1　法航–荷航集团截至 2019 年 12 月 31 日的债务偿还情况

资料来源：法航–荷航集团。

及 5 亿欧元的 60 年期混合债券[①]。其还有几笔总数额为 1 亿欧元的无担保贷款。然而，汉莎航空的情况不应该被一般化。在新冠疫情危机之前，该公司是极少数享有投资级地位的航空公司（标普和穆迪分别将其评级为 BBB 和 Baa3，且展望稳定），这允许公司使用大量的融资工具。

8.1.4　经营租赁的吸引力

尽管抵押贷款很简单，而且存在其他的公司融资选择，但多年来，经营租赁已经成为航空公司最受欢迎的融资工具。其现在占到全球商业飞机运营机队的 45% 左右。

租赁并不局限于小型航空公司，世界上所有的航空公司都在租赁。

---

① 混合债券是一种到期时间很长的从属债券。其通常由那些资本支出强劲的公司发行。混合债券在资本结构中处于传统无担保债务和股权之间。不支付票息不会引发违约事件，尽管票息已到期（尽管如此，不支付票息对发行人来说是一个重大决定，因为这可能对其声誉产生负面影响）。混合债券的结构是在 5 年或 10 年后，发行人拥有按面值回购债券的认购期权。评级机构认为混合债券是 50% 的债务和 50% 的股权。

欧洲的国立旗舰航空公司、美国的传统航空公司或低成本航空公司：它们都在租赁。如前所述，阿联酋航空是当今世界上最大的经营租赁用户：其机队的 54% 是由租赁的飞机组成。考虑到阿联酋航空只经营如 A380 或 B777 的宽体飞机，[①] 其迄今为止是全球经营出租人的头号客户。

航空公司为什么使用经营租赁？主要有以下几个原因。

8.1.4.1　现金流

如前所述，航空运输业有巨大的资本支出需求。这是一个固定成本很高的行业，需要不断升级飞机。航空公司一般无法完全直接购买所有所需飞机。大多数航空公司事实上都是投资级别以下的公司，其不仅没有现金来支付这些资产，也没有能力筹集所需的现金。前面提到的汉莎航空或法航–荷航的例子是个例外。这两家航空公司位列世界上最大的航空公司，其拥有强大的品牌，在各自的国家享有盛誉，可以使用最好的机场、最好的降落时间，并且拥有让融资人更加放心的股东类型。因此，其有进入银行和资本市场的特殊渠道。大多数航空公司无法享受这种奢侈。

较小的航空公司有时会发现甚至很难依靠抵押贷款。这种融资方式仍然是一种简单而有力的融资工具；但是，其通常要求航空公司的初始投资占飞机总成本的 20% 到 30%（见第 7 章第 7.2.1 节）。基于此，对许多航空公司来说，使用抵押贷款来为其所有飞机融资根本就不可能。

在经营租赁下，获得可用飞机无须大量的前期现金流出。租金按月支付，如果商业计划设计得当，飞机带来的现金会高于航空公司要支付的租金。

8.1.4.2　剩余价值风险

航空公司喜欢经营租赁而非直接购买飞机的第二个原因是，租赁可以避免使其暴露于剩余价值风险。所购资产的剩余价值是指该资产

---

① 宽体飞机（或双通道飞机）是一种足够大的飞机，其可以容纳两个通道，每排至少有六或七个座位。其通常用于长途飞行。A350、A380、B777 和 B787 是宽体飞机的例子。相比之下，窄体飞机如 A320 或 B737 只有一个通道，是为短途飞行设计的。

在未来某一特定时间点扣除累计折旧后的预期价值。航空公司在出售飞机时都会暴露于剩余价值风险。一次销售可以产生巨大的利润或损失。因此，其出售飞机的价格将是该资产整体赢利性的关键组成部分。即使飞机已完全折旧，出售飞机的价格也很重要：这代表航空公司的实际现金。由于航空公司的业务是驾驶飞机而非交易飞机，其宁愿避免这种不确定性。

许多航空公司，特别是最大的航空公司，希望保持一个年轻和现代的机队。其不会将飞机保留 25 年之久。吸引商务舱乘客（最有利可图的客户类型）的竞争非常激烈，拥有新飞机是有利的销售论据。此外，较新的飞机在燃料消耗方面通常更有效，噪声也更小。因此，大型航空公司运营时成本更低（其需要的燃料更少和支付的机场着陆费更低），因为这些费用通常至少部分地与噪音和燃料排放挂钩。

考虑到许多航空公司需要不断升级其机队，剩余价值的风险相当大。基于此，可以将经营租赁看作是航空公司对技术过时的一种对冲。经营租赁允许其能够把过时的技术还给出租人，以换取新型和更有效的飞机。

虽然经营租赁在纸面上看起来更昂贵，但其为航空公司提供了抵御剩余价值风险的保障。投资成本事前已知，只是等于租赁期内未来租金的折现值。飞机的利润完全取决于其运营方式，而非其销售方式。

8.1.4.3　灵活性

航空公司使用经营租赁的第三个原因是，其提供了更多灵活性。若航空公司拥有其所运营的所有飞机，那其就不能对交通的变化做出有效反应。乘客数量的下降必须迅速处理。对航空公司来说，没有什么比驾驶一架空飞机的成本更高。

若航空公司拥有其运营的所有飞机，那么在客流量下降时其会面临困难。其可能会试图出售飞机，但这种代价太大。资产价值会很低，损失不可避免。唯一的选择是继续飞行所有的飞机——另一个代价很大的选择。

对航空公司来说，管理良好的租赁组合必须像一个债务到期分布图。航空公司机队每年都要有一定比例的飞机脱离租赁。如果市场条件恶化，飞机就会交还给出租人，而不会被替换。该策略为航空公司提供了急需的灵活性来应对交通流量变化。

8.1.4.4 会计核算

在过去，人们有时会认为航空公司租赁飞机的原因包括会计准则允许其不披露租赁对资产负债表和损益表的全部影响。经营租赁实际上属于资产负债表之外的交易，缺乏充分的透明度。

该论点实际上从来都不是很有说服力。分析师们在其分析中总是能找到将租赁作为债务进行核算的方法。租赁有两个方面。租金在法律上被视为运营费用（这是一个租赁合同而非贷款），但从经济角度来看也属于资本支出（其是为了支付长期资产）。基于此，评级机构和股票分析师一直在重新调整航空公司的负债水平，将经营租赁的租金视为类似债务的义务。

- 标准普尔和穆迪等评级机构将接受评级的航空公司的经营租赁义务视为债务。两家机构的方法有细微差别，但根本方法类似：未来租赁付款的现值被加到航空公司的净债务总额中。此方法在该行业被广泛使用，并被银行家应用于非评级航空公司。

- 股票分析师也不会被租赁的法律性质所愚弄。其使用 EBITDAR（未计利息、税项、折旧、摊销及租金前利润）的概念来计算航空公司的经营利润率。从传统的 EBITDA 指标中减去租金，就可以将实际存在的租金从航空公司的运营费用中排除。这也意味着租金被认为是一种资本支出。

自 2019 年起，这种说法就完全无效了。美国会计准则委员会和国际准则委员会分别发布了 ASC 842 和 IFRS 16，这要求公司在其资产负债表上将经营租赁作为资产和负债报告。这些规则必须从 2019 年 1 月起实施。具体到 ASC 842，上市公司必须从 2019 年 1 月起实施新规则，而私营公司必须在 2021 年实施这些规则。新的规则大体上要求租赁被记录为使用权资产（right of use assets），并在资产的使用寿命内折旧，所有未来租赁付款的现值被记录为负债。

8.2　出租人

8.2.1　一个历史性方法

8.2.1.1　开端

自 20 世纪 70 年代初开始，飞机租赁已经发展到占在役商用飞机所有权的 45% 左右。其现在是航空业的一个组成部分。第一家飞机租赁公司，国际租赁金融公司（ILFC），于 1973 年由三个匈牙利移民在洛杉矶成立：史蒂文·乌德沃尔哈齐（Steven Udar–Hazy）、他的朋友路易斯·贡达（Louis Gonda），以及路易斯的父亲莱斯利（Leslie）。ILFC 最初只有一架飞机出租给墨西哥航空公司。在 20 世纪 80 年代，其成为令人难以置信的成功故事，并在 1990 年被 AIG 收购。2013 年，ILFC 拥有超过 1000 架飞机的机队。当时，作为 AIG 剥离非战略资产行动的一部分，ILFC 以 54 亿美元的价格卖给了一家竞争对手的（但规模较小）租赁公司 AerCap。[①]

与 ILFC 同时成立的还有两家飞机租赁公司。北极星飞机租赁公司于 1974 年在旧金山成立，创始人是美国前战斗机飞行员彼得·普弗兰德勒（Peter Pflendler）。GPA 是第一家欧洲租赁公司，于 1975 年由托尼·瑞恩（Tony Ryan）在爱尔兰成立，他是爱尔兰航空（Aer Lingus）的前高管。

租赁业在 20 世纪 70 年代因各种原因而兴起。第一个原因可能是 1974 年和 1979 年的石油危机。在此期间，石油价格急剧上升（从每桶 5 美元上升到 40 美元以上），从根本上改变了航空公司的经济状况和赢利能力。航空公司更鲜明地感受到了经营租赁的优势，这推动了这些新晋出租人的发展，尤其是在 1980 年之后。

---

① 尽管哈齐于 1990 年将公司卖给了 AIG，但其一直担任董事长直至 2010 年（64 岁）离开。这年他成立了他的第二家租赁公司——航空租赁公司（Air Lease Corporation）（另一个成功的故事）。哈齐是当今航空业最具影响力的人物之一，估计其净资产达 40 亿美元。

1978 年美国的《航空放松管制法》也震动了航空业——至少在美国是这样。该法案取消了联邦政府对该行业的严格控制，这导致了航班数量的急剧增加、票价的下降和乘客数量的增加。许多航空公司都是在那个时期成立的。对于这些新参与者来说，租赁是唯一的解决方案，可以在没有重大资本支出的情况下开始运作。

放松管制是租赁业的真正肥料。ILFC 在 1979 年只拥有 13 架飞机，到 1989 年其租赁机队增加到 79 架，订单量达到 260 架。GPA 是这种新增长的另一个幸运接受者，从 1979 年的 6 架飞机到 10 年后的 152 架飞机。许多出租人于 20 世纪 80 年代初成立。例如，安捷全球航空服务（Ansett Worldwide Aviation Services，AWAS）成立于 1985 年，5 年后拥有 41 架飞机。

到 1990 年，经营租赁约占在役商业飞机的 15%。从 1987 年开始，欧洲的航空业放松了管制，再加上中东和亚洲的交通流量增长，巩固了经营性租赁的重要性。10 年后，世界上几乎 25% 的商业机队都是租赁的。

8.2.1.2　开普敦公约与租赁全球化

租赁业务成功的关键包括飞机的收回。出租人必须能够迅速收回租给破产客户的飞机，以便将其重新部署在存在需求的地区。收回飞机的工作必须迅速完成，以尽量减少成本和收入的损失。

直到 2000 年代中期，许多"拦路虎"限制了出租人收回其资产的能力。一旦飞机在某国注册，其就受该国法律约束。出租人必须知道如何驾驭该国法律以便能够重获该资产所有权。多年来，航空公司和出租人之间发生了许多法律斗争，特别是在那些法律含糊其词或明显偏向国内航空公司的国家。只有规模最大、经验最丰富的出租人同意在这些国家安置飞机。

在这些国家收回资产最终非常昂贵。出租人必须聘请律师与航空公司进行谈判或花时间在法庭上替自己维权。随后，飞机可以被收回。但通常由于缺乏适当维护，飞机状况往往很差。接着飞机被空运出国，为新租赁做准备。在所有这些过程中，出租人无法获得任何收入。

在 20 世纪 90 年代末，一些国家决定制定共同的法律框架，以促进涉及可移动财产的交易，2001 年在南非开普敦市签署了一项条约，对涉及铁路车辆、航天器和飞机等（包括发动机）交易实行共同标准。该条约被称为《开普敦条约》（或《开普敦公约》），为登记资产及飞机的收回带来了保障。

《开普敦条约》关于飞机的部分于 2006 年开始生效。2020 年，该条约已得到 80 个国家和一个区域组织——欧洲联盟批准。该条约让出租人在其客户破产时更易获得原属于他们的资产。表 8.4 比较了部分破产的航空公司和收回飞机所需的平均天数。在《开普敦条约》生效的国家，收回速度要高得多。

表 8.4　出租人从破产航空公司处收回其飞机所需的平均天数

航空公司	国家	是否遵守开普敦公约	破产年份	收回飞机所需的平均天数
维姆航空（VIM Airlines）	俄罗斯	是	2017	35
全禄航空（Transaero）	俄罗斯	是	2015	60
蒙古航空集团（Mongo-lian Airline Group）	蒙古	是	2013	17
墨西哥航空（Mexicana）	墨西哥	是	2012	90
翠鸟航空（Kingfisher Airlines）	印度	否[①]	2011	+180

资料来源：波音航空工作小组。

《开普敦条约》给予出租人的保障具有双重效果：降低了航空公司的经营租赁成本；加剧了多个司法管辖区出租人之间的竞争。这种情况促进了该行业的发展，到 2010 年代中期，出租人拥有全球商业飞机机队的 45% 左右。这一数字在 2020 年前一直保持稳定。

---

① 印度没有通过立法使其生效。

8.2.2 今日的租赁市场

8.2.2.1 头部出租人

租赁日益受到欢迎。全世界大约有 150 个活跃的经营出租人,尽管只有 20 到 30 个涉及全球业务。今日的领导者是昨日的初创企业。该行业的两个领导者,通用电气资本航空服务(GECAS)和埃尔凯普(AerCap),是唯一拥有超过 1000 架飞机的出租人(即两倍于该行业排名第三的 Avolon 的飞机数量)。其是昨日先驱者的继承人。北极星在 1986 年被通用电气收购,随着其 1990 年收购了 GPA 的大部分资产,便成了 GECAS。AerCap 也包括前 GPA。其在 2013 年收购了 ILFC。表 8.5 是按飞机数量排列后世界上规模最大的出租人名单。

8.2.2.2 出租人的战略

出租人在建立其机队时有三种选择:从航空公司处购买飞机并回租给这些航空公司;直接从制造商那里订购资产;购买附属于其他出租人的租赁飞机。

出租人与航空公司进行售后回租(sale and leaseback)交易极为普遍。在这种情况下,航空公司向制造商(也被称为原始设备制造商或 OEM)订购飞机,并在交付前将其出售给出租人。其同时与该出租人签订租赁协议,据此租回飞机,租期一般为 10 到 12 年。

与出租人签订售后回租协议,可以使航空公司充分受益于租赁的优势(有限的前期现金流出、对冲剩余价值风险以及灵活性)。对出租人来说,这是一个将资本投入工作并获得即时投资回报的解决方案。

出租人可以直接从 OEMs 处订购飞机。这些订单一般被称为投机性订单(specu- lative orders),因为出租人在不知道飞机交付后将租给哪家航空公司的情况下订下这些订单(空客和波音公司通常有 6 到 7 年的等待名单,甚至更久)。

投机性订单是大型出租人的首选投资策略。其直接与 OEMs 谈判,避免了航空公司在销售飞机的中间环节上获取利润。大型出租人还可以批量订购飞机,并从大幅折扣中获益。这极大地增加了出租人的赢利能力。

表 8.5 飞机租赁公司 25 强（按飞机数量排名）

排名	出租人	飞机数量	积压而未交付的订货①	股东
1	GECAS	1 144	351	通用电气
2	AerCap	1 019	306	于 NYSE 上市
3	Avolon	529	362	渤海租赁（Bohai Leasing）（70%）以及欧力士（Orix Corporation）（30%）
4	Babcock&Brown 飞机管理公司（BBAM）	509	—	Onex（35%）、新加坡政府投资公司（GIC）（30%）以及管理层（35%）
5	北欧航空资金（Nordic Aviation Capital）	487	62	马丁·穆勒（Martin Møller）（创始人）、殷拓集团（EQT）、GIC
6	SMBC 航空资金	416	254	SMBC
7	工银租赁	402	123	ICBC
8	航空租赁公司	384	316	史蒂文·乌德沃尔哈齐（创始人），于 NYSE 上市
9	中银航空租赁（BOC Aviation）	356	151	中国银行（70%），于香港证券交易所上市（HKEX）（30%）
10	迪拜航空航天公司资本（DAE Capital）②	354	—	迪拜投资公司（ICD）
11	航空资本集团（Aviation Capital Group）	318	153	东京盛世利株式会社（Tokyo Century Corporation）
12	爱卡索（Aircastle）	275	25	丸红（Marubeni）（75%）以及瑞穗租赁（Mizuho Leasing）（25%）
13	国银航空租赁（CDB Aviation）	227	185	国家开发银行

① 已向制造商订购但尚未交付。

② DAE 于 2017 年 8 月从泰丰资本（Terra Firma Capital Partners）以及加拿大退休金计划投资委员会（CPPIB）处收购了 AWAS。

排名	出租人	飞机数量	积压而未交付的订货①	股东
14	凯雷航空合作伙伴（Carlyle Avi-ation Partners）	225	—	凯雷
15	欧力士航空	223	—	欧力士
16	交银金融租赁（Bocomm Leasing）	212	30	交通银行
17	卡斯雷科航空（Castlelake Avia-tion）	210	—	卡斯雷科
18	麦格理航空融资	195	60	麦格理、PGGM 基础设施基金、Sunsuper
19	波音资本公司（Boeing Capital Corporation）	193	29	波音
20	苍鹰航空（Goshawk）	177	40	新创建集团（NWS Holdings）、周大福企业有限公司
21	杰克逊广场航空（Jackson Square Aviation）	174	30	三菱日联租赁金融公司（Mitsubishi UFJ Lease & Finance Company Limited）
22	阿维马克斯飞机租赁（Avmax Aircraft Leasing）	149	—	阿维马克斯集团
23	AMCK 航空（AMCK Aviation）	145	20	长江实业集团、三菱
24	中国飞机租赁集团（CALC）	137	190	中国光大控股（35%），于 HKEX 上市
25	渣打航空融资（Standard Char-tered Aviation Finance）	129	—	渣打

资料来源：改编自 Ascend。截止到 2019 年 12 月 31 日。

然而，投机性订单只对大型出租人有益。只有大型出租人能够在下订单时支付制造商要求的首付，以及支付销售团队的费用，以在飞机实际交付前与航空公司洽谈并安排租赁。虽然售后回租可由任何愿意配置资本的出租人完成，但投机性订单却需要一个良好的经营租赁平台。[1] 此外，OEMs 一般不愿意将飞机卖给没有经过验证的出租人，因为其不希望最后出现白尾飞机（white tails），即已经制造出来但仍未售出的飞机（当订购飞机的公司在交付前违约就会发生这种情况）。

对航空公司来说，与有投机性订单的出租人签订租赁合同非常便利。其不需要向 OEM 支付首付款，也不需要提前太久计划机队的配置。对许多航空公司来说，根本不可能提前六七年知道需要哪种飞机。这行的生意太不稳定和太不可预测了。（原书第 215 页）基于此，能够提前下订单的出租人的存在是有益的，其可以确保飞机在需要时可以使用，而无须承诺购买。出租人一般在飞机交付前两三年将飞机提供给航空公司。

最后，出租人可以从其他出租人那里购买飞机。飞机在出售时总是附有租约，以确保新的出租人买到一个能产生现金流的资产。这些交易对新成立的出租人非常有吸引力，其可以通过这种方式迅速建立一个大型和多样化的组合。

出售这些飞机的出租人通常意在减少暴露于特定客户、地区或飞机类型的风险。这也是其创造额外利润的一个策略，因为这些飞机通常以溢价出售。

8.2.2.3　存在的关联

今天最大出租人所拥有的资产比最大航空公司所运营的飞机总数还多。表 8.6 展示了世界上最大航空公司的机队规模。这个数字包括拥有或租赁的飞机。

---

[1]　在 2015 年 9 月的投资者日活动上，AerCap 的首席商务官被问及公司的租赁放置能力，他表示该公司在欧洲、中东和非洲地区有 70 名面向客户的员工，在美洲有 31 名，在亚洲有 25 名。这种组织架构对于小型租赁公司来说是不可承受的。

表 8.6　按机队规模排名的全球十大航空公司

排名	航空公司	国家	机队规模
1	达美航空	美国	884
2	美国航空	美国	871
3	联合航空	美国	808
4	汉莎航空集团（Lufthansa Group，包括德国汉莎航空、瑞士航空、奥地利航空、布鲁塞尔航空、欧洲之翼）	德国、奥地利、瑞士	752
5	西南航空	美国	739
6	中国南方航空	中国	620
7	中国东方航空	中国	527
8	国际航空集团［IAG，包括英国航空、伊比利亚航空、爱尔兰航空、伏林航空（Vueling）］	英国、西班牙、爱尔兰	598
9	法航–荷航集团	法国、荷兰	539
10	中国国际航空（Air China）	中国	429

资料来源：作者。

　　鉴于最大出租人现在拥有这么多飞机，其已成为飞机制造商的关键客户。虽然在经营租赁的早期时光，其有时会被 OEMs 视为一种烦扰，但现在其已化身为备受尊敬的客户。波音、空客和其他制造商知道其在市场上的分量，并认真听取其意见。体现出租人影响力最著名的例子可能是史蒂夫·哈兹（Steve Hazy）（译者注：即史蒂文·乌德沃尔哈齐，此名为其别称。）——当时 ILFC 的 CEO，对空客 A350 的初设计的反应。在 2006 年 3 月的一次会议上，哈兹被邀请作为演讲嘉宾，他公开表示，这个一年前启动的项目，是空客应对波音 787 项目的权宜之计（band-aid reaction）。空客把这句话放在了心上，回到绘图板上，创造了一个并非基于 A330 的全新机身。2006 年 7 月，重新设计的新飞机收到了第一批订单。

如果说哈兹的意见可能不是空客决定重新设计整架飞机的唯一原因（许多航空公司也持怀疑态度），那么其意见已被视为出租人对市场影响力日益增长的标志。哈兹已成为整个行业的代言人。他能够公开为一家领先的 OEM 提供战略投资建议，并推动其做出 80 亿美元的决定，即 A350 项目的最终成本。

8.2.2.4 碎片化市场

从宏观经济的角度看，租赁的优势来源于其属于全球性业务。虽然航空公司高度依赖当地环境，并可能受到国内市场衰退的影响，但租赁公司可以将飞机放置在更有活力的地区来抵消世界上某些地区客户的困难情况。

若出租人有均衡的投资组合，理论上其应该对当地的颠簸保持相当的免疫力。其应当暴露于全球航空运输市场的增长。正如我们之前所见，该市场正处于扩张中。在过去的 50 年里，市场规模每 15 年翻一番，主要可归功于全球购买力的增加（特别是在亚洲）、管制放松、大众旅游以及票价的下降。

基于上述原因，多年来租赁吸引了广泛的投资者。2002 年至 2018 年间，出租人的数量增加了 50% 以上，形成了一个更加碎片化的市场。头部出租人的相对权重已经下降，在此期间，几个头部出租人业已成立。工银租赁成立于 2007 年，Avolon 和航空租赁成立于 2010 年。图 8.2 表明，自 2002 年以来，租赁业日益碎片化。2006 年受生效的《开普敦条约》的影响显而易见。

8.2.3 飞机经营租赁市场的动态变化

在过去 20 年里，租赁市场发生了极大的变化。仔细看一下 8.2.2.1 节中表 8.5 的最后一栏，你就会发现各种各样的投资者都活跃在这个行业中。有些是历史上的参与者，有些则是新晋者。其背景说明了租赁市场的特殊性，该行业吸引了具有房地产或基础设施背景的投资者。

8.2.3.1 高进入壁垒的行业

尽管租赁业日益碎片化，但 1970 年代的先驱者仍是今日市场的领导者。其规模至少是竞争对手的两倍。如前所述，北极星成为 GECAS，并

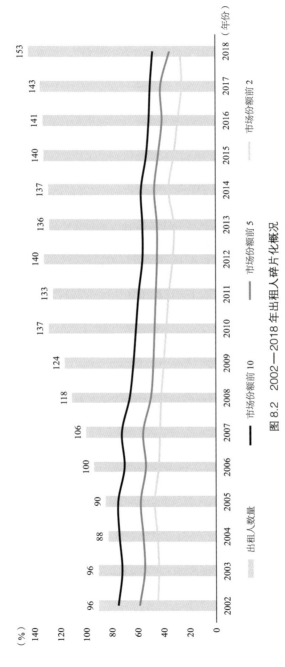

图 8.2　2002—2018 年出租人碎片化概况

资料来源：Ascend，波音。

在 20 世纪 90 年代初收购了 GPA 的大部分投资组合；AerCap 是几次合并后的结果，其包括老 GPA 和前 ILFC（见案例研究 8）。

历史悠久的公司在成立近 50 年后仍占据主导地位，这表明要想在该行业取得成功，必须拥有一个高效的平台。经营租赁行业需要大量资本和强大的专业知识。按车队规模计算的第三大出租人 Avolon 充分反映了这一现实。其结合了这两者于 2010 年成立；苏格兰皇家银行航空（RBS Aviation）[①]的前管理团队带来了专业知识，而四个主要投资者则带来了资本——辛门（Cinven）、CVC、橡树山资本合伙人和新加坡政府投资公司（GIC）。

租赁需要大量资本（购买飞机），但也需要坚实的专业知识。出租人必须以合适的价格购买合适的飞机，并将其租赁给合适的航空公司。出租人还必须有能力在客户违约的情况下迅速收回飞机。2011 年在翠鸟航空破产后，主要出租人在两周内就拿回了他们的飞机，而其他一些出租人则需要等待一年多的时间：第 8.2.1.2 节中表 8.4 所示数字只是一个平均值。

8.2.3.2　中国出租人的崛起

前文表 8.5 的分析带来的第二个收获可能是中国出租人占世界最大租赁公司中的比重。中国的银行旗下三个子公司排名前 15：工银租赁（7）、中银航空租赁（9）、国银航空租赁（13）。其他几家中资银行也活跃在该领域：建信金融租赁和招银金融租赁分别是中国建设银行（CCB）和招商银行（CMB）的子公司，都拥有约 70 架飞机。[②]

这些出租人的活动是中国航空运输市场增长的直接结果。在过去的 30 年里，这种增长是惊人的，并且在未来的 20 年里还会继续下去，原因是当地居民消费能力的提高和中国政府对机场基础设施的投资。该情况激起了中国投资者的兴趣，特别是中国银行，其作用是参与国家的发展。

---

① RBS 航空在 2012 年被 RBS 出售给 SMBC，成为 SMBC 航空资本，这是英国银行在 2008 年危机后剥离非核心资产的一个举措。

② 见《2019 年航空企业融资与租赁报告》。

一些非银行相关的中国投资者也活跃在租赁领域。海航集团是一家主要从事航空和旅游行业的中国企业集团，其子公司渤海租赁在 2016 年收购了 Avolon 公司。随后，Avolon 以 100 亿美元收购了 CIT 集团的飞机租赁业务，全球第三大租赁商就此形成。

更广泛地说，租赁是中国航空战略的一个关键组成部分。例如，中国出租人与中国航空公司一起成为中国新型窄体飞机中国商飞 C919 的首批客户，该飞机预计于 2022 年投入商业服务，与空客 A320 和波音 737 进行竞争。

中国香港投资者也发现了飞机经营租赁在内地（或者说在亚洲）的机会。在前 25 名的名单中，有三家出租人—苍鹰航空（20）、AMCK 航空（23）和 CALC（24）—由来自中国香港的投资者所有。其中两家公司——苍鹰航空和 AMCK 航空，部分或完全由具有强大房地产背景的股东控制：新创建集团、周大福（CFTE）和长江实业。

飞机租赁和房地产之间的相似性可以解释这些公司对该行业的兴趣。在这两个市场中，投资品都是供应有限的实物资产，其市场价值根据需求快速波动。从投资组合的角度来看，收入来自各种最终用户，若其不支付租金，从法律意义上说就无法使用这些资产。基于此，一些证券分析师有时将飞机租赁称为"飞行房地产"。

8.2.3.3　日本出租人

日本投资者是飞机租赁业的另一个推动力。其中有几家（欧力士、SMBC、东京盛世利株式会社、丸红、瑞穗和三菱）拥有或控制着一些世界上最大的出租人。其中，欧力士公司甚至在两个不同的出租人中拥有权益。其拥有欧力士航空（15）全部股权，并拥有 Avolon（3）的 30% 少数股权。

日本是世界上第三大航空市场（仅次于美国和中国），日本的银行和投资者一直对该行业表现出兴趣。如果说其在 1991 年房地产崩溃后退出了市场，那么自 2010 年以来，则又强势回归。该行业最近一些最大的 M&A 交易都有日本投资者参与：SMBC 在 2012 年收购了 RBS 航空，欧力士在 2018 年获得了 Avolon 30% 的股权，东京盛世利株式会社在 2019 年收购了美国出租人航空资本集团，丸红和瑞穗在 2020 年收购了爱卡索。

这种收购狂潮揭示了日本投资者对飞机租赁的强烈欲望。他们对稳定现金流和该行业高进入壁垒感兴趣。对他们来说,这代表了一个机会,让他们可以对日本以外有弹性但不断增长的市场进行长期投资。不足为奇的是,这些投资由同样活跃在基础设施领域的公司进行,该行业与飞机租赁有很多共同点(实物资产、稳定和经常性的现金流、高进入壁垒)。其中一些日本出租人主要是项目融资领域最活跃银行的子公司:SMBC、三菱日联和瑞穗(见第 5 章第 5.3.1.1 节表 5.4)。

8.2.3.4 长期基础设施投资者

并非只有日本银行看到了飞机租赁和传统基础设施领域的相似之处。一些持有棕地基础设施资产股份的国际投资者也对租赁公司有兴趣。例如,GIC 是希思罗机场的股东之一(见第 5 章第 5.2.2.3 节表 5.1),也是全球许多其他基础设施资产的投资者,其在世界领头的两个出租人BBAM(4)和北欧航空资金(5)中拥有股份。[①] 若租赁公司不是真正的基础设施资产,其中有多少属于我们已经提到的类基础设施资产家族(见第 5 章第 5.2.5 节)。

其他在经营出租人中拥有股份的基础设施投资者有麦格理、PGGM和 Sunsuper。这三者共同控制着麦格理航空金融公司。这是一家拥有近 200 架飞机的出租人。麦格理是基础设施融资的头部投资者之一,而PGGM 和 Sunsuper 是两个主要的养老基金。它们都在为其客户利益寻找长期收益。

这些投资者(可以加上 ICD,即迪拜的主权财富基金,DAE 资本的唯一股东)一般都是长期投资者。其看到的是一个不断增长的市场,具有强大的基本面和高进入壁垒。若经营航空公司是一项困难业务,那么作为一个管理良好的出租人,其所拥有的股权应当更不易波动。假设人们继续更多地乘坐飞机旅行,那么无论最终的客户是谁,都会

---

① 在此情况下,利益冲突是可以避免的,因为 BBAM 和北欧航空活跃于两个不同市场领域。北欧航空专注于支线飞机 [ATR、庞巴迪(Bombardier)、巴西航空工业公司(Embraer)],而 BBAM 主要拥有空客和波音飞机。

需要飞机。[①]

8.2.3.5　私募股权公司

在过去十年中，飞机租赁也吸引了传统私募股权公司的兴趣。这些投资者的投资期限通常比养老基金或传统的基础设施投资者要短。然而，其基于类似原因投资该行业。BBAM 的股东 Onex 公司和北欧航空的股东 EQT 都属此类。

私募股权公司也可以直接管理其自己的经营租赁平台。凯雷和卡斯雷科就是这种情况，其分别经营着全球第十四和第十七大出租人。这些私募股权公司管理飞机的投资组合，就像其他人管理股票或债券的投资组合一样。其认为经营租赁是以飞机为抵押向航空公司提供贷款。从本质上讲，租赁是一种由实物资产担保的高收益贷款。在这方面，凯雷航空合作伙伴被纳入凯雷的信贷业务而非股权部门就不奇怪了。

然而，不应将凯雷和卡斯雷科视为缺乏飞机专业知识的金融投资者。两者都活跃在中期至报废商用飞机领域。换句话说，其主要收购和租赁至少 15 年以上的资产。在该细分市场上资产流动性较差，承租人往往是小型航空公司。虽说回报较好，但风险本质上也较高。凯雷和卡斯雷科已经筹集了几个飞机基金，其中一些专门投资报废的飞机，投资者的回报部分来于普通合伙人在飞机寿命结束时将其拆解并在市场上出售零部件的能力。该策略显然需要强大的工业知识。

8.2.3.6　侧挂车

主要出租人和第三方投资者之间的合资企业是经营租赁市场的另一个特点。航空运输业的扩张和未来 20 年的积极前景在市场上吸引了大量的资本，特别是（正如我们所看到的）来自亚洲的投资者或私募股权专家。有些投资者不想投资某平台，或未能获得租赁公司权益，或未能控制出租人，其已与现有参与者组成了合资企业［或被称为侧挂车（sidecars）］。

在典型的侧挂车交易中，出租人和第三方投资者组成一个新公司，其目的是购买飞机并将其出租给客户。双方都为合资企业（joint venture，

---

① 新冠疫情的情况可能会使一些投资者修正相关观点，但我们仍然相信主要分析是正确的。

JV）的股权出资，但出租人也扮演该结构服务者的角色。出租人负责发起交易、购买和销售飞机，与航空公司谈判、处理付款和后台工作，并在必要时收回和重新部署资产。出租人为此收取一系列固定或可变费用，这取决于双方的股东协议。例如，可以为发起交易（发起费）、出售飞机（基于销售的费用）和谈判租赁（基于租金的费用）支付费用。这些费用的精确机制因不同的侧挂车而异，但目标就是确保出租人在代表 JV 所进行的每一步工作中都得到报酬。图 8.3 展示了简化后的侧挂车交易图。

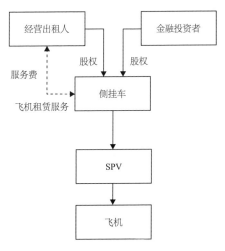

图 8.3　简化后的侧挂车结构

JV 是一个完全独立的公司。其有自己的董事会和决策程序。其不由出租人管理。租赁公司通常是结构中的一个小股东，并不控制 JV。因此，它采用权益法对自己在侧挂车中的所有权份额进行核算。侧挂车并未被出租人合并。[①]

---

① 　根据权益法，投资者对某公司的投资被记录为投资者资产负债表中的非流动资产。该投资所产生的利润在年底时被添加到该非流动资产的价值中，但同时也会在投资者的损益表中得到确认。当投资者对该公司无控制权但对其行使重大权利时，必须采用权益法。请注意，重大权利指的是股权、投票权等。我们在第 5 章第 5.2.4.3 节中对该权益法有过说明。

随着 JV 中飞机的增加，股东对侧挂车的资本投入正逐步进行。利润分配可以多种方式构建。其可以根据每个股东在侧挂车中的股份进行分配，或者类似于私募股权的方式。在该模式下，一旦两类股东的资本投入得以偿还并达到一定的回报水平，出租人就会获得高于其在 JV 中所有权比例的利润份额。

侧挂车投资策略一开始就会在 JV 投资指南中被明确规定。双方必须明确目标飞机的类型（新的或中期的，货机或客机）、最低租赁期、客户群，以及按航空公司、航空公司类型或国家所规定的集中度限制。投资指南还必须确保出租人和 JV 之间没有利益冲突。

一些飞机专家对此持怀疑态度。侧挂车显然是出租人向航空公司出租更多飞机的一种方式，而这并非为其自身集中规则所允许。因此，当发生违约时存在利益冲突的风险，此时多架飞机（一些属于 JV，一些属于出租人）必须由出租人同时重新部署。部分处理这个问题的方法是让出租人和 JV 专注于两个不同的细分市场（新资产与报废资产、不同客户群等）。

尽管存在潜在利益冲突风险，但侧挂车结构在行业内相对普遍。该方式可以让出租人在不投入大量资本的情况下增加收入：AerCap 与中国投资者设立了侧挂车，航空租赁公司于 2014 年与纳皮尔公园（Napier Park）建立了一个名为黑鸟资本Ⅰ（Blackbird CapitalⅠ）的侧挂车（航空租赁在其中拥有 9.5% 的权益），GECAS 和 CDPQ 在 2017 年创建了自己的工具，CALC 在 2018 年与三个中国国有企业建立了一个侧挂车。

这些侧挂车使金融投资者能够进入租赁市场，而不必购买现有参与者或建立自己的平台。其与一个头部出租人合作，并从其平台中受益。对出租人来说，JV 所支付的费用是一个额外且稳定的收入来源，而不伴随额外债务（因为侧挂车债务并未被合并）。[1]

8.3　贷款人

经营出租人在为其资产融资方面有几种选择。其可以决定依靠商业

---

[1]　其采用了权益法。

银行或 ECAs 为每项资产单独融资。其也可以决定在公司层面筹集资金，或为资产组合融资。

8.3.1　抵押贷款

8.3.1.1　结构

如第 7 章所述，抵押贷款是经营租赁中一种常见的融资结构。资产由一个 SPV 收购，该 SPV 由股权和债务混合融资。股权由出租人投资，债务则由商业贷款人承担。对出租人来说，债务无追索权，但贷款人获得资产的抵押权。第 7 章中的图 7.3 显示了一个涉及经营出租人的简化抵押贷款结构。

抵押贷款对出租人来说是一种非常方便的融资选择。就像航空公司一样，出租人可以筹集长期资金为长期资产融资。贷款的到期日与租赁的到期日相匹配，因此在租赁期结束时，债务将得以完全偿还。租金的计算是为了涵盖 SPV 的债务偿还义务，并向出租人支付股利或票息。租金一般会被按月支付，会被优先用于偿还贷款人，然后再被用于偿还出租人。这种类型的瀑布现在应为我们的读者所熟知。

出租人对 SPV 的投资在概念上仍属于股权投资，但在法律上是股东贷款。股权投资一般仅限于成立公司所需的最低数额的股权。其余投资则以股东贷款的形式进行，并按月偿还。该结构允许出租人每月收到票息，而不受股利分配的限制（每年只能发生一次）。该融资策略给了出租人更多的灵活性。其增加了出租人的内部收益率，并在 SPV 从会计角度来看即使是亏损的情况下——取决于飞机的折旧情况，也可能会发生让出租人收到付款的情况。该技术与我们在项目融资中看到的类似。[①]其存在只是为了优化对股权持有人的股利分配。

8.3.1.2　银行眼中的抵押贷款

抵押贷款方案对银行来说极具吸引力。虽然其提供的是长期资金，但从 RWAs 的角度来看，贷款并不昂贵。其从飞机抵押贷款中获得正收

---

① 见第 6 章第 6.3.2.2 节。

益，许多银行在巴塞尔高级法下从监管机构处获得了优惠待遇。

对银行和监管机构来说，该待遇是合理的，因为贷款人得到了一种流动资产的超额抵押。此外，长期 LTV 会随着时间推移而得到改善（即减少），这是对贷款人的另一个保障因素。对新飞机的融资来说，LTV 的这种改善尤为真切。这些资产有 25 到 30 年的使用寿命，而其一般由 10 到 12 年的摊销贷款来融资。换句话说，飞机价值需 25 到 30 年才会归零，而贷款在 10 到 12 年内就摊销到零。

让我们举个例子来说明这一点。如果一架价值 1 亿美元的飞机有 25 年的预期寿命，那么飞机的价值将每年折旧 400 万美元（为简化起见，假设资产线性折旧）。如果银行通过在 10 年内全额摊销的 8000 万美元贷款为该资产融资，其风险将每年减少约 800 万美元（也是简化）。因此，银行的风险暴露比飞机的市场价格下降得更快。这是资产融资的成就之一：LTV 随着时间推移而改善，这意味着贷款人所担风险在减少（见表 8.7）。

表 8.7　以 1 亿美元飞机作为抵押物的 10 年期 8000 万美元贷款 LTV 的计算

年数	贷款金额	本金偿还额	利息偿还额	总偿还额	飞机的预计市值	LTV（％）
	80 000 000				100 000 000	80
1	73 336 724	6 663 276	3 200 000	9 863 276	92 500 000	79
2	66 406 918	6 929 807	2 933 469	9 863 276	86 487 500	77
3	59 199 919	7 206 999	2 656 277	9 863 276	80 865 813	73
4	51 704 640	7 495 279	2 367 997	9 863 276	75 609 535	68
5	43 909 550	7 795 090	2 068 186	9 863 276	71 072 963	62
6	35 802 657	8 106 894	1 756 382	9 863 276	66 808 585	54
7	27 371 488	8 431 169	1 432 106	9 863 276	63 134 113	43
8	18 603 071	8 768 416	1 094 860	9 863 276	59 661 736	31
9	9 483 919	9 119 153	744 123	9 863 276	56 380 341	17
10	0	9 483 919	379 357	9 863 276	53 279 422	0

表 8.7 列出了以下交易 LTV 的计算：

- 飞机成本：1 亿美元。
- 优先级贷款金额：资产价值的 80%，即 8000 万美元。
- 利率：4%。
- 贷款期限：10 年，无气球偿付。
- 飞机估计价值：根据不同评估师提供的数据计算[①]。
- LTV：以贷款金额与飞机预期价值之比计算。

表 8.7 清楚地显示，交易的 LTV 随时间推移而改善。对贷款人来说，融资的头几年风险最大。在承租人违约的情况下，其从抵押品中得到的保护缓冲较低。两个互补的现象造成了这种情况：

- 在最初几年，飞机价值急剧下降。这主要是由于飞机不再是新的。潜在买家对使用过一两年资产的需求相对有限，因为如果价格范围相似，他们总会选择新飞机。此时抵押品需要一个大的折扣来确保其能够被快速销售。
- 相反，分期付款贷款在融资初期的摊销速度相当慢。利息支付在开始时相当大，但在结束时则是最小的（第 1 年为 320 万美元，第 10 年为 30 万美元）。

贷款人的境况随着时间推移而改善。LTV 在第 1 年和第 2 年只改善了一个和两个点，但在第 7 年和第 8 年分别改善了 11 个和 12 个点。

从风险的角度来看，LTV 的逐步改善意味着交易存在两个不同阶段：

- 在第一阶段，贷款人接受公司风险。在此时期，银行有一个高的 LTV。若承租人违约，其将暴露于飞机二级市场上剧烈的价格波动。换句话说，其抵押品所提供的保护将切实存在，但也相当有限。贷款人进入交易主要是因为其没有预料到承租人在此阶段会

---

① 作者汇总的数据：飞机的市场价值在第一年会下降 7.5%，第二、三、四年下降 6.5%，第五、六年下降 6%，之后每年下降 5.5%。毋庸置疑，没有人能够确定未来的价格，评估师的估计也不例外。不过，这些预测依然有用，因为其基于过去的统计数据。即使这些数字只是一个近似值，它们也是相关的，因为二手飞机市场的波动性有限。

违约。对资产的考虑是次要的。

- 交易进入第二个阶段。谁能真的声称对一家航空公司在 10 或 12 年内的发展了如指掌？这种不确定性（随着时间的推移而增加）部分地反而被逐渐改善的 LTV 所抵消。贷款人通过逐渐增值的抵押贷款来补偿承租人缺乏的未来可预见性。

8.3.1.3 无追索权融资

尽管从概念上看，提供给 SPV 的债务对出租人无追索权，但对贷款人来说通常还有一些额外的保障因素。例如，出租人可以在承租人发生违约事件后的一定时期内（通常是六个月）提供债务偿还担保。该机制在理论上给了出租人足够的时间来寻找新的承租人，并为双方带来价值：

- 这对出租人来说是积极的，否则贷款人将行使其在抵押贷款下的权利——控制资产并进行出售（无论市场条件如何）。
- 这对贷款人也是有利的。其不擅长收回资产，更愿意让出租人去操作并与其他承租人一起找到解决方案。

一旦确定了新的承租人并且其接受了资产的租赁，就可以获得新的贷款（一般由对新承租人更熟悉的银行提供），而第一笔贷款就可以得到偿还了。

在所有条件相同的情况下，这种结构特点意味着与直接向航空公司提供抵押贷款相比，银行更愿为经营出租人提供贷款。虽然银行起初认为出租人是不必要的中介，但现在其认可了出租人的价值。

前文表 8.7 中提到的数字在银行直接向航空公司贷款的情况下也是如此。然而，在存在出租人时，若航空公司违约，银行可以从财务和后勤支持中获益。这增加了其优化抵押品价值的机会，因为出租人比银行更有能力收回和出售或再出租飞机。

8.3.1.4 出口信贷机构

出租人也可以在出口信贷机构的支持下为其对资产的收购融资。如果出租人购买的资产不是在其所成立的国家制造的，那么将存在出口合同，出租人有可能有资格获得 ECA 的保障。[1]

---

[1] 关于出口信贷机构的定义及其运作方式的更多细节，请参阅第 5 章第 5.3.5 节。

ECA 参与的交易与其他交易并无太大大区别，在这些交易中，SPV 得以设立，并通过出租人的股权以及商业贷款人提供的债务进行融资。唯一的区别是，债务由出口信贷机构担保。作为交换，银行将抵押贷款的利益转让给 ECA。

提供保障的决定是由出口信贷机构根据融资结构的稳健性、出租人的经验、承租人的质量以及 ECA 的信贷限额做出的。根据其自身的政策和最终的信贷批准，ECA 可以要求贷款人承担剩余风险。支付给 ECA 的保障费用与结构的风险相适应。

8.3.1.5 资产融资 vs 项目融资

尽管项目融资和资产融资看起来非常相似，但项目融资贷款和旨在为经营租赁提供资金的抵押贷款之间有一些关键的区别。表 8.8 对这两类贷款进行了相互比较。

8.3.2 无担保融资

8.3.2.1 债券

由于租赁市场在过去20年的增长，[①]一些出租人现在的规模足以在公司层面筹集大量资金。拥有多样化投资组合、完善平台和保守信用指标的出租人，甚至能够获得投资级的评级。该评级使出租人能够进入传统的债券市场，并获得大量流动资金。

表 8.8 项目融资贷款 vs 出租人的抵押贷款

	项目融资贷款	经营租赁的抵押贷款
使用 SPV	是	是
SPV 融资	债务和股权混合	债务和股权混合
实物资产融资	是	是
融资目的	固定基础设施	可移动资产
建设风险	若为绿地资产，则有	从未有过，资产只有在交付后才会融资

---

① 占据全球商业机队的比例从 25% 上升到近乎 50%。

255

	项目融资贷款	经营租赁的抵押贷款
信用风险	项目风险：由项目产生的现金流	公司风险：承租人支付租金的能力。承租人支付租金，不论资产的赢利能力
贷款方	银行、基础设施债务基金、债券投资者（如果是项目融资债券）、ECAs、DFIs	只有银行，有时由 ECAs 支持
期限	最长可达 25 至 30 年	大多为 10 至 12 年
贷款配置	取决于项目现金流和项目风险，可以是迷你型永久贷款或完全分期贷款	分期付款贷款
股权投资人	金融或实业发起人	经营出租人

拥有投资级别的评级是积极的，因为该市场适用的票面利率明显低于高收益债券利率。在一个竞争日益激烈、产品差异化很小的行业中，这是一个重要优势。表 8.9 列出了 2018 年由出租人发行的无担保债券清单。Avation 或无畏航空（Intrepid Aviation）这两个较小出租人所支付的票面利率，清楚地显示了大型或投资级出租人相对于小型出租人的优势。

确保投资级评级已成为大型出租人的关键目标。2018 年，欢迎欧力士公司成为阿瓦隆租赁（Avolon）少数股东的决定主要是为了提高阿瓦隆的信用评级。穆迪对这一举措持积极看法，在交易不久后就将出租人的评级从 Ba2 提升到 Ba1，只比投资级低一个档次。

近年来，一些出租人的信用指标得到了强有力的改善，甚至在新冠疫情危机的情况下也成功地保持了投资级评级。尽管我们仍然非常谨慎，但具有重要意义的事实是，在航空业历史上最严重的危机开始五个月后，惠誉于 2020 年 7 月 9 日确认了其中八个出租人的投资级评级（见第 8.3.2.2 节的表 8.10）。不过，如果航空公司的信用指标进一步恶化，出租人的平均评级很可能被下调。惠誉在其报告中强调，该行业的前景是负面的。[1]

---

[1] 来源：惠誉。

8.3.2.2　银行授信

除了筹集债券，大型出租人也像其他公司一样拥有银行授信。其有双边额度、定期贷款和循环信贷授信（RCF）。与定期贷款相反，RCF默认为未提取。RCF是备用授信，可在需要时提取。若未被提取，借款人只需支付承诺费。承诺费通常等于适用保证金的35%。出租人在新冠疫情危机期间动用了其RCF，这使其在大多数客户面临困难并试图重新谈判租约时获得了短期流动性。例如，AerCap在2020年第一季度从其RCF中提取了40亿美元。在第二季度，该公司筹集了30亿美元的资金，包括25亿美元的无担保债券，使AerCap能够偿还其RCF。[①]

无担保资金在租赁业中日益重要，在房地产专家看来此乃稀松平常。出租人融资策略的演变在很多方面都遵循了房地产公司的路径。虽然小型房地产业主在无追索权的基础上独立为其资产融资，但大型房地产公司则通过公司债或债券筹集大部分资金。这给资产和负债都带来了更多的灵活性和简易性。根据表8.9，AerCap在2018年仅用四次交易便筹集了23亿美元的无担保债务。如果通过一系列的抵押贷款来筹集同样的金额，将更加复杂、成本更高。在飞机出租人中，航空租赁走在了这一趋势的前列。截至2020年3月，其所筹资金的98.7%为无担保债务（而AerCap为72%）。[②]

表8.9　出租人2018年发行的无担保债券

出租人	发行日期	金额（百万美元）	票面利率	到期日（年）
航空租赁	1月2日	550	2.500	2021
航空租赁	1月2日	700	3.250	2025
AerCap	1月6日	550	3.875	2028
AerCap	1月6日	600	3.300	2023

---

① 来源：标普。

② 资料来源：公司。

出租人	发行日期	金额 （百万美元）	票面利率	到期日 （年）
中银航空租赁	1 月 25 日	300	3.500	2023
阿瓦隆租赁	3 月 1 日	500	5.500	2023
中银航空租赁	4 月 23 日	500	浮动利率	2021
航空资本集团	4 月 24 日	650	3.875	2023
Avation	5 月 5 日	300	6.500	2021
AerCap	6 月 5 日	600	4.125	2023
无畏航空	7 月 23 日	500	8.500	2021
SMBC 航空资本	7 月 23 日	500	4.125	2023
航空资本集团	7 月 25 日	500	4.125	2025
航空资本集团	7 月 25 日	300	浮动利率	2021
AerCap	8 月 4 日	600	4.450	2025
阿瓦隆租赁	9 月 6 日	1 000	5.125	2020
中银航空租赁	9 月 19 日	500	浮动利率	2023
爱卡索	9 月 20 日	650	4.400	2023
航空租赁	10 月 9 日	700	3.500	2022
航空租赁	10 月 9 日	500	3.875	2023
DAE	11 月 1 日	500	5.750	2023
DAE	11 月 1 日	500	5.250	2021
航空租赁	11 月 6 日	500	4.625	2028
航空资本集团	11 月 28 日	300	4.373	2024
航空资本集团	11 月 28 日	500	浮动利率	2021
总计		13 300		

资料来源：飞行国际（FlightGlobal）。

表 8.10　选定数量出租人的长期评级

出租人	截至 2020 年 7 月 9 日惠誉的长期评级
AerCap	BBB−/ 展望负面
爱卡索	BBB/ 展望稳定
航空租赁公司	BBB/ 展望负面
Avation	B/ 展望负面
航空资本集团	BBB−/ 展望负面
阿瓦隆租赁	BBB−/ 展望负面
中银航空租赁	A−/ 展望稳定
迪拜航空公司（Dubai Aerospace Enterprise）	BBB−/ 展望负面
SMBC 航空资本	A−/ 展望负面
航行者航空（Voyager Aviation）①	BB−/ 展望负面

资料来源：惠誉评级公司。

尽管出租人越来越依赖公司筹资，但飞机仍然通过独立 SPV 收购。然后每个 SPV 都由股东贷款融资。这是向出租人发放定期票息以及隔离风险的最佳解决方案。如果由于某种原因，飞机所有者因飞机给第三方造成损失而需承担赔偿责任，那么所有者的责任事实上仅限于 SPV 所拥有资产的价值。

8.3.3　其他结构

8.3.3.1　证券化

证券化是一种允许出租人通过发行类似于债券的工具为资产组合融资的结构。在典型的飞机证券化中，出租人将几架飞机卖给 SPV，SPV 继而发行由飞机投资组合产生的租金所支持的证券。这些证券被称为资产支持证券（asset-backed securities，ABS），其被愿意暴露于飞机租赁

---

① 航行者航空是表 8.9 提到的无畏航空的前身。

多样化组合的投资者收购。

ABS 的收入仅来源于出售给 SPV 的资产所产生的收入。根据交易的情况，出租人可以选择是否投资 ABS。出租人通常仍然负责管理出售给 SPV 的投资组合。其确保租金的如期支付，并有责任在某个承租人违约的情况下收回和再出租飞机。可以说，出租人充当了服务者的角色。

本书第四部分将深入讨论证券化。证券化本身就是结构化交易类型：ABS 持有人获得由 SPV 发行的证券，同时对飞机组合的原始卖方没有追索权。2018 年，飞机 ABS 的发行总额为 61 亿美元，大约是经营出租人发行的无担保债券数额的一半（见前文表 8.9）。[①]

8.3.3.2　JOLCOs

尽管 JOLCOs 并非出租人主要资金来源，但其可以利用 JOLCOs 为收购飞机提供资金。在此情况下，由日本税务投资者设立的 SPV 将资产租赁给出租人拥有的 SPV，而后者又将飞机转租给航空公司。

案例研究 8：首个巨型飞机租赁公司 GPA 集团的兴衰

作为第一家巨型飞机租赁公司，吉尼斯–皮特航空（Guinness Peat Aviation，GPA）的故事在很多方面都独一无二。该公司诞生于爱尔兰西海岸的一个小城市，随后成长为一个全球领先的公司，并为许多人所钦佩。尽管命运悲惨，但 GPA 抓住了租赁业集体的想象力，并标志着一代先驱者。在倒下近 30 年后，其仍是该行业的标杆。

早期时光

GPA 于 1975 年由托尼·瑞安（Tony Ryan）成立，他是前爱尔兰航空公司的高管，对飞机租赁业务的潜力深信不疑。瑞安于 1936 年出生在一个非常普通的家庭。他 15 岁离开学校，19 岁开始为爱尔兰航空公司工作，在香农机场担任调度员。之后，他不断进步，在爱尔兰和国外的航空公司中获得了一系列高级职位。

---

① 资料来源：飞行国际。

1972 年发生在北爱尔兰的事件（血腥星期日）开启了爱尔兰航空公司的困难时期。

航空公司被迫重新审视其战略，瑞安的任务是为航空公司不再使用的一架波音 747 飞机找到解决方案。瑞安没有出售这架飞机，而是决定将其连同所有机组人员租赁给暹罗航空公司，该航空公司无力购买但渴望运营这样的飞机。

意识到租赁的巨大利润，瑞安决定离开爱尔兰航空公司，开始自己的事业。他的新企业得到了两个强大股东的支持，即爱尔兰航空和爱尔兰的吉尼斯·马洪（Guinness Mahon）银行。GPA 成立于爱尔兰西部的香农，位于政府为激励投资而设立的免税区。

连续的石油危机为 GPA 提供了一个绝佳机会，因为主要航空公司在全球危机之后都在裁减机队。GPA 从北半球国家旗帜航空公司处购买飞机，并将其租给南半球新成立的航空公司。许多非洲或亚洲新近独立国家的政府非常乐意以最低的投资启动或发展一个国家航空公司。

为了服务这些客户，GPA 甚至成立了自己的航空公司——塔拉航空公司（Air Tara），其唯一目的是向新兴市场初创航空公司湿租赁飞机。湿租赁意味着租赁公司除了提供飞机，还向客户提供全部或部分机组人员、客舱人员、维修和保险。塔拉航空公司的飞行员主要是爱尔兰航空公司的校友，该公司将其第一架飞机（B737-200）租给了尼日利亚航空公司，并在斯里兰卡政府于 1979 年成立的国家航空公司——兰卡航空公司的发展中发挥了重要作用。

创新型产品

GPA 从一开始就是一个非常赚钱的项目。其所提供的产品在当时的市场上非常罕见：航空公司有机会从飞机上获益而不需要大量的前期投资。当时的飞机融资方案仍然非常基本。飞机通常由航空公司直接从制造商那里购买，并由同一个所有者在其整个生命周期内保留，即 25 至 30 年。飞机通常由航空公司的现金（20%）和银行提供的贷款混合供资。作为贷款的交换，银行获得飞机的抵押权。

GPA 的解决方案改变了该模式。该方案使那些进入银行或资本市场渠道有限的航空公司能够运营现代飞机。航空公司只需支付每月租金和维修准备金。[①] 一般还需要三个月的押金，但这一数额远不及航空公司购买飞机时必须支付的 20% 的飞机成本。

然而，租赁不仅是为年轻航空公司或新兴市场航空公司准备的产品，其为所有航空公司的机队管理提供了灵活性。在经济不景气和交通量减少的情况下，航空公司不会为规模过大的机队所困。其可以简单地决定不再续租飞机。这就把危机的财务影响降到了最低，这是航空公司在 20 世纪 70 年代石油危机后深知的一个优势。

提款机

租赁所提供的优势显然并不便宜。客户支付的租金要比航空公司购买相同飞机时的贷款偿还义务高得多。这反映了出租人承担的额外风险。

这种情况可能解释了 GPA 的惊人成功。该公司年复一年地赢利，并向其股东分配高额红利。GPA 成为 20 世纪 80 年代爱尔兰的成功传奇，托尼·瑞安当时可能是爱尔兰最受尊敬的商业人物，与前爱尔兰国际橄榄球运动员托尼·奥莱利（Tony O'Reilly）齐名，后者是第一个成为亨氏公司董事长的非亨氏家族成员。

GPA 的成功使该公司在 20 世纪 80 年代中期能够吸引一系列的外国投资者：加拿大航空公司、GE 资本（通用电气的金融部门）、美国保德信（Prudential）和日本长期信贷银行（Long-Term Credit Bank of Japan）（现在的新生银行（Shinsei Bank）。托尼·瑞安拥有该公司 9% 的股份，并在那时成为爱尔兰最富有的人之一。

然而，增资并不限于机构投资者。该公司仍为私有，员工受邀认购定期发行的股票。人们对 GPA 的实力非常有信心，银行向员工提供贷款，以便他们能够参与这些增资。这些股票的价值在几年内显著增加，从公司成立时的 1 美元原价增加到高峰时的 650 美元。

---

① 　维修准备金是承租人每月额外支付的一笔款项，用于涵盖飞机的维修成本。

此外，这些股票在几年内支付的股利远远超过 200 美元。这些红利使 GPA 的员工在几年内就能偿还他们的贷款。该公司的许多高管（他们总共拥有该公司 6% 的股份）的贷款远远超过 100 万美元，在每次发行新股时其都会申请新的贷款来认购。

GPA 的员工在爱尔兰形成了某种权贵。在香农小镇（8000 名居民），人们看到他们开着跑车，穿着和华尔街银行家一样的昂贵西装。他们是爱尔兰新精英，只有该国最优秀的毕业生才能加入该公司。薪水是天文数字，甚至秘书的收入也大大超过了爱尔兰的平均工资。

瑞安公司邀请了一些国际著名人士加入 GPA 董事会，如爱尔兰前总理加勒特·菲茨杰拉德（Garrett FitzGerald），加拿大航空、《经济学人》和爱尔兰联合银行（Allied Irish Bank）的董事长，三菱商事社长，以及劳斯莱斯的前董事长。他们为董事会带来了大量资历和许多政治联系，特别是在 GPA 大多数客户所在的新兴市场。这些董事会成员中的许多人也成为公司的股东。

1989 年，GPA 被分析家们估值为 15 亿美元。其拥有 164 架飞机，租赁给 20 个国家的 62 家航空公司。其是世界上最大的三家飞机租赁公司之一。托尼·瑞安的财富估值为 2.5 亿美元。他在爱尔兰、墨西哥、伊比沙岛和蒙特卡洛拥有房产，据说年收入约为 1 300 万美元。

ILFC 和北极星

GPA 是该领域的先行者，但并非唯一。其主要竞争对手 ILFC 于 1973 年在加州洛杉矶成立，由三位匈牙利裔的美国公民路易斯·贡达、史蒂文·乌德沃尔哈齐和路易斯的父亲莱斯利创建。

就像在他们之后的瑞安一样，贡达和哈齐（他们在加州大学洛杉矶分校学习时相识）意识到飞机租赁的巨大潜力。租赁为航空公司带来了显著的灵活性，该特性为固定成本很高的行业所急需。贡达和哈齐各投入了 50 000 美元。在 1963 年移居美国之前，路易斯的父亲莱斯利在委内瑞拉的房地产行业发了财，他支持这对搭档，成为 ILFC 的第三个股东。ILFC 的首笔交易是将一架旧 DC-8 飞机租给一家墨西哥航空公司。

ILFC 也立即获利颇丰。该公司管理严格，极为重视承租人的质量。ILFC 拥有强大的租赁合同，一旦航空公司显现疲软迹象，其就会立即撤出飞机。该公司在强有力的成本控制政策下运营，并于 1983 年上市。在那时，三个原始股东仍占公司 58% 的股份。北极星飞机租赁公司是那个时期与 ILFC 和 GPA 竞争的第三个主要出租人。其为彼得·普芬德勒（Peter Pfendler）于 1974 年在旧金山成立，他是哈佛大学法律系毕业生以及美国战斗机飞行员越战老兵，北极星公司和其竞争对手一样享受着同样的发展。1989 年，GE 资本收购了该公司，并将其视为支持飞机（受 GE 发动机驱动）销售的完美工具。

尽管在 20 世纪 80 年代涌现了许多其他的出租人，不论发展情况如何租赁仍是小众产品。1986 年，经营租赁公司只占波音公司和麦道公司（McDonnell Douglas）销售总额的十分之一。当时，制造商仍然倾向于直接向航空公司出售飞机。他们视出租人为必要的烦扰。

战略失误

在此背景下，从 20 世纪 80 年代中期开始，GPA 有能力直接向制造商订购新飞机。为了给这些资产寻找承租人，瑞安公司依靠一支薪酬极高的销售队伍。营销人员根据其能签署的交易数量进行绩效评估，他们也受鼓励进行广泛旅行以会见潜在承租人。瑞安相信与客户的实际接触，并对其团队施加极大的压力。整个国家都知道周一早会，瑞安会召集 GPA 的销售团队，屠杀那些表现不佳的人，并敦促每个人都去旅行，"把培根带回来"。与飞机制造商签订大型投机性订单成为 GPA 战略的关键组成部分。该公司通过大量的订单来获得巨大的价格折扣，然后依靠其销售队伍在飞机交付之前就将飞机租出。1989 年，GPA 宣布了一系列总价值 150 亿美元、高达数百架飞机的订单，包括实单和期权订单。

在 GPA 内部并不是每个人都同意这种激进战略。许多员工认为公司订单过多。一些人还批评了所购买的飞机类型。例如，GPA 订购了尚未认证的福克 100 喷气式飞机，而不是波音 737 飞机。为了享受巨大的折扣，该公司订购了 50 架实单飞机和 50 架期权飞机。不幸的是，福克 100 在与 A-319 和小型版 B-737 的竞争中失利。其无法吸引足够的客户，GPA 被迫取消交付并支付高额罚金，同时损失了已经支付给制造商的预交付款项。同样的情况也发生在 MD-8 飞机上。GPA 订购了许多该型号飞机，但与竞争机型相比，该飞机设计过时且耗油量太大。

这种情况随着 1990 年美国经济放缓和随后的全球经济衰退而恶化。即使是最佳机型，GPA 也很难顺利安置。许多航空公司破产或根本无法支付租金：墨西哥的加利福尼亚航空（Aerocalifornia）、德国的德国之翼（German Wings）、巴西的环巴西航空（Transbrasil）和圣保罗航空（VASP）、西班牙的西班达斯航空（Spantax）和西班牙航空（Hispania）等。（译者注：这里提到的航空公司很多都已停止运营，例如加利福尼亚航空于 2008 年宣布停止运营。）GPA 在地面上的飞机数量（即在没有承租人的情况下停放）达到了历史最高水平。该公司只是在最坏的时候超额订购了飞机。

在许多观察家看来，相对其同行，GPA 更不具备在经济衰退中生存的能力。1989 年，北极星的股东在危机前就套现了，该公司现在是世界上最大公司之一通用电气的一部分。其另一主要竞争对手 ILFC 则是更精简的组织。ILFC 的员工比 GPA 少，成本线也低。其还拥有需求量更大的飞机。虽然哈齐和贡达在 1990 年以 13 亿美元的价格将 ILFC 卖给了 AIG，但作为一家独立公司 GPA 的未来看起来非常不确定。

失败的 IPO

在新形势下，筹集额外资金似乎是 GPA 的正确选择。管理层在 1992 年的早些时候决定上市，并聘请了一众著名顾问来协调 IPO。美国的高盛公司和所罗门兄弟公司、英国的施罗德公司（Schroders）和汉布罗-马根公司（Hambro Magan）以及日本的野村公司负责协调针对潜在投资者的路演。IPO 计划于 1992 年 6 月 17 日进行，旨在筹集 8.5 亿美元的资金。

面对重重困难，IPO 最终撤销。GPA 对其股票要求的价格太高，没有足够的投资者来建账。爱尔兰媒体（早已厌倦了 GPA 的傲慢）对该公司进行了抨击。从客户开始，整个市场都对 GPA 失去了信心。员工们很担心。他们中许多人通过贷款购买股票，意识到他们可能会失去一切。托尼·瑞安本人也有一笔由美林公司提供、以 GPA 股票作质押的 3500 万美元贷款。

在这种情况下，为了避免破产，GPA 被迫重新谈判其债务。其声称在银行仍有 5 亿美元现金，但该数额实际上是承租人过去所支付维修费的总和。这不能用来偿还债务。该现金必须被用来支付飞机未来的维修费用。1993 年，GPA 的信用评级降至 CCC。其债券的交易价格为 22 美分，该公司聘请了投资银行帝杰（Donaldson, Lufkin & Jenrette）与债券持有人协商推迟还款的事宜。

与此同时，许多承租人的情况并未得到改善。在该时期，租赁仍然只代表市场中的一个利基（约占世界机队的 10% 至 15%），GPA 的客户群主要由二线和三线航空公司组成。这些公司受到 20 世纪 90 年代初经济放缓的严重打击，其中许多公司已接近破产。承租人的欠款达到了天文数字，GPA 不得不解雇了相当一部分员工。截至 1993 年 3 月的会计年度显示 GPA 亏损 9.98 亿美元，这是其历史上首次亏损。

通用电气的救援

尽管 GPA 与银行和债券持有人达成了临时协议重组债务，但该公司仍然需要一个新的合作伙伴。潜在买家并不多。出于多种原因，GE 资本似乎是唯一合理的候选人：该公司已经是 GPA 的股东；作为主要飞机发动机制造商，其可利用 GPA 作为支持销售的工具；GE 资本在四年前已经收购了北极星，其可以将两者合并以创造大量的协同效应。

1993年7月，GE、GPA和银行之间达成了一项协议。GE没有直接控制GPA，但在该公司的重组中发挥了关键作用。拯救计划围绕四个支柱进行：

1. 飞机：GPA大幅减少了其未来的飞机采购业务。订单的数量从242架减少到57架。这一削减引发了超过4亿美元的罚款，但减少了公司整体财务负担。

2. 贷款人：现存贷款人同意将7.5亿美元的还款时间推迟三年。GPA的核心银行也给予了额外的短期流动资金额度。

3. GE：GPA将44架飞机（附带租约）出售给GE资本公司新成立的子公司——GE资本航空服务公司（GECAS）。GPA仍然是其余飞机的所有者，但这些资产的管理权被移交给GECAS。在此过程中，GE将北极星的所有权也转让给了GECAS，但这两个出租人并未合并。不过，GECAS还是从收购GPA的期权中受益匪浅。

4. 现有股东：公司通过现有股东认购的债券和可转换票据，额外筹集了1.5亿美元的资金。托尼·瑞安和员工们没有参与这次新的资本发行，只有机构股东参与了此次交易。

重组之后

重组是残酷的。很大一部分劳动力遭到裁减，那些当时仍然拥有GPA股份的人肯定知道，他们永远不会成为百万富翁。在贷款购买股票的员工中，只有那些构建无追索权贷款（即对他们的其他资产无追索权）的人可以真正限制相关损失。其他人有时不得不卖掉他们的房子来偿还贷款。爱尔兰前总理加勒特·菲茨杰拉德便是其中之一，他是GPA的董事会成员。

托尼·瑞安于1994年10月离开GPA。他加入了由他三个儿子在1984年（用他的钱）创建的廉价航空公司瑞安航空（Ryanair），并担任非执行主席。虽然瑞安仍然是GPA的股东，但据传美林证券已经注销了他们3500万美元的贷款。

尽管公司进行了重组，但GPA的长期前景仍不明朗。管理层仍然需要找到方法来偿还未来的债务，并重建坚实的现金缓冲区。公司决定通过证券化将其大部分飞机组合出售给第三方投资者。①GPA 仍然是这些飞机的运营管理者，但这些资产的租赁收入将被转给新的所有者。1996 年 3 月，GPA 成功地将租给 40 个国家 89 家航空公司的 222 架飞机的组合出售给一个投资者财团。这是有史以来最大的飞机证券化交易。

这项交易标志着 GPA 漫长而痛苦旅程的结束。该公司（尽管规模更小且与过去截然不同）重新站了起来。1998 年 11 月，私募股权公司 TPG 资本，即大陆航空公司的前所有者，放弃了购买该公司的期权，而与 GECAS 一起收购了 GPA 62% 的股份，最终只成为少数股东。1999 年 12 月，GPA 与瑞典出租人 Indigo Aviation 合并，并更名为 AerFi。

尾声

尽管托尼·瑞安的年代似乎化为历史，但这位爱尔兰企业家当时仍然是 GPA 的股东。2000 年 11 月，AerFi 被荷兰出租人 Debis AirFinance（戴姆勒-克莱斯勒的一部分）收购。托尼·瑞安因出售其股份而获得了 5500 万美元的付款。他在 2007 年去世时仍是爱尔兰最富有的人之一。

2005 年 5 月，博龙（Cerberus）收购了 Debis AirFinance 并将其更名为 AerCap。该公司于次年上市，并最终于 2013 年收购了前 GPA 的老对手 ILFC，AIG 出售 ILFC 是因为其想剥离非核心资产。在某种程度上，40 年后，市场仍然被飞机租赁业的三个先驱者所主导。现在，AerCap 和 GECAS 是世界上最大的出租人。即使托尼·瑞安和彼得·普芬德勒已离世，史蒂夫·哈兹仍在做生意。他于 2010 年在洛杉矶成立了另一家公司，即航空租赁公司。截至 2020 年，航空租赁公司是全球第八大出租人。

---

① 关于飞机证券化的更多信息，请参阅本书第四部分。

第 9 章
帷幕之后

9.1 租赁公司内部

9.1.1 选址

9.1.1.1 作为飞机租赁全球中心的爱尔兰

GPA 最重要的遗产可能是其对爱尔兰租赁业的影响。今日爱尔兰是世界上飞机融资的主要中心。根据普华永道的数据，爱尔兰在全球租赁市场上占有 65% 的份额，世界上最大的 15 家出租人中，有 14 家在都柏林设有基地。

GPA 培养了无数的租赁专家，其中许多人在公司倒闭后仍留在该国。新的出租人已经成立，多家银行已经在爱尔兰设立了租赁子公司，以从当地的专业知识中获益。许多顶级出租人的 CEO 至今仍是 GPA 的毕业生：安古斯·凯利（Aengus Kelly），AerCap 的 CEO；道姆纳尔·斯莱特瑞（Domhnal Slattery），阿瓦隆的 CEO 和 RBS 航空的前 CEO；彼得·巴雷特（Peter Barrett），SMBC 航空资本的 CEO；康姆·巴林顿（Colm Barrington），Fly Leasing 的 CEO。

爱尔兰在该领域的主导地位也可部分归于税收。飞机租赁是一个真正全球化竞争的行业，产品差异非常有限。在此情况下，税收考虑对出租人来说是非常重要的。这是其赢利水平的关键因素。

爱尔兰的税收优惠制度促进了该行业的发展，该制度于 20 世纪 50 年代首次引入。托尼·瑞安于 1975 年在香农建立 GPA 公司时就利用了该制度，后来的出租人也遵循此法。在 2014 年与位于加州的出租人 ILFC 合并后，荷兰出租人 AerCap 将其总部迁至都柏林，该决定每年可节省 2 亿欧元的税收。

爱尔兰为租赁公司提供的税收优惠可以分解为以下几个支柱：

- 低公司税率（low corporate tax rate）。自 2003 年以来，爱尔兰的公司税率被设定为 12.5%，确保利润的税率大大低于大多数 OECD 国家。虽然该税率并不专门针对租赁，而是适用于所有在爱尔兰纳税的公司，但这对爱尔兰出租人来说是一个切实的竞争优势。

- 相对较高的资本减免（relatively high capital allowances）。资本减免（即税收折旧）的处理对任何资本密集型业务来说都至关重要。租赁业也不例外。在爱尔兰，在 8 年内按直线法计算，飞机的标准资本减免是 12.5%。换句话说，出租人可以在 8 年内对寿命为 25 年至 30 年的资产进行折旧。这一制度确保了租赁的前八年不会产生应税收入，因为在此期间，承租人支付的租金低于资本减免。

- 大量的税收协定（high number of tax treaties）。爱尔兰一直非常积极地与外国政府签署双重税收协定。这些条约大多规定，如果海外航空公司向爱尔兰出租人支付的租金需要缴纳预扣税（即在航空公司成立的国家被部分征税），那么爱尔兰出租人可以获得相当于预扣税额的税收抵免。此外，爱尔兰国内法还规定，对于那些与爱尔兰没有签订双重征税条约的国家，若租赁租金遭受了不可收回的预扣税款，则可以给予外国税收抵免或宽减。自 2013 年起，这些税收抵免可以结转，也就是说，如果在税收抵免产生的那一年所支付的税款低于税收抵免额，则这些税收抵免可以用来抵消未来的税款。

- 单边税收抵免（unilateral tax credit）。2007 年，爱尔兰纳入了一项税收条款，若某公司在与爱尔兰没有签订双重征税条约的国家设有贸易分公司或代理机构，则在其支付外国税款的情况下可进行单边抵免或宽减。在该有利规定下，爱尔兰出租人可通过对其可能在海外任何分支或代理机构的利润所征收的外国税来减少其在爱尔兰的公司税负。

除了技术细节，这些措施还表明飞机租赁在爱尔兰经济中的重要性以及政府有意愿支持该行业。这对出租人来说也是一个强有力的保障因素，因为其知道有一个理解其关切的政府可以依靠。

9.1.1.2 其他地区

其他国家显然也制定了一系列具体规则来吸引租赁公司。在新加坡，适用于飞机或飞机发动机租赁收入的税率为 8%，与 17% 的正常公司税率相比，有很大的折扣。该国还出台了一些措施以限制预扣税的影响。正因如此，新加坡今日是亚洲主要飞机租赁中心。

经过漫长而紧张的游说，中国香港的金融家也在 2017 年获得了一个有利于飞机租赁活动的法律租赁框架。在这个资产所有者不能享受因租赁给海外承租人飞机而带来的税收减免的城市，政府推出了一系列旨在吸引飞机出租人措施。适用于飞机租赁的税率是正常公司税率的一半（8.25% 与 16.5%），同时，中国香港出租人将飞机租赁给非中国香港飞机运营商所得的租金应纳税额等于租金总额减去可扣除费用后的 20%（这一决定是为了克服中国香港税法下无法享受海外资产税收减免的问题）。

中国内地也有自己的租赁框架。如果适用于该行业的公司税率仍为 25%，那么有几个地区可以从各种税收激励中受益，特别是上海、深圳或天津。使用中国的出租人对中国的航空公司特别有吸引力，否则可能会有预扣税。此外，中国出租人和中国航空公司之间的所有协议都会受中国法律的制约。对于针对中国市场的中国出租人来说，将租赁业务建立在中国是最好的选择。

9.1.2 建立投资组合

选择一个完美的地点并不是出租人的主要任务。租赁公司确实与任何金融机构一样，必须建立一个平衡的投资组合，以产生最大回报。

9.1.2.1 信用方面的考虑

正如第 8 章开头提到的，大多数航空公司都属于非投资级。因此，管理飞机租赁的投资组合实质上就像管理高收益债券的投资组合：其在到期之前支付固定票息。主要区别在于，贷款由流动资产支持［或像租赁行话中常说的 "由金属支持（backed by metal）"］。

鉴于其市场的固有风险，出租人必须有强大的信用管理文化和了解航空市场特点的风险团队。所有主要的上市出租人通常在其路演或与投资者的沟通中强调这一点。出租人也配备团队以在航空公司不按时付款时进行追讨。

出租人显然能享受其抵押品带来的好处。航空公司知道，若拖欠租金则失去飞机。租赁合同中还包括其他机制，以确保在承租人违约的情况下飞机所有者得到保护：提前支付租金、保证金、维修储备金等（见第 9.2.2 节）。

出租人也通过建立多样化的承租人组合来降低风险。该多样化以地域以及区域内航空公司类型为基础。租赁公司通常希望接触低成本航空公司、全服务航空公司或包机航空公司。在这方面，大型出租人比小型出租人有另一个优势。其接触各种航空公司，在其客户违约的情况下损失较小。其收入流相较小型出租人更稳定。其可以利用航空运输市场的结构性增长，而不至于过度暴露于某类航空公司风险之下。

9.1.2.2　资产

出租人最好拥有需求量大的资产，以便在客户违约的情况下，可以轻松安置这些资产或找到新的承租人。选择流动性最强的资产并不是一件容易的事。每个航空公司都有明显不同的需求：阿联酋航空只运营宽体飞机（A380、B777 等），而像西南航空或易捷航空这样的低成本航空公司只运营小型窄体飞机（A320 和 B737）。

虽然航空公司有不同的战略，但其都主要寻找现代且省油的资产。这些飞机消耗的燃料较少，运营成本明显较低。它们可能比老式飞机更贵，但从长期看是很好的投资。考虑到大多数航空公司租赁新飞机的时间为 10 年至 12 年，出租人在进行售后回租或下投机性订单时主要针对该类型的资产。该类资产需求会很强劲。属于此类的飞机都是最近推出的飞机［一般称为"新技术类型（new technology types）"］：A220、A320 NEO 系列、B737 MAX、A350、B787 以及巴西航空工业公司的新一代飞机。[1]

---

① B737MAX 是 A320 和 B737 的新版本。其拥有更高效的发动机、更好的技术、不同的客舱，以及比旧版本稍大的容量。

技术并不是出租人必须做出的唯一选择。出租人还必须决定其应该购买的飞机类型。其可以购买宽体、窄体或支线飞机。表 9.1 显示了 2017 年世界上最繁忙的 10 条定期航线。这份名单中的所有航班都属于短途航班。

除了少数例外，该类型航线都是用窄体飞机运营。这是航空市场的（有时）反直觉结论。人们坐飞机的频率越来越高，但他们不坐长途。他们停留在一个地区或一个国家内。在世界前 100 条最繁忙的航线中，只有 18 条是国际航线。[①]

该结论提倡投资窄体飞机。空客和波音的积压产品证实了这是存在需求的地方。截至 2020 年 5 月，空客 7 621 架积压而未交付的订货中，有 88% 是 A220 或 A320 这两种窄体飞机。[②] 对波音来说，在 5301 架未交付订单中，80% 是其唯一的窄体飞机–B737 飞机。[③]

相应地，若出租人的策略明显是主要投资具备新技术的窄体飞机，那么一些参与者则采取了不同的观点。这些出租人专注于利基市场，针对不同类型的资产和客户。正如第 8 章第 8.2.2.2 节所解释的，像卡斯雷科或凯雷这样的出租人活跃在报废领域。其为规模较小、风险较高的客户提供服务，其部分收入来自出售其所拆解资产的零部件。其他一些出租人则活跃在非常具体的领域。例如，北欧航空资本只投资支线飞机。

拥有正确的资产只是投资的一部分出租人必须以合适的价格购买飞机。与同行相比，大型和经验丰富的出租人在这方面有优势。其可以下投机性订单，直接从 OEMs 那里购买。这是一个风险较大的游戏，但这样比与航空公司签订售后回租更有利可图，没有人在中间赚取利润。大型出租人还可以利用其规模优势进行批量订购。这使其能够从制造商的大幅折扣中获益。

---

① 资料来源：OAG 时刻表分析工具。
② 资料来源：空客。
③ 资料来源：波音。

表 9.1　2017 年世界十大最繁忙的定期航线

排名	路线	乘客人数	飞行时间
1	济州–首尔金浦（CJU–GMP）	13 460 306	1 小时 10 分
2	墨尔本–悉尼金斯福德·史密斯（MEL–SYD）	9 090 941	1 小时 25 分
3	札幌–东京羽田（CTS–HND）	8 726 502	1 小时 35 分
4	福冈–东京羽田（FUK–HND）	7 864 000	1 小时 45 分
5	孟买–德里（BOM–DEL）	7 129 943	2 小时 10 分
6	北京首都–上海虹桥（PEK–SHA）	6 833 684	2 小时 15 分
7	河内–胡志明市（HAN–SGN）	6 769 823	2 小时 10 分
8	中国香港–中国台湾桃园（HKG–TPE）	6 719 030	1 小时 30 分
9	雅加达–泗水朱安达（CGK–SUB）	5 271 304	1 小时 30 分
10	东京羽田–冲绳（HND–OKA）	5 269 481	2 小时 35 分

资料来源：OAG 时刻表分析工具。

在另一端，出租人也可以通过在正确的时间出售正确的资产来提高赢利能力。若出租人假设其能从买家处得到买价优于这架飞机所附租金的现值，那么其就应该卖掉它。就此意义而言，积极管理飞机租赁组合与管理高收益债券组合并无二致。买入并持有的策略最简单但不一定最赚钱。出售飞机也是减少对特定机型风险暴露的解决方案。

大型出租人通常出售手中飞机以优化回报，并进行新资产的投资。这是近年来顶级出租人采取的策略，以便在其投资组合中为上述所有新技术型飞机腾出空间。这些出租人已经将中年期飞机出售给意在迅速建立大型资产组合的新进入者。为了使这些销售的价值最大化，飞机的销售显然总是附有租约。没有人愿意购买已经脱租的中年期飞机。在 2019 会计年度，AerCap 出售了 88 架飞机，平均机龄为 15 年，带来的总净收益为 1.888 亿美元。①

---

① 资料来源：AerCap。

9.2 法律考量

9.2.1 租金和维修储备金

租赁协议会对租金和维修储备金进行定义。租赁协议是 SPV 和承租人之间的主要合同。其规定了双方在交易期间的关系。该复杂文件在200 页至 300 页之间。其对双方都有约束力，不提供在交易期限前退出的选择。承租人不能在租赁期结束前归还资产。反之，出租人也不能提前终止租赁，除非遇到违约的情况。

9.2.1.1 飞机规格和配置

租赁协议包含了对飞机的描述，包括规格和资产的配置。规格是购买飞机时可以选择的所有技术选项。其包括发动机的类型、重量、最大航程等。配置是指飞机的内部安排，即座位的类型和数量、机上娱乐（IFE）、头顶行李箱的设计等。

在售后回租的情况下，租赁协议的该部分内容非常简单。飞机的规格和配置已经在航空公司和 OEM 之间进行了协商。出租人购买的是已经完全设计好的飞机。

当出租人直接从制造商那里购买资产时，事情就比较复杂了。在此情况下，出租人只有在确定了承租人后才会指定和配置飞机：

- 大部分规格将基于承租人的要求。由于租赁协议签署于飞机开始建造之前，所以双方在起草文件时必须为承租人和出租人共同选择的飞机最终规格留有余地。

- 当出租人订下投机性订单时，资产的配置显然也还没有确定。承租人一般享有出租人给予的特别津贴来选其想选。如果配置的成本超过了津贴，承租人必须支付差额。该差额可以在交付前或通过增加未来的租金支付给出租人。

9.2.1.2 租金

租金是由承租人按月预付的。租金在租赁协议中被设定为一个固定数字，但在交付时可根据几个因素进行调整：

- 依据飞机的最终成本进行调整。这些调整与资产的最终规格和配置有关，但也与按通货膨胀调整的飞机价格有关。飞机确实已于交付前购买。买家和 OEM 在收购日商定购买价格，但该价格在交付时总是要根据通货膨胀进行调整。该机制允许 OEM 反映购买日期和交付日期之间的成本增长，这个时期有时可能持续五年或更长时间。

然而，这种情况意味着，在签署租赁协议时，出租人并不知道飞机确切的最终价格（因为合同总在交付前签署，而且往往是多年前）。因此租金也必须根据通货膨胀进行调整，以确保出租人不承担任何通货膨胀风险。飞机购买协议中用于计算通货膨胀的公式也用于租赁协议中的租金调整。

- 依据利率进行调整。在利率上升时，租金也要进行调整。该机制可在利率变化和资金成本大幅增加的情况下保护出租人的利益。

这些调整只在交付时发生。租金一旦确定，在租赁期内就不会改变。

9.2.1.3　维修储备金

租赁协议被认为是净租赁，这意味着与飞机所有权相关的费用由承租人承担。这包括与资产的运营和维护有关的费用。维护费用是强制性的：若不定期检查或者不经常更换或修理机身或发动机的某些部件，飞机就会失去适航证书。

出租人可以要求承租人创建维修储备金。维修储备金是航空公司每月建立的现金储备。这些款项用于支付飞机的预期维修费用。其有时被称为"补充（或额外）租金"。维修储备金确保在对飞机进行检查或资产需要维修时有现金可用。维修储备金是出租人的财产。

补充租金实际上是几笔维修费的叠加，每笔都是为了资助某特定的维修储备账户。其一共有五个储备账户，用于支付以下费用：

机身检查；

起落架大修；

对发动机进行修复；

更换发动机的一些特定部件；

辅助动力装置的修复。[①]

在每个月的月底，承租人必须告诉出租人飞机使用时长。根据这些信息，出租人向承租人开具发票，并收取五个储备账户中各自的维修费。

作为飞机的运营商，承租人负责支付检查和维护检查的费用。在出租人的控制下，其可以用存放在维修储备账户上的现金来支付这些费用。若某项检查或维护检查的成本高于储备账户中的可用金额，承租人必须支付其差额。特定储备账户上的钱一般不能用来支付与另一个储备账户有关的费用。换句话说，比如说，若机身检查的费用超过预期，另一个储备账户中的现金就不能用来支付差额。

维修费通常是承租人和出租人之间激烈讨论的话题。其对承租人来说是重要的额外费用，但对出租人来说却是极其宝贵的抵押品。在承租人违约的情况下，出租人可用这些储备账户中的现金将飞机恢复至最佳状态。

维修储备金是非强制的。当出租人与老头航空公司（国有、投资级等）签订租赁合同时，其一般不要求维修储备金。另外，出租人也可以接受信用证（LOC），即由愿意承担承租人信用风险的机构出具的银行担保。

9.2.1.4　维修储备金与飞机价值

假设飞机操作得当，有两个主要因素影响其价值。第一个是年龄。像任何寿命有限的可移动资产一样，飞机的价值会随时间的推移而减少。第二个因素是鉴于其年龄，使资产恢复到最佳维护状态所需的成本。简单地说，两架相同年龄的飞机不一定有相同的价值。若一架飞机最近进行了全面的重大维修检查，而另一架没有，那这两架飞机的价值差异应该等于重大维修检查的费用。

刚刚经历过重大维修检查的飞机达到了所谓的全寿状态（full-life status）。该状态表明机身和起落架刚刚大修过，所有发动机（包括 APU）都已修复，而且发动机中必须定期更换的特定部件也都是全新的。

---

① 辅助动力装置（auxiliary power unit，APU）是一种涡轮机，用于使飞机在停机坪上移动。

全寿状态是理论上的参考。所有维修事件都有不同的频率，因此一架飞机不可能在每个部位都保持最佳维修状态。例如，机身重检必须每六年进行一次，而 APU 和发动机的修复则要在飞机达到一定飞行小时后进行。表 9.2 总结了现存的各种维修事件，以及其是否必须在固定或可变的时间间隔内进行。

半寿状态（half–life status）是航空领域使用的另一个参考指标。其定义了处于五次定期维修活动中间的飞机。基于上述原因，这也是理论上的状态。

尽管只是理论上的参考，但涉及飞机评估时，全寿和半寿状态是有用的基准。众所周知，全寿飞机比半寿资产更有价值。当评估飞机时，评估师为每类资产和建造年份提出两个价格假设：一个是全寿飞机；另一个是半寿飞机。

在此背景下，维修准备金的支付对出租人来说很重要。这些补充租金意在涵盖特定月份的飞机使用在未来引发的维修成本。从理论上讲，所租赁的飞机价值加上支付的维修储备金的总和等于飞机的全寿价值，也就是该年龄段飞机的最佳价值。

表9.2 维修事件的不同类型

成本类型	基于固定或可预测的时间间隔	基于使用小时数的间隔
固定成本	发动机的寿命有限部件（Engine LLPs）[①]	
可变成本	机身重大维修检查起落架大修	发动机性能修复和大修 APU 大修

资料来源：国际航空运输协会（IATA）。

9.2.2 担保方案

租赁文件包含了意在承租人违约时保护出租人的多项要素。

---

① 发动机的一些部件，可称为发动机寿命有限部件（或发动机 LLPs 或简称 LLPs），在明确飞行次数后其必须从发动机上拆下并更换。

9.2.2.1 租金和补充租金

刚刚描述的租金结构是保护出租人的第一个要素。如前所述，租金按月预付。这与贷款相比有很大区别，贷款通常是每季度或每半年偿还一次欠款。这种支付机制意味着尽可能定期、尽早地向客户开具账单，这样出租人承担的信贷风险就最小。如果有的话，补充租金的支付也是让给出租人有安全感的一个要素。

9.2.2.2 保证金

承租人一般必须在飞机交付前支付一笔保证金。这笔押金通常相当于月租金的三倍。[①] 这笔押金应用于支付出租人在承租人违约和随后收回资产的情况下可能产生的费用。支付押金通常是租赁的先决条件（condition precedent，CP），这意味着承租人必须在租赁实际开始之前支付押金。在某些情况下，该保证金可以由银行担保代替。

9.2.2.3 保障的其他要素

除了这些主要的保障要素，出租人还可以从以下保障措施中受益：

- 文件通常受英国法律管辖。双方之间的纠纷必须在英格兰和威尔士法院的管辖下解决。这为各方提供了确定性，特别是为出租人提供了确定性，即当需要上法庭时，租赁协议的各种条款将如何解释。少数情况下，租赁协议可以由美国法律管辖。
- 当承租人规模很小或有复杂的信用记录时，出租人可以要求对航空公司的银行账户提供担保。在承租人违约的情况下，出租人可以行使这种担保。
- 如果航空公司隶属于大型集团，出租人可能会要求母公司担保。
- 飞机通常在承租人所在国家注册。然而，若根据该国法律收回或取消飞机注册颇有难度，出租人可以要求航空公司在另一个司法管辖区注册其飞机。对意大利或俄罗斯的航空公司来说，境外注册相当普遍。在此情况下，境外注册地往往是爱尔兰或百慕大。
- 航空公司必须依据租赁协议中规定的交付条件归还飞机。这些归

---

① 对初创航空公司来说该押金可达六倍。

还条件确保飞机在良好的条件下归还。这一点我们将在第 9.2.3 节中详细讨论。

9.2.3 交易的结束

9.2.3.1 无违约事件的租赁结束

在租赁结束时，承租人必须按照租赁协议中规定的归还条件将飞机归还给出租人。大多数租赁协议通常包含严格的交还要求，这些要求分为四类：

- 物理要求（physical requirements）。除去正常磨损，飞机必须处于最初交付给承租人时的良好状态。随着时间的推移，磨损的相关事项越来越多地被记录下来，因为承租人和出租人都希望避免对飞机状况的争议。飞机通常要从原来的涂装中被剥离，承租人要将其涂成白色或根据出租人的要求进行涂装。

- 认证要求（certification requirements）。飞机必须符合知名适航当局所定义的标准，通常是美国的联邦航空管理局（Federal Aviation Administration，FAA）或欧洲的欧洲航空安全局（European Aviation Safety Agency，EASA）。这是关键的法律要求，因为如果飞机没有获得授权飞行，出租人无法将飞机出租给其他承租人。

- 记录要求（records requirements）。承租人必须向出租人提供飞机的所有技术记录，即检查或维修飞机后起草的所有文件。其目的是确保飞机得到适当的维护，并且所有潜在问题都得到了解决。

- 性能要求（performance requirements）。双方就飞机的精确维护状态达成一致。针对飞机各个需要进行维护的元素（见前文表 9.2），租赁协议规定了精确的预期性能水平。

飞机的交还通常于六到九个月前筹划。在交还前的会议上，双方商定精确的交还时间表，并共同确定承租人必须与出租人分享飞机记录的日期。双方还将确定对飞机进行实物检查和最终交还的日期。

9.2.3.2 租赁之后

一旦飞机得以归还，出租人必须调整资产配置以适应新的承租人。

座位、IFE、地毯、头顶行李箱以及飞机配置的所有元素一般都必须变更。

新的承租人通常在飞机实际交还之前就已确定。这样一来，出租人就最大限度地缩短了两次租赁的间隔时间。在大多数情况下，新租约下的交付要求反映了对前承租人施加的交还条件。

9.2.3.3 违约事件发生后的租赁结束

租赁协议中的违约事件通常包括承租人未能支付租金或补充租金的所有情况。承租人破产以及未能适当维护或投保飞机是其他传统违约事件。由承租人租赁和运营的其他飞机在其他租赁协议下的违约行为通常也被视为违约事件。其被称为交叉违约（cross- defaults）。

在租赁协议中加入交叉违约条款是对出租人的额外保护。若无交叉违约条款，出租人仍有可能暴露于承租人的财务困境，因此承租人会决定有选择地不支付部分飞机租赁的费用。此时承租人可以减少其月租金负担，但这也意味着没有在租赁协议中加入交叉违约条款的出租人将资产租给了处于危险境地的承租人。

与其他结构化融资交易一样，违约事件所触发的交易终止只有在融资方（在此情况下是出租方）希望交易终止时才会发生。在某些情况下，出租人可能决定与承租人进行谈判而非收回飞机。这是许多出租人在新冠疫情危机期间选择的策略。

虽然收回飞机并将其租给另一家航空公司通常更理所当然，但新冠疫情危机的具体情况强烈影响了飞机的流动性。在一个鲜有人旅行的世界里，飞机几乎没有价值。假设这种情况只是暂时的，许多出租人已经向受到危机严重打击的航空公司提供了延期支付租金的机会。租约通常被延长，延长的时间相当于租金下降的月份数。另外，一些出租人只是增加了危机后的预期租金，而没有延长租赁期。

9.2.3.4 飞机的收回

大多数情况下，违约事件发生后飞机的收回需经双方同意。当违约发生而承租人没有补救时，出租人会与承租人联系，安排收回飞机的事宜。双方同意于某日将飞机停放在某地，由出租人团队前去接手。大型出租人经常处理这些问题。其中著名的一个例子是，2015 年也门爆发内战后，AerCap 只用了几周时间就从也门航空公司收回了两架空客 A320 飞机，并将其租赁给其他航空公司。

收回飞机需要真正的诀窍。主要的后勤问题是飞机有时配备了非原装发动机。发动机必须经常受检，航空公司在修复初始发动机的同时，会使用备用发动机来装备原有飞机。这些初始发动机有时会被装在另一架飞机上，而这第二架飞机的发动机本身也在进行维修。

由于适用于发动机的维护要求，发动机通常易于追踪。然而，在违约的情况下，出租人必须迅速采取行动，以确保不仅能拿回飞机，还能拿回附属于该飞机的发动机。如果不这样做，就意味着出租人正在拿走别人的财产。[①]

9.2.4 与贷款人的互动

9.2.4.1 时机：何时构建贷款

若航空公司想构建售后回租，一般会组织竞争流程以便不同出租人竞标飞机。承租人可以此优化其租金，并推动价格下降。在此竞争流程中，出租人与贷款人接触，看能在市场上获得什么类型的融资条件。根据出租人的策略，其可能想要以完全承诺的融资或仅凭贷款人的价格指示来竞标飞机。在第二种情况下（这是最常见的），SPV 通过股东贷款获得全部资金，然后在几周后以优先级债务进行再融资。

当资产以通过投机性订单购得时，出租人一般在资产交付前几个月才与贷款人进行谈判。即使承租人在几年前就已确定，出租人也没有必要提前太长时间安排融资。银行将无法设定利差和前期费用，或者以对出租方经济不划算的成本来设定。[②]

虽然债务基金现在在 LBO 和项目融资领域非常活跃，但航空市场仍

---

① 发动机是飞机上最有价值的部分，航空公司必须有备用的发动机，以确保机队正常运营。航空公司可以从飞机出租人或专门的发动机出租人那里租赁发动机。

② 为了减轻交易签署和交易开始期间利率上升的风险，租金水平通常会根据利率进行调整（见第 9.2.1.2 节）。

然主要由银行主导。对该行业感兴趣的基金主要通过 ABS 结构（即证券化，见第四部分）进行投资。传统的资产管理公司也可以通过购买租赁公司发行的债券来参与该行业。

9.2.4.2　贷款结构

如前所述，贷款通常是带有固定分期付款的全额摊销贷款。其到期日与租赁期相等。贷款对出租人无追索权，尽管在承租人违约的情况下，出租人可以保证一定时期内的租金支付（见第 8 章第 8.3.1.3 节）。

作为贷款的交换，贷款人获得资产的抵押权，并被分配到了与该资产相关的维修储备金。其还将获得与飞机有关的、将支付给 SPV 的所有保险收益。这与我们在项目融资中看到的情况类似：若贷款人因资产受损而遭受损失，其将由保险公司直接支付。现金并不通过 SPV 进行转付。

9.3　租赁市场的动态变化

9.3.1　飞机

飞机租赁受欢迎的原因在于飞机是标准的且其价值可预测。这要归功于航空运输市场的稳定增长[①]以及飞机生产一直与这种增长相匹配的事实。供过于求的问题不存在，发生这种情况的风险非常低。该行业只有两个主要的 OEMs，且都无意让产品泛滥市场。

空客和波音形成了双重垄断。鉴于该行业的高准入门槛，预计短期内不会出现激烈竞争。中国正在发展自己的 OEM（Comac），但该公司需要时间才能与这两个巨头持平。俄罗斯或日本进行的其他举措可能会在某个时候取得成功，但目前还没有威胁到双头垄断。

许多经济学家已经分析了企业在双头垄断中的行为。他们的结论有时相互矛盾，但普遍的共识是，与许多参与者自由竞争的市场相比，双头垄断企业的产量更少、售价更高。换句话说，空客和波音不必串通，

[①]　某种意义上，新冠疫情危机代表了航空运输市场的深刻变化。这是自 1945 年以来，市场出现的首次下降。

就能认识到它们的相互依存关系，并调整生产和价格。这就保护了这两个参与者免受供过于求的风险。

客户并不购买现成的飞机，他们必须订购它们。尽管空客和波音在推动航空公司超额订购方面确实很有一套，但其没有理由交付客户不需要的飞机。当航空公司取消订单时，其会要求航空公司支付罚款或提高航空公司未取消订购的飞机的价格。鉴于其大量积压而未交付的订单（见第9.1.2.2节），取消订单并不影响其前景。这甚至是商业模式的一部分，因为取消意味着最终每架飞机的平均售价更高。这也是空客和波音推动航空公司超额订购的原因。[1]

9.3.2 航运

航空公司和航运公司之间有许多相似之处。这两个行业都是高度资本密集型的，并与全球经济增长相关。国际贸易的主要部分通过船舶完成，任何经济放缓都会反映在货运费和航运公司的收入上，反之亦然。

如前所述，商船经常通过资产融资技术进行融资。就如飞机，它们通常非常昂贵，有很长的使用寿命，相当标准化，可以在二级市场上交易。然而，船舶的标准化程度比飞机低。虽然飞机的类型有限，但船舶相当专业化：散装货轮与油轮、LNG运输船或滚装船不同。[2]

尽管对环境规范的日益关注和尺寸标准的普遍化[3]对船舶的标准化产生了积极影响，但商船市场仍相当分割。船舶技术没有航空业那么复杂，全球范围内的船厂比飞机OEMs多得多。这对船舶价值产生了负面影响，因为在某些细分市场很容易出现供过于求的情况。

基于此，经营租赁在航运业并不十分普遍。船舶通常通过传统的抵

---

① 推动超额订购方法包括为飞机提供非常大的折扣和建议提前交付日期。
② LNG运输船是设计用来运输液化天然气的船只。滚装船（roll-on/roll-off ships）是为运输汽车或卡车而设计的渡船。其配备内置斜坡，使货物在港口时可以方便地滚上和滚下。
③ 这些标准在一定程度上会受到港口的限制（港口在深水区与否），也会受最著名过境点的宽度所带来的限制。例如，苏伊士运河或巴拿马运河的船舶需要窄于能够穿越苏伊士运河或巴拿马运河的最大尺寸。

押贷款进行融资，若可能，则通过依靠吨税制度的税务租赁结构进行融资（见第 7 章第 7.2.2.7 节）。换句话说，金融家很乐意拥有船舶的质押，但更不愿意承担剩余价值风险。

9.3.3 铁路

9.3.3.1 公司筹资和税务租赁结构

鉴于国有企业在铁路部门的主导地位，许多公司在公司层面获得资金，直接从制造商那里购买资产。由于其股东（即政府）隐性或显性的信贷支持，其通常获得非常有竞争力的融资条件。在一些国家，国家铁路公司甚至直接由政府提供资金。

在 20 世纪 90 年代，大型铁路公司还通过税务租赁为其许多资产融资。对于具有公共服务目的的垄断企业来说，税务租赁乃最佳融资方案。这些公司无须创造利润，有时也不能充分利用其资产折旧——由于其固有的低税务结果。签订税务租赁是其获得资产成本预付折扣的一种解决方案（见第 7 章第 7.2.2.4 节）。美国的国家铁路客运公司（Amtrak）和法国的国营铁路公司（SNCF）在 21 世纪初之前都构建了很多税务租赁。对这些企业来说，税务租赁市场的消亡意味着其现在主要依靠公司筹资为其资产融资。

9.3.3.2 经营租赁市场

理论上，铁路机车和轨道车是运营租赁的极佳资产。其标准化程度高，而且寿命往往超过 40 年。与飞机相比，它们还有一个很大的优势：不需要高水平的维护。货运业务中使用的轨道车在这方面优势更为明显。

如果将以下两个因素结合起来，经营租赁将是该行业具有吸引力的融资方案：

- 非垄断（no monopoly）。若铁路市场由国有垄断企业主导，那使用经营租赁毫无意义。当且仅当多个铁路运营商得以在同个市场竞争时，经营租赁才能创造价值。因此，经营租赁只能存在于部分或完全自由化国家（或地区，如欧盟）的铁路部门。
- 大型市场（large market）。就像飞机制造商一样，机车和轨道车出租人必须有重新部署其车队的灵活性。然而，铁路业务与航空业不同。资产不能在全球范围内移动。因此，全球铁路市场与其说是一体化市场，不如说是多个地方市场的叠加。然而，这些市场必须足够大，以便经营出租人在合同到期时可重新灵活部署车队。①

铁路业务的经营出租人大多是区域性参与者。活跃在该领域的公司通常专注于特定的市场。例如，像联合储罐和运输设备有限公司（VTG）、Akiem 或 Ermewa 这样的公司只在欧洲活动。相反，美国的出租人 RGCX 或 Trinity Industries 只在北美活跃。跨网络的规模经济有限。2008 年，英国出租人天使列车（Angel Trains）将其欧洲大陆的业务分离出来，成立了阿尔法列车（Alpha Trains）。2017 年，美国出租人 CIT Rail 将其欧洲业务出售给了德国公司 VTG。

铁路部门的租赁业务分为两个部分。在货运市场（freight market），租赁公司将其资产租赁给运营商，而运营商又向想运输货物的公司提供服务。合同可以是短期或长期的，但合同的安排完全由各方决定。经营出租人根据需求向运营商提供运力。根据客户的要求，轨道车的添加或移除极为容易。其也可以迅速被重新部署到网络的其他部分，租赁给另一个客户。在经济放缓的情况下，长期没有签约的轨道车可保持未使用状态。

客运市场（passenger market）的动态变化则有所不同。私人运营商提供的是公共服务，通常必须向公共当局承诺向乘客提供一定水平的服务（包括列车的频率和规模）。这意味着这些运营商在某地区运营的列车通常有一些非常具体的特征。当运营商和公共机构之间的合同终止时，没有理由去改动列车。新的运营商通常会继续租赁已经到位的列车。有时，公共当局甚至会鼓励保留现有列车。基于此，客运列车的租赁比货运部门的租赁更具黏性。一旦出租人在某地区租赁了火车，其就享有特

---

① 虽然各国轨距不尽相同，但已经出现了一些国际标准。这有利于机车或轨道车的重新部署。最常见的轨距（被称为"标准轨距"）是 1 435 毫米。它被用于北美、中国、韩国、澳大利亚、欧洲大部分地区以及南美和非洲的大部分地区。

权地位。

见怪不怪的是，这些出租人中有许多是由专门从事基础设施建设的私募股权公司所有。这些投资者喜欢这些资产的长期性和活动弹性。他们将其视为类基础设施业务——①具有较高的进入壁垒、能产生强大的现金流、拥有有限的下跌空间。在 1994 年英国国家铁路（British Rail）私有化后［即声名狼藉的 Roscos（Rolling Stock Companies，机车车辆公司）］成立的三家租赁公司中，有两家——波特布鲁克（Porterbrook）以及天使列车——由专门从事基础设施的投资公司拥有。第三家公司埃弗肖特铁路（Eversholt Rail）是长江集团全资子公司。长江集团是一家总部设在中国香港的基础设施集团，也拥有飞机出租人 AMCK 航空（见第 8 章第 8.2.2.1 节表 8.5）。

总结

资产融资：我们学到了什么？

- 资产融资是一种用来为诸如飞机、火车或船舶等大型、可移动以及昂贵资产融资的融资技术。这些资产有很长的寿命，流动性较好，可以在二级市场上交易。

- 有多种资产融资技术：抵押贷款、融资租赁和经营租赁。

- 抵押贷款是一种贷款人从资产的质押中获益的贷款。在客户违约的情况下，银行可以收回资产并将其出售以收回其投资。考虑到通过抵押贷款融资的资产的流动性，贷款人可以向其客户提供有吸引力的融资条件。质押减轻了银行承担的风险。

- 融资租赁是一种资产所有者（出租人）在原租赁期内从资产使用者（承租人）那里收回其投资——加上利息的租赁。在融资租赁结束时，客户对该资产有一个廉价的购买期权。

- 融资租赁通常（但并不总是）以税务租赁的形式构建。税务租赁是一种承租人将基于资产折旧的税收减免权交给税务投资者的租赁。作为交换，承租人从资产成本的折扣中获益，该折扣等于税

---

① 见第 5 章第 5.2.5 节。

务投资者为从折旧中获益而投资的金额。

- 经营租赁是租赁的直观版本。其是一种简单的租赁，没有购买权或税收权衡。经营租赁在航空融资中非常频繁。全球几乎一半的商业飞机机队由经营出租人所有。
- 经营租赁给航空公司带来诸多好处：不必为获得一架飞机而支付任何预付款；若想改变机队，不会暴露于不得不出售资产的风险；有更多灵活性来调整机队的规模以满足相关需求。
- 大型出租人一般都属于投资级（至少在新冠疫情之前），有各种选择来为其资产融资。其可以发行债券，获得公司贷款或将其机队的一部分证券化。其也可以独立为其资产融资。在此情况下，其通过 SPV 从银行筹集无追索权债务。贷款人暴露于承租该资产的航空公司所支付的租金。银行还受益于 SPV 授予的飞机抵押。

第四部分

证券化

在本书介绍的所有融资工具中，关于证券化的争议无疑最大。很显然，2008 年的金融危机长久地损害了该技术的声誉，在很多人心中抹去了该结构的积极方面。

证券化起源于 1977 年的美国。首笔交易由刘易斯·拉涅里（Lewis Ranieri）和他在所罗门兄弟公司的交易员团队构建。[1] 这个故事具备美国电影的所有要素。刘易斯·拉涅里（无疑是"二战"后最重要的金融创新背后的银行家），其职业生涯始于所罗门兄弟公司的收发室。然后他逐渐攀升，成为固定收益交易部门的负责人——与如今在美国最大投资银行工作的交易员们相比，这是一段令人惊讶的经历。[2]

除了煽动性的头条新闻和关于次贷危机起源无休止的争论外，证券化在今天已成为全球经济中重要的融资工具。对银行和公司来说，其也是管理风险和转让资产的绝佳工具。基于此，其可能是最能体现自 20 世纪 70 年代以来的金融革命的技术。

---

[1] 所罗门兄弟是一家成立于 1910 年的美国投资银行，以其固定收益平台而闻名。所罗门兄弟公司于 1997 年被金融集团旅行家集团（Travelers Group）收购，并与其另一家子公司——经纪商史密斯·巴尼（Smith Barney）合并，成立了一家全功能的投资银行——所罗门美邦公司（Salomon Smith Barney）。1998 年花旗银行和旅行家集团合并后，所罗门美邦成为花旗集团的投资银行。2003 年，所罗门美邦这个名字不复存在，只成为花旗集团的一个部门。

[2] 对刘易斯·拉涅里领导的人员还有部门内部动态的描述见迈克尔·刘易斯（Michael Lewis）的著作《骗子扑克》（*Liar's Poker*）[纽约：WW 诺顿公司（WW Norton & Company），1989 年]。

第 10 章
证券化流程

10.1　将非流动性资产转变为流动性证券

10.1.1　定义

证券化是一种将非流动性资产转化为有价证券的融资技术。其是一种资产出售方式，在该方式下，名为发起人（originator）的实体（银行或公司）将产生现金流的资产（企业贷款、抵押贷款、应收账款等）出售给一个只为收购这些资产而设立的投资工具（SPV）。

SPV 通过发行名为资产支持证券（asset-backed securities，ABS）的证券来为购买这些产生现金流的资产提供资金。这些 ABS 一般由机构投资者（保险公司、资产管理公司、养老基金）、银行或对冲基金收购。[①]资产支持证券产生的回报只来自资产产生的现金流。由于 SPV 发行债务证券，因此我们也可称之为发行人（issuer）。

10.1.2　示例

为了帮助我们更好地理解什么是证券化，笔者以某银行为例。其决定将抵押贷款组合证券化。在该交易中，银行选择其想转让的贷款，并出售给 SPV。SPV 对贷款组合的收购通过发行证券进行融资。这些证券（也被称为票据）由各种类型的投资者购买。

一旦贷款转让至 SPV，借款人应付给银行的款项（包括本金和利息）

---

① 对冲基金是一种通过使用杠杆并在各种金融工具（股票、债券）中持有空头以及多头头寸来寻求实现绝对回报的基金。

也就转让至 SPV。客户的贷款已被出售给 SPV，银行不会保留任何客户的付款收入。所有收入都流向 SPV，然后 SPV 将从这些贷款中获得的收入分配给购买证券的投资者（见图 10.1）。

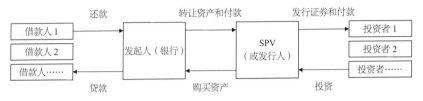

图 10.1　简化后的证券化结构

当银行将这些贷款卖给 SPV 时，其不仅转让了这些资产产生的收入，而且还移交了资产全部的所有权。SPV 成为这些贷款新的合法所有者。若初始借款人中有人无法付款，银行也不会受到影响。损失完全由 SPV 承担，最终则由投资者承担。无论是 SPV 还是投资者，都不能向银行要求任何形式的财务补偿。律师将此类型的出售定性为真实出售（true sale），以明确表示与资产所有权相关的法律所有权以及所有风险和回报都已转移至 SPV。

出售资产的实体也转让了附着在这些资产上的所有证券或担保。在图 10.1 所示的例子中，银行不仅向 SPV 转让了贷款的所有权，还转让了为这些贷款签署的所有抵押契约。如果贷款被卖给 SPV 的某个初始借款人违约，SPV 可以行使其在抵押权下的权利，取消财产赎回权，并出售财产以偿还到期款项。

由 SPV 发行的 ABS 可以在市场上自由转让。其成为可交易证券。尽管 ABS 市场明显不如上市证券市场活跃，但证券化仍然将抵押贷款组合（因规模太小，单个抵押贷款不具备流动性）转化成了流动的金融证券，吸引了广泛的投资者。

10.2　证券的分层

10.2.1　不同水平的回报和风险

10.2.1.1　不同层级

由 SPV 发行并由投资者收购的票据通常不尽相同。其通常可分为子类别，即层级（tranches）。层级的数量因交易而异。该数量范围从 1（见关于鲍伊债券的案例研究 9）到达到世界纪录的 24。此记录由 2007 年信贷泡沫期间建立的一项交易创造。

然而，如今的市场相当标准化。层级数量取决于抵押品的类型（抵押贷款、公司贷款、汽车贷款、信用卡应收款项等）。每个细分市场都有自己的参考。例如，当涉及公司贷款和债券的投资组合时，SPV 通常会发行六或七个层级的票据。然而，从法律、技术或财务的角度来看，绝对没有任何东西可以阻止建立一个更多或更少层级的交易。

SPV 所发行的层级有不同的风险和收益权衡。一些层级获得高利息，但使其所有者暴露于高风险；另一些排位的优先级更高，代表着更安全的投资机会——其提供较低的收益率和更低的风险水平。

10.2.1.2　瀑布

无论抵押品是通过支付票息还是偿还本金而产生现金，都按照单一的特定黄金规则分配给投资者：证券的回报率越低，其在分配顺序中的优先级就越高。换句话说，回报率最低的层级最先得到支付，然后是回报率第二低的那个层级，以此类推，按照该系统继续支付，直到最次级的层级。这种级联效应被称为瀑布（waterfall），读者已经很熟悉的一个术语，早些时候本书也已提及此概念。

最次级层级的证券持有人在其他层级的证券持有人收到票息后才能收到自己的票息。他们可能获得最高的回报，但面临着现金不足以支付其利息或偿还本金的风险（由于基础投资组合违约）。

表 10.1 反映了一个真实的案例，其中 SPV 拥有公司贷款和债券的多样化投资组合，其中大部分以美元计价。该表显示了分成六个层级、价值 7 亿美元的证券。风险水平最低的层级是票息最低。

表 10.1 价值 7 亿美元的证券化的层级

证券名称	金额（美元）	占比（%）	该层级适用的利率	利润分配顺序	信用评级
Class A Notes	479 500 000	68.50	USD Libor 3m+0.63%	1	AAA
Class B Notes	52 500 000	7.50	USD Libor 3m+1.00%	2	AA
Class C Notes	42 000 000	6.00	USD Libor 3m+2.00%	3	A
Class D Notes	35 000 000	5.00	USD Libor 3m+3.25%	4	BBB
Class E Notes	35 000 000	5.00	USD Libor 3m+5.70%	5	BB
Sub. Notes	56 000 000	8.00	不适用	6	未评级
总计	700 000 000	100			

正如表 10.1 所强调的，风险最大的层级并不提供固定回报。投资者只是获得 SPV 尚未分配的所有收入。该层级在合同安排中一般被称为从属票据（subordinated notes），但专业人士称之为权益层级（equity tranche）。其回报看起来确实更像股利而非利息支付。

表 10.1 还强调了各层级规模并不相同。最优先级的层级通常是最大的部分。其通常占 SPV 总资产负债表的 50% 到 70%。其他层级一般较为单薄。

10.2.1.3　基于风险的方法

描述票据分层的另一种方式是以风险而非收益来论述。与其说优先级票据的票息最低，不如说在基础投资组合出现违约的情况下，承担最高风险水平的层级首当其冲。若违约程度高到 SPV 无法向权益层级分配任何收入，那么其他层级也会受到影响，该顺序与票息分配的优先顺序相反。

10.2.1.4　与其他结构化融资交易的比较

细心的读者会立刻注意到，分层的概念与我们前面所学非常相似，特别是在杠杆收购和项目融资的章节中。在以上三种情况下（杠杆收购、项目融资和证券化），一项资产（或一个资产组合）被转让给只为收购此项资产（或资产组合）而成立的 SPV。该 SPV 由股权和债务混合融资。

从资产（或资产组合）中获得的现金流按照预先确定的顺序分配，其中股权持有人排在最后。这些特征是结构化融资交易的典型特征，与导言中的通用图 0.1 相吻合。

10.2.2 不同层级的评级

10.2.2.1 原则

为了吸引投资者、提高票据在一级和二级市场的流动性，ABS 通常由一到两家信用评级机构进行评级。这些机构［显然是穆迪和标普，但也有像惠誉、DBRS、克罗尔债券评级公司（Kroll Bond Rating Agency）、斯科普评级（Scope Ratings）这样的小机构］的作用是评估不同层级违约的可能性。

SPV 拥有公司贷款及债券的抵押并发行六个层级的产品时，如表 10.1 所示，通常会被拆分为：

- 四个层级拥有投资级评级；
- 一个层级是次投资级评级；
- 一个层级保持未评级，即权益层级；

每个层级的评级都基于内在违约风险。对基础投资组合潜在违约暴露程度最低的层级具有最佳评级。在分配方面具有最高优先权和最低违约风险的层级被评为 AAA，接下来的层级被评为 AA，再接下来的层级被评为 A，以此类推直到 BB。请注意，SPV 发行至七个层级时，通常会有一个额外的次投资等级层级。其评级是 B。

评级为 AAA 的层级被称为优先级（senior）层级，而其他债务层级被统称为夹层（mezzanine）［层级 AA、A、BBB、BB，以及层级 B（若存在）］如前所述，最为从属的层级为权益层级。出于证券化而为 SPV 建立的资产负债表可以用图 10.2 的简化方式表示。

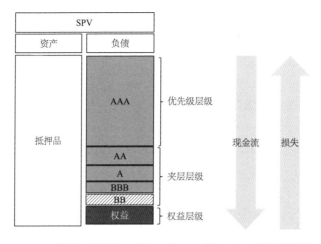

图 10.2　简化后的资产负债表，该 SPV 发行了六个层级的票据

如前所述，各个层级的规模并不相同（例如，见前文表 10.1）。每个层级的规模受评级考量影响。当抵押品是由公司贷款或债券组成时（如本例），AAA 层级通常占 SPV 所发行票据的大部分（约 60%）。

10.2.2.2　升级与降级

就像任何其他信用评级一样，最初给予票据的评级会随时间而变。市场事件会影响基础投资组合的表现，评级机构可能会下调不同层级的评级。

这正是在 2008 年发生的事情。在经济活动急剧下降的情况下，承担抵押贷款和公司贷款支付义务的家庭与公司的违约率急剧上升。评级机构有时会将以这类资产为抵押的 ABS 层级的评级降低几个等级。其使用更严苛的假设来审核抵押品组合，导致 ABS 层级的评级下调。当形势好转，评级机构意识到在某些情况下，预期违约不会完全实现，此时就会上调评级。

10.2.3　不同产品

尽管到目前为止，我们的分析主要集中在抵押贷款和公司贷款和债券上，但证券化是一种能为金融机构和公司所用为各种资产融资的工具。

几乎所有产生现金流的资产都可以作为证券化的抵押品。抵押贷款很明显是，但也包括商业贷款、高收益债券、公司债券、长期或短期客户应收款、知识产权、获得未来收入的权利、飞机租赁、汽车贷款等。

因此，在 ABS 该通用术语的背后，有一系列不同的产品，有不同的市场和不同的投资者。在抵押品之间，票据期限和层级数量都可能不同。如前所述，对公司贷款及债券类的抵押品来说，标准层级数量为六到七个，但飞机租赁只有三到四个层级。

证券化中所发行的不同票据构成了特定的细分市场，因此，取决于构成抵押品的资产类型有不同名称。表 10.2 显示了其中一些证券的名称。这些名称在金融术语中通常有双重含义。其用于定义参与证券化的 SPV 所发行的证券，也用于指代发行该类型证券的 SPV。

10.2.3.1 住宅抵押贷款支持证券

住宅抵押贷款支持证券（residential mortgage–backed securities，RMBS）是一种由大型住宅抵押贷款组合支持的证券。其可能［伴随着 CLOs 和 CDOs（见第 10.2.3.3 节）］是最常见的 ABS 类型。其肯定也是这些工具中最具代表性的，因为有史以来第一个由银行证券化的贷款组合就是美国住宅抵押贷款池。[①]

RMBS 可以由银行等私人机构发行，也可以由公共或半公共机构发行。这些机构的作用是促进低收入和中等收入家庭可负担住房的融资。银行也使用该类型交易以减少住宅抵押贷款在市场上的风险暴露。

10.2.3.2 商业地产抵押贷款支持证券

商业地产抵押贷款支持证券（commercial mortgage–backed securities，CMBS）是一种由商业房地产贷款支持的抵押贷款支持证券。这些商业房地产贷款包括各种工具，如公寓开发、公寓大楼、工厂、酒店、仓库、办公大楼和购物中心的贷款。与 RMBS 相似，CMBS 的形成方式如下：贷款机构将其账上未偿还贷款捆绑，然后以抵押贷款支持证券的证券化形式将其出售。

[①] 第一次证券化于 1977 年构建，该交易涉及向美国银行出售价值为 1 亿美元的抵押贷款证券化组合。

这些证券的表现通常比 RMBS 的表现更难预测。商业地产贷款着实比住宅抵押贷款更多地暴露于经济衰退风险。此外，RMBS 的资产数量一般较多，贷款组合的地理分布也比较分散。

表 10.2　证券的不同名称

抵押品类型	证券名称
住宅房地产贷款	住宅抵押贷款支持证券（RMBS）
商业房地产贷款	商业地产抵押贷款支持证券（CMBS）
公司贷款	担保贷款凭证（CLO）
债券、公司贷款和各种债务义务	担保债务凭证（CDO）
CDOs	平方 CDO（CDO^2）
信用卡、学生贷款、汽车贷款、汽车租赁	消费者资产支持证券（Con-sumer ABS）

10.2.3.3　CLOs 和 CDOs

担保贷款凭证（collateralized loan obligation，CLO）是一种由企业贷款池支持的证券。这些贷款通常是投资级贷款和杠杆贷款的组合。担保债务凭证（collateralized debt obligation，CDO）与 CLO 类似，但债券或其他类型的债务工具也能够被包含在抵押品中。CDO 也被当作一个通用词，用以描述由债务工具池支持的所有类型的证券。CLOs 和 CDOs 有时会被混淆使用，尽管市场上大多数交易都是 CLOs。

10.2.3.4　平方 CDO

如果说到目前为止本书提到的所有术语都很容易被理解，那么对于不熟悉结构化融资的读者来说，平方 CDO 的概念可能就比较令人费解。该工具与 CDO 相同，只是其并非由贷款和债券池所支持，而是直接由 CDO 层级所支持（CDO 层级本身显然是由传统信贷工具支持）。在此情况下，证券化的逻辑被推到一个极端，即银行家将证券化工具证券化。

平方 CDO 又可以被汇集起来，然后被证券化——至少在理论上是这样。这些工具被称为立方 CDO。n 次方 CDO（CDO^n）这一通用术语有时被用来指代这些复杂的证券。尽管其在过去很流行，特别是在2008年之前，但平方CDO和立方CDO已不复存在。

10.2.3.5 其他ABS类型

没有特定名称的证券通常被默认为ABS。因此，ABS这个词可能略有误导，因为其既可以作为通用术语来定义通过证券化发行的所有类型的证券，也可以作为缩写来指那些没有特定名称的证券（即不能被归类为CDO、CLO、RMBS等的证券）。在后者中，某些类别的ABS形成了流动和独特的细分市场，为投资者提供了耳熟能详的投资机会：学生贷款、飞机租赁、汽车贷款和信用卡应收款项分别指代学生贷款ABS、飞机ABS、汽车ABS和信用卡ABS的抵押品。我们将在后面介绍其中的一些工具（见第12章第12.3.3节）。

案例研究9：大卫·鲍伊的知识产权证券化

大卫·鲍伊（David Bowie）知识产权的证券化是有史以来最具创意的金融交易之一。鲍伊债券或被称为丑闻，或被称为天才之举，其表明将广泛的资产证券化是可能的。

背景

关于鲍伊债券的谈判始于1996年底。该想法的起源仍不确定。安排交易的银行家大卫·普尔曼（David Pullman）声称自己提出了这个想法，但歌手传记的作者保罗·特伦卡（Paul Trynka）解释说，这个想法是大卫·鲍伊当时的财务顾问威廉·齐斯布拉特（William Zysblat）提出的。

1997年，大卫·鲍伊已年近50。他在战后出生于伦敦，是他那一代人中最成功的英国歌手之一。他的作品包括《出卖世界的人》《英雄》《让我们跳舞》《中国姑娘》等热门歌曲。尽管取得了惊人的成功，但鲍伊的经济状况让人担忧。这有多种原因：奢侈的生活方式、昂贵的离婚以及与前经纪人签订的合同。根据该合同，鲍伊必须与他分享他们合作期间所发行歌曲产生的50%的收入。

交易

为了稳定财务状况，鲍伊的顾问决定终止与前经纪人的协议。为此，他们建议以一次性付款的方式买回他的权利。如果各方在原则上都同意这一机制，那么在执行该交易时有一个主要障碍：鲍伊没有现金来支付这一赔偿金。

为了解决这个问题，鲍伊的顾问从银行为抵押贷款再融资而建立的证券化结构中得到了启发。他们决定将两人合作期间所发布歌曲的相关权利卖给第三方。这项交易是可能的，因为与大多数歌手不同，大卫·鲍伊是他大部分作品版权和最初录制版本的合法拥有者。与许多其他艺术家不同，他没有出售他的歌曲的权利以换取未来的版税。他只授予他的唱片公司在一定的规则下和一定的时间内使用其歌曲的权利。

该交易在 1997 年向前推进。由鲍伊拥有和撰写的 287 首歌曲的权利以 10 年期限和 5500 万美元的价格被转让给了 SPV。鲍伊和其前经纪人平分了这笔钱。作为交换，前经纪人同意结束约束他们的协议。在 10 年期限结束后，这些歌曲的权利将完全归鲍伊所有。

SPV 对权利的收购以发行 10 年期的 ABS 进行融资。鉴于交易规模相当小，鲍伊的顾问决定让交易尽可能简单。他只发行了一批证券——大卫·鲍伊 A 类版税支持票据。该交易的结构如下：SPV将在 10 年内获得 287 首歌曲产生的所有收入（光盘的销售、广播或音乐会的版税、商业用途的使用、许可证等）。SPV 还受益于对歌曲合法所有权的质押。这些票据被美国保险公司保德信收购。穆迪将这些票据评级为 Aaa[①]，且这些票据支付 7.9% 的票息。若违约，保德信通过 SPV 可以行使其在质押下的权利，并占有最初录制版本及其附带的权利。图 10.3 描述了该交易简化后的结构。

---

① 相当于标普著名的 AAA。

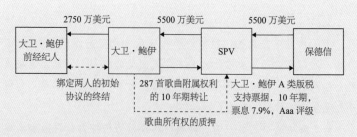

图 10.3　简化后的交易结构

签约后

尽管受到一些记者的批评，[①]但这笔交易是成功的。时机相当完美。当时，CD 仍然是听音乐最流行的渠道，唱片公司以离谱的价格出售 CD。

1999 年，肖恩·帕克创建的纳普斯特（Napster）和免费 MP3 下载的普及从根本上改变了音乐产业。在接下来的几年里，来自 CD 销售的收入明显减少。鲍伊的交易受到影响，为该交易发行的票据在 2004 年被穆迪公司从 Aaa 降至 Baa1（相当于 BBB+）。然而，降级并没有对该交易产生多大影响。保德信采取了购买和持有的策略，并不打算出售债券。

尽管评级下调，但证券仍继续支付其票息。毫无波澜，整个交易按计划于 2007 年 2 月结束。在这一天，大卫·鲍伊已经将 10 年前出售的权利全部回转，不再对前经纪人有任何亏欠。

尾声

对这笔交易背后的银行家大卫·普尔曼来说，鲍伊债券是一段赚钱时期的开始。他构建了几笔类似交易，并提出了普尔曼债券的概念，以描述来自知识产权未来流量的证券化。在几年内，普尔曼为许多其他已故和在世的歌手和词曲作者安排了交易——包括詹姆

---

① 记者马克·斯坦恩（Mark Steyn）有句著名的调侃："很久以前，摇滚明星并没有穆迪评级。他们只有情绪（moody）。"

斯·布朗（James Brown），普尔曼为他完成了一笔3000万美元的交易，使这位艺术家能够偿还美国政府200万美元的税收债务。

尽管取得了这些成功，但由于互联网革命和人们习惯免费下载音乐的事实，这个市场在2000年后出现了萎缩。然而，鲍伊和普尔曼进行的交易仍然是里程碑式的，因为其开辟了由非金融资产支持构建工具的可能性。1999年5月，摩根士丹利和西德意志银行（West-LB）就一级方程式赛车的电视转播权安排了类似的交易。伯尼债券（Bernie Bonds）[1]的发行金额为14亿美元，金额是鲍伊交易的25倍以上。

案例研究10：什么是担保债券？

担保债券是由银行或金融机构发行的债务证券，以资产池为抵押。它们有时会与ABS混淆。

定义

1769年，腓特烈大帝（Frederick the Great）治下的普鲁士首次出现了担保债券。其最初被称为抵押债券（德文：Pfandbriefe）。担保债券是只能由银行或受监管的金融机构发行的债券。与传统债券相比，若发行人违约，其可为债券持有人提供对特定和明确抵押品的额外追索权。

这种抵押品［或称之为担保池（cover pool）］是由发行银行所有的贷款组合。由于担保池提供了额外的安全保障，担保债券由此具有优异的信用评级。其通常获得评级机构给予的AA或以上评级。

---

[1] 伯尼即方程式赛车商业大亨伯纳德·埃克莱斯顿（Bernie Ecclestone），也是与银行达成协议的谈判代表。伯纳德·埃克莱斯顿从1978年到2017年统治了方程式赛车商业。他个人财富超30亿美元，是英国最富有的人之一。

其被正确认知为极低风险的证券。

虽然都以资产池为担保，但担保债券和 ABS 完全不同。ABS 的持有人对当初将资产转让给 SPV 的实体没有追索权。如果出售给 SPV 的部分资产出现违约，ABS 的持有人对最初将资产转让给 SPV 的公司没有任何索赔权。

担保债券具有传统债券的所有特征。其持有人对发行人有明确的法律追索权。抵押品只是一个附加物，提高了债券的风险概况。在发行人违约的情况下，若抵押品的销售收入不足以偿还债券，债券持有人仍可就未偿还的金额直接向发行人索赔〔此概念被称为双重追索权（dual recourse）〕。

与 ABS 持有人不同，担保债券的买家不直接暴露于抵押品的履约风险。担保债券的运作方式与其他债券一样。只要不违约，其发行人就必须支付票息。即使抵押品中的某些资产违约，发行人也应按期向债券持有人支付款项。担保池的存在只是为了给债券持有人额外保障。这种抵押品也是动态的，也就是说，若一些基础资产状况恶化（或提前偿还），其就必须由类似信用质量的资产取代。在发行人破产的情况下，该动态被打破，担保池就变为静态。

用作担保债券抵押品的资产池仍然是担保债券发行人的合法财产。担保池标识明确，资产通常会被搁置起来，以便在发行人破产的情况下，向担保债券持有人提出索赔。在一些国家，发行人有义务将担保池留置于远离破产的 SPV 中。该 SPV 在发行人破产的情况下不受影响。

今日的担保债券市场

担保债券市场是欧洲第二大债务市场，仅次于标准银行债券（即由银行发行、没有特定抵押品的债券），其规模大于公司债券。经过多年的持续增长和 2012 年 28 000 亿欧元的峰值，担保债券市场在 2015 年之前略有下降。此后，其稳定在 25 000 亿欧元左右，处于即将到期的债券被大致相同价值的新发行债券所取代的水平。

即使欧洲现在和将来都是担保债券的核心市场，但多年来该产品已趋于国际化。主要市场是德国、法国、西班牙、英国和北欧，但新加坡、加拿大、美国、澳大利亚、新西兰和土耳其等国家的银行也发行了担保债券。根据北德意志州银行（NordLB）的数据，[1] 非欧元计价的担保债券比例在 2015 年达到了 36% 的历史新高，证实了担保债券正变得愈发国际化的趋势。每个市场都有特定的国家特征，但担保债券所在之处，其都是银行的工具，用于挖掘那些追求低风险/低收益投资的长期投资者。

担保债券的需求可部分归于某些保守投资者的需求上升。考虑到此类债券具有低风险和高流动性的双重优势，那些希望遵守监管义务，尤其遵守《巴塞尔协议Ⅲ》规定的流动性覆盖率（liquidity coverage ratio，LCR）要求的银行很需要担保债券。

作为 2010 年《巴塞尔协议Ⅲ》的一部分，LCR 要求银行持续保持的流动性资产要高于未来 30 天的现金需求。LCR 属于短期流动性比率，旨在确保银行能在市场上长时间流动性中断中生存下来。其是为了应对贝尔斯登、雷曼兄弟和华盛顿互助银行的破产而推出的。在该比率推出的背景下，担保债券被视为流动性资产，这解释了为何银行会对投资担保债券如此感兴趣。

担保债券对保险公司也有吸引力。保险公司在欧洲的监管框架（《偿付能力Ⅱ》）赋予了担保债券在资本要求方面的优先地位。[2] 换句话说，其无须调动大量监管资本以支持购买担保债券。尽管收益率低，但担保债券是极具吸引力的投资机会。

作为抵押品的资产概述

金融机构发行担保债券是因为其可进行长期贷款。银行可通过担保债券对抵押贷款或公共部门贷款等资产进行再融资。因此，其可以更容易地向客户提供长期融资方案，因为其深知可以用给予这些客户的贷款作为担保债券的抵押。银行通过这种方式减少其长期

---

① NordLB 固定收益研究部，《2016 年担保债券发行人指南》。
② 见第 5 章第 5.3.2 节对"偿付能力Ⅱ"的简要介绍。

资产（例如 20 年的抵押贷款）和短期负债（主要是客户的存款）之间的结构性错配。

抵押贷款支持担保贷款是迄今为止最受欢迎的担保债券类型。其约占未偿还债券总价值的 80%，接下来就是公共部门债券（约 15%）。其他抵押品仍是小众产品。其由航运贷款、[①]飞机贷款或公司债务组合构成。

担保债券通常是超额抵押的，也就是说，担保池的总价值超过了债券的名义价值。这种超额抵押是当地监管机构和评级机构的要求。在每个国家，法律框架规定了最低的超额抵押水平，目的是保护担保债券的持有人：德国和瑞典是 102%，法国是 105%，丹麦是 108%，西班牙是 125%。此外，只有当抵押品的价值超过债券名义价值 10% 至 20% 时，担保债券才能获得高于发行人无担保债券的信用评级。

风险为何？

担保债券的悠久历史有时会给人一种印象，即其是简单和无风险的工具。然而，在 2013 年 10 月，资产管理公司太平洋投资管理公司（PIMCO）提醒投资者注意担保债券的固有风险，以及假设某些证券必然没有风险的危险。[②]PIMCO 指出了一个明显的问题：尽管平均来看，担保债券具有卓越评级，但其持有人暴露于潜在损失风险。

只要发行人不违约，担保债券的到期票息就会由发行人的营业收入而非抵押品专门产生收入支付。若发行担保债券的银行违约，作为债券抵押品的资产将从发行人的资产负债表中剥离，并继续由受托人独立运作。若这些资产不足以偿还担保债券持有人的所有应付款项，投资者仍然可以直接向发行人进行索赔，索赔金额相当于

---

① 从历史上看，频繁发行担保债券的德国银行在航运业一直非常活跃。

② Ana Cortes Gonzalez、Graeme C. Williams、Ben Emons：《透过结构化融资视角看待担保债券》，PIMCO 通讯，2013 年 10 月。

未被担保品价值所涵盖的债务部分。对于这部分，担保债券持有人的地位与发行人的无担保债务人完全相同。

ABS 和担保债券

表 10.3 总结了 ABS 和担保债券的异同点。

表 10.3　ABS 和担保债券

	ABS	担保债券
发行人	成立专门的 SPV，其唯一目的是购买一揽子资产。资产组合的收购通过发行 ABS 来融资	取决于当地法规，通常为银行或抵押贷款机构
抵押物的类型	广泛的资产范围（抵押贷款、公司贷款、杠杆贷款、公司债券、学生贷款、应收账款、租赁支付等）	绝大部分为抵押贷款（占 80%），同时也有公共部门贷款（占 15%）或公司贷款
投资者承担的信用风险	完全暴露于用作 ABS 抵押的资产池	发行人风险——会获益于抵押物
追索权	SPV 持有资产。ABS 持有人对最初出售资产给 SPV 的实体没有追索权	对发行人的全面追索权。若发行人无法履行支付义务，可出售抵押物并将收益转让给债券持有人
层级	大多数情况下有	没有
期限	非常灵活，通常为 10 至 15 年左右	最长可达 30 年
主要市场	美国、英国和西欧。	西欧和北欧国家

第11章
不同利益相关者

在完全深入了解证券化的复杂性之前，请读者探索交易中各方的角色。这将有助于你更好地理解证券化的运作方式。

11.1 借款人

借款人是指其债务被转让给发行人的人或实体。该类别将所有有助于为 SPV 创造收入的自然或法律实体归为一类。这些借款人是已经贷款的家庭或公司，其贷款正经历着证券化（见图 11.1）。其是交易的收入提供者，投资者正承担这些人或实体带来的支付风险。

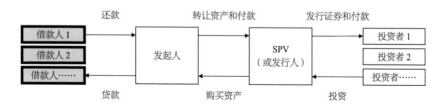

图 11.1　证券化过程中借款人地位的概述

请注意，使用"借款人"这一表述来指定此类利益相关者在某种程度上是错误的。不是所有证券化资产都是贷款。其可以是任何类型的应收款项。然而，由于贷款（各种类型的贷款——抵押贷款、企业贷款、商业房地产贷款等）构成了大多数证券化资产，为了便于讨论，我们倾向于使用此术语。

11.1.1　借款人的作用

证券化不会给此类利益相关者带来任何变化。尽管个人和公司的借款已成为证券化交易的基础资产，但个人和公司一般不知道其已转让给SPV。其会继续向最初发放贷款的银行偿还贷款。然后，这些款项会直接、自动转让给SPV。

若转让给SPV的资产不是贷款而是商业应收账款，情况也没什么不同。客户继续向原来的供应商付款。其不知道其所支付需付款项的法律所有者是空壳公司。鲍伊债券的例子（见案例研究9）与此类似：从1997年到2007年购买大卫·鲍伊CD的客户并不知道这些钱会流向SPV，然后流向保德信——除非他们在华尔街工作或阅读过金融时报。

11.1.2　借款人在交易中的利益

即使借款人很少（或从未）意识到其未来的付款被转让给SPV，证券化对他们来说也异常重要。从宏观经济的角度来看，证券化增加了可用的信贷供应。就像债券市场为公司提供了银行贷款的替代品一样，证券化带来了另一套解决方案，为个人、家庭、企业、LBOs等融资或再融资。其在传统工具之外创造了新的资金流动池。

因此，证券化是金融脱媒过程的必要部分，我们在本书中已经讨论过好几次金融脱媒，特别是在与迈克尔·米尔肯有关的案例研究2中。证券化是经济体融资方式变化的主要驱动力。在传统的经济模式中，公司和个人只能由银行提供资金，而现今其可以通过大量工具（贷款、债券、证券等）直接由众多参与者（银行、养老基金、保险公司、资产管理公司等）提供资金。今天，诉诸银行只是众多选择中的一个。

鉴于对银行施加的监管限制越来越多，证券化代表了传统融资途径的一个可靠替代方案。在同等条件下，监管确实限制了可用于经济体融资的银行贷款供应。由于监管要求银行以越来越多的资本为其贷款提供部分资金，[1]银行在使用其资产负债表时必须更加谨慎。这就为那些没有

---

① 正如读者所知，《巴塞尔协议》施加了诸多限制（见导言）。

同样监管约束的投资者留下了空间：养老基金、对冲基金、私募股权公司等。

11.2　发起人

发起人是指最初拥有出售给 SPV 创收资产的法律实体（见图 11.2）。发起人可以是银行或任何其他类型的公司。银行属于最常见的发起人类型（贷款是常见的证券化资产），但任何其他类型的公司或法律实体都可以使用证券化：私人或公共公司、公共机构、政府等。个人也可以使用证券化（见关于大卫·鲍伊的案例研究 9）。使用该工具的唯一前提是拥有大量相近应收账款或创收资产的投资组合。

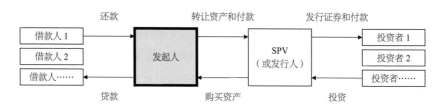

图 11.2　证券化过程中发起人地位的概述

11.2.1　发起人的作用

发起人的主要任务是选择要转让给 SPV 的抵押品。该选择是与交易安排人（通常是投资银行）共同做出的。其目的是建立可作为成功证券化基础的投资组合。在进行资产选择时，要考虑到 SPV 发行的票据必须获得一定的信用评级以吸引流动性。因此，发起人及其顾问必须预见到评级机构如何评估和评定证券。评级机构可在早期参与该流程，以帮助建立最佳投资组合。

将资产出售给 SPV 的流程必须遵循一些基本规则。这些资产的价值必须由卖家和安排人商定，其必须能够证明该转让是在公平的基础上进行的。纸面上看起来很容易的任务并不一定很简单。利率变化和外汇波动会影响估值。例如，若转让给 SPV 的债券中包括评级为 AA 且支付固定票息的债券，则该债券的转让价值将取决于转让日市场上 AA 级债券的收益率。若转让日类似评级债券的平均收益率高于该债券所支付的票息，则该债券将折价转让。反之，则该债券将以高于票面价值的价格被出售。[①]

通常有三种方法来评估资产以何种价格从发起人处转移到 SPV：

- 资产以市场价格转让。
- 可以以购买价格出售——若能证明资产价值在发起人入账时和转让日之间没有发生变化的话。该方法主要适用于两个日期之间间隔较短和 / 或难以精确评估资产价格的微小变化时（例如客户的应收账款组合）。
- 资产可以按公允价值（fair value）转让，即按资产的估计市场价值转让。可在资产特别不寻常或缺乏流动性时使用该方法。

11.2.2 证券化给发起人带来的利益

有诸多原因可以解释为何银行或公司愿意将一组资产集中起来进行证券化。这些原因显然不会相互排斥。

11.2.2.1 理由 1：流动性要求

卖家可能出于流动性的目的想要将资产证券化。其可能需要偿还债务或为新的资本支出融资。在某种程度上，案例研究 9 中描述的鲍伊债券就是由流动性目的引发的证券化。大卫·鲍伊作为发起人，正在寻求获得现金并维持其生活方式的解决方案。将其知识产权出售给由保德信资助的 SPV，使其能在一定时期内实现这些目标。

案例研究 8 中提到的 GPA 在 1996 年构建的证券化也属此类。GPA当时负债累累。

---

① 这些价格变动可归于金融投资者不断进行的市场套利。若两年前发行的 AA 级证券支付 2% 的票息，而该类型的新证券突然以 1.5% 的票息发行（鉴于新的市场条件），投资者将购买两年前发行的证券，因为其在同等风险下比新证券带来更多收益。对老式证券的需求将推高其价格，直到新旧证券回报相当——该情况下是 1.5%。

GPA 作为发起人通过证券化出售大量飞机组合是获得现金和偿还债权人的一种方式。

11.2.2.2　理由 2：优化资产负债表

公司会借助证券化优化其资产负债表。出售资产可以产生现金，从而减少公司的净债务。对许多公司来说，通过证券化定期出售客户的应收账款是将净债务维持在一定水平以下并确保特定信用评级的工具。

出售资产对银行来说也很重要。其从风险角度改善了银行的状况，因为现金（如果是主要货币）总是比任何其他资产的风险要小。从监管角度看，贷款的出售也可以是积极的，因为这样会减少银行的 RWAs。现金不占权重，对 RWAs 贡献为零（只要其属于易交易货币）。该策略的缺点显然是银行也在出售与这些贷款相关的未来利润。我们将在后面讨论银行的策略，即银行将资产售卖给 SPV 进行证券化，随后银行会购买该 SPV 所发行的证券。对银行来说，这是一种减少 RWAs 和增加利润率的方法（见第 11.4.2 节）。

11.2.2.3　理由 3：风险管理

证券化是许多公司风险管理政策的主要工具。像沙利美（Sallie Mae）（学生贷款）或大众汽车集团的内部银行大众汽车金融服务公司（Volkswagen Financial Services）（汽车贷款）这样的常规 ABS 发行人，已经将证券化作为其金融战略的核心。该工具能够使其在资产负债表规模有限的情况下在贷款市场上保持活跃。一旦风险暴露达到一定限度，其就会将大量贷款证券化。对这些公司来说，证券化意味着其可以继续在原来的市场上充当贷款人，而无须在资产负债表上保留贷款。这些发行人几乎充当了贷款仓储实体。其向大量的借款人发放贷款，然后以重新包装的形式将证券化后的贷款出售给第三方投资者。

大众汽车金融服务公司的案例必须在大众汽车公司全球战略的基础上进行分析。大众汽车其实属于汽车制造商，其主要目标是通过销售汽车获得利润。通过大众汽车金融服务公司向客户提供金融解决方案，只是为了确保潜在客户能够支付他们的车辆款项。如果大众汽车集团作为一个整体没有定期出售其汽车贷款组合的一部分，那么最终该公司将更多地暴露于客户的信贷风险中而不是其汽车生产的成功中。该集团将看起来更像银行而非汽车制造商。

传统银行也出于同样的原因借助证券化。例如，若位于英国的大银行认为自己过多暴露于当地的住宅房地产市场，其就会将部分贷款组合证券化。这样一来，该银行就可以减少对该资产类别的风险敞口，同时仍是市场上十分活跃的贷款人。另一种选择，即不再向客户发放任何住宅抵押贷款，这将会是商业自杀，因为获得房地产贷款是个人客户选择银行或替换银行的主因。

11.3 围绕 SPV：交易的一生

SPV 的建立（见图 11.3）是整个交易安排的核心部分。一系列的利益相关者都围绕着它：投资银行、律师、评级机构、受托人和服务机构。

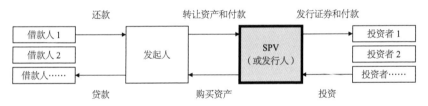

图 11.3 证券化过程中 SPV 地位的概述

11.3.1 SPV 或发行人

收购抵押品的公司是以交易为唯一目的而设立的特殊目的实体。该公司没有员工，其唯一作用是购买发起人转让的资产和为投资者发行证券。其章程严格，不能执行任何与交易本身无关的行动。其处于自动运行模式。唯一能够执行的任务是建立交易和确保正确交易后续行动所必需的：资产转让、发行 ABS、向投资者报告、股利分配等。

SPV 并非发起人或投资者的子公司（请注意，即使没有固定票息，权益层级持有人在法律上也属于次级债务层级投资者，其不拥有 SPV）。SPV 通常是信托或类似该类型的实体，完全自主。

该 SPV 被称为遥远的破产。这意味着其是完全独立于发起人的法律实体。若发起人破产或资不抵债，其在财务上不会受到影响。发起人的债权人无权过问发行人持有的资产。

11.3.2 安排人

安排人是一家负责构建交易的投资银行（或更少见的精品银行）。其作用是协助发行人选择要转给 SPV 的资产。其必须优化抵押品，以确保各层级资产能够获得传统上此交易类型投资者所预期的评级。因此，安排人的作用包括协调与评级机构的互动。

安排人还负责在律师事务所的监督下，起草发行通告（offering circular），即向潜在投资者介绍交易的文件。发行证券时，提供发行通告属于法律义务。这是一份 300 页至 400 页的正式文件，详细解释了投资机会：发行人的性质、交易目的和条款等。

安排人的作用也包括确定将收购 SPV 所发行票据的投资者。有时同笔交易会有多个安排人。这是发起人优化证券发行的一种方式，因为银行可能没有相应的投资者基础。

在某些情况下，安排人可以保证证券的发行。银行承销交易，然后将证券分配给投资者。若其无能出售 ABS，就要承担发行停滞的风险。若被迫以低于原始认购价的价格出售这些证券，则银行还将计算出损失。[①]

11.3.3 评级机构

评级机构有助于提高 ABS 市场的流动性。许多投资者（其中包括最大的养老基金、资产管理公司或保险公司）只能投资具备信用评级的债务证券。为了吸引大量投资者并支持证券在二级市场上的流动性，为不同层级（除权益层级外）评级极为必要。

评级机构在交易的早期阶段就参与其中。其与安排人讨论评级方法，并解释为了获得特定评级应该或避免做什么。评级机构和银行之间一般都有公开和建设性的对话。ABS 的最终评级一般不会令人吃惊。抵押品中包

---

① 请参阅附录 B（银团和俱乐部式交易）中关于银团这一概念的更多细节。

括的资产选择和证券分层方式都受为获得某一特定评级这一目标所指引。

尽管评级机构在次贷危机期间饱受批评（见案例研究 11），但其无罪于无须担责之事。其作用是分配评级以促进金融信息的传递，并间接地支持市场流动性。即使评级机构的分析员是专业人士，他们也会像其他人一样犯错，他们的意见只是自身意见。评级的存在并不能让合格的投资者免于做出自身分析。

11.3.4　受托人

受托人是负责管理发行人的实体。其职责如下：
- 确保资产所产生的现金流被完全地支付给 SPV。
- 监督 SPV 对投资者的支付。
- 向投资者提供资产业绩的定期报告。
- 负责管理 SPV 的所有运营费用并协调所有外部服务供应商（会计师、律师、服务机构）的工作。

受托人是专门从事对特殊目的实体进行管理的公司。其作用是确保投资者的利益得到保护。

11.3.5　服务机构

服务机构的作用是归集转至 SPV 的资产组合所产生的付款。其作用不能与受托人的作用相混淆。受托人负责 SPV 的管理，而服务机构是服务提供者。其作用是实际收集付款。受托人只需保证付款的有效进行，并保证证券持有人的利益得到保护。

在大多数情况下，服务机构就是发起人本身，因为其通常具备相关的专业知识和必要的设置来扮演该角色。服务机构的选择相当重要，因为有经验的服务机构是吸引投资者的关键。评级机构在进行证券评级时，会考虑服务机构的历史表现。

若交易发起人是银行，通常会选该银行作为服务者。其接受借款人的付款并将其输送至 SPV。在借款人不付款或违约的情况下，其会采取一切必要的法律行动，代表 SPV 并在受托人的监督下，获得应付款项的支付。在某些情况下，服务机构可能不得不强制执行附着在资产上的证券（例如，若违约资产是抵押贷款，则取消资产赎回权）。

11.3.6　律师事务所

律师事务所的作用是为交易起草必要的法律文件。这主要包括 SPV 的章程和投资指南、资产转让协议以及与证券发行有关的所有文件。如前所述，其还应协助安排人准备发行通告。此外，律师事务所要确保 SPV 成立所在地国家立法要求的法律手续得到遵守。

律师事务所的关键作用还体现在要确保资产从发起人到 SPV 这一转让过程不会在法律上受到质疑。如前所述（第 10 章第 10.1.2 节），资产的出售必须符合真实出售。虽然贷款或应收款项的转让性质似乎很简单，但交易的一些商业要求可能会导致人们对资产所有权是否已经有效转移产生怀疑。若交易具有某些特征，如发起人所收服务费的计算参照的是应收账款池某一利润水平，或发起人有权在交易结束时回购资产，则转让可能会被重新定性为附带担保的贷款而非真正的所有权转让。若发起人破产或抵押品出现违约，这显然会产生问题。

为了澄清这一点或澄清交易可能引起的任何其他潜在法律问题，律师事务所可以起草一份或多份法律意见书。这些法律意见书的目的是向投资者解释应该如何根据现有的立法和先前的案例法来解释文件中的敏感条款。

11.4　投资者

ABS 持有人囊括了众多类型的投资者（见图 11.4）。这些投资者一般是机构投资者或对冲基金，也可以是家族办公室、[1] 私人银行[2] 或个人

---

[1]　家族办公室是管理极端富裕家族资产的投资公司。如有需要，请参见第 2 章第 2.2.1.3 节中家族办公室的定义。

[2]　私人银行是专门为富裕或非常富裕的客户管理资产的银行。与传统零售银行相比，私人银行更多面向富裕客户；但与家族办公室相比，私人银行的定位要低得多。

投资者。一些 CLO 的股权甚至已经上市，会适度对投资者开放。

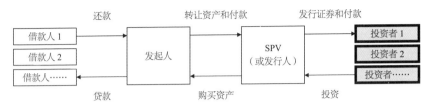

图 11.4　证券化过程中投资者地位的概述

11.4.1　投资者的利益

11.4.1.1　多样化

证券化为投资者提供了投资机会，使其可以投资其先前无法接触到的资产类别。例如，由于证券化，几乎所有投资者（即使是最小的投资者）都可以轻松地投资由美国 LBO 贷款支持的 CDO。没有证券化，投资者就无法直接进入该市场。充其量，他们只能投资高度暴露于 LBO 贷款的银行所发行的股票。然而，该投资策略还将导致其暴露于并非其初始愿购资产——在此情况下，这些资产包括银行持有的所有非 LBO 相关资产（即抵押贷款、项目融资贷款、公司贷款、交易活动等）。即使其所投资的银行是主要的 LBO 公司，购买银行的股份也只能成为股权投资者，而不单纯是银行手上 LBO 贷款组合的投资者。

简而言之，证券化使投资者能够更直接地控制其资产配置。通过在资产类型（CDOs、CLOs、RMBS、ABS 等）和风险状况（股权、夹层或优先级债务）方面拥有更大的投资机会选择，投资者（包括最小的投资者）可以创建最符合其市场观点的投资组合。

11.4.1.2　额外收益

投资者积极关注证券化的另一个原因是，与具有相同评级的类似工具相比，证券化提供了更高的利差。这在 CLOs 和 CDOs 上尤为明显。与许多其他类型的 ABS 不同，这些产品能真正等价于非结构化融资市场上的产品。其抵押品包括公司债券和贷款，这些贷款和债券通常可以自由交易，投资者可以购买（这是与 RMBS 等产品的主要区别。从投资者的角度来看，RMBS 没有直接等价物，因为投资者不能直接在市场上购买单个抵押贷款）。换句话说，除了资产池带来的多样化效应外，CLO AAA 与 AAA 级债券相当。

然而，CLO AAA 支付的票息高于 AAA 级债券。这种利差的上升是由于该工具的复杂性及其相对较低的流动性。基于同样的原因，其缺点是市场波动性更大。买方需要为按市价计算的波动做好准备，尤其是对夹层债务，夹层的市场深度不及优先级债务。

11.4.1.3 流动性目标

在寻求多样化和额外收益的同时，一些买家希望保持投资组合的流动性。这些投资者倾向于投资消费者 ABS。这些产品期限短，依赖于较强的颗粒度。[1] 因此，其比 CLO 更稳定。在某种程度上，买家可以视其为结构化信贷领域的货币市场产品。[2]

11.4.2 发起人同时是投资者的特殊情况

11.4.2.1 监管资本交易

在某些情况下，银行可以购买受让贷款的 SPV 发行的部分票据。如前所述（第 11.1.2 节），这是银行优化资产负债表的策略。

诉诸证券化出售资产（而不是直接向投资者出售贷款组合）允许银行投资 SPV 发行的部分票据。通过该结构，银行可以保留与其希望出售的贷款组合相关的部分收入。这听起来可能有悖常理，却是银行在提高赢利能力的同时保持一定收入水平的技巧。

此类交易的步骤叙述如下：

（1）假设银行决定将其投资组合中的高收益债券证券化。这些债务

---

[1] 高水平颗粒度意味着抵押品中包含众多资产。基于每项资产的小规模，消费者 ABS（信用卡、学生贷款、汽车贷款、汽车租赁）为投资者提供了很强的颗粒度。

[2] 货币市场是短期融资工具市场。该市场上的资产期限小于一年。投资人可以视该市场为安全和低收益的投资领域。

证券为非投资级，其对应 RWAs 相当于其名义价值的 120%。[1]

为便于参考，我们可以认为：

- 投资组合价值为 10 亿美元；
- 对应 RWAs 相当于 12 亿美元；
- 投资组合平均回报率为 5%，即每年 5000 万美元；
- 该投资组合 RWAs 回报率，也被称为 RoRWA，等于 4.1%（5000/120000）；[2]
- 银行为该投资组合融资所必须动用的资本额等于 9600 万美元（8%×120000）；[3]
- 该投资组合监管资本的回报率为 52.0%（5000/9600）。

（2）SPV 收购了银行的全部高收益投资组合，并发行了六个层级的证券，包括五个层级的债务（评级为 AAA 至 BB）和一个层级的权益。整个优先级层级（AAA）由发起银行收购。其他五个层级会被出售给第三方投资者。

（3）若假定 AAA 级债券占交易价值的 70%，这意味着银行的总风

---

[1] 根据《巴塞尔协议 II》，并经《巴塞尔协议 III》修订，在标准法下，对 BB+ 至 BB-评级的企业，风险敞口将转化为 RWAs 的 100%，而低于 BB-评级的权重则为 150%。为了简化起见，在此例中，我们假设高收益债券组合的平均权重为 120%。

[2] 不熟悉金融术语的读者可能会对 RoRWA 的概念感到惊奇。然而，其属于银行业广为人知的概念。其根据银行资产负债表风险加权后的情况来衡量银行产生的收入。该比值能够有效衡量考虑风险后银行（或交易）的赢利能力。银行通常设定内部 RoRWA 目标。除非有很强的商业理由，否则银行一般不允许对收益率低于目标 RoRWA 的交易进行平仓。

[3] 在本示例中，我们假设为资产融资所需的监管资本金额等于 RWA 总额的 8%。我们在导言中使用了相同的数字。但请注意，在现实中，监管机构并不要求所有银行设定相同的资本水平。例如，破产可能危及全球金融体系稳定的银行需要维持更高水平的资本（即超过 8%）。这些银行被称为全球系统重要性银行（global systemically important banks.）。金融稳定委员会（Financial Stability Board）每年都要更新这些银行的名单。截至 2020 年 11 月，全球系统重要性银行共有 30 家。

险敞口为 7 亿美元。如果优先级层级支付 1.5%，则银行应每年保留 1050 万美元（1.5%×7 亿美元）的收益份额。

（4）优先级层级评级为 AAA，其不会消耗很多 RWAs。其相当于信贷风险敞口名义价值的 20%。[①] 因此，现在银行 RWAs 的总额等于 1.4 亿美元（20%×7 亿美元）。

（5）得益于此次交易，该行的 RoRWA 显著改善，现在等于 7.5%（1050/14000），而交易前为 4.1%。这是因为 RWA 的下降相对来说比收入损失更重要。

（6）现在这笔 AAA 级投资的资本额为 1120 万美元（8%×1.4 亿），这意味着该笔交易的资本回报率等于 93.5%（1050/1120）。

表 11.1 比较了两种情况（证券化之前和证券化之后），显示了银行在收购作为其自身证券化项目一部分的证券时所获得的优势。尽管为了便于阅读，这些数字被简化了，但这个例子强调了证券化在银行资本优化中的作用。

表 11.1 CLO 发行前后的关键指标

	CLO 发行之前	CLO 发行之后
银行信贷风险敞口（百万美元）	1 000	700
收益率（%）	5	1.5
年度收入（百万美元）	50	10.5
RWAs（%）	120	20
RWAs（百万美元）	1 200	140
RoRWA（%）	4.1	7.5
所需资本额（%）	8	8
所需资本额（百万美元）	96	11.2

---

① 《巴塞尔协议 II 》，经《巴塞尔协议 III 》修订。

	CLO 发行之前	CLO 发行之后
资本回报率（%）[①]	52.0	93.5

11.4.2.2 投资者

一些对冲基金或传统资产管理公司设立了基金专门收购此类 CLOs 的夹层或权益层级。这些参与者的目标是为银行提供优化资本使用的解决方案。此类交易被称为资本减免交易（capital relief trade）或监管资本交易（regulatory capital trade）（或更常见的 reg cap trade）。出于同样的原因，这些专业基金也被称为监管资本基金（reg cap funds）。

鉴于银行面临的监管限制，这些交易在过去几年变得愈发流行。在这些交易中，只有当违约超过预先确定的阈值时，银行才会暴露于基础投资组合的风险。在我们的例子中，只有当超过30%的投资组合违约时，银行才会蒙受损失。换句话说，银行向监管资本基金出售的是特定投资组合的首亏风险。

监管资本交易对银行极具吸引力。在我们的例子中，银行大大减少了资本的使用（从 9600 万减少到 1120 万美元）。（译者注：原文为"从 1.2 亿美元减少到 560 万美元"，疑有误。）由于 RoRWA 和资本回报率分别从 4.1% 和 52.0% 大幅提高到 7.5% 和 93.5%，银行的赢利能力也得到了提高。最后，由于投资组合的首笔亏损已出售给另一位投资者，风险也有所降低。

投资者也对这些交易很感兴趣。在我们的例子中，这些投资者总共投资 3 亿美元。其收益等于 3 950 万美元，即投资组合总收益与银行保留收益之间的差额［5000−1050=3950（万美元）］。其总投资回报率等于 13.1%。该回报显然是混合回报。权益持有人的收益要高得多，而 AA 持

---

① 此处显示的资本回报率不应与银行的股本回报率（return on equity）相混淆。该比率用于衡量交易产生的收入与该特定交易所需监管资本之间的关系。该指标不考虑银行的支出（即融资成本、工资、租金等）。该数字仅供参考。在现实生活中，银行往往只关注 RoRWA。

有人的收益要低得多。

11.4.2.3 合成交易

事实上，资本减免交易构建时一般不会将抵押品实际出售给 SPV。资产仍保留在银行的资产负债表上，但与这些资产相关的风险通过信用衍生工具的组合被合成转移给投资者。因此，依赖该机制的交易被称为合成证券化。

在典型的资本减免交易中，希望优化资本的银行仍然是资产的合法所有者。其向 SPV 购买信用保险，以防这些资产违约。这种信用保险被称为信用违约互换（credit default swap，CDS）。根据 CDS，银行向 SPV 支付定期固定付款（一般为季度付款），称为 CDS 保险费。作为交换，若相关投资组合中某项资产违约，银行将获得 SPV 的赔偿。因此，银行成为保护买方（protection buyer），而 SPV 则是保护卖方（protection seller）。

为向发起银行提供保障，SPV 发行名为信用挂钩票据（credit linked notes，CLNs）出售给投资者。SPV 将出售 CLNs 的收益存入银行账户，或投资无风险工具，通常是美元交易中的美国政府债券。接收存款的银行（托管银行）可以是发起人本身。在任何情况下，这笔存款都与托管银行的其他资产隔离。

在交易期间，SPV 将从银行收到的 CDS 保险费转给 CLN 投资者。若相关投资组合中某项资产违约，发起行将根据 SPV 出售的 CDS 提出索赔。作为回应，SPV 从存放在托管银行的款项中提取资金以满足该索赔要求。根据交易结构，SPV 从存入托管银行的金额中赚取的收益可以转移给发起人或 CLN 投资者。[①]

只有首亏风险才出售给第三方投资者。其他层级则由发起人自行收购。由于这些 CLNs 的买家和保护买方是同一个实体，因此与这些 CLNs 销售对应的金额一般不会转移给 SPV。表 11.2 概述了 2010 年代中期某银行完成的真实交易，该笔交易旨在为项目融资贷款组合的首亏风险提

[①] 不熟悉 CDS 和 CLN 概念的读者可以在附录 C（信用衍生工具）中找到这些产品的定义。

供保障。图 11.5 是同一交易的简化表示。

表 11.2　合成监管资本交易中 CLNs 的层级

信用挂钩票据	评级	金额（百万欧元）	金额（%）	状态
A 类	AAA	1 514	66.03	保留在银行
B 类	AA	132	5.76	保留在银行
C 类	A	212	9.25	保留在银行
D 类	BBB	143	6.24	保留在银行
E 类	BB	172	7.50	卖给投资者
F 类	无评级	120	5.23	卖给投资者
总计		2 293	100	

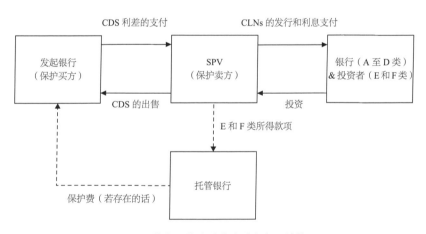

图 11.5　简化后的合成资本减免交易结构图

案例研究 11：次贷危机

次贷危机是金融泡沫破灭最为惨痛的案例——与之相提并论的

可能还有20世纪30年代的大萧条和17世纪的郁金香狂热。① 现如今，许多经济学家声称，这次剧烈的崩盘早就事先注定，公司估值过高，杠杆过于激进。他们通常假装自己早已看到了危机的来临。

事实上，即使在那个许多观察家都认为房地产和股市泡沫正在形成的时候，也很少有人能够真正预测崩盘来自何方。当事后诸葛亮很容易，但要理解泡沫形成的缓慢机制则更为复杂。在各方利益相关者的实时互动中进行分析很困难，因为每方都会以自己的方式助推危机。

FED 政策

次贷危机爆发前的十年，在美联储（FED）宽松货币政策的鼓励下，信贷快速扩张。为了限制互联网泡沫破灭后经济衰退的风险，②FED 在 2000 年代初决定在很短的时间内大幅降低利率，利率从 2000 年 5 月的 6.5% 降至 2001 年 12 月的 1.75%，2003 年降至 1%，为 45 年来的最低点。FED 的目标是促进信贷获得，鼓励公司增加投资。低利率的目的是支持投资和创造就业机会，并最终对消费产生积极影响。

FED 的政策实现了其目标。信贷需求扩大，银行普遍对愿意增加投资的公司做出积极回应。与此同时，许多美国家庭也受益于这一新的经济环境。低利率促进了房地产购买，美国许多地区的房价

---

① 郁金香狂热指的是荷兰历史上 1636 年 11 月至 1637 年 2 月的一段时期，当时郁金香球茎的价格达到了极高的水平（是当时低地国家平均年薪的数倍），随后急剧下跌。通常人们会将其作为有史以来首次记录在案的投机性泡沫进行分析。然而，最近的一些金融和经济研究论文对这些事件的传统解释提出了质疑。它们表明，这一泡沫的规模可能并不像我们曾经认为的那样大。

② 网络泡沫时期（1997 年至 2001 年）是互联网公司估值过高的时期，发达经济体互联网使用的快速增长助长了这一现象。在此期间，纳斯达克指数从 1 000 点上涨到 5 000 点以上，然后迅速下跌 50% 以上，因为投资者开始意识到大多数公司并未实现所承诺的利润。这一时期"非理性繁荣"（艾伦·格林斯潘语）的象征是一家在线销售宠物用品的公司 pets.com，该公司从在纳斯达克上市到清算仅用了 268 天。

开始大幅上涨。加利福尼亚州、亚利桑那州、夏威夷州和内华达州等一些州连续几年的平均房价涨幅远远超过10%。2007年，1987年至2006年担任FED主席的艾伦·格林斯潘（Alan Greenspan）坦言，他从2005年底就意识到了泡沫的存在。

家庭

21世纪初房地产价格上涨的部分原因是网络泡沫对美国居民储蓄习惯的影响。很多家庭从网络公司的崩溃中看到了投资股票的风险。他们转而投资房地产，认为房地产是更安全的投资。这种信念助长了房地产泡沫。其创造了一个自我实现的预言。许多人购买房地产，认为这是一个好机会。这导致了价格的上涨，证实了这确实是一个明智的投资策略。最终，房价稳步上涨，人们不断购买更多的房产。

在此期间，拥有房产的美国家庭数量和比例达到了历史最高水平，拥有第二套、第三套或第四套房产的美国公民数量也达到了历史最高水平。2005年，美国有28%的购房者购买的房产并非其主要住所。在一些地区，尤其是迈阿密和南加州，以投机为目的的购房（炒房）成倍增加：购房者在购房后不久就转手出售资产（甚至没有居住或出租），其唯一目的是从房价上涨中获益。

美国住房政策

正是在这一非常特殊的背景下，我们对当时的美国住房政策进行了分析。为了支持非常贫困的家庭，克林顿政府（1993—2000年）和布什政府（2001—2008年）要求房利美（Fannie Mae）和房地美（Freddie Mac）①更积极地参与向低收入家庭提供房地产贷款的融资。

1997年，美国政府正式授权这两家公司收购以次级贷款为抵押的CDOs。换句话说，房利美和房地美受邀为那些因低收入或就业

---

① 房利美和房地美是两家私营公司，作为在住房领域开展公共服务项目的交换，两家均获得了联邦政府的隐性担保。

艰难而面临高违约风险的家庭重新融资贷款。此举显然旨在增加最贫困公民进行房地产购买的流动性。作为最初向家庭提供贷款的银行和抵押贷款机构可以将部分次级贷款分配给这两家公司。

2004年，美国住房和城市发展部上调了1997年设定的目标，为次级贷款者创造了新的现金流入。该决定对低收入的美国公民来说是积极的，但这一决定只有在削弱房利美和房地美信用状况的情况下才会成为可能。然而，这种情况似乎并不是一个真正的问题，因为这两家机构都受益于美国政府的担保。这看起来甚至是非常积极的一步，因为这两家公司的融资利率非常低（由于联邦政府的担保），但由于向贫困家庭收取的利息较高，由此它们也实现了可观的利润。

负摊销可调利率抵押贷款

美国房地产泡沫不断扩大的另一个特点是激进贷款结构普遍化。从2000年代中期开始，银行很少要求客户支付购房首付款。资源极其有限的家庭可以贷到足够的金额购买房产。在许多情况下，贷款额度甚至更高，因为贷款涵盖了购房所产生的所有费用：税费、登记费和翻新工程费。这种情况实际上给银行带来了额外的风险，因为银行接受的担保方案较弱。在客户违约、取消抵押品赎回权和出售房产的情况下，银行没有任何缓冲来减少损失。

银行向客户，尤其是最贫困的家庭提供了一些更为激进的贷款。银行提供的贷款可以延期两年偿还本金和大部分利息。对于极度贫困的家庭（即次级借款人）来说，这些负摊销可调利率抵押贷款（negative amortization adjustable rate mortgages，ARMs）极具吸引力。其提供了在没有首付的情况下迅速成为房主的机会，并且在头两年无须支付太多费用。

从2005年起，这些ARMs成为次级贷款的常态。资源有限的家庭可以长期借入大笔资金，只有一小部分利息会在前两年到期。延期利息会被计入贷款本金，他们在日后支付即可。

这些贷款本质上是具备可调利率（前两年利率较低）和负摊销

（前两年未支付的利息会被计入借款金额，这意味着未偿还贷款金额在前两年没有被摊销，而是增加了，因此其被称为负摊销）特征的债务。

让我们举一个数值例子来说明这些贷款的运作方式：

- 一个家庭以 10% 的利率贷款 500 000 美元，期限 15 年，用于购买价值 500 000 美元的房产。鉴于其资源有限，该家庭选择了负摊销 ARM 来为其购房提供资金。

- 该贷款分为两个阶段。在前两年，他们无须支付本金，只需支付一小部分利息，即 2%，剩余的 8% 会被计入未偿还贷款余额。交易的第二个阶段为固定分期全额摊销贷款。

- 在第一年，该家庭仅支付 500 000 美元利息的 2%，即每年 10 000 美元或每月 833 美元。与此同时，未偿还贷款余额增加了 8%，即到期利息和延期利息。年底时，债务总额为 540 000 美元（500 000 美元 +8%×500 000 美元）。

- 在第二年，该家庭继续支付未偿还贷款金额 2% 的利息。鉴于债务总额已经增加到 540 000 美元，这对夫妇每年应支付的款项为 10 800 美元（或每月 900 美元）。贷款余额增加 8%，达到 583 200 美元（540 000 + 8%×540 000）。

- 在头两年后，该贷款不再具有吸引力。583 200 美元应在未来 13 年内全部被摊销。考虑到 10% 的利率，理论上该家庭每月的还本付息额将超过 6600 美元——这通常是资源有限的夫妇无法负担的。

- 银行和借款人都知道在头两年后贷款不可能得到偿还。他们通常同意在第一期后再融资。在这种情况下，583 200 美元的贷款必须在两年后由相同金额的贷款取代。这笔新贷款是另一笔 ARM 贷款，其中包括两年期限，在此期间借款人只需支付部分利息。通过这种再融资策略，贫困家庭可以继续住在自己的房子里。

- 再过两年，银行会提供新的再融资，再次涉及另一个

ARM。理论上，这个故事可以一直延续下去，或者直到家庭状况有所改善——在此情况下，可以构建更加保守和传统的贷款形式。

有害的体系

整个体系极其有害。其存在只因所有参与者都相信（或者愿意相信）房地产价格会持续上涨。在这种非常乐观的情况下，各方做出了三个非常激进的假设：

1. 假设1：经济强劲，失业者将很快找到另一份工作。因此，银行发放的借款不太可能出现违约。银行无须要求首付，也不必取消房屋抵押品赎回权。如果一个住宅价值500 000美元，那么银行就可以贷款给家庭，让其购买该房产。

2. 假设2：房地产价格将继续上涨。由于房地产价格持续上升，两年后借款人可将房地产作为抵押物，以更高的金额进行新的融资。新的贷款将为第一笔贷款再融资，并提供相同的功能：前两年不用偿还本金的折扣利率。

3. 假设3：房地产价格不仅会继续上涨，而且上涨的速度会高于递延利息的部分。在我们的例子中，如果房地产价格的年增长率低于8%，那么两年后借款人就不可能再融资。房产的市场价值将低于新贷款所需的金额。没有金融机构会接受高于抵押物价值的贷款。因此，借款人将无法再融资，并将违约，因为他们没有收入来偿还分期贷款。

最后这一假设表明了这些ARMs的脆弱程度。整个系统都很脆弱，不仅会受到价格下跌的影响，还会受到上涨下跌的影响。若房地产价格涨幅低于延期利息涨幅，收入有限的家庭就无法再融资。

尽管ARMs存在明显缺陷，但仍成为美国次级贷款市场的基石。2005年和2006年，在美国发放的抵押贷款中，近十分之一是ARM贷款。这些结构与2006年下半年和2007年上半年相对缓慢的价格上涨相结合，成为危机的主要触发因素之一。ARMs突然变得无法再融资，家庭违约成倍增加。

然而，ARMs 只是问题的一部分。在欣欣向荣的背景下，许多贷款没有经过适当的信用分析就发放给了客户。抵押贷款文件标准下降，在没有对房产价值进行适当分析的情况下就向低收入家庭提供贷款［即著名的无收入无资产贷款（No Income No Asset，NINA loans）］。一些更激进的贷款类型甚至被称为 NINJA（No Income，No Job，No Asset）贷款（无收入、无工作、无资产），这表明了调查工作极度减少和信贷决策基于非常有限的信息这个事实。

作为分销渠道的证券化

ARMs 的普及和联邦政府的间接支持（通过房利美和房地美）极大地推动了美国次级贷款市场的发展。其在 10 年内翻了 200 多倍——1995 年为 30 亿美元，2000 年达到 1 300 亿美元，2005 年达到 6 250 亿美元。

证券化在这一惊人增长中发挥了重要作用。成堆的不良贷款被捆绑在一起，分发给世界各地的投资者。这一新的贷款人星系提供了令人瞩目的额外流动性来源，并推动了次级贷款市场的发展。美国、欧洲和日本的投资者也加入了这一行列。

在 2005 年未偿还的 6 250 亿美元次级贷款中，有 5 070 亿美元是通过 CDO 再融资的。尽管严重堕落，但整个系统似乎运作完美。贫困家庭终于能够买得起房子，银行的利润不断增长，全球投资者也找到了投资多样化的新利基。

投资银行的作用

次级贷款的发行由大型投资银行策划。证券化是其主要收入来源，到 20 世纪 90 年代末，次级贷款已成为 CDOs 的普遍抵押品。投资银行支持贷款人构建其投资组合。它们建立证券化并向全球投资者分销 CDO 层级。

在一个评级非常重要的行业，大型银行是在惠誉、穆迪或标普评级要求迷宫中穿行的专家。其优化贷款组合以获得 CDO 层级所需评级，并知道如何利用美国家庭信用评级体系的缺陷。

FICO 是当时美国最流行的个人信用评级程序。它以设计该程序的公司（Fair，Isaac and Company[①]）命名，并为所有主要贷款机构所用来衡量个人借款人的信用质量。FICO 分数越高，说明偿债能力越强，而分数越低，说明违约的可能性越大。

头部投资银行很快认识到，评级机构的信用分析仅基于一个参数：贷款组合中所有借款人的 FICO 分数均值。评级机构没有考虑另一个重要因素，即借款人个人分数的分散性。换句话说，在评级机构眼中，以下两个贷款组合 A 和 B 是等同的：组合 A 中的借款人具备中等信用评级；而组合 B 中的借款人一半是高违约可能性人群，另一半是优质信用质量人群。这显然是错误的，因为组合 B 更有可能发生违约，并影响 CDO 投资者。

为了获得可接受的 FICO 评分均值并最大限度地转移次级贷款，投资银行将两类借款人组合在一起：信用质量极佳的借款人和明显的次级借款人。银行家们知道这些贷款组合的违约概率很高，但在次级贷款成为新风口的世界里，其主要目标是为这些贷款找到分销渠道。

FICO 系统的另一个缺陷是，评级高的家庭并不总是优质借款人。在评级过程中，达到一定年龄、从未拖欠过贷款或信用卡的人必然成为信用较好的交易方。因此，在美国没有信用记录的家庭，无论其实际还款能力如何，一般都能获得一个不错的 FICO 评分。收入很低的新移民如果从未拖欠过债务，也能获得不错的分数——该情况之所以发生是由于他们刚到美国，有时一开始并未获得信用卡。

在充分利用 FICO 系统的缺陷来建立投资组合的同时，投资银行还将次级贷款的几个子类别打包在了一起。其目的是人为地在其投资组合中创造相对的多样性。当时，可以在投资银行构建的组合中找到不同类型的贷款，例如 Alt-A 贷款（次优贷款，A 级借款人

---

① 公司成立于 1956 年，2003 年更名为费埃哲（Fair Isaac Corporation），2009 年更名为 FICO。该公司于 1986 年在纽约证券交易所上市。

的替代贷款）、HEL（home equity loan，房屋净值贷款）、HELOC（home equity line of credit，房屋净值信贷额度）和中等优质贷款。[①]这种组合似乎符合证券化信条所要求的多样性，但却掩盖了所有这些贷款都是次级贷款的事实。

投资银行在不良贷款的分销中发挥了作用。具有讽刺意味的是，当投资银行内部的一些部门构建风险越来越高的 CDOs 时，其他团队却将这些资产视为良机。很多团队甚至设立了内部基金来投资 CDOs。再加上需要承销一些 CDO 层级，然后再进行分销，这些投资意味着银行对次级贷款的风险敞口在过去几年中大幅增加。

评级机构的责任

当标普给予证券 AAA 评级时，其认为该工具在未来五年内违约的可能性为 0.12%。鉴于在危机爆发前的一段时间内，28% 被标普评为 AAA 级的 CDOs 最终会违约，[②]标普（和其他评级机构）显然漏掉了一些东西。这些证券的违约数量实际上超出最初假设的200 倍。

有多种原因可以解释这些错误。房地产价格的持续上涨和危机前的激动情绪可能已消解了评级机构的戒心。不管是疏忽还是无能，穆迪用于 CDOs 评级的模型没有使用 1980 年以前美国房地产市场的任何数据——在此可参考期间房地产价格持续上涨。此外，建立该模型的分析师认为没有必要研究其他国家同期发生的情况。该模型只包含了有限的悲观情景，并对潜在的价格下跌给出了乐观的下限。其排除了像日本在 20 世纪 90 年代经历的重大房地产崩盘

---

① 房屋净值贷款（HEL，简称净值贷款）是一种用于支付首付款的贷款，而传统上，家庭应从自己的储蓄中投资购买房产。房屋净值信贷额度（HELOC）是一种提供给家庭的消费贷款，抵押物是借款人在抵押贷款中的房屋净值。与净值贷款的不同之处在于，贷款并非用于前期购买房产，而是用于后期应付意外支出。Alt-A 贷款或中等优质贷款是高于次级贷款一个层级的贷款类别。

② 资料来源：标普。

的可能性。

评级机构的观点在一定程度上也受到了与银行之间契约关系本身性质的影响。评级机构确实是由构建交易的银行所选。当然，标普、穆迪或惠誉的声誉会受到挑战，但挑战每一笔交易都会面临下一笔交易不被委托的风险。在有史以来最大的金融狂欢中，来自管理层的压力非常大，金融风险也非常高。从 1997 年到 2007 年，穆迪结构化融资部门（对 CDOs 进行评级的部门）的利润增长了800%。穆迪当时是美国最赚钱的公司之一。其连续五年（2002 年至 2007 年）在所有 S&P500 指数公司中获得最高利润率——2006 年第四季度达到 47.22% 的峰值。

还有一个有害的偏见扰乱了评级机构的工作：金钱的诱惑。许多员工梦想加入银行，因为那里的薪水明显更高。许多顶级评级机构的分析师都曾因此申请过华尔街的工作。他们曾被拒之门外，但通常会等积累更多经验后再次尝试。当时纽约有一句名言："在华尔街找不到工作的人就去穆迪工作。"这句话很残酷，但并非完全不准确。与分析 CDOs 相比，评级机构的分析师有时更热衷于与银行家讨论工作机会。他们的个人工作策略让他们不会挑战银行的提议，相反，会鼓励他们与那些有朝一日可能成为未来同事的人建立个人关系。该行为虽然令人震惊但也可以理解：2005 年，高盛的平均年薪为 52 万美元，而穆迪的平均年薪仅为 18.5 万美元。

泡沫的破裂

新金融模式的完美图景最终在 2007 年破灭。这一年，美国房主违约率达到顶峰，导致许多投资者的投资组合损失惨重。危机迅速蔓延，首先导致专门从事抵押贷款的公司破产，随后导致贝尔斯登在 2008 年 3 月倒闭。6 个月后的 9 月，美国历史上最大的两起破产案［雷曼兄弟和华盛顿互惠银行（Washington Mutual）］在 10 天内相继发生。

政客、银行家、经纪人和评级机构的谎言、错误和疏忽导致了历史上最严重的金融危机。在美国六大投资银行中，有五家陷入困境。其中，一家宣布破产（雷曼），两家被其他公司收购（贝尔斯登和美林），两家由美国政府救助（高盛和摩根士丹利）。在全球危机中，美国经济受到的冲击尤为严重。就业水平、实际人均 GDP 或家庭净资产等几个关键指标需要数年时间才能完全恢复。

　　这一时期最大的讽刺是，那些没有预见到危机到来的人（以及那些有时在引发危机中起间接作用的人）必须找到解决危机的办法。乔治·W. 布什政府的财政部部长亨利·保尔森（Henry Paulson）曾是高盛的 CEO（1998 年至 2006 年）；在巴拉克·奥巴马当选美国总统后接替保尔森的蒂莫西·盖特纳（Timothy Geithner）曾是纽约联邦储备银行的前行长（因此负有监督和管理纽约本地银行的责任）；美联储主席本·伯南克（Ben Bernanke）曾在 2002 年至 2005 年担任其董事会成员，直接推动了格林斯潘的货币政策。

案例研究 12：迈克尔·伯里的大空头 [1]

　　2004 年年初，患有阿斯伯格综合征的 33 岁年轻基金经理迈克尔·伯里（Michael Burry）决定投身于错综复杂的美国次贷市场。尽管对该行业的了解有限，伯里仍强烈地感觉到房地产市场可能被高估了。报纸头条新闻提到市场不断创下历史新高，这让他感受到寒意。对他来说，这是一个即将发生修正的信号。

做空房地产市场

　　出于对细节的痴迷，迈克尔·伯里仔细阅读了在此期间发行的无数 CDOs 和 RMBS 的全部法律文件，在当时，他可能是投资者第一人。他发现，多年来，抵押贷款支持证券的借款人质量稳步下

---

[1]　本案例研究的标题是对迈克尔·刘易斯的优秀著作《大空头》的致敬，该书极大地启发了本案例。

降，诉诸 ARM 已经普遍化。[1]

迈克尔·伯里［当时他领导并管理着自己的基金接穗资本（Scion Capital）］决定购买针对参与美国房地产市场主要公司（即房地产开发商、房地产管理公司、建筑协会、银行等）的 CDS[2]。他认为，如果发生崩盘或调整，这些公司很可能会首当其冲。伯里在进行这项投资时并没有向这些公司提供贷款。他正在为自己没有承担的风险购买保险。他在这些公司的倒闭上押注。他向 CDS 卖方支付保险费，并希冀这些公司债务违约。如果发生这种情况，伯里将从 CDS 卖方那里获得基于 CDS 协议所承保金额的赔偿金。这是做空这些公司债务的方法：他支付了（微不足道的）金额作为保险费。如果他的分析是正确的，他将能够获得（最高的）赔偿。

迈克尔·伯里很快意识到，直接做空由不良贷款推动的 CDO 或 RMBS，比做空美国房地产市场相关公司的债务更好。即使他坚信房地产开发商、房地产公司或银行将因他预见的市场纠正而遭受损失，他也知道这并不意味着它们都会拖欠债务。

购买 CDOs 的 CDS

为了从预期的房地产崩盘中充分获益，伯里联系银行购买以次级贷款为抵押的 CDO 层级的 CDS。这尚属首例。当时并不存在这种工具，大多数银行对伯里的请求置之不理。其认为该产品过于复杂、市场有限。在伯里接触的所有银行中，只有高盛和德意志银行表现出了兴趣。三方达成了一份主协议，该协议对未来所有此类交易做出了规定：CDS 保险费的支付机制；CDS 卖方和买方之间在相关 CDO 或 RMBS 层级违约时的赔偿规则。

---

① 见次贷危机案例研究 11。

② CDS，即信用违约互换，是一种可自由交易的金融工具，能起到信用保险的作用。CDS 的买方支付保险费，以在债务证券违约的情况下获得保护。若证券最终违约，CDS 买方将得到 CDS 卖方的赔偿。不熟悉 CDS 概念的读者可参考附录 C（信用衍生工具），其中包含该产品的详细说明。

几个月后，2005 年 6 月，负责提供衍生工具标准合同的专业协会——国际掉期与衍生工具协会（International Swap and Derivatives Association，ISDA）确认了伯里、高盛和德意志银行准备的文件。文件中商定的支付方式是渐进式支付（pay-as-you-go），这意味着当基础投资组合发生多次违约时，CDS 卖方必须逐步赔偿买家。[①]多亏了这份文件，迈克尔·伯里终于获准购买 CDO 不同层级的 CDS。

　　在接下来的几周里，接穗资本成了高盛和德意志银行的大客户。这两家银行向伯里出售了大量 CDO 层级的违约保护，累计金额高达数千万美元。在链条的另一端，其将风险部分分销给了愿意向伯里出售 CDS 的机构。在这些机构中，AIG 是胃口最大的实体，其成为接穗资本最大的交易方。

　　AIG 深信，出售大量 AAA 级 CDO 层级的 CDS 是极好的生意。保险公司的交易员认为，鉴于相关评级，这些证券的违约概率非常有限。但后来事实证明，这项投资是 AIG 在危机中蒙受损失的直接原因。到 2008 年，AIG 通过该机制为超过 570 亿美元的次级贷款组合提供了保险。

模仿者

　　在充当接穗资本和 AIG 之间经纪人的银行家中，德意志银行的高级交易员格雷格·李普曼（Greg Lippman）拒绝将伯里视为白痴。虽然伯里的许多交易员并不真正理解为什么接穗资本要购买如此多的 CDS，但李普曼却想发现伯里的动机。他要求他的团队分析

---

① ISDA 成立于 1985 年，总部位于纽约市，是一个拥有 800 多名成员（主要是银行和经纪人）的专业组织，其宗旨是为衍生工具制定行业标准，并为合同中使用的术语提供法律定义。标准化背后的意图是衍生工具交易各方不必在每次进行新交易时都要就付款条件和定义进行谈判。由 ISDA 制定单一主协议，并由全球各方使用，这会让每个人都能更容易地交易衍生工具。在完成交易之前，双方只需在附录中为该主协议添加一些细节（特别是名义金额和日期）。

这些交易，发现伯里购买的针对 CDO 层级的保护充斥着次级借款人的 ARM。

这些贷款使得 CDOs 不仅容易受到房地产市场崩溃的影响，而且容易受到经济放缓的影响。李普曼总结说，他告诉他的老板和客户，"零意味着零"，即房地产市场的零增长将使得这些贷款无法进行再融资，并自动导致许多 CDOs 违约。

李普曼愿意寻找更多的客户，并向其他投资者解释伯里的策略。约翰·保尔森（John Paulson）购买了价值数百万美元的 CDS，最终成为在危机中获利最多的投资者。[1] 其他对冲基金也纷纷效仿：雪松山资本合伙人（Cedar Hill Capital Partners）、艾略奥特联合公司（Elliott Associates）、前线基金合伙人（FrontPoint Partners）、先驱资本合伙人（Harbinger Capital Partners）、海曼资本（Hayman Capital）等。尽管李普曼加大了市场推广力度，但只有少数投资者决定投身其中。总的来说，复制伯里策略的投资者数量有限，可能还不到 20 家。[2]

这种赌注的好处在于，CDS 买方无须持有其所购买保护的 CDO 层级。对冲基金甚至可以同时从不同 CDS 卖方处获得针对同一层级的保护。因此，市场上一些最糟糕的 CDO 层级被不同的机构多次投保。这个市场在理论上没有限制。只要有人（AIG 或其他

---

① 格雷戈里·祖克曼（Gregory Zuckerman）在其著作《史上最伟大的交易：约翰·保尔森如何挑战华尔街并创造金融历史的幕后故事》（*The Greatest Trade Ever：The Behind-Scene Story of How John Paulson Defied Wall Street and Make Financial History*）中写道，保尔森的公司（Paulson&Co）仅在这笔交易中就赚了 40 多亿美元。

② 读者应当知道大多数对冲基金都是私人公司，除了向投资者、税务机关或监管机构报告外，它们不必公开其收益。因此，人们很难确切地知道谁做了什么、花了多少钱。此外，当时决定做空次贷市场的几家对冲基金这么做，也是因为它们自己首先大量投资了由次级贷款支持的 CDO 层级。这是其对冲初始投资和限制损失的一种方式。

机构）认为某个特定的 CDO 层级价值 AAA 并准备出售 CDS，对冲基金就可以加以利用。

做空整个银行市场

2008 年初，只有极少数投资者真正意识到危机迫在眉睫。他们越是深入调查，就越能意识到危机即将带来的惨状。意识到许多投资银行大量投资于由次级贷款支持的 CDO 中所谓的 AAA 层级，他们中的一些人决定购买这些银行的 CDS。迈克尔·伯里本人买了高盛和德意志银行的 CDS——显然，他并不持有这两家银行的股票。

对这些投资者来说，这是一个复杂游戏的开始。因为他们知道许多银行将受到严重打击，所以他们想购买许多这些机构的 CDS。然而，他们面临着一个大问题：他们需要从本身并不太暴露于 CDO 市场的交易方处购买这些 CDS。如果他们想从摩根士丹利那里购买雷曼兄弟的 CDS，需要确保摩根士丹利不会因为危机而破产。否则，他们将无法获得赔偿，整个构建也将毫无意义。

尾声

尽管伯里是第一个意识到美国次贷市场将导致国家陷入重大危机的基金经理，但他并不是在危机中赚得最多的金融家。基金的投资规模受限于其管理的资产金额［即著名的资产管理规模（assets under management，AUM）］，而接穗资本的 AUM 仅为 5 亿美元，在对冲基金的世界里只是一个小角色。相比之下，保尔森公司当时的资产管理规模超过 120 亿美元，该基金因押注次级贷款市场而夺得收益排行榜首位。

迈克尔·伯里也因其天才而受到了某种惩罚。作为第一个买入针对 COD 层级的 CDS 的人，他自然成为支付 CDS 保险费时间最长的资产管理者。这让他的一些投资者开始反对他。2006 年年底，总部位于纽约的对冲基金戈坦资本（Gotham Capital）① 在接穗资本

---

① 戈坦资本是乔尔·格林布拉特（Joel Greenblatt）于 1985 年创立的一只基金，主要由迈克尔·米尔肯提供种子资金。

投资了 1 亿美元,由于基金业绩不佳,要求收回投资。在次贷泡沫最终破灭并(出人意料地)改变了戈坦管理层的看法之前,伯里拒绝退还资金并处于被起诉的边缘。在 2000 年 11 月成立至 2008 年 6 月,接穗资本最终实现了 489.34% 的回报率(扣除费用和开支)。同期,标准普尔 500 指数(含股息)的回报率略低于 3%。

第 12 章
构建证券化

12.1 抵押品的构成

在此阶段（尤其是在两个与次贷危机有关的案例研究之后），明眼的读者会明白，成功证券化的关键因素是仔细选择要转移给 SPV 的资产。显然，投资人要避免将有缺陷的或不良资产集中在一起，就像经纪人、银行家和资产经理在 2004 年至 2008 年期间那样的骚操作。假定该条件得到满足，SPV 持有的资产组合必须符合三个主要条件：捆绑众多相似且不相关的资产。

12.1.1　颗粒度：汇集众多资产

12.1.1.1　资产数量

汇集众多资产是证券化安排人的首要职责。这样做可以确保 SPV 的收益充分分散，并且使单一资产违约的后果有限。

若基础投资组合中资产不多，那么其中任何资产的违约都会对票据持有人产生重大影响。在极端情况下，若 SPV 只汇集了两类同等规模的贷款，那么这些贷款中任何一笔违约都将转化为半个投资组合违约。多个类别的票据持有人（尽管不是全部）将立即受到影响，使证券分层完全无用。若夹层或优先级层级投资者面临与权益持有人相同类型的损失，那为何要在一开始创建层级呢？所有票据持有人都将投资风险最高的层级，因为对于相似风险他们将获得更高的回报。

12.1.1.2　资产规模

为了实现投资组合的最佳颗粒度，安排人还必须确保作为抵押品的众多资产其规模大致相同。拥有众多资产是一回事，但如何确保某类资产不会占比过大则是另一回事。举例来说，若投资组合中有 10 000 笔贷款，其中一笔资产占抵押品的 20%，这将给最次级层级的持有人带来麻烦。他们将无法从适当的颗粒度中获益。

12.1.1.3 颗粒度和统计方法

投资组合的颗粒度显然因用作抵押品的资产类型而异。与交易规模相比，RMBS 中每笔贷款的平均规模极小。一般情况下，所有消费者 ABS 交易（学生贷款 ABS、汽车贷款 ABS、信用卡 ABS）也是如此。投资者无法对每个借款人进行信用分析。他们必须依靠统计数据来衡量风险。因此，颗粒度在这些交易中极为重要。汇集众多资产是确保抵押品表现不受异常值污染的关键。

所有类型的证券化中都存在颗粒度，但投资者不能总是采用统计法。例如，CLO 的资产数量低于 RMBS。对于一笔 5 亿美元的交易，抵押品中可能只有 50 或 60 项资产。投资者必须对所有抵押品进行分析，或者至少重点分析最有问题的抵押品，以评估违约概率。这种逐笔分析对于最次级层级的持有者尤为重要，因为其暴露于首亏风险。[1]

12.1.2 相似性：汇集同类型资产

成功的证券化还应侧重于为包含相似资产的投资组合融资。若 SPV 将欧洲的抵押贷款、巴西 SMEs 的公司贷款、日本客户的应收账款和美国的学生贷款汇集在一起，那么对抵押品的分析就会变得复杂，投资者就会心生排斥。此时，投资组合将缺乏流动性，因为只有对该组合中的所有资产类型都熟悉的投资者才会对其感兴趣。此外，这将产生一个后续问题：服务提供商是专精化实体。其并不覆盖所有资产类型或所有地区。

将大量不同类型的资产捆绑在一起，乍一看似乎是降低票据持有人风险的好办法。然而，如前所述，[2]活跃在证券化市场的投资者通常选择自己进行资产分配。他们通常宁愿投资两个独立的证券化项目（例如一

---

[1] 飞机 ABS 也是如此，因为每笔交易一般只有 20 架左右的飞机。

[2] 见第 11.4.1.1 节。

个是抵押贷款，另一个是项目融资贷款），也不愿选择抵押品由这两种资产类别同等组成的单一交易。这使其更易管理风险和监控证券化方面的投资。

此外，若为证券化而设立的 SPV 所持贷款可以属于任意种类、金额以及可能的货币，该 SPV 事实上就变成了迷你银行。这不是吸引投资者的最佳方式，因为投资者总是更喜欢真正的银行发行的股票或债券。在风险相同的情况下，此种投资的流动性要高得多。真正的银行也可以进行资本结构调整，并享受破产法规定的好处（甚至像在 2000 年代末那样利用政府援助）。

12.1.3　多样化：汇集不相关资产

12.1.3.1　定义

尽管证券化交易的安排人必须确保在投资组合中汇集相似资产，但其也必须确认这些资产没有相关性（或至少没有太大的相关性）。若 SPV 中所有资产都完全相关，这意味着其中某个资产的违约必然导致所有其他资产的违约。换言之，若所有资产之间的相关系数为 1 或 100%，则意味着所有资产的行为完全相同。若其中某资产违约，就意味着其他资产也违约。这就好比 SPV 持有单一资产。

举例来说，若 SPV 持有的所有资产都是同一家公司发行的债券，例如，一个由 1 000 000 张 IBM 债券组成的投资组合，那么相关性将达到 100%。这样的投资组合符合颗粒度标准（资产数量多）和相似性标准（同一资产），但却无法给票据持有人带来任何程度的保障。证券分层将再次失去意义。

12.1.3.2　特质风险和系统性风险

另一种解释多样化概念的方法（可能是更科学的方法）是指完美的投资组合应使 ABS 或 CLO 持有人面临每种资产的内在风险［被称为特质风险（idiosyncratic risk）］，但应避免使其暴露于同时影响整个投资组合中所有资产的任何风险［被称为系统性风险（systemic risk）］。系统性风险是 2008 年金融危机的主要诱因，美国房地产市场的调整引发了有史以来最引人注目的经济动荡。

平心而论，可能谁也无法完全消除金融证券组合中的系统性风险。所有的金融资产都有这样或那样的相关性——尤其是当其必须具有某种相似性时。例如，其以同一种货币计价（在此情况下，其将受制于同一家中央银行的决定）来自同一地区，用于为相关行业融资。尽管如此，通过仔细选择投资组合中的资产并确保它们之间有限的相关性，要控制系统性风险还是有可能的。

12.2 管理交易

12.2.1 静态型交易和管理交易

12.2.1.1 静态（或资产负债表）交易

为了帮助读者更好地理解证券化的主要原则，到目前为止，我们在一定程度上简化了该技术的机制。我们认为证券化的起点始终是银行或公司将资产组合转让给第三方投资者的意愿。在第 11 章第 11.2.2 节中，我们概述了发起人通常选择证券化的三个主要原因：

- 从会计或监管角度优化资产负债表；

- 转移风险；

- 获取现金。

在此设定下，我们可将证券化视为一种静态型交易。SPV 在到期前一直持有其所收购的资产，不进行出售。SPV 处于自动运行模式。其不能购买或出售新资产。一旦资产到期，因资产偿还所产生的现金将用于赎回票据的部分本金。赎回金额等于到期资产的价值减去赎回费用。在此情况下，交易的最长期限是交易开始日与资产的最长期限到期日之间的时间段。一旦抵押品中所有资产都得以偿还，SPV 即可清盘。静态型交易也被称为资产负债表交易，以强调该交易对将资产转让给 SPV 的公司或银行（即发起人）资产负债表的影响。

12.2.1.2 管理型（或套利型）交易

静态（或资产负债表）交易的存在不应掩盖一个事实，即目前安排的许多交易都是管理型（或套利型）证券化。在这些结构中，持有抵押品的 SPV 并非处于自动运行模式。其通常直接在市场上向不同的发行人购买资产，并有可能将已到期资产还款所产生的现金再投资。在某些情况下，其也可以出售未到期资产，并在市场上购买其他资产。虽然这些管理型交易似乎与静态证券化相似，但其背后的金融逻辑却有所不同。静态型交易其实是基于发起人导向的模式。其背后的目的是解决发起人面临的问题（优化资产负债表、产生现金或管理风险的需求）。相比之下，管理型交易可被视为投资者导向的解决方案。其主要目的是为投资者提供新的投资机会。在抵押品管理者的监督下，进行套利交易的 SPV 将从不同来源收购的各种资产汇集在一起，其唯一目的是为票据持有人提供最佳的风险／回报组合。

12.2.1.3 抵押品管理者

不同于资产负债表交易，套利交易并非由发起人发起。其由专业化的资产管理者（也被称为抵押品或投资组合管理者）设立。抵押品管理者与管理私募股权基金的公司无异。其职责是从不同的投资者处募集现金，用于投资其所确定的资产。唯一不同的是，其不提供收购私人公司的机会，而是允许投资者获得债务证券组合。[1]

抵押品管理者的主要职责是选择 SPV 拟收购的资产。其角色意味着需要与所有主要银行和经纪商保持联系，以确保每次市场上出现让人感兴趣的资产时，其都身在其中。与此同时，抵押品管理者还必须密切关注市场，以确定出售其所希望剥离资产的机会之窗。根据 SPV 可购买的资产类型，套利交型易可分为套利型 CLOs 或套利型 CDOs。[2]

SPV 所汇集的资产并非仅从单一卖家处购买。这些资产由抵押品管理者于不同来源购买，包括一级市场或二级市场：

---

[1] 一些大型投资公司既活跃于私募股权投资领域，也活跃于 CLO 市场。然而，这两类基金由两个不同的部门管理。最活跃的抵押品管理公司主要包括 PIMCO、凯雷、黑石、高盛资产管理公司等。这些资产管理公司还可以管理专门从事私募债的独立基金（见第 2 章第 2.3.4 节）。

[2] 在此提醒读者，CDO 或 CLO 这两个术语不仅指为收购债务证券所成立公司发行的票据类型，而且还被引申用于指定发行人本身（即 SPVs）。

一级市场是新发行的债券和贷款的市场。CLOs 在该市场非常活跃，尤其是针对杠杆贷款和 LBO 贷款。其可以收购银行承销的资产，也可以参与俱乐部式交易。[①]

二级市场是旧有资产的市场。在此情况下，CLOs 购买其他投资者想要剥离的债券和贷款。销售通过经纪人进行。大型投资银行拥有大型交易平台，为买卖双方提供流动性。

图 12.1 是简化后的套利 CDO 图示。

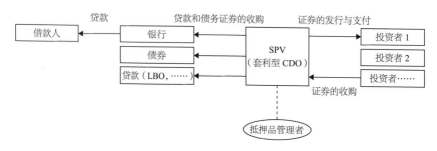

图 12.1　管理型证券化的概念

12.2.1.4　投资指南

抵押品管理者必须按照交易的投资指南管理 SPV 所持有的投资组合。这些投资指南可视为抵押品管理者的路线图。其规定了抵押品管理者能够做什么，特别是他可以出售或购买的资产类型。鉴于投资指南由抵押品管理者自行设计，因此可以将其视为投资者的某种保障。有了明确的投资指南，投资者就不是给抵押品管理者空白支票。若抵押品管理者不遵守交易的投资指南，将对投资者负责。

投资指南由三个主要概念定义：合格标准；投资组合概况测试；抵押品质量测试。

合格标准

该因素定义了允许抵押品管理者代表发行人购买的资产类型。其一般设定为：

---

① 有关银团和俱乐部交易的更多信息，请参阅附录 B（银团和俱乐部交易）。

- 每项合格资产的最低评级。
- 用于合格资产计价的货币。
- 合格资产的法律形式（是否包括租赁、PIK 贷款？）。
- 不能包括在抵押品组合中的合格资产类型（例如，项目融资贷款、主权债券等）。
- 资产的特点（是否可以不被提取？最大或最小的法定到期期限？）。
- 合格资产在市场上的最大折扣率。例如，抵押品管理者可以在投资指南中指定不会购买以低于面值的 60% 进行交易的贷款或债券。

投资组合概况测试

本测试规定了收购形成抵押品的资产的标准。其旨在确保参考投资组合足够多样化。投资组合概况测试确定 SPV 在每个资产类别、资产类型和发行人上可持有的最大和 / 或最小限额。表 12.1 给出了一个真实交易中的标准示例（与第 10 章第 10.2.1.2 节表 10.1 所述的交易相同）。当然，这些标准可能因交易而异。

抵押品质量测试

这些测试设定了投资组合的最低质量标准，对新资产的收购不得降低：平均评级、平均寿命、[①] 平均利差等。这些测试的存在是为了确保在交易期间，尤其是当旧资产到期被新资产取代时，抵押品管理者能够维持抵押品组合的平均质量。鉴于评级机构有自己的抵押品质量测试，投资指南通常会引入这些测试。若票据由标普评级，则采用标普的测试。若票据由两家信用机构评级，则必须同时满足两套质量测试。

表 12.1　投资组合概况测试示例

测试	限制（%）
优先级担保贷款	最低 85

---

① 贷款（或债券）的平均寿命是指偿还本金的平均时间。平均寿命这一概念用于测量与摊还贷款和债券相关的风险。

测试	限制（%）
第二留置权贷款、优先级无担保贷款、高收益债券	最高 15
高收益债券	最高 10
零息债券	最高 5
固定利率资产	最高 7.5
PIK 贷款	最高 5
CCC+ 或以下评级证券	最高 10
发行人集中度	最高 2
行业集中度	最高 12
由美国以外发行人发行的证券	最高 20
由加拿大发行人发行的证券	最高 15
经授权的欧洲国家发行人发行的证券（按国家）	最高 10
非美元计价的证券	最高 15

12.2.1.5　从再融资转向融资模式

静态型交易和管理型交易的投资理念完全不同。在静态证券化中（例如鲍伊债券），基础资产的质量是潜在票据持有人投资决策的核心。在套利交易中，投资 CDO/CLO 的决定既受投资组合中汇集的资产种类的影响，也受抵押品管理者业绩记录和声誉的影响。投资指南（更广泛地说整个文件条款）显然是潜在投资者关注的焦点，因为他们希望了解投资组合管理者可以做什么。

管理型交易的出现确实改变了证券化的性质。在静态模式下，证券化可能被视为一种单纯的再融资工具，而管理型交易显然为借款人提供了直接融资解决方案。CLOs 活跃于一级市场，可以向企业贷款、购买债券或参与 LBO，而无须中介。

从再融资到融资模式的转变改变了证券化在金融市场中的比重。如今，CLOs 在杠杆贷款市场的投资者中占比超过 50%。CLOs 积极追逐投资机会，意味着更多的流动性和更多的债务解决方案可供选择。若 CLO 无法直接从一级市场购买资产，就意味着银行必须先承销这些资产、持有这些资产，然后在后期将其打包销售给 CLO。这将降低效率，从而减少 CLO 可提供的市场流动性。我们在表 12.2 中总结了静态型交易和管理型交易的异同。

12.2.1.6　我们可以说 CLOs 是迷你银行吗？

在某种程度上（读者现在可能已经想到了）活跃的 CLOs 几乎可以被视为小型银行。这两者的运作方式非常相似，因为它们向广泛的交易方提供贷款和其他类型的债务证券。其资产负债表也具可比性：其以债务和股权的混合为收购资产提供资金。

在活跃的 CLO 中，权益持有人可获得的报酬是抵押品利差和债务成本（优先级和夹层）、管理费以及各种行政费之间的差额。[①] 该范式与银行无异，股东获得的是收入（主要是贷款利息和费用）与成本（融资成本和经营成本）之间的差额。

简单说，CLO 中权益层级的经济机制如下：

+ 抵押品利差；

– 债务成本（优先级和夹层）；

– 管理费用；

– 行政费用；

= 权益超额利差。

假设抵押品的收益比 LIBOR 高 425 个基点，债务成本为 LIBOR 加 200 个基点，管理费为 50 个基点，其他费用为每年 5 个基点，则权益的超额利差为每年 170（425–200–50–5=170）个基点。若权益杠杆为 10 倍，则潜在权益回报率为 17%。

然而，银行（即使是小银行）与 CLO 之间也存在明显差异。银行是拥有品牌、人力和实际资产的实际公司。其也是受到严格监管的实体。银行必须制定能获股东批准的战略，并且需要定期投资（在人员、IT、

[①]　这里面包括法律和会计费用、支付给服务机构和受托人的费用。

房地产等方面）。与 CLO 的投资指南不同，这种战略可以随时间而变。此外，银行还从事各种业务，而不仅仅是贷款：现金管理、信用卡、财富管理、M&A、债务和评级咨询、股票和债务资本市场等。银行还提供各种各样的贷款，而我们已经看到，CLOs 专注的投资组合往往包含相似资产。总之，CLOs 并非迷你银行，其只是一种投资渠道，允许投资者投资于多样化的贷款及债务证券池。

表 12.2　静态型交易和管理型交易的比较

	静态型交易	管理型交易
资产来源	SPV 从单一发起人处收购资产	SPV 在二级市场从不同发起人处（通过经纪人）和 / 或直接在一级贷款或债券市场收购资产
资产类型	理论上可以是任何能产生定期现金流的资产	主要为债务证券（贷款或债券）
基础投资组合中资产的相似性	是	是
交易管理	被动	主动：当资产到期时，负责管理发行人资产的抵押品管理者可以收购新资产。抵押品管理者也有权利自由出售和购买资产
期限	在发行人章程中事先确定：基于 SPV 资产的寿命	事先确定：在适用于交易的投资指南中提到
购买 ABS/CDOs 的决策标准	SPV 资产的质量	购买证券时 SPV 资产的质量；抵押品管理者业绩记录 / 表现；SPV 的投资指南
交易重点	发起人资产的再融资；机构或另类投资者的投资机会	非银机构为经济体提供的直接融资

12.2.1.7　抵押品管理者的酬金

抵押品管理者收取的酬金根据证券化的绩效而定。通常支付的费用如下：

- 行政费用（administrative fees）：这些费用微不足道，而且优先于利息支出。这些费用在每个付息日支付。
- 从属管理费用（subordinated management fees）：在每个付息日支

付，前提是各类评级票据的利息已经支付。

- 激励费用（incentive fees）：在每个付息日支付，前提是权益持有人的回报达到事先约定的水平（例如 12%）。
- 额外激励费用（additional incentives fees）：若向权益投资者分配的金额超过预先确定的水平，抵押品管理者通常会获得超过该水平金额某一百分比的奖励（例如，超过 15% 的部分为 20%）。

12.2.2 管理型交易的三个阶段

套利型交易的生命周期通常可分为三个阶段：

- 启动期；
- 再投资期；
- 后再投资期。

交易一般持续 10 到 15 年，具体取决于 CLO 管理者的策略和投资指南中的内容。

12.2.2.1 启动期

启动期是 CLO 生命周期的初始阶段。其本身包括两个子阶段：仓储期（也可分为两个阶段：定价前和定价后）和交易完成后的前几周。

仓储期（定价前）

该阶段的目标是准备交易、开始建立抵押品并确定投资者。投资组合经理委托银行安排交易，并对启动 CLO 的所有必要步骤进行准备：成立 SPV，选择律师事务所、服务商和受托人，起草投资指南，等等。

作为交易安排人，银行向抵押品管理者提供贷款［仓储授信（warehouse facility）］，使其能在一级和二级市场上收购贷款。这样做的目的通常是在设定交易价格（即设定债务层级的利差）前完成目标 CLO 规模的 50%。

仓储授信的规模取决于银行愿意提供的预付比率[①]。该比率通常等于 80%，但该比率显然取决于银行的决定和交易时的市场条件。假设 CLO

---

① 预付比率是银行愿意提供的贷款价值占给定抵押品的百分比。

价值 5 亿美元，在此阶段结束时，结构通常如下：

- 交易达到目标规模的 50%，意味着抵押品价值为 2.5 亿美元。
- 其资金来源为银行提供的 2 亿美元仓储授信，以及抵押品管理者或第三方投资者提供的 5000 万美元首亏投资。

此阶段银行的作用至关重要。银行不仅要提供仓储授信，为抵押品购得资产，还要向潜在的债务投资者推销 CLO。银行必须获得足够的投资者承诺以启动交易。一旦投资者承诺达到目标交易规模的 100%，就会对交易进行定价。在此阶段，投资者尚未被吸引。其尚未为交易提供资金，而只是承诺这样做。

仓储期（定价后和成交前）

一旦交易确定价格并获投资者承诺，银行可以增加仓储授信的规模，以允许投资组合管理者购买额外的抵押品。在此阶段，银行没有更多的执行风险，并由投资者承诺进行对冲。因此，银行可以提高预付比率。权益层级金额保持不变。

当抵押品达到 CLO 目标规模的 75% 左右（或更多，取决于交易本身）时，交易结束：发行票据，偿还银行提供的仓储授信。这一阶段可能持续六周左右。在此阶段，交易已达到全部规模（4.5 亿美元债务和 5000 万美元权益），但投资者部署的部分资金仍以现金形式存在。

成交后阶段

交易完成后，启动期仍在继续。投资组合管理者使用 SPV 中的可用现金购买额外的抵押品。一旦抵押品的价值达到 CLO 的目标规模，启动期结束。图 12.2 描述了 CLO 启动期的不同阶段。

12.2.2.2 再投资期

一旦交易抵押品达到目标规模，该阶段就开始了。在此阶段，抵押品管理者通常可以自由管理投资组合，用到期贷款偿还所得现金购买新资产。若投资指南允许，抵押品管理者也可以在部分资产到期前将其出售，并购买其他资产来替代。在任何情况下，购买新的抵押品都必须符合投资指南中规定的资格标准、投资组合测试和抵押品测试（见第 12.2.1.4 节）。根据 CLO 的不同，该时期可持续 1 年至 5 年（但一般为 4 年至 5 年）。

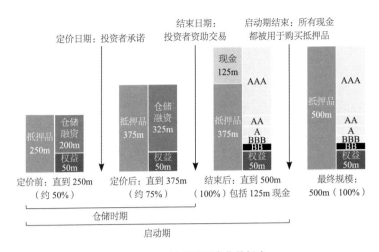

图 12.2　管理型证券化的概念

12.2.2.3　后再投资期

再投资期结束后，交易进入后再投资期，在此阶段，抵押品管理者不能再收购新的抵押品。该时期标志着交易的结束。若此阶段某项基础资产到期，金额将用于赎回 SPV 发行的票据，优先赎回 AAA 层级。

若某些资产在交易期满尚未到期，则对其进行清算，并向投资者支付其应得的款项，从最优先层级的资产开始。偿还优先级和夹层层级后的多余现金（如有）将全部分配给权益投资者。若出现亏空，权益投资者将一无所获，而下一个顺位的 BB 持有人则可能受到影响。图 12.3 总结了 CLO 的生命周期，其中包括抵押品的购买、管理和赎回。

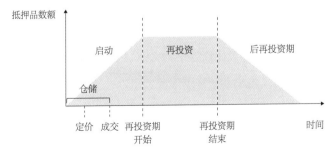

图 12.3　CLO 生命周期

12.3 结构化的其他注意事项

读者现在可能已经很好地理解了证券化的运作方式。然而，这是一个复杂的法律结构，包括很多内容。本节包含三组有关该主题的补充信息。它们并不是理解证券化主要原则的关键，但可能有益于对此感兴趣的读者。首先，我们将发现在整个证券化过程中的投资者保护机制；其次，我们将描述 CLO 和 CDO 结构可以包含的一些具体特征；最后，我们将解释一些不太为人所知的交易类型如何构建——飞机 ABS、信用卡 ABS、整体业务证券化等。

12.3.1 覆盖率测试

覆盖率测试是证券化中给予投资者保障的重要因素。定期利息收益（通常按季度支付）将根据这些测试的结果分配给投资者。换句话说，若无法满足这些覆盖率测试，就不能向投资者支付利息。最常见的覆盖率测试（在交易文件中描述）是过度抵押（over-collateralization，OC）测试和利息覆盖率（interest coverage，IC）测试。

12.3.1.1 OC 测试

债务层级的 OC 是证券化的常见特征。其目的是确保优先级和夹层层级的持有人不会受到参照组合违约的直接影响。这是给予债务投资者的重要结构性保护。

基础资产池的本金通常比评级证券的本金高出约 5% 至 20%。例如，优先级和夹层层级的债务本金可能为 1 亿美元，而抵押品的价值可能等于 1.2 亿美元。2 000 万美元的缓冲资金旨在保护获评级层级的持有人。这部分缓冲资金由权益层级提供。

OC 测试的目的是确保该缓冲（或 OC）在整个交易期间得以维持。每个获评级层级都有 OC 测试，但权益层级没有 OC 测试。

OC 测试计算的过程如下：

优良资产本金 /（各类别票据本金额 + 优先于各类别的类别票据本金额）

若某层级的 OC 测试不符合要求（由于抵押品违约），则不能支付该层级的利息。现金流必须从最次级票据中转出，用于偿还最优先级票据部分和购买额外抵押品。一旦该层级最低 OC 测试恢复，即可支付利息。

12.3.1.2 IC 测试

IC 测试是在抵押品产生的现金流减少时保护优先级和夹层票据持有人的另一项措施。IC 比率的计算方法是，在一定时期内抵押品的利息支出收益除以同一时期交易票据到期利息支出（见图 12.4）。若 IC 比率超过预定水平，则 IC 测试通过。

若交易开始无法通过 IC 测试，现金流将从较低级别的票据中转移出来，按照优先级顺序偿还债务，直到该交易重新符合测试要求。IC 测试本质上与 OC 测试非常相似。

每个获评级层级都有 IC 测试，但权益层级没有 IC 测试。IC 测试计算的过程如下：

从抵押品中所获利息 /（各类别票据到期利息 + 优先于各类别的类别票据到期利息）

图 12.4 显示了 OC 和 IC 在 CLO 中的工作原理。我们简化了图表，

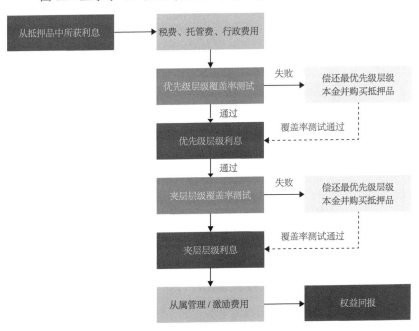

图 12.4 CLO 结构中的 OC 和 IC 测试

只呈现了对夹层层级的测试。事实上，除了权益层级，每类票据都有各自的 OC 和 IC 测试。

12.3.1.3 证券评级中测试的重要性

预先确定的 OC 和 IC 水平并不是 SPV 必须遵守的唯一测试。还有其他几项测试可确保抵押品管理者收购的新资产符合投资指南：这就是早先在第 12.2.1.4 节投资指南中提到的投资组合概况测试和抵押品质量测试。

这些测试保护投资者，但对评级机构也很重要。持续违反测试可导致 SPV 发行的票据降级。表 12.3 概述了评级机构在对证券化进行评级时所关注的各种测试。

表 12.3　评级机构预期的测试

	覆盖率测试	投资组合概况测试	抵押品质量测试
目标	识别质量下降的抵押品	设定购买新资产的条件（旨在确保参照投资组合充分多样化）	设定购买新资产的条件（旨在维持抵押品特性）
例子	OC 和 IC 测试	根据国家、行业、资产类别、评级、货币等评估资产组合多样性	抵押品质量测试设置一定水平的质量标准，确保新资产的收购不会降低抵押品的质量（例如平均评级、平均期限、平均利差等）
对 CLO 或 CDO 的影响（测试失败时）	现金流从权益层级转移（可能也包括其他层级）；按优先顺序偿还债券；交易灵活性减少	交易灵活性减少；每笔新交易应维持或改善已违规测试	每笔新交易应维持或改善已违规测试

12.3.2　文件条款的其他具体特征

在现阶段，我们可能已讲述了证券化文件条款最重要的特点。然而，一些其他不太重要的元素有时也会被纳入交易中。它们并不是在每笔交易中都会出现，但也很常见，值得在此简要提及。其中有些特征对权益持有人有利，有些对债务持有人有利。是否包含这些特征取决于市场趋势、交易结构和目标抵押品。

12.3.2.1 认购期权

一些管理型交易包括权益持有人对抵押品的认购期权。行使认购期权会触发交易终止。抵押品由投资组合管理者出售，所得收益用于偿还票据持有人，从最优先级层级开始。权益投资者获得偿还获评级层级后剩余的出售收益。

认购期权是对权益持有人有利的特征。若交易非常顺利，该期权会使其受益。只有当抵押品的价值高于投资者初始投资时，才会行使认购期权。当投资组合管理者在管理抵押品方面非常成功时，这种情况就会出现。让我们举个例子。

当 CDO 获得 1 亿美元的投资（包括 1000 万美元的权益）时，其可以收购总价值为 1 亿美元的抵押品。若投资组合管理者认为某些资产被错误定价，其可以以较高的折扣购买这些资产。例如，当债券的交易价格为 20 美元时，这意味着最初以 100 美元发行的债券现在在市场上只值 20 美元。这通常意味着发行债券的公司被评级机构严重降级。

然而，无论债券的评级或价值如何，发行人在法律上仍有义务在到期时偿还最初借入的金额。若公司没有违约，债券持有人将获得 100 美元，以 20 美元购买债券的买家将获利 80 美元。

投资组合管理者可以投资（至少在理论上可以，前提是其得遵守投资指南）全部 1 亿美元，购买评级遭到严重下调的资产。若这些贷款和债券没有违约，抵押品的价值就会大幅增加。因此，抵押品管理者有可能建立一个债券和贷款的投资组合，交易价格均为 20 美元。若资产都不违约，CDO 就可以在资产到期时获得 5 亿美元的收益。在此情况下，权益的价值等于 4.1 亿美元，即抵押品的价值减去优先级债务和夹层的价值。若交易中存在认购期权，权益投资者应行使该期权。他们将立即获利 4 亿美元。这个例子显然很极端，但也说明了认购期权对权益持有人的价值。[1]

认购期权只有在满足一些标准（OC 和 IC 测试等）的情况下才能行使，这样债务持有人的利益才能得到保护。在行使认购期权时所出售的参照投资组合中的资产最终由处于启动期或再投资期的 CLO 购买。

认购期权（若存在的话）也只能在预先确定的时期后行使，当再投资期为 4 年或 5 年时，通常为 2 年；当再投资期为 1 年或 3 年时，通常为 1 年。这样做的目的是保护获评级层级的持有人，并在最短时间内至少为他们提供一些收益。

12.3.2.2　涡轮层级

在某些情况下，文件条款可以规定最次级的债务层级（通常评级为 BB）为涡轮层级。该机制意味着，当优先级层级部分摊销时，该层级也将部分摊销。

涡轮特性会在两种情况下被激活：

- 交易结束时：投资组合管理者出售抵押品，按优先顺序偿还票据持有人。若交易包括涡轮层级，则最次级层级的一部分与最优先层级的债务同时被偿还。
- 在交易存续期间：若不满足 OC 或 IC 测试，最优先层级的提前偿还也会触发最次级债务层级的部分偿还（参见前面关于 OC 和 IC 测试的评论）。

涡轮特性是一个反直觉的结构化元素，因为其违背了传统的瀑布原则。事实上，最次级层级的部分偿付先于更优先级层级。涡轮结构是对最次级层级债务持有人的一种保护。其可能是交易中的一个必要元素，以确保该层级获得特定的信用评级。例如，若没有涡轮特性，评级机构可能会给该层级极低的评级，或者认为该层级和权益层级在风险上没有实际差异。

---

[1] 这个例子虽然夸张，但说明了权益持有人选择行使认购期权的原因。在实际交易中，买家不可能只买入交易价格为 20 美元的资产，因为这很可能违反投资指南中规定的合格标准或投资组合概况测试。不过，这个极端的例子说明了拥有一流投资组合管理者的价值。

12.3.2.3　固定利率层级

虽然大多数 CLO 债务层级具备浮动利率并与 LIBOR 挂钩（例如，参见第 10 章第 10.2.1.2 节表 10.1），但某些结构中有时也包含固定利率层级。在许多情况下，这些固定利率层级的发行与其他浮动利率票据处于同等位次，主要区别在于它们要在每个付款期支付固定票息。这些固定利率层级用于满足希望参与 CLO 但偏好固定利率产品的特定投资者（如许多保险公司）的需求。表 12.4 显示了包含固定利率票据的欧元 CLO 的分层。该 CLO 的两个固定利率层级（A–2 和 D–2）在利润分配顺序上与浮动利率票据（分别为 A–1 和 D–1）享有同等地位。

表12.4　4.11 亿欧元证券化项目的分层（包含固定利率层级）

证券名称	金额（欧元）	该层级适用利率	利润分配顺序	惠誉信用评级	穆迪信用评级
Class A–1	216 000 000	Euribor 3m+0.96%	1	AAA	Aaa
Class A–2	30 000 000	1.50%	1	AAA	Aaa
Class B	41 000 000	Euribor 3m+1.80%	2	AA	Aa2
Class C	22 000 000	Euribor 3m+2.40%	3	A	A2
Class D–1	17 000 000	Euribor 3m+3.50%	4	BBB	Baa2
Class D–2	25 000 000	4.30%	4	BBB	Baa2
Class E	26 500 000	Euribor 3m+5.66%	5	BB	Ba2
Class F	11 500 000	Euribor 3m+7.21%	6	B	B2
从属票据	42 000 000	不适用	7	未评级	未评级
总计	411 000 000				

12.3.3　其他类型的证券化

12.3.3.1　学生贷款 ABS（或 SLABS）

学生贷款是证券化市场中的一个重要资产类别。在美国，高昂的大学学费意味着大多数学生需要靠借贷来完成学业。这些贷款的发放通常基于借款人毕业后预期的未来收入。在其他条件相同的情况下，在常春藤联盟攻读 MBA 要比在不知名学校攻读无名学位更易获得贷款融资。

学生贷款通常有几年的宽限期，因为借款人只有在毕业并找到工作后才有能力偿还贷款。在大多数情况下，还款期从预计毕业后的六个月到一年开始。这些贷款通常很灵活，也就是说，如果借款人最终学习的时间比原计划的要长，宽限期则可以延长。

鉴于美国每年发放大量的学生贷款，其成为 ABS 投资者青睐的资产类别便毫无意外。将这些贷款捆绑在一起并构建一个由非相关和标准资产组成的高度多样化投资组合相对来说比较容易。若结构设计银行充分关注借款人的质量、地域分布和学生选择的学习项目，为贷款组合再融资而发行的票据就能够达到投资者预期的信用评级水平。

在美国，前政府实体而现已公开上市的 SLM 公司（即沙利美，Sallie Mae）是最大的学生贷款机构和 SLABS 的主要发行机构。表 12.5 列出了 SLM 在 2014 年至 2017 年间发行的各种证券化项目的详细情况。

12.3.3.2　飞机 ABS

飞机 ABS 为经营出租人提供了以具有吸引力的债务定价为大型商用飞机组合融资的机会。如第 8 章第 8.3.3.1 节所述，飞机 ABS 在租赁行业非常普遍。GPA 在 20 世纪 90 年代就已经开始使用这种工具（见案例研究 8）。

在飞机 ABS 中，经营出租人向破产 SPV 出售大量租赁给不同航空公司的飞机（通常为 15 架至 25 架）。[①] 理论上，抵押品必须在承租人、

---

① 数量显然可以更多，正如 GPA 案例研究所示（222 架飞机）。尽管如此，自 20 世纪 90 年代和 GPA 证券化交易以来，市场已经发生了变化。现在的交易规模更小、执行速度更快。

表 12.5 沙利美教育贷款证券化资产池的统计信息

	2014–A	2015–A	2015–B	2015–C	2016–A	2016–B	2016–C	2017–A
发行日期	2014 年 7 月	2015 年 4 月	2015 年 7 月	2015 年 10 月	2016 年 4 月	2016 年 7 月	2016 年 10 月	2017 年 2 月
本金余额（百万美元）	368	717	717	700	594	708	704	819
资本化利息（百万美元）	15	34	41	53	28	39	41	45
资产池余额（百万美元）	383	751	758	753	622	747	745	864
贷款 & 借款人贷款数量（个）	34 253	68 117	65 540	65 494	54 409	64 331	63 952	76 957
平均未偿本金余额（美元）	11 196	11 052	11 572	16 525	11 919	12 177	12 244	11 236
借款人数量（个）	26 651	44 031	43 918	45 614	52 283	61 393	60 942	72 943
借款人平均负债（美元）	14 389	17 097	17 269	16 525	11 919	12 177	12 244	11 854
借款人 & 共同借款人占比（%）	92.6	92.0	91.7	92.4	91.9	91.7	92.1	91.9
借款人占比（%）	7.4	8.0	8.3	7.6	8.1	8.3	7.9	8.1
	100	100	100	100	100	100	100	100
借款人状态（在校）	73.8	67.5	63.2	51.0	63.7	56.7	48.5	51.6
宽限期	14.8	8.9	11.5	18.1	8.0	13.5	17.5	8.7
延期偿还	1.8	2.5	3.1	4.3	3.5	3.5	3.9	4.6
本息偿还（%）	9.4	19.5	20.8	24.1	23.2	24.5	28.1	32.9

357

	2014-A	2015-A	2015-B	2015-C	2016-A	2016-B	2016-C	2017-A
暂缓偿还（%）	0.2	1.6	1.4	2.5	1.6	1.8	2.0	2.2
	100	100	100	100	100	100	100	100
量度 LIBOR（%）	85	82	82	82	82	82	80	81
固定利率（%）	15	18	18	18	18	18	20	19
	100	100	100	100	100	100	100	100
加权平均利率 LIBOR（%）	7.54	7.87	7.85	7.93	7.91	7.92	7.91	8.08
固定利率（%）	9.44	9.79	9.82	9.83	9.66	9.68	9.67	9.71
	7.82	8.21	8.21	8.27	8.22	8.24	8.26	8.39
学校类型（4年制机构）（%）	96.9	94.4	94.6	95.3	94.8	95.0	94.8	94.5
学校类型（2年制机构）（%）	2.7	4.3	4.3	3.8	3.9	3.7	3.8	3.7
职业或专科院校（%）	0.4	1.3	1.1	0.9	1.3	1.3	1.4	1.8
	100	100	100	100	100	100	100	100
起始年份（2009年）（%）	0.1	—	—	—	—	—	—	—
2010年（%）	5.7	2.2	2.3	1.1	1.1	1.1	1.1	1.0

	2014-A	2015-A	2015-B	2015-C	2016-A	2016-B	2016-C	2017-A
2011 年（%）	8.6	9.3	9.2	15.1	4.5	4.4	4.1	3.6
2012 年（%）	16.7	19.7	18.4	24.3	9.8	10.1	9.6	8.2
2013 年（%）	61.9	32.6	31.4	33.2	17.1	17.6	17.7	15.3
2014 年（%）	7.0	36.2	38.9	26.3	28.3	29.0	30.6	25.2
2015 年（%）	—	—	—	—	39.2	37.7	36.9	36.8
2016 年（%）	—	—	—	—	—	—	—	9.8
2017 年（%）	—	—	—	—	—	—	—	—
	100	100	100	100	100	100	100	100

资料来源：沙利美。

来源国、飞机类型等方面尽可能多样化。SPV 通过发行评级票据和从属票据组合为收购投资组合提供资金。通常有两到三个获评级层级（按优先级顺序称为 A、B 和 C 层级——如果有的话）。从属票据通常被称为 E-票据。

经营出租人通常收购部分股权。在有些情况下，经营出租人承诺持有一定比例的股权，直到债务还清为止［这种文件条款特征被称为股权锁定（equity lock-up）］。我们的读者会注意到，飞机 ABS 是另一种证券化类型，发起人可以作为投资者—这一次，投资是在股权层面进行的。

飞机投资组合的管理由 SPV 外包给在飞机管理和再销售方面得到认可且经验丰富的公司（即服务商）。服务商通常是运营出租人本身。服务商的作用是为飞机组合提供飞机和租赁管理及再销售服务。除了需要SPV 董事会批准的有限行动外，飞机组合的日常决策完全由服务商管理。

若租赁飞机的航空公司违约，服务商负责收回资产，寻找新的承租人，重新配置飞机（如更换座位、涂装等），并将飞机转交给新客户。当租赁到期时，其还负责飞机的再租赁。

在符合交易投资指南的前提下，代表 SPV 行事的服务商在资产交易方面可以有一定的灵活性。因此，服务商在积极管理飞机方面的经验和声誉是评级机构给予何种信用评级的关键组成部分。表 12.6 列出了 2018年发行的 ABS 交易清单。该列表中提及的交易包括首笔全货机交易（与Vx 资本合作，涉及 35 架货机）和一笔全发动机交易［与威利斯金融租赁（Willis Lease）合作］。

表 12.6 2018 年发行的飞机 ABS（排除权益层级）

发行日期	层级	金额（百万美元）	利率（%）	服务商	平均资产年龄（年）	平均租赁期限（年）
3 月 14 日	A	633	4.250	阿瓦隆	9.7	5.0
	B	97	6.000			
	C	38	7.500			
4 月 26 日	A	352	3.800	阿波罗航空	14.1	4.1

发行日期	层级	金额（百万美元）	利率（％）	服务商	平均资产年龄（年）	平均租赁期限（年）
	B	59	5.437			
	C	32	6.143			
4月26日	A	415	4.212	Merx 航空	9.0	4.5
	B	55	5.193			
	C	37	6.413			
6月7日	A	731	4.125	卡斯雷科	4.5	12.2
	B	115	5.300			
	C	66	6.625			
6月26日	A	430	4.089	GECAS	8.0	4.2
	B	120	5.315			
	C	37	6.899			
7月19日	A	375	4.147	航空租赁	8.0	4.7
	B	75	5.071			
8月18日	A	327	4.750	威利斯金融租赁	NA	1.0
	B	47	5.438			
9月28日	A	337	4.610	Zephyrus 航空资本	12.9	3.1
11月1日	A	488	4.454	阿波罗航空	13.9	3.6
	B	73	5.433			
	C	51	6.892			
11月20日	A	476	4.458	BBAM	9.8	3.4
	B	91	5.270			
	C	45	6.657			
11月20日	A	139	5.438	Vx 资本	23.1	4.3
	B	36	6.535			
	C	15	8.747			
12月11日	A	320	4.250	DAE 资本	8.9	4.5
	B	60	5.500			
总计		6 171				

资料来源：飞行国际。

2018 年发行的飞机 ABS 总值与同年经营出租人发行的无担保债券总值相比（见第 8 章第 8.3.2.1 节表 8.9），显示了飞机 ABS 在飞机租赁业融资中发挥的关键作用。尽管飞机 ABS 是一种比债券复杂得多的融资工具，但其融资规模约占无担保债券融资规模的一半（61 亿美元对 133 亿美元）。这表明了证券化给出租人带来的价值。

12.3.3.3　汽车 ABS

汽车 ABS 是一种由租赁或有担保的消费贷款（用于为新车或二手车融资）投资组合所支持的 ABS 形式。表 12.7 表明典型的汽车 ABS 可包含多种类型的资产。这些应收款项采用固定利率，期限通常为 36、48 或 60 个月，很少有更长期限。客户可以是个人或家庭，也可以是 SMEs、大公司或政府（对于租赁业务来说尤其如此）。因此，该 ABS 背后的信用状况范围非常广泛。

表 12.7　汽车 ABS 中的资产类型

	最优质车贷	次优质车贷	差质车贷	车辆租赁
资产类别	全额摊销贷款	全额摊销贷款	全额摊销贷款	封闭式租赁 11
车型	以新车为主	以旧车为主	以旧车为主	新车
借款人信用	极好	较好	差	极好
票息	+	++	+++	+
发起人	自保金融公司、银行	专业金融公司、银行	专业金融公司、银行	自保金融公司、银行或专业金融公司

资料来源：JP 摩根。

汽车贷款和租赁可以由以下机构发起：

- 制造商自己［被称为自保金融公司（captive finance companies）］；
- 银行；
- 专业金融公司［这些公司可以是像元素车队（Element Fleet）这样的公开上市公司，也可以是银行的子公司（如法国巴黎银行的子公司 Arval），或为私募股权公司所有（如 LeasePlan、Fraikin）］。

12.3.3.4　信用卡 ABS

信用卡 ABS 所指交易为 SPV 发行票据的收益用于购买信用卡应收账款。信用卡发卡机构（即银行）将部分客户的信用卡应收账款从客户账户（称为指定账户）中剥离。银行保留客户账户的所有权，但将应收账款出售给 SPV。首笔信用卡 ABS 构建于 1987 年。

信用卡证券化与其他资产证券化交易不同，主要有三个原因：

1. 第一个特别之处在于信用卡应收账款的期限相对较短（一般在 1~3 个月），而所发行票据期限通常为 3 年、5 年或 10 年。由于这种期限错配，信用卡 ABS 在两个不同时期构建：循环期（revolving period）和受控摊销期（controlled amortization period）[或更常见的受控累积期（controlled accumulation period）]。

在循环期内，ABS 投资者只收取利息。这些利息由持卡人偿还债务时支付的利息提供。持卡人偿还的本金由 SPV 用于购买指定账户产生的新应收账款。持卡人定期使用信用卡。因此，他们不断产生新的信用卡应收账款。当这些应收账款在每月月底得以偿还时，这些还款的款项用于购买下个月产生的应收账款。通常，第一阶段的持续期间等于票据到期日前一年，此时开始进入受控摊销期或受控累积期。

在受控摊销期，本金用于偿还未偿还的票据本金。受控摊销期大致为一年。或者，若选择了受控累积法，则收取的本金将存入一个独立账户，并再投资于短期无风险投资。这些短期投资成为票据的抵押品，并随着持卡人支付的本金而增加。当这些投资的总金额等于 SPV 应付给票据持有人的金额时，短期无风险投资将被出售，所得收益将用于向所有投资者支付一笔子弹付款。大多数信用卡 ABS 都采用受控累积和子弹式支付的结构。

2. 信用卡 ABS 的第二个复杂性在于，由于持卡人的季节性消费模式，SPV 在循环期内所拥有的应收账款的总价值会随着时间的推移而发生很大变化。为了吸收这些波动，信用卡 ABS 结构包含了卖家在 SPV 层面的投资——被称为卖方权益（seller's interest）。卖方权益的存在是为了确保有足够的抵押品来支持票据项下应付给投资者的金额。

3. 信用卡 ABS 的第三个特点是，大多数银行或信用卡公司不会为每笔交易设立一个新的 SPV，而是使用一个单一实体（主信托）进行多笔交易。主信托可以在一段时间内纳入不同的证券化项目。每个新的票据系列都有特定的发行日期和期限。但是，所有系列票据都由主信托持有的信用卡应收账款池共同支持。这种结构对发行人很有吸引力，因为它比为每笔新交易设立一个 SPV 成本更低。投资者也能从该结构获益，因为这意味着资产池随着时间推移变得更加多样化。

图 12.5 显示了简化后的信用卡 ABS 结构。

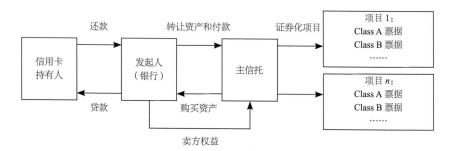

图 12.5　信用卡 ABS 简化图

案例研究 13：整体业务证券化

放眼整个证券化领域，整体业务证券化（whole business securitization, WBS）都是很厉害的存在。其是介于传统证券化和有担保公司债券之间的一种混合型融资方式，传统证券化是指仅将公司的部分资产（如贷款或应收账款）证券化，而有担保公司债券是指以公司的部分资产作为质押担保的传统债券。

WBS 的具体情况

WBS 是一种以业务而非资产所产生的现金流为支持的证券化类型（因此被称为整体业务）。发起人将其产生现金流的资产出售给 SPV，SPV 再通过发行不同层级的票据为收购这些资产提供资金。在大多数情况下，发起人需要（至少部分地）为次级层级提供资金。

WBS 的主要目的是获得比公司债务更高的信用评级。最受关

注的 WBS 交易之一是 2006 年美国连锁餐厅当唐恩都乐（Dunkin'
Donuts）和芭斯罗缤（Baskin-Robbins）的母公司唐金品牌集团
（Dunkin' Brands Group）完成的 17 亿美元特许经营权和商标使用
费证券化。该交易的目的是为私募股权公司贝恩资本、凯雷和 THL
在前一年接管唐金品牌集团时产生的 LBO 贷款进行再融资。

通过特许经营权证券化对 LBO 贷款进行再融资使该公司能够
以优先级层级 Aaa 级和次级层级 Ba3 级的双层级 WBS 进入债务市
场。与当时评级为 B− 的唐金品牌集团所直接发行的公司债相比，
这是一个显著的评级提升。

由于票据持有人直接暴露于公司资产产生的现金流，因此公司
的无担保公司信用评级得以提升。特许经营商应支付的特许权使用
费不流经唐金品牌集团。其直接进入 SPV，为贷款人提供了更高水
平的保障。简单地说，从信贷的角度来看，票据持有人暴露于特许
经营体系产生现金流的能力，而非集团的赢利能力。在特许经营体
系下，加盟商支付的是店铺销售额的固定百分比而非利润百分比，
因此消除了加盟商经营利润率下降的风险，让情况变得更为有利。

评级上调大幅降低了公司的借贷成本，估计每年降低 3 500 万
美元。继 2011 年上市后，唐金品牌继续通过 WBS 成功融资（最近
一次是在 2015 年和 2017 年）。图 12.6 呈现了标准 WBS 的简化版。

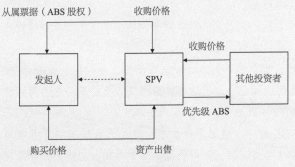

图 12.6　标准 WBS 图

WBS 带来的利益

对于在成熟行业中经营的具有稳定和可预测现金流的公司而言，WBS 是一种强有力的融资工具。WBS 的理想候选者是具有以下特征的公司：公用事业或类似公用事业的特征（即产生稳定的现金流）；具有强大的基础实物资产要素，主要以房地产或其他固定资产的形式存在；市场进入壁垒高；预期的基本面变化有限。

除了唐金品牌，WBS 的案例还包括许多著名的美国餐饮公司，如达美乐比萨、塔可贝尔（Taco Bell）、索尼克免下车连锁餐厅（Sonic Drive-In）、国际煎饼屋（IHOP）、苹果蜂号（Apple bee's）和温迪汉堡（Wendy's）。由于这些公司通过特许经营系统运营，其所构建交易本质上与唐金品牌的交易类似。

然而，WBS 并不局限于连锁餐厅。其他明显的借款人还包括基础设施或类似基础设施领域的企业，如伦敦城市机场（London City Airport）（位于伦敦东部的机场）或阿尔法列车公司（欧洲一家机车车辆租赁公司）。

WBS 为发起人提供了三种优势：

- 全成本：改善的信用评级使公司能够获得比其他融资结构更具竞争力的条件。

- 杠杆：发起人通常可以获得通过传统形式的债务融资无法实现的高财务杠杆。因此，构建 WBS 可以促进给予股东的股息分配。

- 期限：发起人可以获得长期融资承诺。对于合适的资产，期限可以超过 20 年。

对于投资者来说，与传统的债务工具相比，WBS 提供了获得额外收益的机会。由于结构复杂和流动性较低，在相同评级的情况下，WBS 层级的收益率要高于普通产品。

WBS 的一个独特之处在于，发起人持续参与业务管理，以产生预期现金流、保持资产价值并培育品牌。因此，对管理团队、发展战略和竞争地位的评估是 WBS 投资者分析时的核心内容。

对评级提升的质疑

由于 WBS 实际上是由一家公司的全部业务支持的担保贷款，一些观察家认为，就信贷风险而言，WBS 与该公司的公司贷款并无实质区别。毕竟，在这两种情况下，贷款人都暴露于公司产生的现金流。

尽管这种说法似乎很有吸引力，但它忽略了 WBS 的一些关键特征：

- 首先，产生现金流的资产在法律上与原始资产分离。这些资产是通过真实出售[①]转让给远离破产的 SPV。这就降低了发起人破产后公司其他债权人中断证券化现金流的可能性。

- 其次，转让给 SPV 的资产的表现一般与发起人的赢利能力不完全相关。例如，即使发起人破产，特许经营餐厅体系也可能继续产生现金流。

- 最后，WBS 通常具有保护票据持有者免受潜在损失的结构特征。若资产产生的现金流低于一定水平，现金流通常会从权益层级转到债务储备账户或偿还最优先级 ABS 层级。

总结

证券化：我们学到了什么？

- 证券化是一种可将非流动资产转化为有价证券的融资技术。

- 银行（或公司）将大量贷款（或应收账款）集中起来，然后出售给特殊目的载体（SPV）。

- SPV 通过发行名为资产支持证券（ABS）的证券为收购这些资产提供资金。这些票据的利息完全来自资产产生的现金流。

- 在金融术语中，这些 ABS 的具体名称因资产的性质而异。最常见的工具是：CDO（担保债务凭证）（若 SPV 持有的资产是债务工具）、RMBS（住宅抵押贷款支持证券）（若资产是抵押贷款）、CMBS（商业地产抵押贷款支持证券）（若资

---

① 见第 10 章第 10.1.2 节。

产是商业房地产贷款）。

- SPV 一般会发行多种 ABS 层级，每种层级的风险回报情况各不相同。SPV 的利润按照瀑布式支付结构支付给投资者。在股息分配和本金偿还方面，优先层级优先于次级层级。为了对额外风险进行补偿，相对于优先级层级，次级层级的利率更高。

- 风险最高的层级提供最好的回报，但其持有者面临以下风险：由于参照投资组合违约，无现金流可供分配。若违约情况严重，SPV 无法向具备最高风险层级的持有人分配任何收入，其他层级也会受到影响，该影响顺序与利息支付的优先顺序相反。

- 层级（风险最高的除外）由一家或多家评级机构评级。这种评级提高了其流动性。最安全的层级为优先级层级，未获得评级的部分为权益层级。其他层级统称为夹层。

- 在某些情况下，SPV 可由资产管理者（名为抵押品管理者）进行积极管理。考虑到票据持有者，抵押品管理者可以为了优化 SPV 的收益而买卖资产，可以在一级市场或二级市场购买资产。

- 这种交易被称为管理型交易（或套利型交易），和静态型交易（或资产负债表交易）相反，静态型交易是 SPV 从一家公司或银行购买资产并持有至到期。

结　论

━━━━

通过《结构化融资》这本书，我们学到了什么？

大家使用结构化融资的原因多种多样，但有六大金融和监管方面的原因解释了其日益成功的原因。

1. 结构化融资解决方案允许客户将一项资产与其他资产隔离（或圈护）

每笔交易之构建只为一种资产或一种资产组合提供融资。贷款人对SPV的股权投资者没有追索权，同时，若股权投资者持有的其他资产违约，贷款人也不会受到影响。

2. 透过结构化融资，贷款人可提供更高水平的杠杆

更高水平杠杆的可能性是结构化融资成功的主因。交易总杠杆（以EBITDA或贷款价值的倍数衡量）能达到远高于公司贷款所适合的水平。这在LBO、项目或资产融资上都能得到体现。至于证券化此类工具则可以利用来自非银行投资者所给予的流动性。从宏观经济出发，这意味着证券化给市场带来了额外的杠杆。

3. 贷款人可以直接选择其最愿意承担的风险

结构化融资创造了一系列新的债务工具，使贷款人可以直接选择其最愿意承担的风险。贷款人可以选择只为某一特定资产提供融资，而无须为从事不同业务（每种业务都有不同程度的风险）的大型公司提供融资。此逻辑适用于所有结构化融资交易。

4. 结构化融资创造了新的投资机会

结构化融资扩大了贷款人的投资机会范围。1980年以前，贷款人主要投资投资级产品。现在，其可以选择多种工具，其中一些属于高收益甚至无评级。对权益投资者来说也是如此。购买上市股票并不是机构投资者唯一的投资策略。这些投资者现在还大量投资私募股权。

5. 投资者可获得所有类型的风险/回报组合

鉴于在结构化融资下现在的投资者可以选择多种投资策略，因此其吸引了大量流动性资金。从购买受益于投资级评级的项目债券到投资高杠杆公司的股权，结构化融资提供了所有类型的风险/回报组合。

6. 结构化融资可优化资本结构

证券化正是如此，因为出售资产可帮助银行降低资本费用、优化股本回报。此外，结构化交易中给予贷款人的担保方案通常可享受监管机构的优惠待遇。

结构化融资路在何方？

预测未来会如何总是充满不确定性。但我们相信，自20世纪70年代末以来发生的变化不会消退，结构化融资满足了各方诉求，为客户和贷款人提供了如此多的选择，因此其将继续发展。

新兴国家的金融市场仍处于起步阶段，但随着进一步发展，结构化融资将成为重要的金融工具，就像现在的欧洲和美国一样。项目融资和资产融资可能是最先蓬勃发展的两种产品。在许多方面，它们在这些市场上已经存在了10年之久。只要有合适的交易方，就能为优质飞机或能源项目提供流动资金。LBOs可能需要更多时间才能成为主流。一些私募股权公司显然已经活跃在新兴国家，但市场规模有限。借款人已经为公司债务支付了高风险溢价。增加更多杠杆和复杂性只会使这些市场的债务成本更高。

证券化则不同。其依赖于庞大的多元化资产组合和受过良好教育的投资者基础。考虑其规模，理论上中国和印度应成为该产品未来的新市场。这两个国家都已经建立了相关法律框架。然而，这些国家赶上美国和欧洲之前，还需要更多的投资级交易方、更稳定的金融体系和更资深的本地参与者。

无论新兴市场的结构化融资发生何种变化，这些产品在一些国家已经受到追捧，有着光明的前景。除非银行监管使其失去吸引力，否则我们看不出它们有什么理由会变得不那么受欢迎。对我们来说，结构化融资实际上是金融市场长期发展趋势的最后一个要素。现将一个三阶段的金融市场演化概述如下。

阶段 1：传统融资

表 13.1 显示了传统的融资结构。银行贷款给客户，客户再投资于自己选择的资产、项目和公司。银行提供的资金来自股东（个人、养老基金、资产管理公司等）和被称为流动性提供者（liquidity providers）的储户。

阶段 2：金融脱媒（取消银行中介地位）

表 13.1　各类结构化融资比较

	LBO	项目融资	资产融资	证券化
基础资产	公司（目标公司）	基础设施资产	大型可移动资产（飞机、火车、船舶等）	资产组合（贷款、债券、应收账款等）
SPV	是	是	是（除了简单的抵押贷款）	是
融资结构	SPV（HoldCo）通过债务和股权进行融资	SPV（项目公司）通过债务和股权进行融资	SPV 通过债务和股权进行融资	SPV 通过多个票据层级进行融资。最次级的层级为权益层级（投资者承担股权风险），但在法律上其仍属于从属票据层级
SPV 收入来源	目标公司支付的股息和出售目标公司的收益	项目现金流	基础设施债务基金租金	资产组合产生的收入
债务期限	5 年至 7 年	大部分长期债务为 15 年至 25 年，带有气球偿付的迷你型永久贷款为 8 年至 10 年	取决于用户的信用质量以及资产的预期寿命，为 8 年至 15 年	取决于基础资产的期限，而套利型 CDOs 大约为 10 年
债务层级	通常有一两个层级。在某些情况下，一个层级的债务（单层级）可取代优先级和次级层级	主要是优先级债务层级（尽管可以增加次级层级）	大部分情况下只有一个层级，但可以增加次级层级	可变，但对 CLOs 来说，通常有五个层级，评级从 AAA 到 BB

	LBO	项目融资	资产融资	证券化
债务投资者	小型 LBO 为银行，TLB 为银行或 CLOs。债务基金提供单层级的融资	由寻求长期收益的投资者（例如养老基金）支持的银行或基础设施债务基金	主要是银行	获评级层级的投资者为资产管理公司、银行、保险公司、家族办公室、对冲基金、养老基金
股权投资者	私募股权公司（对于非常小型的 LBOs，有时是个人投资者）	对资产的建造和运营感兴趣的实业发起人，或专门从事基础设施的私募股权公司	出租人，或更次要的专门基金（侧挂车）	从属层级（非评级层级）的投资者通常是对冲基金或资产管理公司
股权回报	持有期间支付的股息和出售公司所得利润	债务偿还后的项目现金流和潜在的资产出售	租金（减去债务偿还）和出售资产所得利润	在偿还其他各层级债务后，权益投资者可获得的资金流总和

图 13.1 所示的传统融资方案在 20 世纪发生了巨大变化。如图 13.2 所示，现在很大一部分融资由流动性提供者绕过银行直接向公司提供。这些融资采取债券或贷款的形式。

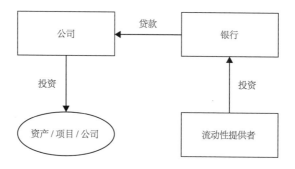

图 13.1　公司贷款背后的逻辑

金融脱媒并非新现象，但《巴塞尔协议》规定的一系列措施强化了该现象。《巴塞尔协议》要求银行用越来越多的资本为贷款融资（受《巴塞尔协议 I》《巴塞尔协议 Ⅱ》《巴塞尔协议 Ⅲ》的影响），从而间接降低了银行的赢利能力。这给予了非银行贷款机构更大的空间。

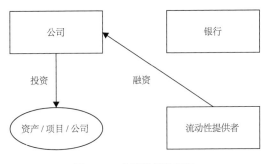

图 13.2　金融脱媒的例子

阶段 3：资产直接融资

金融市场演化的第三个阶段是流动性提供者直接为其客户所收购的资产、项目或公司融资。这就是图 13.3 所示的结构。

在此新范式中，流动性提供者只专注于为某一特定资产或项目融资。该演化已经开始，是未来几年结构化融资发展的基石。LBOs 就是一个很好的例子。贷款人为一家公司的收购提供资金；其不放款给发起人。这些贷款人大多是非银行业实体：TLB 的投资者主要是 CLOs，而大量中端市场的 LBOs 目前都是通过来自另类贷款人的单层级债务完成融资。其他结构化融资交易的趋势也与之类似。例如，在项目融资方面，债务基金越来越活跃，直接为许多基础设施资产融资，而无须银行参与。

我们认为，这种演化将继续下去，因为这顺应了人们隔离风险的愿望。在图 13.1 所示的传统融资结构中，流动性提供者暴露于三个层面的风险：第一个层面是他们所注入资金的银行；第二个层面是银行所投资的公司；第三个层面是客户所投资的项目 / 资产 / 公司本身。

现在，如图 13.3 所示，流动性提供者所暴露的风险只限于其提供融资的项目 / 资产 / 公司。这种新的融资模式允许流动性提供者更精确地选择想要承担的风险。其直接瞄准自己想要投资的资产，而不必依赖银行和 / 或公司。

明确地说，我们并不认为公司融资或公司债券会消失。其将继续存在，因为其具有结构化融资解决方案无法提供的优势。公司贷款具有很

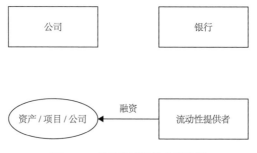

图 13.3　结构化融资带来的脱媒

大的灵活性，是公司与银行之间传统的、通常是长期的关系的基石。公司债券是一种极其简单的工具，但却能吸引大量的流动性，尤其是当其具有投资级评级时。

尽管如此，我们相信银行和公司之间的脱媒还将继续，结构化融资的范围也将扩大。例如，债券越来越多地出现在项目融资和资产融资结构中。LBOs 在亚太地区越来越常见，证券化在可再生能源项目和贸易应收账款等新资产类别中的作用也越来越大。

结构化融资的前途无疑是光明的。

A 银行如何设置利率?

银行向客户收取的利率可被看作是两个要素的总和：

银行的流动性成本；

交易方的信用风险。

利率只不过是客户为借入资金而支付的价格。与其他产品一样，该价格等于卖家为获得或生产所售产品或服务而承担的成本加上利润率。

在结构化融资交易中（与任何其他融资一样），借款人支付的利率在贷款文件中明确规定为这两部分的总和。为避免混淆，这两个部分通常都有非常精确的定义。

流动性成本

定义

流动性成本是银行为获得借给客户的流动性而支付的价格。该成本被定义为银行同业拆借利率，即银行之间互相借贷的利率。该定义只是一个近似值，因为其并不完全符合银行的实际流动性成本（银行的实际流动性成本是其股权成本、客户存款利率、银行向其他银行借款的利率以及银行发行债券的利率的组合）。使用银行同业拆借利率来确定银行的流动性成本提供了一个易于在贷款协议中定义的参考。贷款人和借款人都可以随时对其进行核实。

对于美元交易，贷款人和借款人协议中用作参考的流动性成本通常是伦敦同业拆借利率（london interbank offered rate，LIBOR）。LIBOR 有多种。它们每天基于五种货币（欧元、瑞士法郎、英镑、美元和日元）和七种不同期限（一天、一周、一个月、两个月、三个月、六个月和一年）计算得出。

如何计算 LIBOR？

每天，一组银行应邀向纽约证券交易所（New York Stock Exchange，

NYSE）的母公司洲际交易所（Intercontinental Exchange，ICE）提供它们认为当天伦敦时间上午 11 点之前可以从其他银行借到资金的利率。小组中银行的数量和身份因货币而异。只有在某一货币市场上活跃的银行才能参加小组。

美元小组包括 18 家银行，ICE 会就七个期限咨询所有银行。去掉四个最高和四个最低的答复，ICE 会用其他 10 个答复计算出平均值（同样是对七个期限中的每一个期限）。这个平均利率就是美元 LIBOR。其于伦敦时间每天上午 11 时 30 分公布。

其他货币 LIBOR 的计算方法与美元 LIBOR 的计算方法类似。欧元、瑞士法郎、英镑和日元的 LIBOR 的计算方式是银行小组答复的均值（最高和最低的答复已被剔除）。

其他参考利率

LIBOR 并不是全世界使用的唯一参考利率。还有其他几种银行间利率。正如 LIBOR 在伦敦设定一样，欧元银行同业拆借利率（euro interbank offered rate，EURIBOR）于欧洲大陆设定。其有各种期限，但只适用于一种货币，即欧元。对于以欧元计价的贷款，作为参考利率，EURIBOR 通常比伦敦设定的 LIBOR 更受青睐。

其他金融中心也有自己的参考利率，比如新加坡（SIBOR）、上海（SHIBOR）等。这些利率按当地货币和不同期限计算。每笔贷款文件都必须注明各方使用的参考利率以及期限。

按日计息惯例

根据参考利率的不同，一年可以是 360 天也可以是 365 天，一个月可以是 30 天也可以是实际天数。EURIBOR 的惯例为 30/360，LIBOR 的惯例为实际 /360，但英镑 LIBOR 的惯例为实际 /365。

交易方风险

定义

银行在交易前会分析交易方的信用风险。风险越高，银行要求的利差就越高。利差以基点（bps）表示，1bp 等于 0.01%。

示例

如前所述，参考利率和利差在贷款文件中都有规定。假设如下：

- 贷款额：1 亿欧元。
- 期限：1 年。
- 形式：子弹式。
- 利差：200bps。
- 参考利率：EURIBOR。
- 提款日：1 月 15 日。
- 利息期：3 个月。

提款日适用的利率如下：

- EURIBOR 3 个月：2.5%。
- EURIBOR 6 个月：2.7%。
- EURIBOR 12 个月：2.8%。

鉴于参考利率为 EURIBOR，且计息期为三个月，计算利率时适用的利率为 1 月 15 日确定的 3 个月期 EURIBOR（即 2.5%）。利息将于 4 月 15 日支付。借款人当日应付给贷款人的金额等于 1 亿 ×4.5%/360×90[①]，即 112.5 万欧元。另一笔利息将于 6 月 15 日支付。计算该笔付款所适用的利率为 4 月 15 日确定的 3 个月期 EURIBOR 利率等。

若该笔贷款的计息期为 6 个月，则应采用 6 个月期 EURIBOR（即 2.7%）。在此情况下，借款人必须在 6 月 15 日支付第一笔利息。这笔付款相当于 1 亿 ×4.7%/360×180，即 235 万欧元。

LIBOR 丑闻

事实

2008 年 4 月，在雷曼破产前几个月，《华尔街日报》的一篇文章披露，银行操纵 LIBOR 以掩盖自身的资金问题。许多银行提交的利率低于其所知道的适用于其的实际利率。当时，英格兰银行前行长默文·金

---

① 由于参考利率是 EURIBOR，因此在计算时，我们认为一年有 360 天，每个月有 30 天，即一个季度有 90 天—参见我们前面关于按日计息惯例的段落。

（Mervyn King）甚至在一次公开听证会上宣称，LIBOR 是"银行之间互不借贷的利率"。

随后的调查显示，操纵行为实际上已存在多年，这让银行得以在与 LIBOR 挂钩的资本市场工具上获利。多家银行被监管机构处以罚款，巴克莱银行的董事长和 CEO 也因该丑闻于 2012 年双双辞职。

2013 年，相关机构对 LIBOR 进行了改革，旨在提高其准确性并减少其被操纵的可能性。主要变化如下：

- LIBOR 的监督权从英国银行家协会（British Bankers' Association，BBA）转移到了英国金融监管机构金融行为监管局（Financial Conduct Authority）。
- 要求银行小组保存关于其如何确定所提交利率的数据。
- 有意提交虚假的 LIBOR 利率被确定为刑事犯罪。
- 从运营角度看，LIBOR 的管理由 BBA 转移到了 ICE。

下一步行动

尽管有了这些改进，金融行为监管局还是在 2017 年宣布，2021 年后将不再强制银行小组提交计算 LIBOR 所需的利率。这一决定被视为用更可靠的利率取代 LIBOR 的第一步。

经过广泛审查，已经确定了几种潜在的替代利率。美国的一个选择是有担保隔夜融资利率（secured overnight financing rate，SOFR），该利率是在回购协议（以美国政府债务为担保）基础上的隔夜贷款成本。在英国，英镑隔夜平均利率指数（sterling overnight index average，SONIA）有可能取代 LIBOR。与 SOFR 一样（与 LIBOR 不同），SONIA 也是基于实际交易。该指数反映了银行从其他金融机构借入英镑的平均利率。

不过，SOFR 和 SONIA 等隔夜利率没有期限结构。与包括一天至一年利率的 LI- BOR 相比，这是一个缺点。这可能会给期限长于隔夜的贷款带来定价问题。尽管监管机构和行业团体正在讨论解决这一问题的方案，但摒弃 LIBOR 的主要问题在于，数万亿美元的贷款和投资已经与 LIBOR 挂钩。使用新的基准可能会在过渡期内造成波动和流动性不足。

FCA 已将这些潜在风险考虑在内。即使 2021 年后不再强制要求提交计算 LIBOR 所需的利率，但也没有任何规定阻止银行继续提交相关数据。尽管如此，目前尚不清楚银行将采取何种措施来承担附着于基于判断而提交的数据上的责任，而这些数据决定了大量资产的价值。

后 LIBOR 时期的历史仍有待书写。但无论如何，即使作为基准的 LIBOR 消失，贷款仍将被定义为参考利率与利差之和。

B 银团和俱乐部式交易

定义

在银团中，银行向客户提供贷款，并将大部分债务分配给其他金融机构。银行银团通常因处理大型结构化融资交易（LBO 或项目融资）而组建。[①] 在该模式下，银行可以分担贷款风险，并携手共进为客户提供融资解决方案。

银团贷款流程相当标准化。客户选择一家或几家银行（承销商）来安排贷款。然后，这些银行将部分贷款分配给其他贷款人。一些大型交易的贷款人总数很容易超过 30 家。1986 年为英法海底隧道建设提供资金的银行银团就包括 200 多家贷款人，贷款总额达 50 亿英镑。

承销商因安排交易而获得结构化费用（structuring fee），因分配贷款而获得承销费（underwriting fee），承销费按贷款总额的一定比例计算（50bps、100bps 等）。承销商引入的贷款人被称为参与者（participants）。交易中的所有最终贷款人（无论是承销商还是参与者）都会收到前端费（upfront fees）和贷款利差。前端费也按每个贷款人最终贷款额的一定比例计算。

银团有两种类型：承诺包销（firm underwriting）和尽力承销（best efforts）。若不选择银团贷款方式，则可将交易构建为俱乐部式交易。这种方式常见于规模较小的交易。

承诺包销

定义

银团中最常见的类型是承诺包销银团，其承诺提供贷款总额。承诺包销对发起人来说具有实际价值，其主要有以下两个优势：

---

① 银行银团也会因大型公司贷款而存在。

1. 虽然发起人最终可能会做一笔大交易,吸引很多贷款人,但其只与承销商,即有限的几家银行——一般是一到三家银行(具体取决于交易规模),就交易条款进行谈判。这大大简化了贷款文件的谈判。

2. 它使发起人确信,在执行交易时,其可以获得所需的全额债务。承销商不会将承销总额保留在账簿上。其希望将其中的大部分分配给其他贷款人。承销商承担着无法分配贷款或分配了贷款却亏损的风险。其最终的总信用敞口还有可能会超过预期。

作为一种商业模式的承销

银行参与承诺包销业务有很强的财务和竞争动机。其能为客户带来真正的价值,尤其是当交易规模大、复杂或必须快速执行时。头部资深投资银行通常会为客户提供这些服务。支付给承销商的各种费用提高了交易的赢利能力。对于给定的最终信用敞口,承销商的总赢利能力要高于单纯的参与者。

支付给承销商的费用因交易类型而异。费用自然会随着贷款的复杂程度和风险程度而增加。传统上,杠杆贷款或项目融资贷款要比大型投资级公司的企业交易支付更高的费用。在许多情况下,后一种借款人自己安排交易,并与其核心银行合作,因此几乎不需要实际的承销。

相比之下,为杠杆收购或项目融资提供承销交易对条件适当的机构来说是一项利润丰厚的业务。愿意提供承销服务的银行必须拥有强大的银团和分销团队。其必须了解过去类似交易的利差,并已建立了包含可参与这些贷款的贷款人组建的强大网络。

市场弹性条款和 MAC 条款

承销可以包括市场弹性条款(market flex clauses)。这些条款为承销商提供了灵活性,以便在市场条件恶化、无法按照与客户商定的条款成功组建银团的情况下改变交易的某些参数。承销商显然不能完全改变交易。客户与承销商在安排交易时会预先商定可能的变更。激活市场弹性条款必须事先与借款人进行讨论。市场弹性条款可修改的元素通常是前端费、利差,有时也包括一些财务契约。

文件中还可以加入反向弹性条款(reverse flex clauses)。若市场条件好于预期,或者贷款获得大幅超额认购,借款人就可以从改善的条款中获益。反向弹性条款的激活通常意味着贷款人的费用或利差降低。

市场弹性条款不同于重大不利变化（material adverse change，MAC）条款。若市场条件明显不利于银团贷款，即使条件有所改善，承销商也可以使用 MAC 条款退出交易。市场弹性条款或反向弹性条款为双方提供了根据新的市场条件调整交易的灵活性，而 MAC 条款则是取消交易的一种选择。MAC 条款通常指的是极端情况（战争、自然灾害等），但是，若借款人没有就这些条款进行很好的协商，它们就会给承销商留下余地，使其仅因错误定价就可以放弃交易。

银团贷款流程

在向客户发出承销报价之前，银团流程就已经开始了。负责贷款发起和结构设计的团队将贷款机会提交给相关银团业务部门。该部门负责评估市场，即找出活跃贷款人参与贷款所要求的利差。这种市场评估可以通过向数量有限的贷款人进行高水平和匿名询问来完成。但是，若存在类似的交易且最近已经完成，就没有必要对潜在的贷款人进行测试。银行的银团业务部可以直接提供市场评估。

根据市场评估，银行会在发给客户的报价中设定利差和各种费用。该报价可囊括 100% 的承销，也可以在 100% 以下（通常是相当大的份额，如 50% 或三分之一等）。提供最佳条款的银行被选为承销商，然后必须将贷款分配给其他贷款人。根据银团流程的成功程度，承销商可以调整支付给其他贷款人的费用。若流程进行困难，承销商可能需要分担部分承销费用。必要时，其还可以使用市场弹性条款。

参与者是谁？

参与 LBOs 或项目融资交易的贷款人种类繁多。虽然大型银行更愿意充当承销商，但也有许多不同业务模式的贷款人只参与贷款。银团的传统参与者是小型银行、专业贷款机构或债务基金。贷款人的范围因交易是 PF 还是 LBO[1] 而异，但所有这些参与者都有两个共同点：有资金可调配（因此有放贷意愿）；团队规模相对较小（这意味着其发起能力

---

[1] 本书第一和第二部分分别详细介绍了杠杆收购和项目融资交易中的各类贷款人。

有限）。

银行将其承销的全部贷款都进行分配的情况并不少见。不过，承销商也可能将部分贷款保留在自己的账簿上。这完全取决于银行的战略及其资产负债表的规模。在这方面，不同产品和地区之间存在差异。LBOs的承销商几乎全部分配给投资者，而项目融资的承销商通常会保留一部分债务。欧洲的银行比美国的银行可能会更积极地参与借贷市场，承销商通常更倾向于保留部分贷款。

尽力承销

尽力承销银团是指承销商不承诺提供贷款总额的交易。其只承诺尽最大努力寻找愿意参与交易的贷款人。承销商的义务只体现在手段上，而不以结果论。若贷款认购不足，交易可能无法完成，或者完成的贷款额低于预期。

尽力承销银团通常对客户价值不大。发起人在选择承销商时看重的是资金到位的确定性，而尽力承销银团无法提供这种确定性。尽力承销银团一般只用于信用记录复杂的公司或者市场条件极其困难的情况。这在 2008 年危机之后的欧洲和美国以及 1997—1999 年危机之后的亚洲属于常态。在金融市场蓬勃发展时，客户只选择承诺包销的银行作为承销商。

俱乐部式交易

俱乐部式交易是银团的另一种替代。在银团贷款中，一个或几个承销商在分配贷款前与客户就交易的主要内容进行谈判（有时还签署文件），而俱乐部式交易则是所有最终贷款人直接与借款人进行谈判的过程。俱乐部式交易所适用的交易仅包含数量有限的贷款人。否则，谈判将过于冗长和复杂。

俱乐部式交易最适合中小型交易或由具有丰富合作经验的各方所构建的贷款。在此情况下，各方可以重复使用过去已经协商好的贷款文件。在结构化融资中，只有经验丰富的贷款人才有可能进行俱乐部式交易。邀请新人可能会延缓交易的执行。

对借款人来说，俱乐部式交易通常比纯粹的银团交易更便宜，因为借款人无须支付费用来补偿贷款人的额外工作和额外风险。若借款人拥有一批值得信赖的金融合作伙伴，并仅需要有限的金额为相对标准的资产提供融资，那么俱乐部式交易便最为合理。

安排人和贷款人的头衔

自 20 世纪 90 年代以来，贷款人因在交易中扮演的角色而获得的头衔变得越来越重要。各类业务排行榜的广泛使用导致了头衔的膨胀，银行也变得愈发谨慎，以确保获得的头衔与其角色相符。头衔是谈判的主题，可以在贷款协议中提及，尽管并非总是如此。

对于头衔的确定没有固定的规则。确切的措辞可能因交易而异。与银行在交易中的实际作用相比，承诺数额较大的银行在头衔方面有所提升的情况并不罕见。最常见的头衔一般如下：

- 承销行（underwriter）［或账簿管理人（bookrunner）］：这是指安排交易并承销大部分交易的银行。这是一个可有可无的头衔，即使在承诺包销的交易中也是如此。

- 委托牵头安排行（mandated lead arranger，MLA）：这是一个重要的头衔。MLA 是主要贷款人。其通常将部分贷款分配给其他机构。在某些交易中，优先级 MLA 和 MLA 之间的区别取决于其承诺的规模。在没有给出账簿管理人或承销商头衔的情况下，MLA的称谓也用来指定安排人和承销商。

- 牵头安排行、安排行和参与行（lead arranger，arranger，and participant）：拥有这些头衔的贷款人不参与构建建议。其只是提供现金。若同一笔贷款包含了这些不同的称谓，则表明贷款人承诺的规模不同。

- 代理行（agent）：这一称谓涵盖行政职责，可分为多个子职责。文件代理（documentation agent）负责协调法律谈判过程，并选择起草协议的律师事务所。行政代理（administrative agent）负责处理付款事宜，并在交易完成后协调借款人与贷款人之间的讨论。

贷款推出后的生命周期

二级出售

作为承销商的银行通常打算在几周内出售其承销的贷款。这种一级银团出售要么在贷款提取后立即开始，要么与交易的最终完成同步进行。在此情况下，甚至在交易完成和贷款提取前，贷款就得以全部分配。

一般来说，贷款也可以在一级银团交易结束后的任何时候出售。在此情况下，出售被称为二级出售（或在二级市场出售）。贷款是可交易的工具，贷款人可根据其战略、信贷需求、资产负债表或 RWA 限制等因素出售或收购贷款。贷款文件中可能存在交易限制，但通常有限。借款人知道，贷款人需要一定的灵活性来管理其投资组合。例如，银行可能会出于战略原因决定减少对某个行业的风险敞口，或出于流动性目的出售资产。限制通常采取预先确定交易方名单的形式，贷款人只能向这些名单内的机构出售贷款。这份名单被称为白名单（white list），在贷款协议中有所规定。白名单上机构的数量取决于发起人。有些发起人给予贷款人很大的灵活性，而有些发起人则喜欢限制白名单上的列出数量。这些发起人通常不想与不认识的贷款人谈判，以防将来需要重组贷款。贷款的出售也可以受到限制（即在一定时期内禁止或限制出售）。

修改和豁免

即使在交易完成后，借款人要求修改贷款协议的情况也很常见。这些修改不一定是重大修改。其可以是技术性的（改变条约或定义），也可以是结构性的（重新定价、延长交易期限等）。若所需的修改意味着对交易的重要修改，贷款人会向借款人收取费用。否则，贷款人通常会同意免费修改。贷款人显然不必接受所有修改建议。

借款人也可以要求贷款人放弃权利，即同意放弃贷款协议中某一条款规定的权利。例如，文件中的一项条款可以规定，借款人股权的任何变化都会引发贷款的偿还。若股权只是略有变动（即新的小股东持有借款人 5% 的股份），借款人可能不想进行全面的再融资。在此情况下，借款人可以直接要求贷款人放弃偿还权。若贷款人认为问题不大，可以收取一点豁免费（waiver fee）。

C 信用衍生工具

银行有时很难通过在二级市场上出售部分贷款来降低其信用敞口。当贷款文件禁止出售贷款或出售贷款需事先获得借款人批准时，往往会出现这种情况。银行可能确实不愿意告诉客户其正在寻求减少信用敞口，特别是如果客户与银行有长期的合作关系。在此情况下，银行可以通过信用衍生工具来降低整体风险敞口。

信用违约互换（CDS）

CDS 是一种可以将与债务工具（贷款、债券、一篮子证券等）相关的信用敞口从一方转移到另一方的金融工具。CDS 的买家是希望获得资产违约保护的机构。其向卖家支付一笔费用（被称为 CDS 利差），反过来，若相关资产违约，其将获得回报（见图 13.4）。

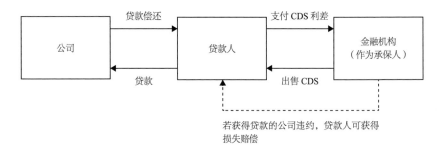

图 13.4　信用违约互换

总之，CDS 提供信用保险。CDS 利差的价值基于基础资产的信用风险，以基点表示。在违约情况下，可通过两种方式支付赔偿金：

- 在实物交割的情况下，CDS 买方将基础资产转让给卖方，并获得与资产名义价值相等的现金。
- 在现金交割的情况下，不存在资产转移。卖方向买方支付相当于买方损失的金额。该金额等于资产的名义价值减去破产 / 重组程序后收回的金额。

自 2003 年意大利食品业巨头帕玛拉特（Parmalat）破产以来，CDS 合同的实物交割遇到了各种实际阻碍，因此专业人士更倾向于使用现金交割。

CDSs 受国际掉期与衍生工具协会（International Swap and Derivatives Association，ISDA）设计的标准文件管辖，ISDA 是衍生工具交易参与者的行业组织。市场上交换的所有 CDSs 都遵循这份标准文件，该文件明确规定了违约条款和赔偿程序。ISDA 认定的主要信用事件如下：

- 发行债务工具（CDS 下）的公司发生破产；
- 公司未能支付与该债务工具相关的款项；
- 在不利于贷款人的条件下公司重组债务。

CDS 简单易行，是管理风险的绝佳工具。一些银行作为 CDS 买方，可以很容易地对冲其风险敞口，而其他机构（银行、保险公司、对冲基金等）则可以出售 CDSs，在其可以承受风险的资产上获得合成暴露。如案例研究 12 所示，如果想下注资产违约，其也是很好的投机工具。

然而，CDS 并不能让卖方完全对冲信用头寸。CDS 的买方确实面临着潜在的双重违约，即 CDS 卖方违约与基础资产违约同时发生。

信用挂钩票据（credit linked notes，CLNS）

信用挂钩票据是另一种信用衍生工具。其采取债券的形式，该债券由实体（发行人）发行，目的是为特定资产（债券、贷款、CDS 等）的违约风险投保。准备接受该资产信用风险的投资者购买 CLN。与其他债券一样，CLN 向投资者支付票息。票息的价值与基础资产的风险和表现挂钩。

CLN 的面值等于发行人想要投保的金额。投资者支付的购买价格会投资在（原书第 349 页）隔离资产篮子中的低风险证券（例如美国国债）上。除非到期或基础资产违约，否则发行人不能出售这一揽子证券（见图 13.5）。

若基础资产没有违约，投资者会收到定期票息，并在到期时取回名义投资。若发生违约，有两种可能的选择：发行人控制低风险证券，并将基础资产转让给投资者（实物交割）；已商定现金交割（在此情况下，发行人出售低风险证券，并向投资者支付 CLN 的金额减去基础资产违约造成的损失）。

CDS 与 CLN 的主要区别在于，CLN 是一种有资金支持的信用衍生工具，而 CDS 则无资金支持。CLN 扩大了潜在承保人的范围，因为一些债务基金不能购买像 CDS 这样没有资金支持的工具（出于法律原因或投资指南禁止），但可以投资 CLN。如关于证券化的第三部分所示（第 11 章第 11.4.2 节），CLNs 也可用于构建合成资本减免交易。

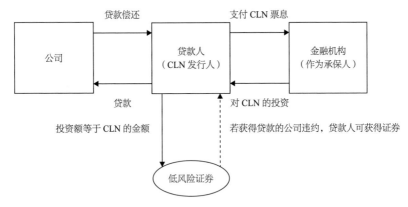

图 13.5　信用挂钩票据